Marion Zimmer Bradley's
RÜCKKEHR NACH AVALON

Buch

Marion Zimmer Bradleys »Nebel von Avalon«, eines der größten Fantasy-Epen aller Zeiten, war ein Welterfolg. Millionen von Lesern und Leserinnen haben sich von der großen Liebesgeschichte von Guinevere und Lancelot verzaubern lassen, Glanz und Tragik am Hofe König Arthurs mitverfolgt. Jetzt, 12 Jahre nach der Erstveröffentlichung der »Nebel von Avalon«, hat Marion Zimmer Bradley eine Fortsetzung ihres Weltbestsellers genehmigt: Die besten Autorinnen und Autoren des Genres spinnen die Geschichte um Guinevere, Lancelot, Artus, die Zauberin Morgaine, die Ritter der Tafelrunde und nicht zuletzt das sagenhafte Schwert Excalibur weiter, entführen den Leser einmal mehr in eine Welt der Wunder und der Magie, und nicht zuletzt einer Liebe, die alles überdauert – selbst die Zeit und Tod.

Unter den von Marion Zimmer Bradley persönlich ausgewählten Autoren und Autorinnen sind unter anderem Jennifer Roberson, Diana L. Paxson, Esther Friesner und Katherine Kerr. Das Kernstück des Bandes bildet eine weltweit nie zuvor veröffentlichte Geschichte von Marion Zimmer Bradley, exklusiv für »Rückkehr nach Avalon« geschrieben.

Autorin/Herausgeberin

Marion Zimmer Bradley ist die Autorin der Welterfolge »Die Nebel von Avalon« und »Die Wälder von Albion«. Jennifer Roberson hat sich als Autorin des Bestsellers »Herrin der Wälder« sowie der »Windtänzer«-Trilogie einen Namen gemacht. Sie lebt in Arizona.

Jennifer Roberson im Goldmann Verlag

Herrin der Wälder. Fantasy-Roman (24622)

MARION
ZIMMER BRADLEY'S

Rückkehr nach Avalon

JENNIFER ROBERSON (HRSG.)

Aus dem Amerikanischen
von Regina Winter

GOLDMANN

Die amerikanische Originalausgabe erschien 1996
unter dem Titel »Return to Avalon« bei Daw Books, New York

Umwelthinweis:
Alle bedruckten Materialien dieses Taschenbuches
sind chlorfrei und umweltschonend.
Das Papier enthält Recycling-Anteile.

Der Goldmann Verlag
ist ein Unternehmen der Verlagsgruppe Bertelsmann

Deutsche Erstveröffentlichung 3/97

Umschlaggestaltung: Design Team München
unter Verwendung einer
Illustration von John Jude Pallencar
Satz: Uhl + Massopust, Aalen
Druck: Graphischer Großbetrieb Pößneck
Verlagsnummer: 41600
SN / Redaktion: Andrea Längst
Herstellung: Peter Papenbrok
Made in Germany
ISBN 3-442-41600-0

1 3 5 7 9 10 8 6 4 2

Inhalt

Für Marion Zimmer Bradley,
eine große Zauberin,
und
für Don, Elsie und Betsy Wollheim,
die viel dazu beigetragen haben.

Einführung

Ein ganz normaler Mensch

von Diana L. Paxson

Vor ein paar Jahren, als unsere Kinder noch klein und wir noch nicht ständig auf Diät waren, trafen wir uns Sonntagnachmittags immer zum Tee in Grayhaven. Marion kam von Greenwalls, ihrem etwa zehn Minuten entfernten Haus, den Berg herauf, begleitet von ihrer Tochter Moira oder einer der diversen jungen Frauen, die manchmal dort wohnten. Meine Schwägerin Tracy Blackstone kochte etwas Leckeres, und ich bereitete endlose Kannen Englischen Tees zu.

Die Gesprächsthemen reichten von Kleidungsfragen über Autorentagungen bis zu unserem derzeitigen Lesestoff. Damals hatte ich gerade begonnen, mir als Schriftstellerin einen Namen zu machen, und Marion arbeitete, soweit ich mich erinnern kann, an *Die Nebel von Avalon*. Zu dieser Zeit hatte Moira, die damals etwa dreizehn war, eine Freundin namens Jeannie mitgebracht, die schon seit mehreren Jahren immer wieder nach Greenwalls kam. Jeannie hatte gerade angefangen, die Darkover-Romane zu verschlingen.

Irgendwann so um die dritte Kanne Tee dämmerte es Jeannie plötzlich, daß die Bücher, von denen sie uns mit so großer Begeisterung erzählt hatte, von eben jener Frau geschrieben worden waren, die sie bisher nur als die Mutter ihrer Freundin gekannt hatte.

Sie starrte Marion mit weit aufgerissenen Augen über den Teetisch hinweg an, als diese zugab, daß sie tatsächlich »die« Marion Zimmer Bradley war.

»Aber ... aber Sie sind ja ein ganz normaler Mensch!« rief Jeannie.

Irgendwann rappelten wir uns wieder vom Boden auf und hörten auf zu lachen. Aber dieser Vorfall war typisch für die Probleme, die Leute manchmal hatten, Marions körperliche Erscheinung mit ihrem Einfluß als Schriftstellerin in Übereinstimmung zu bringen. Jahrelang erwartete man, eine eins achtzig große Amazone mit flammendrotem Haar zu sehen, und war enttäuscht, einer (in den frühen Jahren) zierlichen kleinen Frau mit langem blonden Haar vorgestellt zu werden, und später einer kurzhaarigen, mütterlich wirkenden Person. Ihr blondes Haar ist echt und mit den Jahren heller geworden, aber es hat fast noch dieselbe Farbe wie damals, als ich sie vor dreißig Jahren kennenlernte.

Ein ganz normaler Mensch? Ich nehme an, ich hatte mehr Gelegenheit als die meisten, das festzustellen.

Ich wurde Marion 1965 von Ed Meskys vorgestellt, als sie immer noch von einem Vorschuß zum anderen lebte, obwohl die Darkover-Bücher ihr bereits zu einer gewissen Stammleserschaft verholfen hatten. Bei meiner ersten Tagung (Westercon 1967) schlief ich auf dem Fußboden ihrer Ehrengast-Suite. 1968 heiratete ich ihren Adoptivbruder Jon DeCles und wurde Teil eines großen Familienkreises.

Also habe ich sie als Privatperson kennengelernt, als Schwägerin, habe Kinderkleider und Kochrezepte und Familienklatsch mit ihr ausgetauscht. Aber ich hatte auch die Ehre, sie in einer Funktion zu erleben, die sie für viele Autorinnen erfüllte – als Mentorin.

Die Kurse für kreatives Schreiben auf dem College hatten mir jede schriftstellerische Betätigung für mindestens zehn Jahre ausgetrieben, aber nachdem ich Marion kennengelernt hatte, wurde mir schließlich klar, daß normale Menschen Geschichten schreiben konnten, die ich tatsächlich gerne las, und ich versuchte es noch einmal. Es ist durchaus gerechtfertigt zu behaupten, daß ich ohne sie nie Schriftstellerin geworden wäre. Als ich meinen ersten Roman beendet hatte, war sie so freundlich, ihn zu lesen – und zu kritisieren. Nachdem ich zu Ende geweint hatte, schrieb ich alles um. Mehrmals hat mir Marion durch die Geburtswehen meiner Geschichten geholfen, bis ich schließlich Erfolg hatte, und hat mir Geschichten abgekauft, als sie begann, eigene Anthologien herauszugeben.

Familienbande und die daraus entstehende Nähe mögen es mir einfacher gemacht haben, aber ich war nicht die einzige Autorin, der klar wurde, daß es möglich war, als Schriftstellerin Erfolg zu haben, und die von Marion lernte, wie man das macht. Unter den anderen sind Mercedes Lackey, ebenso wie Jennifer Roberson und Deborah Wheeler, die ihre ersten Geschichten an Marion verkauften. Wenn man die Einführungen liest, die sie den von ihr in Anthologien veröffentlichen Stories mit auf den Weg gibt, ist es verblüffend festzustellen, wie viele davon Erstveröffentlichungen sind, vor allem, wenn einem dann auch noch auffällt, wie viele dieser Autoren und Autorinnen sich inzwischen selbst einen Namen gemacht haben. Anders als so mancher Herausgeber war Marion immer bereit, mit Neulingen zu arbeiten und hat diverse Fassungen eines Manuskripts so lange kommentiert, bis eine lesbare Geschichte daraus wurde.

Noch bevor sie mit der Zusammenstellung eigener Anthologien begann, hatte Marion in Kommentaren und bei Podiumsdiskussionen bei Science-fiction-Tagungen und später in Schreibkursen ihre Theorie darüber entwickelt, was eine gute Geschichte ausmacht. Auf eine Kurzformel gebracht, lautet sie: »Joe hat den Arsch in einer Bärenfalle und kommt wieder raus.« Nachdem ich erfolglos darum gerungen hatte, meine Arbeiten in die Form von »Literatur« zu bringen, traf mich dieses Konzept wie ein greller Blitzschlag. Der Grund, wieso ich Marions Geschichten lieber mochte als die im *New Yorker*, bestand darin, daß bei ihr ETWAS PASSIERTE, sie hatten einen Anfang, einen Mittelteil und ein Ende. Und es half auch, daß die Hauptfiguren im allgemeinen Leute waren, die einem sympathisch waren, aber das Wichtigste war, daß die Personen in einer MZB-Geschichte echte Probleme hatten und sie lösten, wobei sie oft etwas über sich selbst und die Welt dazulernten.

Von dieser Philosophie hat sie ihre Tätigkeit als Herausgeberin leiten lassen, die es ihr möglich machte, anderen bei ihrer Arbeit zu helfen. Sicherlich ist diese Herangehensweise ans Erzählen nicht unbedingt Marions Erfindung, aber sie hat sie aufs brillanteste genutzt. Sie erklärte einmal, sie habe es von Don Wollheim, dem Gründer von DAW-Books, gelernt, und es war die Unterstützung Wollheims, den sie wie einen Vater betrachtete, die Marion half, solche Bücher zu schreiben und ihre Anthologien herauszubringen. In einem Genre, das immer wieder seine Wurzeln in der Unterhaltungsliteratur zu leugnen versucht und sich aufmacht, *respektabel* zu werden, sind DAWs Bücher im allgemeinen und Marions im besonderen zu einer erfrischenden, ja überlebenswichtigen Zuflucht geworden.

Damit will ich nicht sagen, daß die Art von Arbeiten, die MZB förderte, »eskapistischer« Natur waren (obwohl sie einen Leser einige Zeit von seinen Sorgen ablenken können). Ohne anmaßend zu werden, hat Marion in ihrem Werk einige wichtige Themen angesprochen. Und genau darin liegt, wie ich glaube, ihre wirkliche Bedeutung als Schriftstellerin. Mehr als alle anderen, die mir einfallen, hat sich Marion auf Bereiche konzentriert, die für verschiedenste Lesergruppen von höchster Bedeutung sind, und mit einem Verständnis darüber geschrieben, das den Menschen Hoffnung macht. In den frühen Darkover-Romanen hat sie hellseherische Kräfte und paranormale Phänomene auf eine Weise beschrieben, die Menschen, die tatsächlich etwas Ähnliches erfahren hatten (wenn auch nicht so dramatisch wie auf Darkover, aber deutlich genug, um sie um ihre geistige Gesundheit bangen zu lassen) zeigte, daß sie nicht abnormal waren, nur ungewöhnlich, und daß man lernen konnte, mit diesen Dingen umzugehen, ohne verrückt zu werden.

Im weiteren Verlauf der Darkover-Serie schrieb sie über homosexuelle Beziehungen (und zwar bevor es modern wurde), schenkte damit einer anderen Untergruppe von Lesern Rollenvorbilder und Anerkennung und bildete den Rest weiter. Obwohl sie schwört, keine Feministin zu sein, begann Marion in den siebziger Jahren durch die »Freien Amazonen«, sich mit den Problemen unabhängiger Frauen in einer Männerwelt auseinanderzusetzen. Das führte zur Entstehung einer Organisation, der Guild of Free Amazones, die den Frauen, welche versuchen, eine unabhängige Identität zu finden, viel moralische Unterstützung zuteil werden ließ, besonders in Teilen des Landes, die die »feministische Revolution« nie erreichte.

Dieses Begreifen der Wichtigkeit der weiblichen Perspektive, besonders ihrer spirituellen Seite, kam am deutlichsten in den *Nebeln von Avalon* zum Ausdruck, einem verblüffenden Beispiel eines Buches, das aussprach, was eine große Gruppe von Menschen dringend hören wollte, zu einer Zeit, als sie es unbedingt brauchten und in einer Form, die sie verstehen konnten. Ich selbst hatte mich mit dem Legendenkreis um Arthur auf dem College ausführlich befaßt und nicht geglaubt, daß zu diesem Thema noch etwas Neues gesagt werden könnte. Marion hat mir das Gegenteil bewiesen. Das Buch wurde ein Überraschungsbestseller, und keiner von jener Art, die ein Jahr lang in allen Buchläden stehen und im nächsten in allen Antiquariaten, sondern ein Klassiker, den die Menschen immer wieder lasen und ihren Freunden schenkten. Es weist seit dem ersten Erscheinen stetige Verkaufszahlen auf und ist in unzählige Sprachen übersetzt worden.

Diese Fähigkeit, sich auf den »Zeitgeist« einzustellen, überschreitet Stil und Struktur. Es ist nicht mehr wichtig, ob der Stil beständig hervorragend ist oder die Struktur elegant. Es geht um die Vision, die psychologische Wahrheit, die direkte emotionale Wirkung, die ein solches Buch über alle »literarischen« Meisterstücke erhebt, auf ein Niveau, auf dem selbst die Akademiker es akzeptieren müssen.

Ist die Autorin eines solchen Werks »ein wirklicher Mensch«? Nach der Veröffentlichung der *Nebel* war Marion nervös, weil sie überall Lesern begegnete, die erwarteten, daß sie aussähe (und sich benahm) wie Morgan Le Fay. Sie war besonders verblüfft, wenn sie gefragt wurde, welche Teile des Buches direkte Ergebnisse von »channeling« seien. Ihre Sekretärin Elizabeth Waters lieferte ihr eine klassische Antwort. »I'm not a medium, I'm a large.«

Und dennoch, in gewissem Sinn trifft diese Vermutung zu, nicht nur für Marion, sondern für jeden Autor. Wenn sie ihre Finger auf der Tastatur hat, denkt sie nicht an das Abendessen oder die Stromrechnung, sie lebt in einer Welt, in der Joe seinen Arsch aus der Bärenfalle ziehen kann, wenn er sich nur genug anstrengt – und sein Hirn nutzt. Sie lebt in einer Welt, in der Tragödien eine Bedeutung haben und selbst der Tod zum Triumph werden kann, in der Menschen Fehler machen und daraus lernen, und wo solche, die ihr ganzes Leben lang Außenseiter waren, ihre wahre Identität erkennen. In einer solchen Welt kann die Weisheit magisch durch die Fingerspitzen auf ein Blatt Papier fließen. Marion hat gesagt, daß sie selbst ihre Bücher oft erst versteht, nachdem sie sie geschrieben hat.

Ja, und die übrige Zeit ist Marion Zimmer Bradley »... ein ganz normaler Mensch«. Ein Mensch, den ich sehr gern habe.

Vorwort

von Andre Norton

Jedes Literaturgenre hat seine Giganten, solche, deren Werke Leuchtfeuer für jene sind, die sich anstrengen, den Lesern realitätsbezogene Geschichten zu schenken, die Eindruck hinterlassen, zum Denken anregen und dazu, sich um Bereiche zu bemühen, die einem zuvor verschlossen schienen.

Marion Zimmer Bradley hat nicht nur Welten geschaffen, die auch noch die nächsten Generationen überdauern werden, sondern sie hat ihre Hand ausgestreckt, um jene mitzuziehen, die sich ebenfalls danach sehnten, eine Stimme zu haben und eine ernstgemeinte und sorgfältig konstruierte Geschichte zu erzählen.

Durch ihre Anthologien und ihre Fantasy-Zeitschrift hat sie vielen das Tor geöffnet, die sich inzwischen als würdige Töchter erwiesen haben, und dafür müssen wir ihr alle Ehre erweisen, ebenso wie für ihr großes Talent.

Ich entdeckte Marions Werk vor Jahren, als mir ein Taschenbuch, *The Colors of Space*, in die Hände fiel. Danach habe ich jeden Titel von ihr gelesen, den ich finden konnte. Aus dieser anfänglichen Saat sproß schließlich die volle Blüte solcher Werke wie *Die Nebel von Avalon*, die Darkover-Saga und andere, die man hier niemals alle einzeln aufführen könnte.

Autorin zu sein bedeutet, Marion Zimmer Bradley jeglichen Respekt zu erweisen, sowohl für das, was sie erreicht hat, als auch für das, was sie ist – einzigartig und zeitlos.

Dieses Licht zu entzünden

von eluki bes shahar

In der Stadt Rimmon, auf der Seite des Platzes, die der Großen Kathedrale gegenüberliegt, steht eine Statue der Maid. Den Hütern der Heiligen Mutter Kirche behagt das überhaupt nicht, denn eigentlich sollte es keine anderen Statuen als die von Heiligen und großen Männern geben. Aber der Fürst der Stadt, der die Maid kannte, als sie dem König zum Thron verhalf, hat seine eigene Kanone einschmelzen lassen, damit die Statue gegossen werden konnte, und er hat an den Seilen, die sie aufrichteten, mit eigenen Händen gezogen – also bleibt sie, wo sie ist. Immerhin ist er der Fürst von Rimmon, und die anderen nur die Herren über das Leben nach dem Tod.

Wenn man diejenigen, die in der Kathedrale und dem dahinter gelegenen Kloster zugange sind, fragt, was ihnen an der Statue nicht gefällt, dann sagen sie nie die Wahrheit, obwohl die Geschichte allgemein bekannt ist. Sie reden nur darüber, daß die Statue mit dem Rücken zur Kathedrale steht, was auch zutrifft. Die Statue ist der Maid nämlich wirklich sehr ähnlich.

Man muß aufblicken, um sie sehen zu können – nicht, weil sie so groß ist, wie die von Sankt Tiresias, dem Richter, der zwischen den Toren der Kathedrale steht, denn unser Fürst hat ihr Bronzebild genauso gießen lassen, wie sie im Leben war – sondern, weil sie auf einem hohen Granitsockel steht, einem Block so lang und dick wie ein Männerbein, und es bräuchte ein Paar Ochsen und eine Kette, um ihn vom Fleck zu bewegen.

Der Stein ist gebrannt und glänzend vom Feuer, und wenn man genau hinsieht, kann man ein Stück einer Eisenstange sehen, das dicht am rechten Fuß der Maid abgebrochen ist.

Der Fürst hat die Statue mit Mörtel und langen Bronzespitzen am Sockel befestigen lassen, so daß, wer immer die Statue bewegen will, auch den Stein bewegen muß, und obwohl der Bischof sie nur zu gerne verschwinden sähe, wagt er es nicht, sie auch nur zur Kathedrale hin umzuwenden. Er ist immerhin nur der Bischof von Rimmon, und unser Herr ist der Fürst, der die Maid liebte. Es hat in der Vergangenheit Streitigkeiten zwischen dem Fürsten und dem Bischof gegeben, und der Bischof bewegt sich mit angemessener Vorsicht, damit unser Fürst ja nicht vergißt, daß er es mit einem Gottesmann zu tun hat. Und daher bleibt die Statue der Maid, wo sie ist.

Als ich noch ein Kind war, hörte ich die Geschichten von ihr nur zu gern. Sie starb, kurz nachdem ich geboren wurde, aber meine Mutter hat sie gesehen, als sie nach Rimmon kam, um den Fürsten zum Kampf gegen die Verdammten aufzurufen, auf daß der König seinen Thron besteigen könne. Wenn sie dem Wein zugesprochen hatte, erzählte meine Mutter dasselbe wie die Balladenhändler, wie jung die Maid war und wie schön. Wenn sie nüchtern war, fügte sie noch eines hinzu: daß die Maid anders gewesen sei als alle anderen Frauen, denn sie hatte keine Angst. Wir Frauen leben in Angst; Angst ist unser täglich Brot, das uns die Männer in diesem Land jeden Tag aufs neue vorsetzen. Aber als der Fürst über die Maid lachte, die in ihrem Kittel und den Holzschuhen vor ihm stand, und ihr anbot, sie auf sein Streitroß zu setzen, da verzog sie keine Miene, sondern schwang sich ohne Hilfe auf den Rücken des Tieres und meisterte somit Pferd und Mann in einer einzigen Geste. Der Hengst des Fürsten war ein tückisches Tier – er reitet solche bis zum heutigen Tag, und letztes Jahr hat eines davon ein Kind zu Tode getrampelt – und die Maid, die vom Land stammte, hatte sicher noch nie auf einem Pferderücken gesessen. Aber anmutig und sanft (so heißt es in den Balladen; ich glaube das nicht so recht) setzte sie ihren Fuß in den Steigbügel. Es ist eine viel erzählte Mär und gehört zu jenem Teil der Geschichte der Maid, den alle kennen.

Sie kann keine gute Reiterin gewesen sein, und der Rücken eines Pferdes ist hoch – nicht so hoch wie ein Dach, obwohl es einem höher scheint; ich, die ich selbst auf Pferderücken gesessen habe, sage dies. Ich glaube, es war ihre Furchtlosigkeit, die bewirkte, daß er sie liebte; sie lachte ihn an, wißt ihr, und bat ihn abzusteigen, und dann schwang sie sich aufs Pferd, als plündere sie im Obstgarten ihrer Familie Vogelnester aus.

Sie hatte keine Angst.

So erzählte meine Mutter jedenfalls, solange sie lebte, und es kann gut sein, daß sie die Geschichte jetzt Unserem Herrn und Seinen Heiligen Engeln erzählt. Und es täte ihnen gut, ihr zu glauben, wie ich es getan habe, denn meine liebe Mutter mag zwar ihre Fehler gehabt haben (nicht wenige davon, und ich habe die Priester nach ihrem Tod tüchtig bezahlen müssen), aber sie hatte nicht den Verstand, Dinge zu erzählen, die sie selbst nicht gesehen hatte, und wo sonst sollte meine Mutter je eine Frau gesehen haben, die einem Mann ohne Angst in die Augen blickte, wenn sie nicht dabeigewesen war, als die Maid nach Rimmon kam?

Also glaube ich, daß sie dabei war.

Der Rest der Geschichte ist ebenfalls allgemein bekannt – wie unser Fürst mit der Maid davonritt und wie die anderen Adligen der Maid folgten und sich für den König erhoben, und wie die Verdammten über das Wasser zurückgetrieben wurden und der König abermals an die Macht kam. Nicht viele hingegen wissen, wie es weiterging – ich habe gehört, wie Reisende behaupteten, daß bei der Siegesfeier Engel herabstiegen und die Maid in den Himmel erhoben, wo sie im Paradies für die Heilige Jungfrau die Strickwolle wickelt; was wahrhaftig ein erbärmlicher Lohn für ihre Mühe wäre – aber hier in Rimmon kennen wir die Wahrheit, ob wir wollen oder nicht, denn Fürsten fragen selten, was das gemeine Volk will.

Es muß großartig sein, ein Fürst zu sein, dem die ganze Welt ein ängstliches Frauengesicht zuwendet, aber ich glaube nicht, daß die Maid, als sie die Macht eines hohen Fürsten hatte und auf einem Streitroß saß, die Welt so gesehen hat. Sie war mutig und sah alles durch die Augen eines Helden. Ich glaube, wir waren alle Männer für sie.

Aber für die Frauen von Rimmon wird sie immer die Maid sein, eine Frau und eine von uns.

Mag sein, daß ich eine Ketzerin bin, aber manchmal frage ich mich, ob es so falsch wäre, wenn die Maid dort sitzen würde, wo unser Herr, der König, heute sitzt. Der König, so sagt man, ist ein verängstigter Mann: Er hat Angst vor seinen Söhnen und vor den Frauen seiner Söhne und vor den Verdammten, die nicht in ihrem eigenen Land bleiben wollen, sondern immer wieder in unseres einfallen. Ich glaube, die Maid hätte über die Verdammten nur gelacht, und dann wären sie daheim geblieben.

Aber dies ist die Geschichte der Maid, und sie hat drei Teile. Die Frauen von Rimmon kennen jenen Teil, den selbst die Fürsten nicht erzählen. Wir sind es, die Blumen zu Füßen der Statue niederlegen und Bänder. Und das ist es, was den Bischof wirklich erzürnt: daß wir ihr Geschenke bringen. Wir würden ihr Gold und Weihrauch bringen, wenn wir könnten; so bringen wir ihr, was wir haben.

Aber als nächstes will ich die Geschichte des Fürsten erzählen, denn sie ist mehr Leuten bekannt, wenn auch nicht sonderlich vielen. Große Herren leben ewig; der Fürst von Rimmon war ein junger Mann, als meine Mutter noch ein Mädchen war, und selbst heute, wo ich alt bin, ist er noch nicht so alt. Er hat graue Strähnen im Haar (das habe ich selbst gesehen), aber er reitet mit einer Wildheit zur Jagd (und seine Pferde sind Teufel), die die seiner Söhne weit hinter sich läßt. Alte Männer haben dieses Feuer nicht, und deshalb sage ich, er ist nicht alt. Vielleicht wird er überhaupt nicht sterben; vielleicht ist es die Angst, die unsere Leben verzehrt, bis wir erdrückt werden von den Zeremonien der Mutter Kirche wie eine Kerzenflamme, die in heißem Talg ersäuft.

Aber nun will ich endlich erzählen, was als nächstes geschah; die Geschichte der Maid, wie sie der Fürst von Rimmon kennt.

Der König betrat seine Heilige Stadt, und alle großen Herren kamen, um ihm die Treue zu schwören. Weil dies die Stadt ist, in der die Mutter unseres Herrn im Exil starb, sind Waffen innerhalb ihrer Mauern verboten, und Feinde müssen einander ohne Streit begegnen. Wo sonst könnte ein König solch großer Herren ihre Eide ohne Krieg entgegennehmen? Aber während die Verdammten die Stadt hielten, konnte der König seine Fürsten nicht beherrschen, da sie ihm nicht die Treue geschworen hatten.

Es gibt eine lange Ballade, so wahr wie jede andere, über die Belagerung der Heiligen Stadt Marcei, und wie all die Herren sich einer nach dem anderen aus dem Kampf davonstahlen, um in die Stadt zu gelangen und dem König ihr Leben zu Füßen zu legen. Eine hübsche Ballade, aber wir in Rimmon sprechen davon, was hinterher geschah.

Nachdem der König und seine Fürsten die Verdammten vertrieben hatten, wurde im Heiligen Marcei ein Fest gefeiert. Auch die Maid war dort, obwohl dies nicht ihrem Wunsch entsprach. Es war nicht der König, der sie gebeten hatte, sondern der Fürst von Rimmon, der ihr als erster in die Augen gesehen hatte und ihr gefolgt war. Es war auf jenem Fest, daß die Heilige Mutter Kirche, die erst dann zum König gestoßen war, nachdem andere den Kampf ausgefochten hatten, schwor, daß der Sieg ihren Gebeten und Ritualen zu verdanken sei.

Ich glaube nicht, daß die Maid ihnen widersprochen hätte; alle

Geschichten zeigen sie als großen General, und kein großer General stürzt sich in einen Kampf, wenn es keine Hoffnung auf Sieg gibt. Aber die Halle war voller Kämpfer, erhitzt vom Wein und vom Blutvergießen, und insgeheim war jeder von ihnen erzürnt darüber, den Zehnten von allem, was ein jeder besaß, Jahr für Jahr der Kirche zahlen zu müssen, wenn die Kirche doch nichts getan hatte, um die Verdammten aus dem Land zu werfen, ja sogar mehr, sie dort zu halten. Diese große Halle voller Männer höhnte und stritt und schrie den Bischof von Marcei nieder, als er ihrer Sache seinen nachträglichen Segen geben wollte – ist es da ein Wunder, daß die Maid bei Tagesanbruch zu einer Hexe und eingeschworenen Feindin der Wahren Kirche geworden war?

Sie brachten sie zurück nach Rimmon, um sie zu verbrennen.

Ich glaube nicht, daß dies das Ansinnen unseres Herrn des Fürsten von Rimmon gewesen sein konnte. Es ist wahr, daß eine Verhandlung gegen Ketzer in einer Kathedrale abgehalten werden muß, und daß Rimmon eine Kathedralenstadt ist. Vielleicht wollten sie auch unseren Fürsten demütigen, da er der Maid gefolgt war, aber ich habe alle Jahre meines Lebens in dieser Stadt verbracht, und ich finde, nicht einmal ein Kirchenfürst könnte den Fürsten von Rimmon so sehr von seinem eigenen Willen abbringen, auch nicht durch die Androhung von Tod und Höllenfeuer, die sie nicht über ihn bringen konnten, solange er im Angesicht des Königs verweilte.

Nein, ich glaube, er hatte vor, die Maid zu retten, indem er sie zwang, die Verhandlung hier abzuhalten. Vielleicht glaubte er, sie würden ihm gestatten, daß er die Maid begnadigte. Vielleicht glaubte er, sie würden ihn fürchten.

Aber selbst wenn sie ihn fürchteten, dann fürchteten sie die Maid doch mehr. Sie brachten Leute aus ihrem Dorf, die schworen, daß sie als Kind von den Luftgeistern verfolgt worden sei; die schworen, daß ihre Mutter sich mit einem Inkubus niedergelegt habe und die Maid daher selbst ein halber Dämon sei. Ihre Siege, als Wunder gefeiert, wurden nun zum Beweis, daß Hesperus, der Herr der Sünden, ihr zu Gefallen war.

Sie hatte, so sagte man, einen bösen Einfluß auf den König, wenn ich auch nicht weiß, wie das sein könnte, da sie ihm seit der Nacht des Festbanketts nie wieder gegenübergestanden hatte. Ich weiß nur, daß der König nie fragte, was mit ihr sei, noch stellte er sich zwischen sie und die Kirche – und nicht ich bin es, die das behauptet, sondern der Fürst von Rimmon, der diese Geschichte uns allen erzählt hat.

Und so nahm die Verhandlung ihren Lauf. Sie brauchten ein volles Jahr, um den Fall zu beschließen, da sie kein Geständnis von ihr bekamen. Der Fürst kam jeden Tag, wenn sie sie befragten, und bewegte sich nicht von der Stelle. Den ersten Mann, der sie auf die Folterbank schnallte, brachte er um. Der zweite war ein Priester, und daher konnte der Fürst keine Hand an ihn legen, aber dieser Priester fand einen frühen Tod durch schlechten Wein, und danach konnten sie niemanden finden, der die Maschinen bedienen konnte.

Und so wurde sie kaum befragt, aber sie hätten sie ohnehin nicht zu einer Lüge bewegen können, ganz gleich, was sie taten. Ich sagte schon, daß sie ein guter General war (der König auf dem Thron ist der Beweis), und sie wußte, daß die Kirche ihren Tod wünschte. Sie sagten, es sei wegen der Ketzerei, und unser Fürst sagte, es sei Eifersucht, aber ich sage, es ist, weil sie ihnen in die Augen gesehen hatte, und sobald dies geschehen war, mußte die Heilige Kirche sie töten, da sie sie nicht niederzwingen konnte. Die Kirche ist ein Fürst über den Fürsten, und selbst der Fürst von Rimmon muß das Haupt beugen und den Mund verschließen, sobald sie spricht.

Und die Heilige Kirche hat empfindliche Ohren, die nur die leisen und sanften Worte hören wollen. Die Maid – mögen die Balladensänger noch so oft verkünden, sie sei bescheiden und mild wie die Gottesmutter selbst gewesen – sprach die Wahrheit so hart und kalt wie Eis im Wassereimer an einem Wintermorgen, und die Gewißheit, daß sie sterben würde, ließ sie nicht sanftmütiger werden. Der Fürst war ihr gefolgt, weil sie keine Angst hatte, und aus demselben Grund hat die Kirche sie verbrannt.

Daß er ihre Feinde nicht aufhielt – er, der er so viel für sie getan hatte – geschah um seines Lebens und seiner Ländereien willen: Wäre er in die Kathedrale eingedrungen und hätte sie befreit, dann hätte die Kirche alles genommen, was er besaß, und ihn zum Gesetzlosen erklärt, und am Ende wäre er mit ihr verbrannt worden. Aber die Maid hätte selbst dies gewagt, wäre er an ihrer Stelle gewesen, obwohl es wahr ist, daß sie nicht so viel zu verlieren hatte wie er, nur ihr Leben und ihre Jugend und ihren starken Körper. So jedenfalls sagt der Fürst von Rimmon.

Er wird es wohl selbst glauben; obwohl es leicht ist, den Charakter einer Frau zu ändern, sobald sie tot ist, wird sie dadurch selten so edel, daß sie einen Vorwurf an alle lebenden Männer darstellt. Aber so hat er sich an jenem Tag zurückgehalten, und seitdem läßt die Heilige Mutter Kirche in Rimmon Vorsicht walten, damit der Fürst seine Zurückhaltung nicht vergißt.

Ich wurde um die Zeit geboren, als sie verbrannt wurde; ich lag noch in den Windeln, als meine Mutter mich mit auf den Platz vor der Kathedrale nahm, um zuzusehen. Ich könnte also sogar behaupten, ich hätte die Maid gesehen, aber ich werde nichts bezeugen, woran ich mich nicht erinnern kann. Die sie gesehen haben, erklären, sie sei immer noch stolz wie ein Herr einhergeschritten, selbst in den schweren Ketten. Sie trug feinsten Pelz und Samt, gesäumt mit Gold, ein Geschenk des Fürsten, damit sie nicht in Lumpen erscheinen mußte, obwohl die Stiefel, die er ihr geschickt hatte, natürlich nicht paßten, und so ging sie barfuß über den Platz.

Der Bischof verlangte vergeblich, daß der Fürst ihm seine Schergen überließ; es waren Novizen aus dem Kloster, die sie aus den Kerkern der Kathedrale und über den Platz führten, die sie an einen eisernen Pfahl banden, der in Stein eingelassen war, umgeben von trockenem alten Holz, so daß sie vom Feuer sterben würde. Dies ist ein langsamer und schmerzvoller Tod; wenn man dich je auf den Scheiterhaufen schickt, sorge dafür, daß sie das Holz dafür erst am Abend vorher schneiden, damit der Rauch dich schnell tötet.

Alle Mönche waren dort, sie stellten sich im Kreis um den Scheiterhaufen und sangen Hymnen, während der Abt die Fackel ans Holz legte. Es heißt, er habe sich am Abend darauf erhängt – ich sage, er hätte der Welt mehr Gutes getan, hätte er sich schon am Morgen zuvor umgebracht. Aber ich bin nur eine Frau, die den Lauf der Welt nicht versteht.

Dieser Tag war wie ein Festtag, aber ohne Freude. Es gab einen Baldachin für die hohen Herrschaften der Stadt, gesäumt von Purpur und direkt vor dem Tor der Kathedrale, damit sie alle gesehen wurden. Unser Fürst war dort und der Bürgermeister, Rimmons Bischof und der des Heiligen Marcei und sogar ein Kardinal aus Avinyon. Einige behaupten, man habe den Bürgern von Rimmon verboten zuzusehen, aber ein solches Edikt hätte selbst die Heilige Kirche nicht durchsetzen können, und so glaube ich nicht, daß der Bischof es erließ. Außerdem hätte der Fürst dem nur widersprochen, und es gab in der Stadt auch ohne offenen Kampf genug böses Blut.

Ich habe seitdem einige Verbrennungen gesehen – auch solche mit trockenem Holz – und daher weiß ich, was meine Mutter an jenem Tag erblickte. Die Haut wird schwarz – zuerst kommt das nur vom Rauch, aber dann dringt das Fett durchs Fleisch und verbrennt, bis die Haut schwarz glänzt wie Kohle. Dann bricht die Haut auf, geschrumpft durch die Hitze, und das Blut schießt heraus, wäscht alles für einen Augenblick lang rein. Das Blut zischt in den Flammen, und manchmal verkocht es schon auf der Haut, bevor es heruntertropfen kann. Manchmal splittern auch die Knochen, besonders dann, wenn sie erst kürzlich gebrochen wurden, und dies ist eine Gnade, da es einen schnelleren Tod beschert.

Es heißt, die Maid habe Hymnen gesungen oder angesichts ihrer Feinde geschwiegen, aber ich glaube nicht, daß jemand auf einem

Scheiterhaufen aus trockenem Holz still sein kann. Ich weiß, daß sie nicht bereute, denn in diesem Fall hätte man sie erwürgt, bevor man sie verbrannte, selbst in letzter Minute, als der Priester kam, damit sie beichten könne. Aber sie verbrannte bei lebendigem Leib.

Als sie tot war, nahmen sie alle Stücke von ihr und verbrannten sie abermals in einer eisernen Kiste, bis nur noch die Knochen übrig waren. Dann zermahlten sie die Knochen mit einem Mörser und verstreuten sie vor der Stadt, so daß die Maid nicht an der glorreichen Auferstehung des Fleisches teilhaben kann, die uns alle eines Tages erwartet.

Und ein Jahr nach diesem Tag kamen der Fürst und seine Bildhauer auf den Platz, auf dem die Maid verbrannt worden war, und errichteten ihr Ebenbild in Bronze auf jenem vom Feuer gehärteten Stein, wo ich es seither an jedem Tag meines Lebens gesehen habe. Wenn der Fürst stirbt, wird sein Sohn vielleicht zulassen, daß der Bischof es einschmilzt, wie Seine Ehrwürden es so gerne möchte. Vielleicht auch nicht. Wer weiß schon, was ein junger Mann tun wird, der sein Erbe antritt?

Dies ist die Geschichte der Maid, wie sie der Fürst von Rimmon kennt. Er hat sie uns allen an jenem Tag erzählt, und er hat sie auch von einem Balladensänger aufschreiben lassen. Aber für ihn ist die Geschichte hier zu Ende.

Die Frauen wissen mehr.

Wir sprechen nicht darüber. Maria, die Wäscherin, hat es einmal getan, sie wurde am Kathedralentor ausgepeitscht und zur Strafe über Nacht vor dem Stadttor ausgesetzt. Man hat sie nie wiedergesehen – nicht einmal ihre Knochen, obwohl die Wölfe Knochen selten weit wegschleppen.

Aber Maria hat gesprochen, und wir haben sie gehört, und der Bischof hat gehandelt, und wir haben gesehen, und nun sagen wir nichts mehr, denn Maria hat alles gesagt, was gesagt werden mußte.

Maria hat die Maid auf der Straße gesehen, so hat sie erzählt. Maria hat ihr Schwein vom Wald in die Stadt getrieben: danach fiel das Schwein an die Kirche, und der Schinken wird ihnen sicherlich gemundet haben. Maria sah die Maid auf der Straße und sprach mit ihr, drei Tage nach der Verbrennung.

Maria hat uns in Rimmon nicht erzählt, worüber sie gesprochen haben, und dann hat Seine Ehrwürden ihr ein Stück glühendes Eisen auf die Zunge legen lassen, und selbst, wenn sie noch leben würde, hätte sie es uns nicht mehr sagen können. Doch was sie uns erzählte, war genug. Einige mögen es nicht glauben, aber darunter sind keine Frauen.

Ich glaube, auch andere haben seitdem die Maid gesehen, wenn auch ich selbst sie nie erblickte. Sie kommt nicht zu allen Frauen – und schon gar nicht zu Männern, denn all ihre Sorge gilt uns. Und daher bringen wir ihr Geschenke, so gut wir können, und unsere Gebete, und sie tut für uns, was sie kann. Ich glaube, Gott Vater wacht immer noch über sie, und deshalb kann sie nicht mehr tun.

Aber ich weiß, daß sie auch etwas von uns verlangt.

Sie kommt nicht, um uns zu sagen, daß wir es weiter ertragen sollen, denn diese Lektion haben wir schon lange gelernt. Sie kommt auch nicht, um uns zu sagen, wir sollten Mut haben, denn dies wäre nur närrisch. Wir leben in steter Angst, und dennoch sind wir entschlossen zu leben – wer könnte da behaupten, daß es uns an Mut fehlt?

Sie kommt, um uns zu sagen, daß wir ohne Angst leben sollen.

Dies ist die Geschichte der Maid, jener Teil, den nur die Frauen von Rimmon kennen. Daß sie zurückgekommen ist, und was sie von uns verlangt.

Es ist eine schwere Forderung an arme Frauen, aber sie hat uns durch ihr eigenes Leben daran erinnert, daß es möglich ist.

Wir kennen ihr Leben und ihre Kindheit so gut wie die Leute aus ihrem Dorf, denn hat nicht die Heilige Mutter Kirche sie hergeholt, darüber Zeugnis abzulegen? Und wir wissen, daß sie weder von Engeln noch von Teufeln gezeugt wurde, sondern geboren von einer sterblichen Frau, die keine Angst hatte.

Und durch ihren Tod wissen wir, daß jene, die keine Angst haben, deshalb umgebracht werden; wir wissen, daß wir ohnehin sterben werden, zum Nutzen und Stolz der Männer. Es ist besser, für etwas zu sterben, das man selbst herbeigeführt hat.

Es ist besser, ohne Angst zu leben.

Mit diesem Wissen habe ich all die Jahre meines Lebens gelebt; mit dem Wissen um das Leben der Maid und um ihre Wünsche. Ich bin jetzt eine alte Frau, beinahe vierzig. Ich habe zwölf Kinder geboren und sie allesamt begraben, und in meinem Bauch brennt ein Schmerz wie von einem glühenden Eisen. Ich werde bald sterben.

Aber bevor dies geschieht, werde ich auf den Platz vor der Kathedrale gehen. Ich werde meinen Fuß auf den feuergeschwärzten Stein stellen, dorthin, wo die Blumen liegen, und hinaufsteigen, um die Maid auf ihre kalten Bronzelippen zu küssen.

Und dann werde ich durch die Tore von Rimmon davongehen und der Welt die Geschichte der Maid erzählen, wie die Frauen von Rimmon sie kennen, und von einer Welt, in der Frauen keine Angst mehr haben.

Der Gral im Herzen

von Judith Tarr

Der junge Ritter kniete auf kaltem Stein. Die Nacht flüsterte leise, Kerzen flackerten in der Dunkelheit, warfen ihr sanftes Licht auf den Altar Unserer Lieben Frau. Sie lächelte von ihrem Sockel aus Gold und Porphyr zu ihm herab: eine gelassene und schöne Dame im blauen Gewand, ummantelt von Nacht und von Sternen gekrönt.

Er war ein sehr junger Mann. Erst am Abend zuvor hatte er auf diesen Steinplatten gelegen, nur mit einem dünnen weißen Gewand bekleidet, und hatte darum gebetet, er möge der Ehre und der Berufung würdig sein. Und nun hatte er es erreicht, und ein großer blauer Fleck bezeugte dies: Sein Herr hatte eine feste Faust, in Eisen gekleidet, und er hatte den Ritterschlag ausgeteilt, als wäre es ein Hieb bei einem Kampf. Der junge Mann war ins Schwanken geraten, und seine Augen waren dunkel geworden, aber seine Knie hatten standgehalten. Er hatte seinen Namen und seine Familie nicht entehrt.

Sie feierten in der Halle, tranken auf seinen Namen. Er hatte sie verlassen, nachdem der gallische Wein herumgereicht worden war, aber bevor sie noch das Faß aus der heilen Stadt Sarras heraufgebracht hatten. Nach drei Tagen des Fastens hatte er sich schon von wenig Essen und Wein gleich schwach und krank gefühlt und ein wenig beschämt.

Er war gegangen, wohin alle Männer gehen, wenn ihnen beim Feiern übel wird, aber danach hatten ihn seine Füße nicht zu dem Gebrüll und Gestank der Halle zurückgetragen, sondern in die kalte Stille der Kapelle, in der man ihn zum Ritter geschlagen hatte. Sonst war niemand hier. Nichts rührte sich. Es gab nur Schweigen und das Flackern der Kerzen und das sanfte und geheime Lächeln Unserer Lieben Frau.

Er verneigte sich vor ihr. Sein Herz floß über, und er zitterte. Aus diesem Zittern formte sich ein Gebet: »Herrin«, sagte er, »ich bin dein Ritter, dein Diener, das geringste deiner Kinder. Schenk mir große Taten. Laß mich zum besten aller Ritter werden, zum Glanz meines Ordens – doch nie zu meinem eigenen Ruhm. Nur für die Ehre deines Namens.«

Er schwieg. So hatte er nicht zu beten gewagt, als er vor dem Ritterschlag Wache gehalten hatte. Es war ihm anmaßend erschienen, er war noch nicht würdig gewesen. Aber im Stolz über seine neu errungene Ritterschaft wagte er es nun.

Sie lächelte. Ihr Lächeln ließ ihn noch mutiger werden. »Herrin!« rief er, »Herrin, schenk mir Visionen. Und – o Herrin, wenn du gnädig bist, und wenn es dir gefällt, schenk mir die größte aller Visionen. Schenk mir, was mein Herz begehrt. Zeig mir den Gral.«

Die Worte blieben ihm beinahe im Halse stecken. Er wußte, daß er nicht der erste war, der um so etwas bat – er mochte zwar jung sein und viel zu dreist, aber er war nicht völlig unbedarft. Und er wußte um den Preis, den jeder zahlen mußte, der solches von Gott oder der Gottesmutter verlangte. Es gab so viele, die ihr Leben lang suchten, ohne je zu sehen, wonach sie sich sehnten. Denn dies gelang nur denen, die reinen Herzens waren.

Er konnte sein eigenes Herz nicht beurteilen. Er konnte nur aus vollem Herzen bitten, mit all dem Überschwang, den der Wein ihm nach langem Fasten beschert hatte, diesem erhebenden Gefühl, jetzt alles sein zu können, nun, da er ein Ritter war.

Das Schweigen dauerte an. Die Kerzen flackerten. Unsere Liebe Frau lächelte.

Er warf sich vor ihr nieder. Er war zu unverschämt gewesen. Von ihr zu fordern, was ein Segen war – was sie nur aus freiem Willen gab.

Etwas, eine Bewegung in der Luft, brachte ihn wieder auf die Knie. Er hob langsam den Kopf und starrte in die Höhe.

Es hing über dem Altar, schwebte in der Luft, wie es in der Legende hieß. Es schimmerte in einem anderen Licht als dem irdischer Kerzen: weißes Licht, himmlisches Licht, heller als die Sonne, aber nicht von einem Strahlen, das blendet. Eher, als ob man dadurch besser sehen könne, ins Herz aller Dinge.

Er streckte die Hand aus, wie es immer in den Geschichten geschah. Und wie in allen Geschichten zog es sich vor ihm zurück, kam nie näher, entfernte sich aber auch nicht völlig: stets dasselbe, sichtbar und doch unerreichbar.

Suche, sang die Luft. Suche, und du wirst finden.

Begeisterung trug ihn aus der Kapelle hinaus und genau in die Arme der feiernden Menge. Denen war seine Abwesenheit endlich aufgefallen, und sie hatten sich auf die Suche nach ihm gemacht, um ihn zurück zum Wein und zu den Trinksprüchen zu bringen. Er widerstand, aber seine Knie waren geschwächt, sein Kopf wirr von Visionen. Sie trugen ihn auf ihren Schultern davon, johlend und lachend, kläffend wie eine Hundemeute.

Die Halle war eine einzige Versuchung, ein Vorgeschmack der Hölle. Es roch nach Wein und Bier, Schweiß und Parfum und rohem menschlichen Fleisch. Liederliche barbusige Frauen, denen das Haar offen über den Rücken fiel. Männer, die sich auf sie stürzten, wo immer sie gerade niederfielen, auf Tischen, Bänken, dem Boden. Schlaffe Gestalten, in Ecken zusammengesackt, im Wein versunken. Rote, dampfende Gesichter, aufgerissene Mäuler, Fetzen von grölendem Gesang.

Einige der Jüngsten und Zügellosesten entdeckten, daß der neue Ritter wieder zu ihnen gebracht wurde, und begannen, seinen Namen zu brüllen. *Edmund! Edmund! Edmund!* Er kämpfte gegen die Hände an, die ihn hielten. Seine Fänger lachten nur.

»Der Löwe ist gefangen, das Einhorn sitzt in der Falle.« Es war eine liebliche Stimme, beinahe zu lieblich für einen Mann, wie auch das Gesicht mädchenhaft schön war. Aber in den halb zusammengekniffenen dunklen Augen lag nichts Mädchenhaftes, auch nichts Liebenswertes, und keine Gnade. Das Lächeln war wie eine Klinge, brillant und tödlich. »O wahrlich, ein Einhorn, unsere bescheidene Jungfer: ein Ausbund jungfräulicher Reinheit. Jetzt komm und sei ein Mann.«

Ein wahrer Heiliger hätte sich aufgerafft, selbst wenn er gebunden gewesen wäre, und hätte edle Worte gesprochen, Worte unbeugsamer Selbstaufopferung. Edmund war kein Heiliger. Er war nur ein soeben in den Ritterstand erhobener junger Mann, der vor Unserer Lieben Frau in der Kapelle die Sünde des Stolzes begangen hatte. Er wand sich, bog sich, trat zu, befreite sich. Und rannte davon, schüttelte die Festgäste ab.

Nicht das schlimmste Versagen, aber nichts, was einem Mann und Ritter geziemt hätte, waren die Tränen in seinen Augen. Wie ein Kind rannte er vor seinen quälenden Gedanken davon, rannte und versteckte sich, während sie ihn im gesamten Schloß suchten, immer wieder seinen Namen brüllten. Aber keiner dachte daran, in der Sakristei hinter der Kapelle nachzusehen, wo Dunkelheit, Stille und Kälte herrschten und es nach Wachs und Weihrauch roch.

Lange nachdem das Geschrei verstummt war und sogar die Geräusche der Feiernden leise geworden waren, tauchte er verknittert und zitternd wieder aus seinem Versteck auf. Er hatte die Zähne zusammengebissen, sich die Tränen abgewischt. Er wußte, was er zu tun hatte, und zwar schnell, ohne zu zögern.

Er war nur ein sehr junger Ritter und stammte aus einer Familie, die zwar im Rufe großer Ehre stand, aber nur wenig Mittel besaß. Die Beschaffung der wunderschönen neuen Rüstung und des schimmernden Schwertes hatte seinen Vater beinahe arm gemacht, ganz zu schweigen von dem größten Schatz, dem taubengrauen Hengst, den Gott geschaffen hatte, einen Ritter in die Schlacht zu tragen. Es war nur noch genug übrig gewesen für einen Zelter, einen einfachen braven Braunen mit schwerem Kopf und einem Weißauge und einem Maulesel, der die Rüstung schleppte. Bedienstete hatte er keine, bis auf einen müden Diener, der sich jetzt auf seinem Strohsack aufsetzte und krächzte: »Was ist –«

»Auf«, sagte Edmund mit einem neuen und ritterhaften Tonfall. Wenn er auch noch etwas unsicher klang, so wußte Alfgar doch, daß es besser war, keinen Kommentar abzugeben. Edmund zerrte ihn auf die Beine und rüttelte ihn wach. »Aufstehen, du Narr! Wir machen uns auf die Suche.«

»Aber«, wandte Alfgar ein, »der Herr – Eure Pflichten – Ihr solltet doch –«

Edmund wappnete sich gegen die nagenden Schuldgefühle. Er hatte sich einem irdischen Herrn verpflichtet, aber als erstes hatte er sich Unserer Lieben Frau unterworfen und ihr geschworen, ihr zu dienen und zu tun, was sie befahl. Sie hatte diese Suche befohlen, davon war er überzeugt. Hatte sie ihm denn nicht den Gral gezeigt? Hatte sie ihn denn nicht in den Strudel der Hölle geworfen und ihm dadurch gezeigt, daß er weltlichen Vergnügungen den Rücken kehren sollte?

Nichts davon erzählte er Alfgar. Ein Dienstbote brauchte nur zu wissen, daß der Herr befahl und er zu gehorchen hatte.

Alfgar war in Gehorsam geschult, auch wenn er das nie auf seine Zunge ausgedehnt hatte. Die ganze Zeit, während er alles für die Reise vorbereitete, murmelte er vor sich hin, leise, aber noch deutlich genug, daß Edmund es verstehen konnte: »Zieht einen armen Mann noch vor der Dämmerung aus dem Bett, sagt ihm, er will in die

Winterkälte hinausziehen, und es würde mich nicht überraschen, wenn auch noch ein Schneesturm aufkommt, und was wird Graf Richard dazu sagen, wie sein jüngster Ritter seinen Eid hält, das will ich mir lieber erst gar nicht vorstellen, nur, daß ich natürlich Schläge beziehen werde und er eine Strafpredigt kriegt und ein paar Monate Brot und Wasser, ganz bestimmt, ganz abgesehen davon, was sein Vater sagen wird, wenn –«

In diesem Augenblick traf ihn Edmunds Kopfnuß. »Beeil dich, Idiot! Wir verlieren nur Zeit.«

»Ach ja«, sagte Alfgar, aber dann bemerkte er Edmunds Blick und klappte den Mund zu. Er beschleunigte sein Tempo ein wenig.

Es dämmerte grau, und es war bitter kalt, als sie davonritten. Alfgar hatte weiter protestiert, aber Edmund hatte nicht nachgegeben. Alfgar hockte auf dem Maulesel zwischen den Packen und Bündeln mit der Rüstung und den Vorräten und führte den gefleckten Hengst, der von einer prächtigen Decke gegen die Kälte geschützt wurde, und als sie den steilen Pfad von der Burg herab entlangtrabten, fing es an zu schneien.

Edmund war in Leder und Pelz und einem schweren Mantel warm eingepackt, trug Handschuhe und Stiefel gegen das schlimmste Beißen der Kälte. Aber wärmer als all dies war das Feuer in seinem Herzen. Er war ein Ritter, der auf Abenteuer auszog, ein Ritter wie in den Legenden, ein Ritter, der den Gral suchte.

Alfgar, der sich in jedes einzelne Kleidungsstück gewickelt hatte, das er und sein Herr besaßen, zitterte und grummelte. Er war dünn, ein knochiger, ungelenker Mann, und sein Herz beherbergte kein Feuer, ihn zu wärmen. Er mußte sich auf irdisches Handwerk verlassen, auf Herd und Lagerfeuer.

In keiner Legende, überlegte Edmund, war ein Ritter mit einem so armseligen Gefährten belastet. Wahre Ritter auf der Suche ritten allein oder begegneten schönen Damen, die sie an ihr Ziel geleiteten.

»Und wie kommt ein Ritter allein an sein Abendessen?« fragte Alfgar unwirsch, als Edmund so dumm war, seine Überlegungen laut auszusprechen. »Wer wird etwas Passendes finden und es zubereiten und hinterher Ordnung machen? Wird der Ritter selbst seine gepflegten Hände bei der Pflege der Pferde schmutzig machen oder die Abfallgrube graben oder – Gott verhüte – seine Kleider waschen oder flicken? Nein, wird er nicht. Und die hübschen Damen werden es auch nicht für ihn tun, und das ist eine Tatsache. Geschichten erzählen nicht alles. Hinter jedem Ritter stehen Armeen von Dienstboten, das werdet Ihr schon sehen.«

Aus Zufall oder Berechnung war Alfgar viel zu weit entfernt, als daß Edmund ihm einen Schlag hätte versetzen können. Statt dessen entschloß er sich, den Diener zu ignorieren. Der hammerköpfige Braune trottete durch den immer höher werdenden Schnee, in einem Wind, der sich von kalten Böen zu einem eisigen Sturm steigerte. Aber Edmund hatte das Feuer in seinem Herzen und eine Vision vor sich, eine Vision von Licht, Glanz und Reinheit. Es gab nichts anderes auf der Welt, keinen Schnee, keine Kälte und keinen Hunger und auch nicht die Schuld, daß er ohne ein Abschiedswort und ohne die Erlaubnis seines Herrn gegangen war.

II

»Die Gralsburg«, erklärte Edmund in einem Tonfall, den er von einem Erzbischof gelernt hatte, wohltönend und großartig, »ist eine gewaltige Festung, ein Ausbund an Schönheit und Kraft, beschützt von Drachen. Nur die Reinen dürfen sie betreten; solche, die rein an Körper und Geist sind. Nur die Gesegneten dürfen in ihren Hallen wandeln, den Klang ihrer Chöre hören, ihren Schatz betrachten. Einen Schatz, Alfgar. Den größten Schatz auf Erden.«

Alfgar hörte nicht zu. Er hatte ein paar Kaninchen gefangen und getötet, jetzt säuberte er sie gerade. Edmund hatte ihm geholfen, indem er ihm gestattet hatte, mit Pfeil und Bogen zu jagen, nachdem er sich um die Pferde und das Maultier gekümmert und das Lager auf einer Waldlichtung aufgeschlagen hatte. Edmund wußte nicht, wie dieser Wald hieß. Es hätte Broceliande sein können, oder Lyonesse, oder Ys – aber Ys war im Meer versunken.

Sie waren seit einem Monat und einem Tag unterwegs, vom Winter in noch tieferen Winter. Der Frühling hätte nah sein müssen, aber hier war der Winter noch streng, der Schnee reichte Edmunds Schlachtroß bis an die Brust, die Kälte war so bitter geblieben wie anfangs, als sie die Burg ihres Herrn verlassen hatten, um den Gral zu suchen. Das Feuer in Edmunds Herzen glühte nur noch matt, wie es mit Feuern durch fortschreitende Zeit und Müdigkeit geschieht.

Ein- oder zweimal ertappte er sich bei dem Gedanken an Rückkehr. Die Tage der Abenteuer waren vorüber. Ritter zogen nicht länger im Land umher. Selbst der Glanz der Kreuzzüge war verblaßt, das Heilige Grab verloren und die Ritter des Herrn aus Jerusalem vertrieben. Sein eigener Herr war ein gänzlich weltlicher Mann, mit Sicherheit ein edler Kämpfer, aber mit wenig Anmut oder Hingabe. Er diente dem Oberherren, der am besten seinen Zwecken entsprach, wechselte die Seiten, wie es ihm paßte, und wähnte sich deshalb den Himmel sicher. Hatte er denn der Mutter Kirche nicht großzügige Geschenke gemacht, ihre Amtsträger geehrt und den Armen so viele Almosen gegeben, wie er für nötig hielt?

Edmund, den man zu ihm geschickt hatte, um die Künste der Ritterschaft zu erlernen, hatte einen langen und schweren Kampf um die Rettung seiner Seele geführt. Er betrachtete sich als Sieger. Er hatte eine Vision des Grals gehabt. Unsere Liebe Frau selbst hatte ihn auf diese Suche geschickt.

Und wenn das bedeutete, daß er sich eher wie ein Flüchtiger denn wie ein auf Abenteuer ausziehender Ritter benahm, wenn er es nicht wagen konnte, um Obdach in einem Herrenhaus vorzusprechen, sondern für sein Essen jagen – oder besser: Alfgar jagen lassen – mußte, was machte das schon? Alfgar sorgte dafür, daß die Pferde zu fressen hatten, was, dem Umfang seines Geknurres und Gemurres nach zu schließen, schwieriger war, als seinen Herrn zu ernähren. Aber der wunderschöne graue Gyrfalcon durfte auf keinen Fall hungern, auch wenn dann nur noch wenig für das Maultier oder den Braunen übrigblieb.

Edmund ließ sich dazu herab, sich selbst um sein Schlachtroß zu kümmern. Die anderen Tiere waren von gewöhnlicher Art, also überließ er sie Alfgar. Aber um sein graues Schlachtroß kümmerte er sich mit eigenen Händen, säuberte die großen Hufe, bürstete das silbrige Fell. Das Haar an den Hufen und der dichte Fluß von Mähne und Schwanz verfilzten schrecklich in den Dornenhecken, waren voller Kletten, die kaum mehr zu entfernen waren. Und Gyrfalcon war, im Gegensatz zu seinem Namenspatron, dem hurtigen Jäger, langsam. Aber er war ein Schlachtroß aus Alemannia, und er hatte die gesamten Jahreseinkünfte aus den Ländereien von Edmunds Vater gekostet. Er war das einzig angemessene Reittier für einen Ritter.

Das jedenfalls verkündete Edmund, während Alfgar die Kaninchen spickte und sie mit Kräutern einrieb, die er aus einem Beutel nahm, und sie über das Feuer hängte. »Auf ihm werde ich in die Gralsburg reiten«, sagte Edmund, »auf meinem grauen Schlachtroß, vollständig gerüstet, zu Ehre und Ruhm meines Hauses. Das hat Unsere Liebe Frau mir versprochen.«

»Ach ja?« murmelte Alfgar. Aber seine Worte waren kaum zu verstehen, so schrecklich klapperten seine Zähne. Vielleicht hatte er auch gar nichts gesagt.

Alfgar hatte eine spitze Zunge, und er war ungeschickt, aber er hatte zwei Eigenschaften, die Edmund veranlaßten, ihn zu behalten: er war treu, und er konnte kochen. Die Kaninchen waren recht akzeptabel. Edmund, großzügig, wie es sich für einen Ritter gehört, aß vom zweiten nur die Hälfte und überließ seinem Diener den Rest.

Und während sich Alfgar später um das Feuer kümmerte und noch einmal nach den Pferden sah, kniete Edmund zum Gebet nieder, wie er es jeden Abend tat, für eine vollständige Vesper, und als er damit fertig war, wickelte er sich in Decken und Pelze und schlief ein.

Ein Stein drückte sich in seine Seite. Es war ein reichlich spitzer Stein, wie der Zeh eines Ritters in Rüstung, und er schien über die Fähigkeit zu verfügen, sich zu bewegen. Er schubste Edmund, drehte ihn auf den Rücken.

Edmund blickte auf in die kalte Morgendämmerung. Ein Schatten ragte über ihm auf. Schultern so breit wie die Burg des Königs selbst, ein hochragender, gespenstischer Umriß – das mußte ein Ritterhelm sein.

Edmund setzte sich auf oder versuchte es zumindest. Jemand riß ihm die Arme nach hinten, band ihn. Er starrte den Ritter an, der das Visier gesenkt hatte, das sein Gesicht verbarg. Er trug kein Wappen, keinen Mantel, nur die Rüstung, in mattem Schwarz, ohne das Glitzern von Farbe oder Vergoldung. Er war namenlos, gesichtslos, ein Schattenritter.

Er sprach kein Wort. Er hob die Faust und warf Edmund entschlossen und mit wohlausgewogenem Krafteinsatz in die brennende Dunkelheit.

Es war wahrhaft dunkel, als Edmund wieder erwachte. Er fror. Kein Feuer war mehr in seinem Herzen, und keines brannte irgendwo in seiner Nähe. Im blassen Mondlicht sah er die Lichtung, auf der er gelagert hatte. Der Schnee war überall zertrampelt und schmutzig. Es brannte kein Feuer mehr in dem Steinring, den Alfgar errichtet hatte, nur Asche war übrig, und die war eiskalt. Die Pferde und das Maultier waren verschwunden, und mit ihnen alles, was sie getragen hatten: Rüstung, Sättel, die restlichen Vorräte.

Edmund setzte sich auf. Seine Hände waren frei und sein Kopf tat furchtbar weh. Erinnerungsfetzen kamen und gingen: Flackerndes Feuer, Dunkelheit, ein Schatten, der ein Ritter in schwarzer Rüstung ohne Wappen war.

Ein Stöhnen ließ ihn so rasch hochfahren, daß ihm schwindlig wurde. Alfgar saß im Schnee, hatte den Kopf zwischen den knochigen Knien. »Ah«, stöhnte er wieder. »Gott und Sankt Frideswide. Mein Kopf fühlt sich an wie ein Pflasterstein, über den eine Armee reitet.«

Edmunds Schädel ging es nicht besser, aber er war ein Ritter; es gehörte sich, daß er über solchen Dingen stand. »Wir sind«, sagte er, »unter die Räuber geraten. Wir sind beraubt worden, Alfgar.«

»Ach, ist Euch das aufgefallen?« Alfgar hob vorsichtig den Kopf, als fürchte er, daß eine raschere Bewegung ihn ihm vom Hals reißen würde. »Aber es waren gute christliche Räuber, wie ich sehe. Sie haben uns nicht ausgezogen und uns die Hälse durchgeschnitten.«

Edmund schnappte nach Luft. »Genügt es nicht, daß sie alles andere genommen haben? Alles!« Seine Hand schloß sich um Luft, wo vorher sein Dolch gewesen war, der kleine, mit dem er immer das Fleisch schnitt. Sie hatten den Dolch genommen, zusammen mit dem Schwert, selbst die Lanze, die auf den schmalen Waldwegen immer so hinderlich gewesen war und die sich, auf den Packsattel des Maultiers geschnallt, immer in Zweigen und Hecken verfangen hatte.

Alfgar zeigte sich wenig beeindruckt. »Wir leben noch«, sagte er, »und sind so warm, wie es die Umstände zulassen. Das ist nicht schlecht für ein paar umherziehende Narren.«

Edmund holte aus, aber Alfgar war schneller, als er aussah, oder er hatte einfach Glück. Er stolperte aus dem Weg, stolperte weiter, bis er die Bäume erreicht hatte.

Edmund sah hinter ihm her. Er war nicht einmal wütend. Alles war verschwunden. Pferde, Rüstung, Waffen, Diener – und die Vorräte. Alles. Er hatte nichts mehr auf dieser Welt, nur noch sich selbst.

Alfgar war fast außer Sichtweite. Der Wald war so schwarz wie die Rüstung dieses räuberischen Ritters. Der Mond schien durch die

Zweige, aber nur schwach. Alfgar war ein Schatten unter Schatten, ein schlacksiger Narr, von Mond und Dunkelheit in einen Waldgeist verwandelt.

Waldgeister hatten für Menschen nicht viel übrig. Sie führten sie in die Irre, damit sie sich im Dickicht verliefen und dort starben.

Edmund bekreuzigte sich und verspürte so etwas wie Zorn. Er war ein Mann Gottes, gesegnet von Unserer Lieben Frau. Kein Geschöpf der Nacht konnte ihm schaden. Und sein Diener lief davon, und das war, nach allem, was geschehen war, einfach unerträglich. Er fiel in einen taumelnden Trab und folgte dem Schatten, der Alfgar war... oder von dem er dies zumindest hoffte.

Er hatte sich verirrt. Es tat seinem Stolz weh, dies zugeben zu müssen, aber Edmund war ein ehrlicher Mann, wenn auch ein Narr. Alfgar war einen Pfad entlanggerannt, und Edmund war ihm gefolgt. Aber irgendwie hatte Edmund im wechselhaften Mondlicht eine falsche Abzweigung genommen. Alfgar war längst verschwunden. Die Bäume standen immer dichter. Es gab keinen Bach, dem er folgen konnte, keinen Pfad mehr, nur noch die Dunkelheit und das trockene Knarren der Zweige im Wind. Wolken, die bereits die ganze Zeit über den Mond hinweggetanzt waren, bedeckten ihn jetzt vollständig. Der Geruch nach Schnee hing in der Luft.

Edmund stolperte gegen einen Baumstamm, klammerte sich bebend daran. »Herrin«, flüsterte er. Er konnte sich selbst kaum hören, so sehr klapperten ihm die Zähne. »Herrin, wenn du mich liebst, dann erinnere dich, was du versprochen hast. Wenn ich hier sterbe, wie soll ich je den Gral finden?«

Sie mochte ihn gehört haben oder nicht, aber sie gab keine Antwort. Er sank an der Stelle zu Boden, auf der er gestanden hatte, und kauerte sich an den Baum. Als das Dunkel über ihn hereinbrach, hieß er es willkommen, diesen tiefen Schlaf, der, so sagte man, der leichteste Tod von allen war.

III

Wärme tat weh, wenn ein Körper so lange der Kälte ausgesetzt gewesen war. Licht stach in den Augen, die zu tief ins Dunkel geblickt hatten. Stimmen dröhnten in den Ohren, die auf Stille eingestellt waren.

Edmund wehrte sich. Hände hielten ihn fest. Seine Erinnerung kehrte zurück in die Kapelle in der Burg seines Herrn, zum brüllenden Gelächter der anderen Ritter, in die Halle mit ihrer Vision der Hölle. Daß er jetzt klarer sah, schwächte die Erinnerung nicht ab.

Er lag auf weichen Kissen in einem weitläufigen hohen Raum. Die Decke war schwarz von altem Rauch, aber die Schnitzereien an Balken und Täfelungen waren immer noch zu erkennen, merkwürdig verzerrte Formen im Licht der hochgelegenen Fenster. Eine solche Decke hatte er noch nie gesehen, nicht einmal in einer Kirche. Aber was darunter lag, war ihm nur allzu vertraut.

Sie feierten in dieser Halle, die Hohe Tafel und andere Tafeln, Menschen drängten sich eng aneinander, Wein wurde ausgeschenkt, eine Stimme sang, man konnte das goldene Glitzern einer Harfe sehen. An der Harfe saß eine Frau, und was für eine schamlose Kreatur, das Haar fiel ihr über die weißen Schultern, und ihr Gewand bedeckte kaum die Spitzen ihrer milchweißen Brüste. Sie sang mit einer Stimme, die wie das Schreien der Möwen oder das Heulen der Wölfe klang, unheimlich und wild und dennoch merkwürdig schön. Die Worte waren Edmund nicht bekannt. Unwillkürlich bekreuzigte er sich. Das Herz schlug ihm bis zum Hals, wie eine Trommel.

Nichts von alledem verschwand durch das Zeichen des Herren, schon gar nicht die Harfnerin. Ihr Gewand war so grün wie Buchenblätter, ihr Haar von der Farbe alter Bronze. Ihre Augen konnte er nicht sehen, sie hatte den Blick gesenkt und beugte sich über die Harfe, aber ihre langen Wimpern streiften die bleichen Wangen.

Er lag allein unter den Feiernden, in einer Ecke, die beinahe ruhig war und warm: ein Kohlenbecken stand auf einem Ständer – Bronze, wie das Haar der Harfnerin. Daneben stand ein Tisch mit einem Krug und einem Becher, in dem nur klares Wasser war, das wie geschmolzener Schnee schmeckte.

Wer immer ihn hergebracht hatte, hatte ihn gewaschen und von seinen eisstarren Kleidern befreit und ihn in ein weiches, warmes, mit Seide gefüttertes Wollgewand gesteckt. Es hatte keine Farbe, kein Muster, keine Stickerei. Es war von schlichtem Weiß und gegürtet mit Leder. Es erinnerte ihn an die Kutte eines Novizen. Aber das hier war kein Kloster.

Ihm fiel auf, daß er nicht der einzige in solcher Kleidung war. Von der Harfnerin abgesehen, trugen alle in der Halle dasselbe. Es schien ihre Livree zu sein.

Aber das war das einzige, was an Reinheit gemahnte. Er sah Männer neben Frauen sitzen und Frauen neben Männer, Arme schlangen sich umeinander, Lippen begegneten sich zu einem langen und vollkommen weltlichen Kuß. Ein Mann hatte eine Frau auf seinem Schoß, die Hand auf ihrer Brust, und zu sehen, wo sich ihre Hand befand, ließ Edmund sofort erröten. Eine Frau trank Wein und ließ dann welchen aus dem Kelch in den Mund des Mannes tropfen, der seinen Kopf in ihren Schoß gelegt hatte. Und die Harfnerin sang weiter mit ihrer Wind- und Möwenstimme, in jener Sprache, die Edmund noch nie vernommen hatte, aber er wußte, um welche Worte es sich handeln mußte, Worte weltlicher Leidenschaft, Worte von Fleisch, Worte, in denen keine Spur Geist war.

Ein Heiliger wäre jetzt mit eigenen Liedern dagegen angetreten, mit der Ordenlichkeit der Messe, den Klängen der Psalme. Aber die einzigen Worte der Schrift, die ihm einfielen, waren seiner Umgebung unangenehm angemessen.

Deine beiden Brüste sind die jungen Zwillinge von Gazellen, die unter den Lilien weiden.

Es war eine Allegorie, so sagten jedenfalls die Priester. Christi Liebe für seine Kirche. Leidenschaft des Geistes, in ein fleischliches Bild gefaßt.

Hier gab es nur Fleisch. Keinen Geist. Überhaupt keinen.

Die Harfnerin hatte ihr Lied beendet. Die Feiernden schenkten ihr einen Augenblick des Schweigens, was wie große Anerkennung anmutete. Dann nahm das Fest seinen Lauf.

Die Frau verließ den Hocker auf dem Podium und hob ihr Kleid ein wenig an, als sie herunterstieg. Edmund erhaschte einen Blick auf einen weißen Knöchel und einen schlanken Fuß in einem grünen Schuh. Die Hitze, die in ihm aufflackerte, war beinahe so groß wie das Feuer, das in seinem Herzen gebrannt hatte, bevor die Zeit und die Kälte es zu Asche hatten werden lassen.

Leichten Schrittes kam sie durch die selbstvergessen Feiernden auf ihn zu, das Kleid immer noch ein wenig angehoben wegen der Binsenmatten und der Hunde, die in ihrem Weg ausgestreckt lagen. Es waren Hetzhunde, schlank und mit niederträchtigen Gesichtern, ganz weiß aber mit Ohren rot wie Blut.

Und was konnten sie auch anderes sein, dachte Edmund in einer Art Verzweiflung, als Höllenhunde?

Die Harfnerin kam zu seiner Ecke und setzte sich auf das Ende des Betts, beinahe hätte sie seine Füße berührt. Ihre Sprechstimme war viel weniger unheimlich als ihre Singstimme, eine ziemlich normale, wenn auch bezaubernd heisere Stimme, die in Worten sprach, die er verstehen konnte. Ihr Akzent war merkwürdig, schleppend und verwirrend, aber sie sprach deutlich. »Ah«, sagte sie erfreut. »Ihr seid aufgewacht. Ihr habt lange geschlafen, und so wie Ihr aussaht, habt Ihr es dringend gebraucht.«

»Was –« stotterte Edmund. »Wie – Wo –«

Ach, dachte er. Du Narr. Er hätte lieber beten sollen, heilige Namen anrufen, um diesen Fiebertraum zu bannen. Oder noch schlimmer: Er war tot und in der Hölle, und das hier war seine Strafe.

»Nein«, sagte die Dame. »Tot seid Ihr nicht, und Ihr träumt auch nicht, Ihr seid recht lebendig. Wir haben Euch im Wald gefunden, als wir die schneeweiße Hirschkuh jagten. Ihr wart blaugefroren und kalt, aber Ihr hattet noch Leben in Euch. Wir haben Euch hierher gebracht, uns um Euch gekümmert, Euch gewärmt. Wir glaubten, daß Harfe, Gesang und Feuer Euch ein angenehmeres Aufwachen bescheren würden als die Stille einer leeren Kammer.«

Er bekreuzigte sich. Sie sah ihm ernst zu, den Kopf ein wenig geneigt, wie aus Neugier. Ihre Augen waren dunkler als ihr Haar, hatten das Braun von Eichenblättern im Herbst, aber mit einem grünlichen Schimmer.

Er wandte den Blick von ihr ab. Sie war die reine Versuchung. »Ich... danke Euch«, sagte er aus mühsam erworbener Höflichkeit, die ein Ritter auch dem Teufel selbst entgegenbringen sollte. Oder einer Teufelin, mit ihren weißen Brüsten und ihrem Mund, der einer voll erblühten Rose glich. »Und durch Euch möchte ich dem Herrn dieses Orts danken, wer immer er sein mag.« Auch wenn es der Herr der Hölle war.

Aus dem Augenwinkel sah er ihr Lächeln. »Der Herr dieses Orts weiß bereits jetzt um Euren Dank, denn ich bin es selbst. Ihr könnt mich Elen nennen. Seid willkommen auf Montsalvat.«

Er klappte den Mund zu. »Montsalvat! Aber das ist –«

»Ja«, sagte die Dame, die er Elen nennen sollte und die sich selbst Herr dieses Ortes nannte. Diese Halle der Verkommenheit konnte nicht das Montsalvat sein, von dem er gehört hatte: das heilige Montsalvat, das gesegnete Montsalvat, die Gralsburg. Sein Herr war ein Mann, auch das sagten die Legenden, und er war ein Ritter von blendender Reinheit, ein gewaltiger Kämpfer gegen alle Versuchung, der den verwundeten König geheilt und seinen Thron eingenommen hatte und nun den Gral in seinem verborgenen Schrein hütete.

Die Dame, diese Elen, lächelte, wie man über ein Kind oder einen liebenswerten Narren lächelt. »Dies ist Montsalvat«, sagte sie, »und ich bin sein Herr. Oder die Herrin, wenn Euch das besser gefällt. Dies hier sind meine Leute, meine Ritter und Paladine.« Sie machte eine Geste, die die ganze Halle umfaßte, die Musik und das Lachen, das Singen, die Zügellosigkeit von Männern und Frauen, die gemeinsam feierten.

»Das ist Lästerei«, sagte Edmund in plötzlich aufbrausender Wut. »Dies ist das Lachen des Teufels. Das hier ist nicht – Ihr seid nicht –«

Ihr Lächeln war verschwunden, aber kein Zorn war an seine Stelle getreten. Sie seufzte, zuckte die Achseln, stand auf. »Es ist, was es ist. So wie ich. Werdet Ihr mit uns feiern? Oder möchtet Ihr Euch lieber in der Einsamkeit wieder fassen?«

»Auch der Teufel mag so etwas wie Höflichkeit nachäffen«, sagte Edmund.

»Also allein«, meinte die Dame. »Kommt, folgt mir.«

Er hatte geglaubt, sie werde Dienstboten rufen – Boten der Hölle vielleicht, mit menschlichen Gesichtern, aber unter ihren Gewändern würde er Hufe sehen. Es gab tatsächlich genug Diener, aber jeder Fuß war ein Menschenfuß in Menschenschuhen, und die Dame rief nach keinem von ihnen.

Sie führte ihn persönlich durch eine Tür hinter einem Vorhang, eine steile Steintreppe hinauf, die von Lampen an der Wand erhellt wurde, einen ebenso beleuchteten Flur entlang und in eine Kammer, die so warm war wie die Ecke in der Halle. Der Raum hatte einen Kamin, in dem ein Feuer brannte. Er sah zunächst in seiner Eile, wieder ins Warme zu kommen, nur wenig mehr. Allmählich erst bemerkte er das Bett in einem durch einen Vorgang abgetrennten Alkoven, den hohen geschnitzten Stuhl mit den Seidenkissen, die Truhe unter einem Leintuch, die Becher und den Wein darauf. Es war in jeder Hinsicht ein angemessenes Schlafgemach für einen Edlen.

Die Dame wünschte ihm eine gute Nacht und ließ ihn allein. Sie bot nicht an, ihn zu verführen. Sie kam auch später nicht wieder hereingeschlichen, als er dalag und die Lampe immer noch angezündet hatte, die Decken bis zum Kinn hochgezogen, und die Gebete überstürzten sich in seinem Kopf und drängten sich über seine Lippen.

Zu seinem Schrecken erkannte er, wie schwach und närrisch er gewesen war. Er lag in einer Burg mit einem etwas unglücklichen Namen, Gast einer Dame, die zufällig ausgesprochen schön war. Nichts davon hatte etwas zu bedeuten. Am Morgen würde er um ein Pferd und um Vorräte bitten, damit er seine Suche fortsetzen könnte.

Das redete er sich jedenfalls ein, während die Nacht ihren Lauf nahm. Das Feuer brannte zu Asche herunter. Die Kammer wurde kalt. Er fiel in einen leichten, ruhelosen Schlaf, von Träumen gepeinigt; aber sobald er erwachte, konnte er sich nicht mehr an sie erinnern.

Lady Elen hatte keine Zeit für ihren Gast. Ihr Haushofmeister bedauerte, so unhöflich sein zu müssen, aber sie hatte Pflichten, denen sie dringender nachkommen mußte. Wenn sie damit fertig war, erklärte er, werde man Edmund rufen lassen.

Dies war kein Mann, den Edmund mit seinen hochtrabenden Manieren beeindrucken konnte. Er trug das weiße Gewand, das hier offenbar alle außer der Burgherrin trugen, und kein Abzeichen eines Rangs, keinen Schmuck, nur ein einfaches Silberkreuz, das ihm auf die Brust hing. Das Kreuz half nicht, Edmund zu beruhigen. Dieser Haushofmeister hatte einen silbernen Bart und ein würdiges Benehmen, wie ein Prälat, aber irgend etwas an ihm – vielleicht seine Augen, die bernsteinfarben waren wie die eines Wolfs – wirkten ausgesprochen unchristlich.

»Während Ihr darauf wartet«, sagte er mit sanfter Stimme, »möchte ich Euch darauf hinweisen, daß auf dieser Burg eine Sitte herrscht, der jeder Gast entsprechen sollte. Ihr wollt sicher nicht zurückstehen, wenn ich Euch nun bitte, mir zu folgen und zu tun, was ich Euch heiße.«

Edmund erstarrte. Er pflegte nicht auf die Anweisung von Gemeinen hin zu handeln. Aber die gelben Wolfsaugen waren auf ihn gerichtet, und die ungezügelten Worte erstarben ihm im Hals. Er verbeugte sich eine Winzigkeit, nicht mehr. »Wie Ihr wünscht«, hörte er sich sagen.

Der Haushofmeister senkte seinen Kopf um ein weniges mehr und führte ihn aus dem Raum.

Es schien, als führte er den Gast durch die gesamte Burg, um ihm zu zeigen, was zu sehen war. Es war im Grunde eine Burg wie jede andere, und dennoch, wie ihre Herren und ihr Haushofmeister, war sie auf beinahe unmerkliche Weise anders. Überall sah man Frauen: in den Küchen, in der Halle, an den Webstühlen, aber auch im Stall und selbst in der Schmiede. Selbst auf dem Waffenhof fand er sie, geschlechtslos in Kettenhemd oder Leder, aber ihre schrillen Stimmen waren eindeutig.

Frauen in Waffen, die Kriegskünste lernten. »Wahrlich«, sagte Edmund, aber leise, damit sein Führer ihn nicht hörte, »dies ist das Reich des Teufels.«

Es gab nur zwei Wege, die sein Führer vermied. Einer war der zum äußeren Tor, der andere führte ins Herz der Burg.

Edmund merkte sich jede Seitentür und jeden schmalen Gang, der zu einem Geheimgang führen mochte. Aber er wurde zu gut bewacht; er konnte nicht davonschlüpfen.

Langsam setzten sie ihren Rundgang fort. Jeder Kreis führte sie näher zum Zentrum, zu dem hohen weißen Turm inmitten der anderen Trutzgebäude. Dort war die Halle, in der er wieder zu sich gekommen war. Es gab auch einen Flur, der von Rittern in weißer Rüstung bewacht wurde, ihr Wappen ein silberner Schwan auf einem blutroten Feld, die sich Edmund schweigend in den Weg stellten und ihn nicht weiterließen.

Wenn eine Burg Mauern und einen Turm hatte, so waren sie immer auf bestimmte Art gebaut: unten der Wachraum, darüber die Halle, dahinter oder darüber der Söller und die Kapelle nahe der Halle und dem Quartier des Burgherren. Also mußte dieser Flur zu den Räumen der Herrin und zur Kapelle führen. Es hatte draußen eine weitere Kapelle gegeben, einen Schrein in einer Wandnische, mit einem Abbild Unserer Lieben Frau in ihrem blauen Mantel und einem Priester, der die Messe für eine Versammlung weißgekleideter Gläubiger sang. Aber er folgte einem älteren Ritus, als es derzeit üblich war, wenn es auch, nach allem, was Edmund sagen konnte, immer noch ein christlicher war. Der Priester hatte eine Tonsur gehabt, wie es sich gehörte, und in Latein gesungen, mit einem gewissen Anteil fremder Worte, vielleicht aus derselben Sprache, die die Harfnerin benutzt hatte.

Aber eine Burg mochte sowohl eine private Kapelle als eine öffentliche haben; eine Möglichkeit für die Burgherren, ohne Störung durch die Gemeinen zu beten.

Edmund reckte sich, um an den Wächtern vorbeizusehen. Die Privaträume der Burgherrin, die Kapelle – was immer sie bewachten, mußte einen großen Schatz enthalten. Edmund konnte nichts hören, und er sah auch nichts bis auf Steinmauern ohne Wandbehänge, einen Steinfußboden und am Ende des Flurs eine Treppe.

Sein Führer berührte ihn leicht am Arm, ohne Druck auszuüben. »Kommt«, sagte er.

Edmund blieb nichts anderes übrig, als ihm zu folgen. Der Haushofmeister führte ihn von den Schwanenrittern und der hohen stolzen Halle weg in dunklere, schmalere Flure. Dies waren keine Wege, die Edmund aus eigenem Entschluß gewählt hätte, aber man ließ ihm keine Wahl.

Sie kamen schließlich in eine zweite Halle, die viel weniger prächtig war als die erste. Es war eine Dienstbotenhalle und ziemlich überfüllt. Edmund krauste die Nase über den Gestank gemeinen Fleischs, gemeinen Schweißes, von Wolle und Hunden und Bier. Hier gab es keinen Wein, kein Parfum. Dies war den Herren vorbehalten.

Einer in der grauen Masse der Dienstboten schrie auf, als er ihn sah. Es gab Bewegung, jemand brach aus der Mitte der Gemeinen aus und warf sich zu Edmunds Füßen nieder. Es war Alfgar, hager und knochig wie immer, in der weißen Livree von Montsalvat. »Mein Herr! O mein Herr, ich dachte, Ihr wäret tot.«

Edmund trat seinen abtrünnigen Diener in die Rippen, und zwar alles andere als sanft. »Dir verdanke ich mein Leben jedenfalls nicht.«

»Im Gegenteil«, wandte der Haushofmeister mit stählerner Freundlichkeit ein. »Er kam aus dem Wald zu uns und führte uns zu Euch. Er war schrecklich erschüttert von all diesen Prüfungen. Er ist erst vor kurzem wieder zu Verstand gekommen.«

Edmund ließ sich nicht beschämen. »Das hat er Euch also erzählt? Hat er auch gesagt, daß er mich verlassen hat, nachdem er bei der Rettung meines Eigentums vor den Banditen versagte?«

Der Haushofmeister zog eine wolfsgraue Braue hoch. »Jeder sieht, was er sehen möchte.« Er beliebte indes nicht, dies weiter zu erläutern. Er fügte hinzu: »Es ist Sitte auf dieser Burg, daß unsere Gäste auch erfahren, was Demut ist. Daher wird jeder Gast eine Nacht lang bedient, und einen Tag oder eine Woche oder zwei Wochen muß er anderen dienen – wie lange, hängt von der Reinheit seines Geistes ab.«

»Das«, erklärte Edmund, »ist die größte Absurdität, die ich je vernommen habe.«

»Mein Herr«, warf Alfgar ein, »es ist wahr. Nur daß sie mir sagten, ich solle lernen, hochfahrend zu sein, und mich in ein viel zu weiches Bett steckten und mir Brot gaben, das wie rohes Mehl schmeckte. Nehmt Euer feines weißes Brot, sagte ich, und gebt mir einen von den guten braunen Kanten, die ich gewöhnt bin. Und dann hab ich sie gedrängt, mich herzubringen.«

Edmund warf ihm einen wütenden Blick zu. »Ist dies dein Werk?«

»Heilige und Engel,«, sagte Alfgar. »Selbstverständlich nicht.«

Er hatte wohl kaum Grund zu lügen. Edmund richtete den zornigen Blick auf den Haushofmeister, der mit scheinbar endloser Geduld dabeigestanden und dem Geschwätz des Dieners zugehört hatte.

»Sir«, sagte Edmund, »bringt mich wieder an den mir angemessenen Platz.«

»Dies ist der Euch angemessene Platz«, sagte der Haushofmeister. »Hier werdet Ihr bleiben, bis die Herrin Euch ruft.«

Und dann drehte er sich auf dem Absatz um und ging davon, ohne auch nur ein Wort des Abschieds. Edmund wollte ihm eilig folgen, aber andere standen im Weg: kräftige Männer und Frauen mit freundlichen, aber ungerührten Mienen. »Komm, junger Hahn«, sagten sie zu ihm. »Ist Demut keine christliche Tugend? Und bist du denn kein vollkommener christlicher Ritter?«

Sie zwangen ihn zu nichts. Man ließ ihm einfach keine Wahl. Zuerst wies man ihn an, den Herd mit Asche und Wasser zu scheuern, und als er sich weigerte, stieß er gegen eine ganze Mauer von ihnen, die ihn zurückdrängte, und er stürzte in die Asche. Als er ganz verrußt und verschmutzt war, zerrten sie ihn hoch, drückten ihm eine Bürste und einen Eimer in die Hand und sagten ihm, er solle tun, was man ihm gesagt habe. Und sie blieben stehen, bis er damit anfing, eine um so größere Drohung, da sie nie ausgesprochen wurde.

Sie quälten ihn vom Morgen bis tief in die Nacht. Ein- oder zweimal erlaubte man ihm zu essen, Stücke harten Brots oder faden Fleisches, wenn er nicht gerade den Herd schrubbte oder die riesigen Kessel, die über dem Feuer hingen. Als sie ihn schließlich gehen ließen, gab es kein Bett für ihn, keinen Platz außer auf den Steinen, die er geschrubbt hatte, ohne Decke, nur mit dem weißen Gewand bekleidet, das jetzt grau vor Ruß und Fett und Schlimmerem war.

Der Morgen kam viel zu früh, ohne Gnade. Jemand drückte ihm einen gesprungenen Becher mit saurem Bier und einen Brocken harten Käse in die Hand, und er kam kaum dazu, an dem einen zu nippen und sich an dem anderen die Zähne auszubeißen, als man ihn auch schon wieder an die Arbeit schickte. Er war aufgestiegen: er sollte die Dienstbotenhalle schrubben und danach die Flure, die von dort wegführten.

Alfgar, diese verräterische Kreatur, hatte ihn verlassen, sobald man ihn in Dienst genommen hatte. Edmund sah seine hagere Gestalt hier und da, frei umherwandelnd und, soweit er erkennen sollte, ohne eine Arbeit. Edmunds Herz brannte ob dieser Ungerechtigkeit.

Aber Lady Elen ließ ihn nicht rufen. Sie hatte ihn vergessen. Er konnte sich ihr nicht nähern: wann immer sie vielleicht in der Nähe war, war er tief in der Dienstbotenhalle eingeschlossen und mit der übelsten Arbeit beschäftigt, die seine Gefangenenwärter sich nur ausdenken konnten. Sie fanden ein perverses Vergnügen darin. Welch ein Spaß es für Gemeine sein mußte, dachte er, einen Edelmann zu quälen.

Er schwor ihnen allen Rache. Er schwor es sich selbst, auf seinen schmerzenden Knien kauernd und Steinplatten schrubbend, die sicherlich seit Anbeginn der Welt nicht mehr geputzt worden waren.

Er lernte jede Spanne der Burg auf den Knien kennen – und ihm entging nicht die Bedeutung dieser Tatsache, wenn dies denn von Bedeutung war. Seine Wut vertiefte sich und kühlte ab; und danach konnte er denken, sogar planen. Er war ständig unter Beobachtung. Er war nie allein, selbst nicht bei der Verrichtung seiner Geschäfte: Immer war jemand draußen und spähte hinein, weder lächelnd noch stirnrunzelnd, nur wachsam.

Aber seine Gedanken konnten sie nicht bewachen. Er klammerte sich an sie, allein in den Nächten auf dem harten Stein am Herd. Er war ein Ritter Gottes. Unsere Liebe Frau hatte ihm den Gral versprochen. Er würde ihn sehen. Aber als erstes würde er diese Burg dem Erdboden gleichmachen.

Es war klar, daß sie nicht vorhatten, ihn jemals wieder gehen zu lassen. Er fragte sich, ob auch einige der anderen Gefangene waren wie er, Männer von edler Geburt, die man zu Sklavendiensten zwang. Keiner gab es zu, und keiner von ihnen schien von anderer als niederer Geburt zu sein.

Wenn er die Böden schrubbte, kam er oft nahe an den bewachten Flur mit dem Schwanenrittern. Diese hatten den zu Gast weilenden Ritter schon nicht beachtet, und noch weniger Aufmerksamkeit schenkten sie dem Dienstboten. Nie sah Edmund jemanden im Flur hinter ihnen, nie eine offene Tür, keine Lampe, die nicht bereits zuvor gebrannt hatte. Und nie sah er Lady Elen.

Er durchlitt seine Knechtschaft während einer endlosen Reihe von Tagen, vom Winter bis zum Frühjahr, obwohl er die Tage nie zählte, bis er einmal an einem hellen Sonnentag den Wachraum putzte. Er hörte ein Geräusch, das ihn aufblicken ließ: das Geräusch rinnenden Wassers. Eis schmolz auf dem Dach und den Wänden, lief herunter, breitete sich in Pfützen auf dem Hof aus. Sie waren kalt, diese Pfützen, kalt wie Schnee. Er mußte das Wasser in die Abflüsse schaffen, damit kein vorbeikommender Edelmann die Unbequemlichkeit nasser Füße erlitt.

Am Ende seiner Geduld angelangt, nur knapp davor, zu zerbrechen und dem Wahn zu verfallen, schickte man ihn wieder einmal nahe den verborgenen Räumen und der Kapelle zur Arbeit. Diesmal gab man ihm einen Besen, damit er den Boden fegte und die Spinnen aus den Gewölben scheuchte. Es war leichtere Arbeit als das Schrubben von Steinböden, vielleicht kündigte dies ja eine Änderung seines Schicksals an.

Darüber dachte er nach, als er fegte, und sich langsam zu dem bewußten Flur vorarbeitete. Dort hielt er inne. Er wußte es, sicher; er hatte es oft genug gesehen. Aber diesmal standen keine Ritter Wache. Der Korridor war leer, der Eingang unbewacht.

All die langen Tage des Wartens, des Leidens, bündelten sich wie zu der Spitze eines Schwerts. Er hielt nicht einmal inne um nachzudenken. Er ließ den Besen fallen, achtete nicht auf das Klappern, und schoß den Flur entlang.

Es war ein einfacher Flur, Steinplatten am Boden, Gewölbe an der Decke. Nichts in ihm kündete von Geheimnissen.

Und dennoch mußte es welche geben, denn weshalb war er sonst so lange bewacht worden?

Vielleicht hatte man den Schatz weggeschafft?

Das hätte Edmund gehört. Das war etwas Besonderes an der Dienstbotenhalle, eine Wahrheit, die er nie erwartet hätte, bis sie ihm ins Gesicht sprang. Dienstboten wußten alles. Selbst der niedrigste von allen, einer der tags die Böden schrubbte und nachts am Herd schlief, hörte jedes Gerücht, kannte jeden Skandal, jede Absurdität. Und nichts dergleichen war von der Burgherrin erzählt worden, niemand hatte erwähnt, sie sei auf einer Reise oder habe etwas weggeschickt.

Was immer dort gewesen war, es befand sich immer noch dort. Aber die Wächter waren verschwunden. Er konnte das als Einladung verstehen, wenn er es denn wollte.

Er setzte seinen Fuß auf die Treppe, die nach oben führte. Sie war so steil, wie Burgtreppen sein können, schmal und dicht in die Wand gehauen. Er stieg vorsichtig nach oben. Es gab keine Türen, keine Seitenflure. Nur eine Tür ganz oben, schweres, dunkles, mit Bronze beschlagenes Holz.

Die Tür war nicht versperrt. Mit klopfendem Herzen legte er die Hand an den Riegel und schob ihn vorsichtig zurück. Die Scharniere waren gut geölt. Die Tür öffnete sich langsam, knarrte nur ein wenig.

Licht drang nach draußen, blendend nach der Dunkelheit des Treppenhauses. Und dennoch war es nur Tageslicht, nicht mehr und nicht weniger. Sonnenlicht, das in einen hohen Turm schien, dessen Wände Fenster waren, und jedes Fenster ein Wunder, Glas wie Myriaden Edelsteine, und jeder davon geschliffen, um die Sonne einzufangen und weiterzuleiten.

Edmund hielt den Atem an. Er erkannte nur langsam, was unterhalb der schimmernden Fenster lag: ein vollkommen kreisförmiges Zimmer und ein Tisch darin, der nur ein Altar sein konnte, und eine reglose dunkle Gestalt davor.

Sie sah nur im Licht dunkel aus. Ihr Gewand zeigte das immergleiche Weiß dieses Orts, den sie Montsalvat nannten, ihr Haar darüber schimmerte rötlich. »Die Burgherrin«, flüsterte oder dachte er. »Lady Elen.« Sie war ebenso schön, wie er sie in Erinnerung hatte, eine Schönheit, die durch ihr Gewand weder verringert noch ihrer Leidenschaft beraubt wurde.

Sie sah ihn ernst an, ohne ein Zeichen von Angst oder Staunen, als hätte sie ihn erwartet. »Nun«, sagte er, »Ihr prüft all Eure Gäste. Habe ich so elend versagt? Hätte ich Euch schon vor langer Zeit finden sollen?«

»Nein«, erwiderte sie. Ihre Stimme war ruhig. »Alle, die hierher kommen, kommen zur rechten Zeit.«

»Ich war für einen ganzen Mond Sklave in Eurer Küche!«

»Ja«, sagte sie und störte sich ebensowenig an seinem Schreien wie an seiner Unhöflichkeit. »Es schien, als hättet Ihr es nötig. Habt Ihr schon gelernt, Euren Stolz beiseite zu legen?«

»Nein«, sagte Edmund. Er hatte ihr nicht so schnell antworten wollen, aber seine Zunge entfaltete ihren eigenen Willen. Sie bestand darauf, die Wahrheit zu sagen.

Zu seinem nicht enden wollenden Staunen lächelte sie. »Sieh da!« sprach sie in die Luft. »Ein ehrlicher Mann.« Sie streckte die Hand aus. »Kommt her.«

Edmund hatte genug davon, diesen Leuten zu Gefallen zu sein. Er war störrisch. Es hätte ihn nicht überrascht, wenn nun ihre Schwanenritter hinter ihm aufgetaucht und ihn vor ihr zu Boden geworfen hätten. Aber niemand kam. Sie war allein.

Er war unbewaffnet, aber sie war eine Frau. Harte Arbeit hatte ihn stark werden lassen. Er konnte sie packen, sie sich zu Willen machen, seine gesamte Rache auf einmal nehmen.

Er konnte sich nicht rühren. Ihre Schönheit war eine so gefährliche Waffe wie jedes Schwert. Selbst die Himmelskönigin konnte kaum so schön sein wie sie.

Erschrocken bekreuzigte er sich. Er hatte so viel gelitten, ihre

Leute hatten ihm so viel angetan, und dennoch ließ ihn der Anblick ihres Gesichts alles vergessen.

Sie war es müde darauf zu warten, daß er zu ihr kam. Statt wie eine geringere Person zum Ärger Zuflucht zu nehmen, kam sie einfach zu ihm, was viel schlimmer war. Ihre Gegenwart ließ ihn das Gleichgewicht verlieren. Ihre Berührung, das wußte er sicher, würde ihn verbrennen.

Sie tat nichts dergleichen. Sie blieb vor ihm stehen, aufrecht wie ein Mann, und sagte: »Es gab etwas, um das Ihr gebetet habt, am Abend Eures Ritterschlags. Seid Ihr sicher, daß Ihr dies mehr als alles andere wünscht?«

Edmund beherrschte sich, bevor er wieder das Kreuzzeichen machte. »Ich betete um den Gral«, sagte er. »Ohne Zweifel war ich ein Narr.«

Dem konnte sie nicht widersprechen. »Und habt Ihr erwartet, ihn zu finden?«

Er konnte ihrem Blick nicht standhalten. »Ich... dachte nicht daran, ob ich würdig oder unwürdig sei. Ich hatte einfach den Wunsch.«

»War das die Lehre, die Ihr in meiner Küche bezogen habt?« fragte sie.

Wieder erstarrte er. »In Eurer Küche habe ich nichts als Zorn und Empörung gelernt.«

»Und dennoch«, sagte sie, »kamt Ihr bis hierher. Hierher kommt keiner, der nicht bereit ist zu sehen, was er sehen muß. Selbstverständlich«, überlegte sie, »werden einige verrückt, oder sie sterben, oder sie verlassen uns verzweifelt.«

»Es heißt vom Gral«, sagte er angespannt, »daß nur die Würdigen ihn sehen. Den Unwürdigen versagt er das Licht.«

»Vom Gral wird vieles erzählt«, sagte sie.

Sie wandte sich wieder dem Altar zu. Es war ein einfacher Steintisch, nicht poliert, nicht geschmückt. Es gab keine heiligen Gefäße darauf, wie es auch kein Bild in diesem Raum gab, nur die lebenden Juwelen der Fenster, und diese lebende Frau vor ihm. Als sie zum Altar ging, schien sich das Licht mit all seinen tausend Farben in ihr zu sammeln. Ihr Gewand wurde von Licht überströmt, bis es die Farbe des Firmaments anzunehmen schien, ein reines, wolkenloses Blau.

Nein, dachte Edmund. Das war Illusion. Sie hatte keine Ähnlichkeit mit Unserer Lieben Frau in ihrem Sternenmantel. Diese Frau war ganz irdisch, ganz Fleisch. Wenn er sie ansah, dachte er nicht an die Seligkeit des Himmels, nur an Brunst.

Er dachte daran, sie zu packen, zu Boden zu reißen und sie zu nehmen, wo sie lag, direkt hier am Altar, der kein Zeichen christlicher Religion trug. Dieser Gedanke wurde mächtiger, überwältigte ihn beinahe. Er bebte, sein Körper stand in Flammen.

»Heilige Gottesmutter!« rief er laut.

Lady Elen sah über die Schulter. Ihr Blick schien ihm liederlich, der Blick einer Frau, die ihren Liebhaber einlädt. Ihre Stimme allerdings war kühl, beinahe bis hin zur Kälte. »Ja. Ruft Unsere Liebe Frau an. Sie liebt Euch, wie sie alles Junge liebt, so dumm es auch sein mag.«

Edmunds Knie gaben nach. Etwas in der Art, wie sie das ausgesprochen hatte, in der Art wie sie dastand und ihn ansah, verkündete ihm eine schreckliche Wahrheit. Ihre Herrin war nicht das sanfte Geschöpf, das Gott einen Sohn geboren hatte. Dies war eine andere, stärkere, wildere, heidnische Herrin, nicht nur die Dienerin Gottes, sondern selbst Göttin und Göttern gleich.

Wieder wandte sich Elen von ihm ab. Sie kniete nicht vor dem Altar, wie es eine Christin getan hätte. Sie breitete die Arme aus in jenem Gewand, das einmal weiß war, einmal himmelblau. Sie sang in der Sprache, in der sie zur Harfe gesungen hatte, mit derselben unheimlichen Stimme.

Wäre Edmund ein Heiliger oder ein wahrhaft frommer Christ gewesen, hätte er jedem Wort, das sie sang, ein Wort christlicher Tradition entgegengesetzt. Aber er war kein Heiliger, nicht mehr als zuvor, als sie in der Halle gesungen hatte. Er war nicht mehr Christ, als Lippen und Zunge ihn machen konnten. Er hatte den Gral gewollt, aber es war ihm gleich gewesen, zu wem er darum gebetet hatte, und entgegen allem Leugnen hatte er es nur um seines eigenen Ruhmes willen getan.

Ein Christ hätte selbst aus den Tagen als Sklave eine Tugend gemacht. Edmund hatte nur seinen Stolz genährt und sich in Rachsucht gesuhlt.

Die Herrin von Montsalvat sang ihre heidnische Hymne vor diesem Altar, der, soweit er es erkennen konnte, nur dem Licht geweiht war. Und Licht gab es genug: heller denn Sonnenlicht, strahlender denn eine Seele, die zu Gott aufblickt. In diesem Licht sah er, was sein Herz begehrte.

Einen Becher. Einen einfachen, eher häßlichen Holzbecher, und darin eine Spur von Wein. Kein Gold, keine Edelsteine, keine Schönheit, keinen Glanz. Dieser Becher hätte einem Zimmermann gehören können, einem Armen, einem Arbeiter: einem Mann, der den Tod eines Verbrechers gestorben war, verhöhnt von Fürsten.

Edmund lag auf dem Boden, aber nichts konnte die Vision vor ihm verhüllen. Es war reine Heiligkeit, ungetrübt von Gnade.

»Kommt«, sagte die Lady, ihre Stimme kalt und klar wie ein Wintermorgen. »Nehmt diesen Becher Eures Begehrens. Trinkt, wenn Ihr den Mut aufbringt. Trinkt im Namen der Herrin.«

Er stand wieder auf den Beinen, obwohl er sich nicht erinnern konnte, aufgestanden zu sein. Sie stand vor ihm. In ihren Händen hielt sie den häßlichen Holzbecher. Der Wein darin war so rot wie Blut.

Er keuchte, wich zurück, zwang sich dann vorwärts. Seine Finger berührten die ihren nicht, als sie ihm den Becher reichte. Er war aus einfachem Holz, keine Spur von Höllenfeuer, nicht einmal das Kitzeln von Magie. Der Wein war Wein, und nicht der beste: der Wein eines Gemeinen, der nie Herr von irgend etwas gewesen war.

»In Christi Namen«, sagte er, als er den Becher an die Lippen hob, »und im Namen seiner Mutter.«

Lady Elen neigte den Kopf. Sein Trotz beleidigte sie nicht, noch zerbrach sie kreischend, als er den heiligen Namen aussprach. »Es ist alles eins«, sagte sie. »Die Herrin und ihr Sohn, immer, seit Anbeginn der Zeit.«

Edmund verschloß Augen und Ohren vor ihr und trank den Wein. Er schmeckte ein wenig bitter und eindeutig sauer: der Geschmack von Demut. Er trank bis zur Neige. Wenn er sterben würde, dann sollte es so sein.

Es brachte ihn nicht sofort um, wenn es denn überhaupt tödlich war. Wärme breitete sich in ihm aus, ein bißchen wie das Feuer der Seele, das ihn zur Suche nach dem Gral getrieben hatte. Aber jenes Feuer war aus Stolz entstanden, dieses war ruhiger, mit einem Herzen aus Wahrheit.

Der Becher in seiner Hand war leer. Er hatte nichts Schönes an sich. Und dennoch, dachte Edmund, gerade darin bestand die Schönheit: die Schönheit eines lebenden Gegenstandes, geformt zum Gebrauch durch Hände, die nie so etwas wie Stolz gekannt hatten. Sanft – ehrfurchtsvoll – legte er ihn auf den Altar, der, wie der Becher selbst, nichts Künstliches an sich hatte. Keine Blitze zuckten. Keine Chöre sangen, keine Teufel heulten. Es gab nur die Stille und die edelsteingleiche Schönheit des Lichts.

»Herrin«, sagte er, und vielleicht sprach er zu Unserer Lieben Frau im Himmel, und vielleicht war sie tatsächlich dieselbe, die hier verehrt wurde. Vielleicht waren sie alles eins, wie Lady Elen gesagt hatte. »Herrin, ich danke Euch.«

Einfache Worte, sicherlich unangemessen, aber sie waren alles, was er hatte. Er gab keine ausschweifenden Versprechungen ab, sprach nicht von ruhmreichem Dienst. All das war mit dem Licht und dem Geschmack des Weins vergangen.

Lady Elen nahm seine Hand. Ihre Berührung war eine warme,

menschliche Berührung. Ihr Lächeln war herzergreifend schön. »Jetzt seid Ihr frei«, sagte sie, »von meiner Knechtschaft.«

»Nein«, erwiderte Edmund. Dies war so wahr wie alles andere, und ebenso unausweichlich. »Ich werde nie frei sein. Ich bin der Diener meiner Herrin, und nie wird sie mich gehen lassen.«

»Ihr Diener? Nicht ihr Ritter?«

Er errötete und richtete sich mit einem Rest von Stolz gerader auf. »Ich war nicht würdig, ein Ritter zu sein.«

»Nein?« fragte Lady Elen.

»Ich habe mein Pferd verloren, meine Rüstung. Mein Diener –«

»Er hat nie schlecht von Euch gedacht. Nicht übel für einen Adligen, sagte er mir. Halsstarrig, und er hat nicht viel Augen für anderes als sich selbst, aber nicht übel für einen so jungen Spund.«

Edmund lachte unwillkürlich auf, kurz und gequält. »Alfgar, wie er leibt und lebt. Aber, Herrin –«

»Ihr wart«, sagte sie, »ein schrecklicher Küchenjunge und als Kammerdiener noch schlechter. Dagegen wird man wohl nichts tun können. Ihr seid ein Ritter, und Ihr werdet immer ein Ritter sein. Nur erinnert Euch hin und wieder an Eure Demut. Wenn es schon zu nichts anderem führt, so wird es jene erstaunen, die Euch zuvor kannten.«

Er konnte aufbrausen, oder so gequält lächeln, wie er zuvor aufgelacht hatte. »Ich glaube«, sagte er schließlich, »das werde ich tun. Wenn meine Herrin es so will.«

Elen neigte wieder den Kopf und führte ihn davon. Er warf nur einen einzigen Blick zurück. Der Becher stand auf dem groben Steinaltar. Das Licht hatte sich verändert. Es war nun weicher, das Licht des Abends, nicht des Nachmittags. Es überzog den Becher mit Gold, versah ihn mit Edelsteinen. Einen Augenblick glaubte er, ihn so wie in seinen Träumen zu sehen, einen Kelch für einen König. Dann war es wieder einfaches Holz, der Becher eines Zimmermanns, aber bis zum Überfluß mit Licht gefüllt.

Und was mochte die Wahrheit sein?

»Macht es einen Unterschied?« fragte er die Luft und das Licht und den Gralsbecher.

Er erhielt keine Antwort. Er hatte keine erwartet. Die Herrin von Montsalvat führte ihn an der Hand, aus dem Schrein des Lichts in eine Welt, die sowohl trüb wie auch unglaublich glänzend war: einfache, sterbliche Erde, wie sie jedermann gehört. Selbst einem hohlen Narren.

Er bemerkte, daß er lächelte. Es war ein Lächeln, das er zuvor nicht gekannt hatte: eher bedauernd als froh.

Es genügte. Die Tür zum Schrein fiel hinter ihm zu. Das Licht des Grals war verschwunden. Aber er erinnerte sich. Er würde es nicht vergessen.

Herrin von Avalon

von Diana L. Paxson

»Bei Ilchester bauten die ersten Engländer Somersets eine Garnison. Dies war notwendig, denn in den Marschen zehn Meilen nördlich blieb Glastonbury angeblich noch über Generationen in der Hand der Briten.«

John Morris, The Age of Arthur

Im Wald hallte das Geräusch fallender Stämme wider. Noch einen Augenblick zuvor war ich geflohen wie eine aufgespürte Hirschkuh. Ich konnte mich erinnern, gestolpert zu sein, und dann war die Welt eingestürzt. Ich holte Luft, lauschte nach Hufgetrappel. Aber wenn die Sachsen etwas gehört hatten, hatten sie das Geräusch jedenfalls nicht mit ihrer Beute in Verbindung gebracht. Ich versuchte mich aufzurichten und spürte einen stechenden Schmerz. Erst dann wurde mir klar, daß ich unter dem fallenden Holz begraben war.

Ich murmelte ein paar der Beschimpfungen, die ich auch den Mädchen gegenüber gebraucht hätte, die in Avalon unter meiner Obhut standen. Vor einem halben Leben schon hatte ich gelernt, im Wald Anzeichen menschlicher Einmischung zu spüren. Selbst auf der Flucht um mein Leben hätte es mir möglich sein müssen, diese

Fallgrube zu vermeiden. Es war Wut, nicht Angst, die mich abgelenkt hatte, und nun würde ich die königliche Jungfer, die ich retten sollte, nie mehr finden. Ich ließ den Kopf auf den feuchten Boden sinken, kämpfte um Ruhe. Licht fiel auf die toten Blätter des vergangenen Jahres und leuchtete durch die Blüten der Primeln. Zweifellos würde sich das dumpfe Dröhnen in meinem Oberschenkel in einen sehr eindeutigen Schmerz verwandeln, sobald ich mich bewegte.

Der Stamm, der über meine Beine gefallen war, wirkte sehr solide. Der verzweifelte Haß der Männer, die diese Fallgrube gebaut hatten, hing immer noch am Holz. Ich hätte meine Verfolger hierher locken und die Falle die Arbeit tun lassen sollen, für die sie bestimmt war. Es war eine grausame Wendung des Schicksals, die so das letzte britische Königreich im Westland angesichts des Voranschreitens von König Ceolwulfs Kriegsbanden derart verriet, daß eine unserer eigenen Verteidungsmaßnahmen die Herrin von Avalon traf.

Ich holte tief Luft und versuchte mich zu befreien. Der darauffolgende mörderische Schmerz nahm mir das Bewußtsein.

Als ich wieder denken konnte, lag der Stamm noch fester auf mir. Mein Knochen mußte gebrochen sein. Grimmig überdachte ich meine Möglichkeiten. Wenn die Raubtiere mich nicht bekommen würden, würde es ein Wettrennen zwischen Wundfieber und Hunger werden. Es war wohl besser, meinen Geist auszusenden und mein Fleisch seinem Schicksal zu überlassen, solange ich noch die Disziplin dazu aufbringen konnte.

Ich legte die Wange auf das frische Frühlingsgras und atmete voll schmerzlicher Trauer den Duft ein. Solch ein Wunder, dieses Gras, jeder Halm von der Liebe der Herrin geformt. Schade, daß ich nie die Zeit gefunden hatte, es zu genießen. In Avalon hieß es, eine Hohe Priesterin wisse immer, wenn ihr der Tod bevorstünde. Aber vielleicht war diesmal selbst Gevatter Tod überrascht worden, oder vielleicht war auch diese Gabe, wie so viele von unseren uralten Kräften, verlorengegangen, seit die Sachsen das Land überrannt hatten.

»Ildierna bin ich gewesen..« flüsterte ich. »Und es ist Ildierna, die ich nun befreie...«

Ich atmete langsam, immer langsamer, zählte, wartete auf den Übergang zur Trance. Und dann, von einem Augenblick zum anderen, waren die Geräusche um mich herum viel weiter entfernt. Ich konzentrierte mich auf meine Hände und Füße und begann, mich langsam nach innen zu wenden, bis ich nur noch das Klopfen meines Herzens spürte. Wogen von Energie rollten über mich hinweg, als ich mich immer weiter zurückzog, mein Hinterkopf vibrierte schmerzhaft, und dann war ich frei.

Ich blickte auf meinen Körper nieder, der unter Stämmen und Ästen begraben lag, sah die schweren Glieder einer nicht mehr jungen Frau, einer Frau mit silbernen Strähnen im rötlichen Haar und abgearbeiteten Händen, einer Frau, die nie schön gewesen war. Den blauen Schleier hatte ich irgendwo auf der Flucht verloren, und im schwindenen Licht konnte ich den zwischen meine Brauen tätowierten Halbmond erkennen. Einen Augenblick lang spürte ich Zorn darüber, daß diesem Körper die Ehren verweigert würden, die er erhalten hätte, wäre er auf dem Tor gestorben. Aber das war Narretei. Sollte die reine Erde meine Knochen umfangen. Ich hatte schon zuvor gelebt, in anderen Körpern, und ich würde zweifellos wieder leben.

Aber bevor ich gehen konnte, blieb mir noch eine Pflicht. Ich hob mich weiter und suchte nach dem Netz der schimmernden Pfade, die nur dem Auge des Geistes sichtbar waren und die die Heiligen Stätten des Landes verbanden. Einer der größten von diesen führte von der Südwestspitze von Kernow nach Avalon hinauf. Sie mochten wie Wege erscheinen, aber sie hatten eine Strömung, stark wie ein Fluß. Sobald ich einen davon berührte, wurde ich rasch auf mein Ziel zu getragen.

Die Sonne ging hinter den Marschen unter, die das Tor umgeben. Die acht Priesterinnen, die hinter der Nebelbarriere zurückgeblieben waren, die es von der normalen Menschenwelt schieden, würden mittlerweile mit den Sonnenuntergangsgebeten beschäftigt sein.

»Senara –« Ich suchte diejenige unter ihnen, die mir am meisten wie eine Tochter gewesen war. Die Wolken wurden dünner, und einen Augenblick lang sah ich sie. »Höre mich, Senara, denn ich scheide, und du mußt von nun an die Mysterien hüten.«

Ich konnte sehen, wie auf ihrer Miene Erstaunen der Trauer wich. Dann drangen die Nebel wieder zwischen uns, und ein anderes Gesicht war vor mir, überzogen von den Linien des Alters und umgeben von silbernem Haar. Und die Zeichen der Priesterin, die ältesten und heiligsten der Symbole, die auch ich bei Zeremonien trug, lagen auf ihrer Stirn.

»Meine Tochter, du hast wohl gedient. Aber nun mußt du in deinen Körper zurückkehren, denn deine Pflichten sind noch nicht beendet.«

»Dieser Körper stirbt –« hob ich an.

»Noch nicht, obwohl du große Schmerzen haben wirst. Kehre zurück, um deine Aufgabe zu erfüllen.«

Ich kannte die Stimme, die mich vor einem Monat auf diese schicksalhafte Reise ausgesandt hatte. Der Geist, der da sprach, war der der größten unter uns allen, der Gründerpriesterin von Avalon.

»Lady Caillean«, flüsterte ich, »verzeih mir. Ich habe versagt.«

»Du wirst nicht versagen, wenn du es bis zum Ende erträgst.« Blauer Stoff wirbelte, als sie mich von sich wies, und die Macht dieser Geste zwang mich den ganzen Weg zurück in meinen Körper, und mehr weiß ich nicht.

Als ich mein Bewußtsein wiedererlangte, schrie jeder einzelne Nerv in meinem Körper, aber das Gewicht, daß mich zu Boden gedrückt hatte, war verschwunden.

»Das Bein sieht schlimm aus.« Die Worte wurden in Sächsisch gesprochen, das ich verstehen konnte, wenn ich mich anstrengte, und ich bewegte mich trotz meiner Schmerzen. »Wir sollten sie lieber gleich umbringen und der Lady sagen, daß wir sie nicht rechtzeitig gefunden haben.«

»Lady Gytha wird wissen, daß wir gelogen haben«, sagte eine zweite Stimme. »Und wenn sie es dem König sagt, sind wir unsere Ohren los. Er wird ihr nichts verweigern, solange sie sein Kind trägt.«

Es war dunkel, aber Feuer umgaben mich. Ich wimmerte und versuchte, die Augen zu öffnen. Ich zuckte vor rauhen sächsischen Händen und Stimmen zurück, als sie den Rest der Stämme und Äste wegräumten.

»Dann legen wir sie lieber auf eine Trage«, sagte der erste wieder. Als sie meine Beine berührten, schrie ich trotz all meiner Entschlossenheit, dann senkte sich gnädig die Ohnmacht über mich.

Die Göttin selbst hätte mich auf dem größten Teil der folgenden Reise nicht bei Bewußtsein halten können. Bis ich endlich ans Ziel gebracht worden war, war mein Bein so geschwollen, daß es nicht geschient werden konnte. Sie konnten mich nur noch so gerade wie möglich hinlegen und daran hindern, um mich zu schlagen, als das Fieber begann.

Einige Zeit war ich zu erschöpft, um den gutturalen Stimmen der Sachsen folgen zu können. Aber ich war immer schon stark gewesen, und obwohl ich wenig glücklich darüber war, begann ich langsam zu gesunden, und diejenigen, die sich um mich kümmerten, wandelten sich von gesichtslosen Barbaren in Menschen, so verschieden im Charakter wie mein eigenes Volk.

Indem ich ihnen zuhörte, erfuhr ich, daß ich in dem Haus lag, das Ceolwulf, König der Westsachsen, seiner jüngsten Frau Gytha eingerichtet hatte, während er mit dem Heer weiter nach Kernow gezogen war. Es lag Spannung in ihren Stimmen, wenn sie von ihr sprachen. Ich fragte mich nach dem Grund, denn sie war wenig mehr als ein Mädchen, schwanger mit ihrem ersten Kind, und obwohl er erwachsene Söhne von anderen Frauen hatte, der Augapfel ihres Gatten. Die Lady selbst bekam ich selten zu sehen. Sie gehörte zu jenen Frauen, die bei der Schwangerschaft an Gewicht verloren. Ihre schweren Brüste und die sanfte Rundung ihres Bauches sahen beinahe grotesk aus unter dem schmalen Gesicht, das zu langgezogen war, um als klassisch schön zu gelten, aber ihr Haar war vom selben Goldton wie die Blüten der Schlüsselblumen. Ihre Haut war blaß, mit einigen wenigen Sommersprossen, und ihre Augen, wenn sie einen direkt ansah, von einem durchscheinenden Grau. Es gab selbstverständlich keinen Grund, wieso sie sich mit einer britischen Leibeigenen abgeben sollte, aber langsam kam ich zu dem Schluß, daß sie mir geradezu aus dem Weg ging.

Es war Hochsommer, und wir waren in ein anderes der Häuser des Königs weitergezogen, bis ich wieder auf die Beine kam und feststellte, daß mein Oberschenkelknochen krumm zusammengewachsen war und ich für den Rest meines Lebens hinken würde. Das war ein übler Tag, so schlimm wie jener, an dem sie mir den Ring um den Hals legten. Es fiel mir schwer, nicht den Fluch der Göttin auf sie herabzubeschwören. Anfangs unterdrückte ich meinen Zorn, weil ich glaubte, *Sie* wünschte aus irgendeinem Grund, daß ich dort sei. Später war ich erschöpft von Zeit und Schmerz, bis mein Geist so versklavt war wie mein Körper und Avalon nur mehr ein Traum, versunken im Nebel jenseits dieser Welt.

Manchmal kam Ceolwulf nach Hause, füllte die Räume mit seinen Kriegern, die tranken und sich stritten und den Geruch verschütteten Bieres zurückließen. Ich hätte einen Trank brauen können, der den König für immer hätte schlafen lassen, aber inzwischen kannte ich seinen Erben, Cynegils.

Der König war ein alter Wolf, gefährlich, aber mit schwindener Macht. Sein Sohn war jung und tödlich und betrachtete den Thron seines Vaters und den noch nicht bezwungenen Teil von Kernow mit ein und demselben gierigen Blick. Ich hatte Ceolwulf gehaßt, aber ich zitterte bei dem bloßen Gedanken, was aus meinen Leuten werden würde, wenn erst das Wolfsjunge an der Macht war.

Mir schien es, als fürchtete Gytha ihn ebenfalls, obwohl sie ihm so anmutig diente wie ihrem Herrn. Und ich diente ihnen allen, tat ohne Widerspruch, was man mir sagte, bis ich ein so vertrauter und unauffälliger Teil ihres Lebens geworden war wie die Bänke in der Halle.

Zum Mittsommer hin errichteten meine Leute Feuer und trugen Fackeln über die Felder, damit das Getreide besser wuchs. Obwohl das Sommerland nun das Land der *Somersaete* war und die Bauern arbeiteten, um neue Herren zu nähren, hatten sich die Bräuche nicht geändert. Ich erinnerte mich, wie die Priesterinnen von Avalon durch die Nebel kamen, um die Äcker um den Tor zu segnen. Hier war es Lady Gytha, die mit ihren Frauen nach draußen ging, um den Geistern, die die Felder beherrschten, Opfer darzubringen. Der Wind wehte durch die Getreidehalme und das glänzende Haar der Lady, verwehte die sächsischen Worte. Einen Augenblick lang glaubte ich, eine meiner Priesterinnen vor mir zu haben, und Tränen stiegen mir in die Augen.

Der Ort, an dem wir nun lebten, war auf den Ruinen einer alten Villa erbaut worden, westlich von Lindinis, wo eine sächsiche Heeresgruppe in Kasernen lagerte, die einmal eine römische Garnison beherbergt hatten. Eine Tagesreise weiter nach Nordosten lag die Insel britischen Gebiets, die den Tor umgab.

Seit den Zeiten Arthurs hatte sich die Insel Avalon immer weiter in die Anderwelt zurückgezogen. Die Mönche, die ihre Kirche dort gebaut hatten, wo einst der heilige Josef lebte, glaubten, es seien ihre Gebete, die die Heiden in Schach hielten, und ahnten nichts von jener anderen Wirklichkeit, in der die letzten Priesterinnen von Avalon ihren Zauber webten. Die wenigen, die über das Auge verfügten und uns sehen konnten, hielten uns für Dämonen, die kamen, um sie zu versuchen, und wir hüteten unser Geheimnis wohl. Es war Jahrhunderte her, seit Joseph von Arimathäa uns als Schwestern auf dem Weg begrüßt hatte. Nun, wo die Sachsen von allen Seiten drohten, gab es keine Duldung mehr für Briten, die sich zum Heidentum bekannten.

Nach der Segnung der Felder schien Gytha bleich und angestrengt. Später an diesem Abend hörte ich, wie sie in der Halle laut aufschrie, und Frauen kamen heraus und schwatzten aufgeregt, sie werde das Kind verlieren. Ich setzte mich in meiner Ecke auf, das Stroh raschelte. Sie hatte jenen Zeitpunkt überschritten, in der eine Frau noch eine Fehlgeburt haben konnte, ohne sich selbst ebenso zu gefährden wie das Kind, das sie trug.

»Ich habe ihr Tee von Kamillen und Brombeerblättern gegeben«, sagte die alte Berkta zu Gythas Zofe, »und wir tränken all ihre Kleider mit einer Brühe aus Birken- und Eichenrinde, um die Blutung aufzuhalten. Jetzt hängt es von Frija und den Gesegneten Müttern ab.«

Ich nickte. Obwohl die Namen ein wenig andere waren, unterschied sich die Kräuterkunde der Sachsen nicht sonderlich von unserer. Aber es gab eine Zeit, in der eine solche Medizin nichts mehr nutzte, selbst wenn sie mit den passenden Beschwörungen verabreicht wurde. Ich stand auf, zuckte zusammen, als ich mich auf mein steifes Bein stellte, und ging zum Feuer, um mich zu wärmen. Die Frauen redeten weiter von Geburten und den Gefahren der Schwangerschaft.

Ich wandte mich Berkta zu. »Ist die Lady krank?« Selbst eine Leibeigene konnte das aus der ganzen Aufregung schließen. Als die Frau mir erklärt hatte, was geschehen war, schob ich mein Kopftuch zurück, um den Halbmond auf meiner Stirn zu enthüllen. »Bei meinen eigenen Leuten hielt man mich für eine Weise Frau«, sagte ich vorsichtig. »Vielleicht kann ich helfen.«

Es sprach für ihre Angst, daß sie mich ohne weitere Fragen dorthin brachten, wo ihre Herrin lag. Lady Gytha war immer bleich gewesen, aber nun war ihr Gesicht so weiß wie das gebleichte Linnen, auf dem sie lag. Ihr Blick flackerte, als sie mich sah, dann seufzte sie.

»Du bist also gekommen«, sagte sie auf sächsisch. »Dies ist also mein Schicksal. *Sie* hat mir gesagt, du würdest mich nach Hause bringen ...« Sie schloß die Augen. Die Frauen sahen einander erschrocken an, aber ich beugte mich übers Bett, streckte die Hände aus, um die Lebenskraft zu spüren, die nur noch schwach in ihrem schmalen Körper flackerte.

Über dem schwangeren Bauch war sie stark zu fühlen, aber Gythas Herz war dabei aufzugeben. Ich begann, mit den Händen über ihren ganzen Körper zu streichen, drückte die Kraft wieder in die richtigen Kanäle. Sie wand sich und murmelte vor sich hin, aber nach einiger Zeit stabilisierte sich die Energie, und Gytha wurde ruhiger.

»Geht zum Brunnen und weicht Tücher im kältesten Wasser ein«, sagte ich den Frauen. »Dann legt sie ihr auf den Leib.«

Als sie gegangen waren, legte ich die Hände auf Gythas Bauch. Ich konnte die Lebenskraft des Kindes deutlich spüren, auch das Zittern in den Muskeln. Das Baby war gesund; es war die Mutter, deren Körper gegen die Bürde rebellierte, die er tragen mußte. Ich beugte mich über die glatte Wölbung und begann, einen Trostspruch zu flüstern, der die Kraft aus der Erde selbst zog, um das Leben im Bauch zu wiegen. Ich konnte spüren, wie Gythas Anspannung nachließ, während ich sang, und schließlich ging ich zu einem Schlaflied über.

Gytha seufzte im Schlaf und lächelte. Ihre Farbe war jetzt ein wenig besser. Ich hielt inne, sah auf sie nieder. »Mama, sing weiter«, murmelte sie, ohne die Augen zu öffnen. Wieder begann ich, und mein Herz klopfte. Sie hatte in meiner eigenen Sprache gesprochen.

Die Frauen kamen mit den kalten Tüchern zurück, und Gytha erwachte, als sie sie ihr auf den Bauch legten. Ich zog Berkta zur Seite.

»Woher kommt die Lady eigentlich?« fragte ich. »Wer waren ihre Leute?«

»Ihr Vater war Ältester der Hwicce oben im Norden, einer von denen, die den Königen von Mercia verbunden sind.«

»Und ihre Mutter?«

Die Frau zuckte die Achseln. »Wer weiß?«

Mein Herz klopfte heftig. Die Sachsen, die sich oberhalb der Sabrina angesiedelt hatten, waren als Verbündete gekommen, als Hilfe gegen ihre Landsleute, nicht als Eroberer. Obwohl es sich wie ein Schlaflied angehört hatte, hatte ich doch einen Lehrgesang aus Avalon angestimmt. War die Mutter dieses Kindes eine der königlichen Maiden von Gwent gewesen, die für einige Zeit zu uns geschickt worden waren, um zu lernen?

Im Lauf dieser Nacht wurde mir klar, daß ich mehr als den Halbmond auf meiner Stirn enthüllt hatte, als ich angeboten hatte, mich um die Lady zu kümmern. Mit dem Gebrauch meiner Fertigkeiten war auch meine alte Gewohnheit, das Kommando zu übernehmen zurückgekehrt, und am Morgen akzeptierten bereits alle im Krankenzimmer meine Autorität.

Und das war gut so, denn als sich Gytha im Morgengrauen rührte, fiel mir auf, daß eine andere Frau als sonst ihr den Tee brachte, um den ich gebeten hatte. Ich nahm den Becher und beugte mich vor, um ihn an Gythas Lippen zu setzen. Aber dabei drang etwas von dem Geruch des Gebräus in meine Nase. Ich zog das Gefäß zurück und trank selbst einen kleinen Schluck.

Ich behielt die Flüssigkeit auf der Zunge und versuchte, mich an alles zu erinnern, was ich von Kräutern wußte. Es lag eine Bitternis darin, die nicht von Brombeerblättern stammen konnte, und etwas Minziges, das die Süße des untergemischten Honigs kaum überdeckte.

»Ist der Tee nicht warm genug?« fragte das Mädchen, das den Becher gebracht hatte. »Ich kann ihn noch einmal zum Feuer zurückbringen.« Sie sprach laut und offen, aber ihr Blick wich dem meinen aus.

»Ohne Zweifel«, sagte ich trocken. »Und dabei würdest du irgendwie stolpern und den Becher zerbrechen.« Ich wandte mich Gythas

Zofe zu. »Weck Osric und bring ihn her. Haltet sie fest –« fauchte ich, als das Mädchen versuchte, sich davonzustehlen. Und die alte Berkta, die doppelt so breit war wie ich und stark wie ein Krieger, packte sie am Arm. Ich sah mir unsere Gefangene genauer an und merkte, daß sie eines der Mädchen war, die der junge Cynegils am häufigsten mit ins Bett genommen hatte, als er hier gewesen war.

»Was ist los?« fragte Berkta, ohne die Schlampe loszulassen. »Schmeck das hier und sag es mir selbst.« Ich hielt ihr den Becher hin. Einen Augenblick lang hielt sie einen Schluck im Mund, wie ich es getan hatte, dann spuckte sie die Flüssigkeit fluchend ins Stroh.

»Ist es Gift?« fragte die Zofe erschrocken.

»Drachenzunge!« rief Berkta, »und noch etwas anderes, Flohminze wahrscheinlich. Es ist kein Gift. Ich habe diese Mixtur oft verwendet, wenn die Blutungen eines Mädchens nicht kommen wollten. Aber bei einer schwangeren Frau würde es sicher das Kind zu früh heraustreiben, und so schwach wie unsere Herrin ist, hätte es sie wohl umgebracht.«

Als der Oberste der Hauswache kam, blieb ich mit niedergeschlagenem Blick im Hintergrund, während Berkta die Anklage wiederholte und das weinende Mädchen weggezerrt wurde. Ich hatte geglaubt, Gytha sei zu erschöpft, um zu bemerken, was geschehen war, aber als Osric wieder gegangen war, öffnete sie die Augen.

»Du hast mich gerettet«, flüsterte sie. »Ich dachte … du wärst mein Tod.«

»Ich werde dir Leben schenken«, erwiderte ich in ihrer eigenen Sprache und küßte sie auf die Stirn.

Es vergingen noch mehrere Tage, bevor Gytha außer Gefahr war, und während dieser Zeit war ich ununterbrochen bei ihr. Oft wurde sie mitten in der Nacht wach und konnte nicht mehr einschlafen, und ich, von Jugend an an solch durchwachte Nächte gewöhnt, wachte neben ihr.

»Die Männer, die mich fanden, sagten, du hättest sie nach mir ausgeschickt«, sagte ich einmal. »Aber dann hattest du offenbar Angst vor mir. Warum?«

Gythas Blick flackerte kurz zu meinem, wich dann wieder aus. »Seit ich ein Kind war«, flüsterte sie, »habe ich Dinge *gesehen* – machmal, was vor langer Zeit geschehen war, manchmal, was noch geschehen würde. Als ich klein war, erschreckten mich diese Visionen, da es so oft mit Blut und Feuer zu tun hatte. In den alten Tagen, als meine Leute über dem Meer lebten, hätten sie mich weggeschickt, damit ich zur Seherin ausgebildet würde, wie Walada, die sogar den Römern angst machte. Aber hier in diesem Land gibt es niemanden mit diesem Wissen –«

Etwas an meiner Miene ließ sie innehalten, und sie sah mich mit weit aufgerissenen Augen an. »Du hast es gewußt!« rief sie. »Du verstehst es!«

»Mehr, als du dir vorstellen kannst!« Mein Herz klopfte heftig. Ich beugte mich vor. »Ich hätte mir nicht vorstellen können, daß es zwischen unseren Völkern Ähnlichkeiten gibt – aber ich bin genau das, was Walada war – unter meinem eigenen Volk.«

»Und ich dachte, alle Briten wären inzwischen Christen. Bist du die letzte und ganz allein?« rief Gytha.

Ich setzte zu einer Antwort an, dann ergriff ich ihre Hand. Ich hatte das Recht, mich selbst zu enthüllen, aber solange ich nicht wußte, wohin dies alles führen würde, wagte ich nicht, von Avalon zu sprechen.

»War ich es, die du sahst, in dieser Vision, die dich so erschreckt hat?« fragte ich schließlich.

»Ich war im Halbschlaf«, erzählte Gytha verträumt, »wie so oft an den Nachmittagen, seit ich schwanger bin. Es kam mir so vor, als schwebte ich über der Welt. Ich erkannte Lininis, und den Fluß, und die Wälder darunter. Und dann wurde ich nach unten gezogen und sah dich unter den umgestürzten Bäumen liegen. Du tatest mir leid, aber ich wußte nicht, was ich tun sollte, und ich versuchte aufzuwachen, als ein kühler Nebel um mich herumwirbelte, und ich sah...« sie räusperte sich, dann trank sie einen Schluck Tee.

»Du sahst eine Frau in blauem Gewand, mit einem silbernen Schmuckstück mit Perlen auf der Stirn...« sagte ich. Klaren Blickes sah sie mich an.

»Ich dachte, sie wäre eine der Nornen«, meinte Gytha einfach. »Sie sagte mir, ich müsse Männer ausschicken, um dich zu suchen. Sie sagte, du wärst mein Schicksal.«

»Und dennoch hast du ihr gehorcht?« fragte ich verblüfft, während sie mit diesem typisch sächsischen Fatalismus die Schultern zuckte. Meine eigenen Leute pflegten, wenn sie wußten, daß keine Rettung möglich war, die Katastrophe mit der Leidenschaft von Liebenden zu umfangen.

»Niemand kann seinem Schicksal entgehen. Aber als ich dich dann tatsächlich vor mir sah, hatte ich Angst.«

»Ich kann dir nicht sagen, was aus uns werden wird«, sagte ich ehrlich, »aber die, die sich dir offenbart hat, war eine unserer größten Priesterinnen. Ich weiß nicht, wieso man uns zusammengebracht hat, aber was immer auch geschehen mag, ich sage dir nun, daß die Große Mutter, die von unseren beiden Völkern verehrt wird, wenn auch unter unterschiedlichen Namen, unser Schicksal in Händen hält.«

Die römische Villa hatte einen Kräutergarten gehabt, und trotz all der Jahre der Vernachlässigung hatten einige Pflanzen überlebt. Er erinnerte mich an unseren Garten in Avalon, und seit wir hier wohnten, hatte man mir erlaubt, ihn in meiner freien Zeit zu jäten und zu pflegen und die Beete wieder in Ordnung zu bringen. An sonnigen Tagen kamen Gytha und ihre Frauen hierher, um zu nähen oder zu spinnen. Gytha hatte sich so gut erholt, daß ich annahm, daß ihr schlechter Zustand von Anfang an von Cynegils' Leuten herbeigeführt worden war. Sie saß da und lachte und schwatzte mit den anderen. Es war an einem solchen Tag, kurz vor Beginn der Ernte, daß wir den Hufschlag eines Pferdes hörten, das scharf auf das Haus zugetrieben wurde. Ich stand auf und wischte mir die Erde von den Händen.

Ich sagte mir, es müsse sich um Nachrichten von irgendeiner Schlacht handeln, oder vielleicht die Ankündigung, daß der König auf dem Weg sei und wir beginnen sollten, das Essen für seine Männer vorzubereiten. Aber selbst zu diesem Zeitpunkt, nehme ich an, wußte ich es bereits besser. Gytha schlug die Hände vor die Augen und erbleichte. Und dennoch, als Osric zu ihr kam und ihr sagte, Ceolwulf sei verwundet, grüßte sie ihn gefaßt und gab Befehle, Kräuter und Linnen zu packen für Berkta, die ausgeschickt wurde, ihn zu pflegen und ihre Gebete zu sprechen, auf daß es ihm bald wieder besser gehen möge.

Erst als sie allein war, weinte sie in meinen Armen.

»Ceolwulf ist tot, Ildierna«, flüsterte sie. »Ich habe es gesehen. Bis Berkta dort sein wird, werden sie ihn schon zu Wotan geschickt haben, und seine Erben werden auf ihn trinken.«

»Seine Erben –« wiederholte ich, und sie legte die Hände schützend auf den Bauch. »Es gibt noch drei Söhne, nicht wahr, außer deinem Kind? Welcher von ihnen, glaubst du, wird der zukünftige König?«

»Cynegils ist der stärkste«, sagte sie leise. »Selbst als mein Herr noch lebte, hat er ihn herausgefordert. Er hat sich unter den jüngeren Männern ein starkes Gefolge aufgebaut.«

»Aber wieso sollte das von Belang sein«, fragte ich und wagte noch nicht, von der Idee zu sprechen, die mir gekommen war. »Werden sie dich nicht zu deinen Leuten zurückschicken?«

»Nicht, ehe mein Kind geboren ist«, sagte Gytha. »Und wenn es ein Sohn sein sollte –« Ich legte den Arm um sie und spürte, wie sie zitterte. »Ildierna, ich habe Angst!«

Der Krach einer halben Hundertschaft feiernder Krieger war wie ein körperlicher Angriff auf die Sinne, hallte zwischen den Schädelknochen wider. Es war kaum ein Mond vergangen, seit der alte König mit seinem Lieblingshund zu Grabe getragen worden war, mit seiner Rüstung und seinen Edelsteinen und Grabbeigaben, und die Oberen der Westsachsen hatten beschlossen, es sei weise, die Ansprüche seines ältesten Sohnes anzuerkennen. Cynegils hatte bei der Machtübernahme keine Zeit verschwendet. Einige sagten, das Haus, in dem wir jetzt wohnten, sollte Gytha als einer der Witwen gehören, aber Cynegils schien sowohl Haus als auch Herrin als Teil seiner Erbschaft zu betrachten.

Stirnrunzelnd sah ich zu, wie sie ihm das zeremonielle Trinkhorn entgegentrug. Es würde kaum mehr einen Mond bis zu ihrer Entbindung dauern, und die hohe Wölbung ihres Bauchs ließ sebst Gythas Anmut schwinden. Sie hatte sich das blonde Haar mit edelsteinbesetzten Nadeln unter einem leichten Schleier aufgesteckt, und schwere Goldohrringe mit Granaten baumelten an ihren Ohren. Alles an ihr wirkte herrschaftlich, und das Murmeln der Männer verstummte, als sie an ihnen vorüberschritt.

Nur Cynegils ließ sich von ihrer Würde nicht beeindrucken. Ich konnte die Worte, mit denen sie ihm das Horn bot, nicht verstehen, aber sein Lachen war deutlich zu hören. Er griff unter die Falten ihres Umhangs und drückte ihre Brust, und ich sah, wie ihre bleiche Haut sich vor Ärger rötete. Dann nahm er einen durstigen Schluck aus dem Horn.

»Schenk diesen guten Männern etwas von deiner Süße – und keine bösen Blicke«, und als sie wieder errötete, fügte er hinzu: »Gib ihnen etwas zu trinken, Frau. Was glaubst du denn, was ich gemeint habe? Du kannst dich zurückziehen, sobald sie das Horn geleert haben. Dachtest du, ich würde dich jetzt nehmen?« Er stieß ihr den Finger in den Bauch und grinste. »Solange du nicht geworfen hast, bist du sicher vor mir.«

Gytha zitterte, als sie schließlich die Tür erreichte. Ich nahm ihr das Horn ab und bat die jüngeren Frauen, sie zurück zu dem kleineren Gebäude zu bringen, wo die Frauen schliefen, wenn der König und seine Männer in der Halle feierten. Berkta war groß und schwer genug, um unwillkommene Annäherungen abzuwehren, und ich kannte einen Spruch oder zwei, der dazu führen würde, daß ein Mann mich für noch älter und häßlicher hielt, als ich es ohnehin war.

In dieser Nacht wurde viel getrunken. Cynegils war jung und ehrgeizig, und ich zuckte zusammen, als er damit prahlte, wie er die Briten von Kernow ins Meer treiben würde. Das Traurige daran war, daß er sehr wohl erfolgreich sein könnte – er hatte den Verstand und die Willenskraft, die ein Eroberer braucht.

Ich bewegte mich mit meinem Alekrug durch die Menge, den Rücken demütig gebeugt, das Kopftuch über den Halbmond auf der Stirn gezogen, und schob mich langsam zum Hochsitz vor.

»Wirst du diese Frau heiraten?« fragte einer der Männer, die direkt neben Cynegils lagerten. Niemand achtete auf mich.

»Warum sollte ich?« sagte er. »Das Brautgeld ist gezahlt, und ihre Verwandten zu wenige, um auf dem Vertrag zu bestehen. Sie wird eine gute Konkubine abgeben.«

»Und das Kind?«

»Ist nichts, ehe das Oberhaupt der Familie es nicht anerkennt.« Cynegils grinste. »Und ich habe schon viel zu viele Verwandte.«

Wenigstens erlaubten es die Christen keinem Vater, ein Neugeborenes abzuweisen und auszusetzen. In Zeiten des Hungers mochte es einen Grund für so etwas gegeben haben, aber dies war eine rein politische Entscheidung. Ich dachte sehnsuchtsvoll an die bunten Pilze, die ich gesehen hatte, als ich das letzte Mal im Wald gewesen war, aber wenn ich Cynegils vergiftete, würde man Gytha vielleicht die Schuld geben, und was, wenn seine Brüder nicht besser waren als er?

Obwohl mein Puls raste, erlaubte ich mir nicht, hektisch zu werden. Nachdem ich den Krug geleert hatte, ging ich weg, als wollte ich ihn wieder füllen, aber ich kehrte nicht zurück. Zu dieser Zeit ihrer Schwangerschaft schlief Gytha häufig, aber nicht tief. Eine leichte Berührung genügte, sie zu wecken, während ein gemurmelter Schlafspruch die anderen weiter schnarchen ließ. Leise wiederholte ich, was ich gehört hatte.

»Das habe ich befürchtet«, erwiderte sie. »Wenn mein Kind geboren ist, muß ich ihnen sagen, daß es tot wäre, und es in Sicherheit bringen.«

Ich schüttelte den Kopf. »Cynegils ist ein vorsichtiger Mann. Er wird Zeugen bereitstellen. Ich habe auch schon daran gedacht. Flieh mit mir, Herrin, denn ich sage dir nun, daß ich nicht die letzte Priesterin bin. Hinter die Nebel, die unsere Zuflucht verhüllen, kann selbst Cynegils dir nicht folgen. Komm mit mir nach Avalon.«

Einen Augenblick lang starrte Gytha mich an. »Bist du wahnsinnig, oder bin ich es?«

Ich erhob mich, schob das Tuch von meiner Stirn zurück und damit allen Anschein von Demut. »Ich bin die Herrin von Avalon, und ich spreche im Namen der Großen Mutter.«

Das flackernde Licht der Öllampe zeigte mir, wie ihre Miene sich veränderte. Ich konnte spüren, wie mich die Macht, die ich angerufen hatte, umgab. Was sah Gytha auf meinem Gesicht?

»Ildierna!« flüsterte sie, »du trägst dieselben Zeichen, die *Sie* hatte – die Frau in meiner Vision!«

»Sie sind rechtmäßig mein«, sagte ich leise. »Ich bin die Erbin ihrer Macht. Im Namen der Göttin bitte ich dich, komm mit mir!«

Bis Sonnenaufgang waren wir weit von der Halle entfernt. Ich hatte Gytha auf ein altes Pferd gesetzt – leicht zu verfolgen, aber wir mußten so weit wie möglich wegkommen, ohne daß sie sofort ihre letzte Kraft aufbrauchte. Ich hätte gewünscht, wir wären früher geflohen, aber Gytha hatte zuvor nicht geglaubt, in welch großer

Gefahr sie war. Die Männer tranken in der ersten Festnacht immer am meisten. Wenn Cynegils vorhatte, die Herrin des Hauses bewachen zu lassen, sollten wir am besten fliehen, während sie ihren Rausch ausschliefen.

Ich konnte mich selbst nicht schneller als das Pferd bewegen, weil ich den größten Teil meiner Kraft auf Bannsprüche verwandt hatte – einen Glanz auf die Kissen, die ich in Gythas Bett gestopft hatte, um die Illusion zu hinterlassen, daß sie immer noch dort schlief; einen Verwirrungszauber rund um die Tore, der es schwieriger machen würde, unsere Spur aufzunehmen, und wann immer unser Weg abzweigte ein Zeichen, das unseren Verfolgern den falschen Weg weisen würde. Es half, daß wir in Richtung der aufgehenden Sonne unterwegs waren. Sobald Cynegils bemerkte, daß Gytha verschwunden war, würde er erwarten, daß sie nordwärts floh, zur Sabrina und ihrem eigenen Stamm, nicht nach Osten auf das Gebiet der Briten.

Inzwischen hatten wir beinahe das Ende des sächsischen Territoriums erreicht, ohne daß uns, soweit ich es beurteilen konnte, jemand gesehen hätte. Ich führte das Pferd in den Schutz eines Haselhains und verwob die Zweige hinter uns. Gytha war beinahe zu müde, um auch nur etwas zu essen, aber ich überredete sie, ein paar Bissen Haferbrot zu sich zu nehmen, und schnitt Zweige, um ihr ein bequemeres Bett zu bereiten. Einen Augenblick später war sie auch schon eingeschlafen.

Ich lehnte mich an einen Baum und hoffte, daß die Schmerzen, über die Gytha geklagt hatte, nur auf den Ritt zurückzuführen waren und nicht etwa auf verfrühte Wehen. Eine solche Anstrengung konnte schnell dazu führen, daß sie einsetzten, aber wenn das Kind nur wartete, bis wir unser Ziel erreicht hatten, würde es willkommen sein.

Ich bemerkte, daß ich bei diesem Gedanken lächeln mußte. Es war lange her, seit in Avalon ein Kind zur Welt gekommen war. Hinter dem Schirm von Blättern glänzte das stoppelübersäte, abgeerntete Feld in der Sonne, und eine Lerche sang irgendwo, zu hoch am

Himmel, als daß ich sie hätte sehen können. Auch ich muß erschöpft gewesen sein, denn ohne es zu bemerken fiel ich aus meinen Überlegungen in den Schlaf.

Gythas Aufschrei weckte mich. »Er kommt!« Sie packte mich am Arm, ihre Augen dunkel vor Angst. Und während ich mich noch wachblinzelte, sah ich, wie sie ihre königliche Selbstkontrolle wiedererlangte. »Ich habe Cynegils *gesehen.* Er ist hierher unterwegs. Du mußt mich verlassen, Ildierna. Wenn er uns erreicht, wird er mich einfach nur zurückbringen, aber dich wird er umbringen.«

Ich schüttelte den Kopf. »Glaubst du, das ist eine Überraschung für mich? Ich hatte nicht erwartet, ihn vollends auf eine falsche Spur führen zu können. Wir werden das Pferd losschicken müssen und hoffen, daß er ihm eine Weile folgt.«

Einen Augenblick lang schwieg sie. »Was ist?« fragte ich. »Haben deine Wehen begonnen?«

Gytha seufzte, dann lächelte sie. »Es geht mir gut. Gehen wir.«

Als die Schatten länger wurden, zogen wir so schnell weiter, wie wir es nur wagen konnten, hielten uns in den dichteren Hecken, die das Land teilten. Unsere Verfolger konnten direkt über die Felder reiten, aber nur wenn sie wußten, welche Felder sie überqueren mußten. Das Land genauer zu durchsuchen, würde Zeit kosten. Wir waren jetzt auf britischem Land, und die Sachsen würden sehr viel mehr auffallen als wir. Wenn Lord Uethen von ihrer Anwesenheit hörte, konnte er mehr Männer gegen sie in Marsch setzen, als Cynegils mitgebracht hatte. Gytha hatte mich für verrückt gehalten, aber obwohl sie immer langsamer wurde, während wir weitermarschierten, sah ich, wie die Hoffnung in ihrem Blick wuchs.

Obwohl ich versuchte, uns bedeckt zu halten, gab es Momente, in denen wir ins offene Land hinaus mußten. In einem solchen Augenblick blieb ich plötzlich stehen und packte Gytha am Arm.

»Was ist?«

»Schon gut.« Ich zeigte auf die Straße, die direkt auf einen kleinen Hügel zulief, an dessen Fuß ein heiliger Mann der Christen eine Einsiedelei gebaut hatte. »Was siehst du dort hinter der Kapelle?«

Sie schirmte die Augen ab und spähte. »Ein weiterer Hügel, direkt hinter diesem. Er ist ziemlich spitz, und... er *leuchtet*! Ist das der TOR?« Aufgeregt wandte sie sich mir zu. »So nah!« Der Hügel war von Eichen gekrönt. Dahinter fiel das Land in einen bläulichroten Nebel. Wolken türmten sich am nördlichen Horizont, aber der Tor erglänzte in rosigem Licht.

»Du siehst, ich habe dich nicht fehlgeleitet. Bis es Abend wird, werden wir dort sein.« Ich lachte und ging weiter, und in diesem Augenblick hörte ich das Hufgeklapper auf der Staße.

Schnell schob ich Gytha hinter die schützenden Zweige zurück und warf meinen erdfarbenen Mantel über uns. Es blieb nur noch Zeit für einen schnellen Schutzzauber, bevor die Reiter vorbeidonnerten.

Nachdem sie verschwunden waren, blieben wir noch lange liegen, hörten, wie der stärker werdende Wind in den Baumkronen rauschte und warteten, daß unser Herzschlag sich wieder verlangsamte. Ich hatte Cynegils' Intelligenz unterschätzt. Nachdem ihm erst einmal klargeworden ist, daß wir uns nicht nach Norden gewandt hatten, mußte er angenommen haben, daß Gytha bei den Briten Schutz suchen würde. All unser Verstecken in Gebüschen und Hecken war Zeit- und Energieverschwendung gewesen. Der Sachsenkönig brauchte uns nicht zu verfolgen – er mußte nur die Straße versperren, die durch die Marschen führte, selbst wenn wir vorhatten, zu Lord Uethen zu gelangen und nicht nach Avalon.

»Würde es dir etwas ausmachen, eine Nacht im Wald zu verbringen?« fragte ich. »Wir müssen uns verstecken, bis er gezwungen ist, sich zurückzuziehen.«

Sie schüttelte den Kopf und lächelte, aber als sie begann, sich aufzurichten, hielt sie inne und runzelte die Stirn. »War das Gras feucht?« fragte sie und drehte sich um. Ich betrachtete erschrocken den feuchten Fleck auf ihrem Gewand, antwortete aber mit ruhiger Stimme.

»Das Siegel, das deinen Schoß verschließt, ist gebrochen«, erwiderte ich. »Das ist das Wasser, in dem dein Kind gewiegt wurde, und bald wird es geboren werden.«

»Nicht hier! Laß es nicht jetzt kommen!« Sie sah sich um, in einem Wald, der plötzlich sehr viel dunkler wirkte.

»Meine Liebe, selbst die mächtigste aller Prinzessinnen kann die Flut nicht zurückhalten, wenn sie kommt, oder ein Kind, das geboren werden will! Hast du Schmerzen?«

»Nur im Rücken, von dem Ritt.« Sie lächelte angestrengt.

Ich war nicht so sicher, aber zumindest schien sie im Augenblick keine Wehen zu haben. »Dann haben wir noch Zeit«, erklärte ich ermutigend. »Aber ich denke, wir sollten auf jeden Fall versuchen, Avalon noch heute zu erreichen.«

Wir zogen so schnell weiter, wie Gytha konnte. Ich hatte dem Weg zu der Stelle folgen wollen, wo ich mein Boot zurückgelassen hatte. Aber das Volk, das in den Marschen wohnte, verfügte ebenfalls über Boote, und sie erinnerten sich an ihre alte Verbindung zu Avalon.

Es wurde schneller dunkel, als ich erwartet hatte. Als Eichen und Nußsträucher Ried und Weiden Platz machten und ich die Hütte entdeckte, die ich gesucht hatte, sah ich auch warum. Es war nicht die Nacht, sondern ein Sturm, der sich auf uns herabsenkte. Die Baumwipfel beugten sich im feuchten Wind. Gytha lehnte sich an einen Baum, rieb sich den unteren Teil ihres Rückens, obwohl sie nicht klagte.

Die Frau, die aus der Riedhütte kam, war dunkelhaarig und zierlich und schüchtern wie ein Wildtier, bis sie den Mond auf meiner Stirn sah. Feenblut, dachte ich. Vielleicht hatte einer ihrer Vorfahren die Barke der Lady Morgaine gerudert. Das Boot, das sie mir anbot, war wenig mehr als ein Floß, aber es würde genügen, uns ans Ziel zu bringen.

Ich setzte Gytha in den Bug, und mir fiel auf, wie sie kurz erstarrte, sich anspannte, dann wieder in sich zusammensank. Dann stieß ich das Boot vom Land ab, fand mit der Gewandtheit langer Übung mein Gleichgewicht im Heck und lehnte mein volles Gewicht gegen die Stake. Das Wasser war so schiefergrau geworden wie die Wolken über uns; Gytha schauderte, als sie sich umsah, dann überfielen sie wieder die Schmerzen, und sie schloß die Augen.

Grimmig steuerte ich das Boot durch den schmalen Kanal zwischen dem Ried und hielt nach den beinahe unmerklichen Zeichen an den Bäumen und im Ried Ausschau, die den Weg markierten. Der Wind blies nun stärker; wir hatten beinahe das offene Wasser erreicht. Dann rief jemand. Die Stake rutschte auf dem weichen Boden, als ich mich umwandte.

Meiner Fähigkeit sicher, die geheimen Zeichen zu lesen, mit denen das Marschvolk seine Wege markierte, hatte ich nicht daran gedacht, genau nachzufragen, an welcher Stelle des Sees wir herauskommen würden. Das Wasser erstreckte sich vor mir, mit dem Hügel und dem St.-Michaels-Turm darüber, aber der Kanal mündete gegenüber dem Weg. Und dort warteten wie Wölfe an einer Furt Cynegils und seine Männer.

Etwas bewegte sich durch die Dämmerung und platschte spritzend ins Wasser. Ich zuckte instinktiv zurück und bemerkte erst, daß es sich um einen Pfeil gehandelt hatte, als er wieder an die Oberfläche kam.

»Haltet an, oder wir spicken euch!« rief einer der Krieger. Zwei Reiter hatten bereits ihre Pferde vom Weg weggelenkt und brachen durchs Ried.

Gytha setzte sich auf, ihr Gesicht bleich in der Dämmerung. »Wie könnt ihr es wagen!« Ihre Stimme zitterte vor Wut. »Legt eure Waffen nieder!« Eine Lanze zischte vorbei, und ich rammte die Stake in den Schlamm, was uns eine weitere Bootslänge wegbrachte.

»Eine gute Mutter für künftige Helden!« lachte Cynegils. »Vielleicht sollte ich dich doch noch heiraten! Sag deiner Sklavin, sie soll anhalten, wenn du willst, daß sie am Leben bleibt.«

»Ildierna, es hat keinen Zweck. Die Mönche können uns nicht verteidigen, selbst wenn wir das andere Ufer erreichen –« rief Gytha. aber ich schüttelte den Kopf und stieß uns weiter. Über das Gebrüll der Männer erklang Donnergrollen, und die ersten Regentropfen fielen. Ein Pferd weigerte sich, weiter durchs Ried zu traben, aber das andere war nun im Wasser und trat um sich, während der Reiter versuchte, es auf uns zuzulenken.

Ich wich einem weiteren Pfeil aus und holte tief Luft. Die Nebel zu rufen war schwierig, selbst wenn alles ruhig war, und mit jedem Jahr schien es schwieriger zu werden. Würde ich es nach so langer Zeit überhaupt noch können?

Ein letzter Stoß mit der Stake schickte uns weiter über das Wasser. Dann ließ ich sie fallen und erhob die Arme, die Augen fest geschlossen, die Seele angestrengt, und legte alles, was von meiner Kraft geblieben war, in die Anrufung. Mein Körper bog sich wie der eines Schwans, der sich zum Himmel hebt, und wenn ein Speer mich getroffen hätte, hätte ich es nicht bemerkt. In diesem Augenblick berührte meine aufsteigende Seele jene andere Wirklichkeit, in der die Heilige Insel überlebt, und ich breitete die Arme noch weiter aus und zog diese andere Wirklichkeit um uns herunter, mit einem mächtigen Schlag meiner Flügel.

Es gab ein Aufflackern, als hätte sich der Himmel geöffnet, und dann gingen Regenfluten nieder, aber das darauffolgende Donnerkrachen war erstaunlich gedämpft, und innerhalb von wenigen Augenblicken wandelte sich der Regen zu Nebel, als wir das Wetter der Welt hinter uns ließen und in das von Avalon eintraten. Ich brach im Heck zusammen, keuchend, ließ den Zauber uns den Rest des Weges tragen. Erst als ich den freudigen Schrei einer Frau hörte, erhob ich mich wieder so weit, daß ich nach vorn kriechen und Gytha in die Arme nehmen konnte.

»Sieh nur!« flüsterte ich. »Heb deinen Kopf, meine Liebe, und sieh! Du bist zu Hause...«

Über uns hingen Sturmwolken, denn Avalon war noch nicht vollständig außerhalb der Welt der Menschen. Aber im Westen hatte sich die Wolkendecke noch nicht geschlossen, und Reste des Sonnenuntergangs beleuchteten den spitzen Hügel vor uns, mit seinen Steinhäusern und dem gewundenen Pfad, der zu den aufgestellten Steinen führte, mit lebendigem Gold.

Einen Augenblick lang starrte Gytha nur, und ihre Augen leuchteten. Dann spürte ich, wie sich ihr Körper verkrampfte, und sie schrie auf, als die Geburtsschmerzen, die sie so lange zurückgedrängt hatte, sie schließlich überwältigten.

Gytha hatte nur noch wenig Kraft für die Geburt, aber ihr Mut ließ keinen Augenblick nach. Und als ihre Tochter schreiend in die Welt glitt, lachte sie triumphierend auf. Der Sturm hatte sich ausgetobt, und die letzten Wolken glänzten golden im ersten Tageslicht. Nachdem die Nabelschnur durchschnitten und das Kind gewickelt war, hielt ich sie dem Tag entgegen.

Die Priesterinnen begannen, die Sonnenaufgangshymne zu singen, aber die Worte, die ich hörte, waren die von *Ihr*, die mich auf die Suche nach einer königlichen Dame geschickt hatte, vor, wie es schien, so langer Zeit.

»Ildierna, meine Tochter, du hast deine Pflichten gut erfüllt. Wieder haben sich das alte und das neue Blut gemischt, und das Kind, das du hältst, wird einmal Herrin der Insel sein. Fürchte dich nicht, obwohl Veränderung droht. Solange es Frauen gibt, die der Göttin dienen – selbst wenn es nur wenige sind –, wird die Macht Avalons der Welt nicht ganz entzogen werden.«

Unter Gottes Schutz

von Kate Elliott

Vorwort

In jenen Tagen war es nicht ungewöhnlich, daß ein Mann von hoher Geburt eine Ehefrau, mit der er nicht mehr zufrieden war, wegschickte und eine andere heiratete. Tatsächlich wurden sogar Könige, die sich solcherart verhielten, von den Grafen und Herzögen ihres Landes nachgeahmt. Aber was in der Welt erlaubt scheint, mag Gott härter beurteilen, wie ich nun erzählen möchte.

Eins

In jenen Tagen bestellte ein Mann von freier Geburt die Felder neben dem Besitz von Herzog Amalo, nahe dem Fluß Marne. Mit in seinem Haus wohnten seine Mutter Theudichild, seine Frau Ingund, seine beiden kleinen Söhne und eine Tochter sowie ein paar Dienstboten. Die Tochter hieß Merofled.

Es geschah, daß es eines Monats Merofled zufiel, die Steuern für die Kirche zu überbringen.

Sie war ein Mädchen von gutem Wuchs, war immer bei guter

Gesundheit gewesen und nun alt genug, um zu heiraten. Ihre Familie trug einen ehrenhaften Namen, und es gab nichts an ihren Vorfahren, dessen sie sich hätten schämen müssen. Der Vater ihrer Mutter war Kanonikus in Vitry, und es hieß, daß ihrem Ururgroßvater in Lyon die Märtyrerkrone zuteil geworden sei.

Aber sie war noch nicht verheiratet, noch hatte ihr Vater sie einem Mann versprochen. Einige sagten, ihr Vater und ihre Mutter verzögen sie ganz außerordentlich und hätten sie damit zu stolz gemacht, sich der Herrschaft eines anderen Mannes zu ergeben, andere sagten, sie sei zu fromm, um den Wunsch nach der Ehe zu verspüren. Einige hatte man flüstern hören, daß ihre Großmutter, Theudichild, eine zänkische alte Tyrannin, Merofelds Näharbeit der aller Dienstboten des Hauses und selbst der ihrer Schwiegertochter vorzog und daß sie deshalb dem Mädchen nicht erlaubte, ihres Vaters Haus zu verlassen, damit die eitle alte Frau nicht des Vorzuges gut genähter Kleidung entbehren müsse.

An diesem Tag nahm Merofled den Topf mit Kerzenwachs von einem der Dienstboten entgegen und machte sich, nur von einer jungen Dienerin begleitet, auf den Weg, das Wachs zur Kirche zu bringen. Auf diese Weise steuerte jeder Haushalt dazu bei, daß die Kerzen auf dem Altar nie ausgingen.

Die beiden jungen Frauen waren gezwungen, die Straße zu verlassen, als eine große Gesellschaft vorüberritt. Die Dienerin beugte den Kopf und fiel sofort auf die Knie, aber Merofled senkte weder das Haupt, noch kniete sie nieder.

Als erstes kamen Kirchenmänner in ihren reichen Gewändern und hinter ihnen Verwandte, Freunde und Vasallen des Herzogs; daher bemerkte Merofled, daß es sich um das Gefolge von Herzog Amalo handeln müsse. Sie wirbelten eine dichte Staubwolke auf, als sie sich näherten.

Merofled hatte den Herzog nie gesehen, nur aus der Entfernung, und so erkannte sie ihn nicht sofort, als plötzlich ein Reiter neben ihr stehenblieb und auf sie herabstarrte. Er war hochgewachsen, gut gekleidet und ritt ein Pferd mit silbernem Geschirr und einem goldverzierten Sattel. Der Rest seines Gefolges blieb um ihn herum stehen.

»Wer ist dieses Mädchen?« fragte der Herzog einen seiner Begleiter, einen gewissen Grafen Leudast.

»Ich weiß es nicht«, sagte Leudast, und er wandte sich einem andern Mann zu und befahl ihm, mit Merofled zu sprechen.

Der Diener fragte sie nach ihrem Namen, und sie antwortete nicht ohne Stolz: »Ich bin Merofled, Tochter von Berulf und Ingund.«

Nachdem man ihm ihre Worte wiederholt hatte, ritt der Herzog weiter.

Zwei

Herzog Amalo war ein Mann von plötzlichen Leidenschaften, einer von jenen, die immer das am meisten wünschen, was sie noch nicht besitzen, und er war es nicht gewohnt, daß ihm etwas verweigert wurde.

Und dieses hatte er gesehen: ein schönes Mädchen, in der Blüte ihrer Jugend, in einem einfachen, aber sauberen und wohlgefertigten Kleid, was eines der Anzeichen für eine gute Familie ist. Und sie hatte mit klarer Stimme und ohne Befangenheit gesprochen.

»Ich will mehr über dieses Mädchen wissen«, befahl er seinen Dienern.

Einer der Kleriker fragte im Dorf herum und kam mit den folgenden Tatsachen zurück: Daß das Mädchen von freier Geburt sei und sie von beiden Seiten aus guten Familien stammte, eingeschlossen, wie ich bereits erwähnte, den Ururgroßvater, dem die Märtyrerkrone gewährt worden war. Daß ihr Vater Berulf seine Steuern regelmäßig zahlte, den Gottesdiensten beiwohne und ein Mann von gutem Charakter sei, den Gott mit Wohlstand belohnt habe. Daß Berulf und sein Weib den Armen Almosen gaben und der Kirche im Dorf einen silbernen Kelch und zwei feingewebte Wandbehänge gestiftet hatten, einen mit den Abbildern von Judith und Holofernes, und einen mit St. Martin, der seinen Mantel mit dem Armen teilt.

Herzog Amalo erwähnte keine von diesen Tatsachen gegenüber seiner Frau, die ihm zu dieser Zeit bereits fünf Kinder geboren hatte, von denen zwei jedoch noch jung verstorben waren.

Drei

Mehrere Tage, nachdem er Merofled an der Straße erblickt hatte, ging Herzog Amalo wie üblich seinen Geschäften nach, ging auf die Jagd und die Beiz und kümmerte sich um seine Ländereien. Aber mehr als einmal führte er sein Gefolge an jener Straße entlang, die durch das Dorf führte. Nachdem schließlich mehr als drei Sabbate vergangen waren, nahm er seine Kirchenmänner und den Rest seines Gefolges und besuchte die Messe in der Dorfkirche. Dort widmete er sich hingebungsvoll seinen Gebeten, kniete in der vordersten Reihe, die Hände vors Gesicht geschlagen, wie es einem frommen Mann gebührt. Dennoch, mehr als er betete, nutzte er seine Hände als einen Schirm, um die junge Merofled anzustarren, ohne den anderen Gottesdienstbesuchern jedoch sein Interesse zu offenbaren.

Nachdem die Messe gelesen war, beschenkte er die Kirche großzügig mit silbernen und goldenen Gefäßen und stiftete viel Geld zur Unterstützung der Priester, so daß alle wohl von ihm sprachen, als er sie verließ und wieder auf seine Güter zurückkehrte.

Vier

Zu dieser Zeit war Herzog Amalo schon von einer verzehrenden Leidenschaft für Merofled ergriffen.

Am nächsten Tag rief er also sein Weib zu sich. »Es ist an der Zeit«, sagte er, »daß du auf deinen Besitz bei Andelot reist, damit du dort deine Angelegenheiten ordnen kannst.«

Auf diese Weise glaubte er, sich ihrer entledigen zu können.

Da nun ihr Gut bei Andelot ihr väterliches Erbteil gewesen war und nahe den Besitztümern ihrer Verwandten lag, hatte seine Frau nichts dagegen einzuwenden, dorthin zu reisen, obwohl es eine lange Reise war. Sie stimmte also ohne Mißtrauen zu. Sie nahm ihre älteren Söhne mit sich und ließ nur den jüngsten zurück.

Fünf

Aus dem Schutz eines Eichenhains heraus beobachtete Merofled, wie das Gefolge vorüberzog, Herzog Amalos Weib und all ihre Frauen und Diener, ihr Priester und ihre Diakone, Pferde, Wagen und ein paar Hunde. Dann ging sie schnell nach Hause, zum Hof ihres Vaters.

Merofled war keine Närrin, und wenn sie stolz war, dann zum Teil deshalb, weil sie einen scharfen Geist hatte und sehen konnte, was anderen vielleicht verborgen blieb.

Aus diesem Grund fand sie erst eine Ausrede nach der anderen, um immer nahe dem Haus ihres Vaters zu bleiben und begab sich nicht mehr außerhalb des eingezäunten Hofs, der das Vieh beherbergte.

Sechs

Inzwischen hatte Herzog Amalo seinen Verwalter zu sich gerufen. Sorgfältig hatte er einen Vertrag erstellt, der den Besitz an einem seiner Güter bei Chalon an Merofled übergehen ließe, nachdem ihre Ehe vollzogen war, wie es sich zu jener Zeit geziemte.

Dann schickte er seine Diener zum Haus ihres Vaters, wo sie folgende Botschaft übergaben:

»Mit diesen Worten spricht Herzog Amalo dich an: ›Ich habe vor kurzem die Frau, die bislang mein Weib war, davongeschickt, und ich bin nun geneigt, ein neues Weib zu nehmen. Wenn es dir gefällt, dann soll deine Tochter Merofled meine Diener zu meiner Halle begleiten, mitsamt allem Besitz, den du ihr als Mitgift ausstellen magst.‹«

Sieben

Berulf war ein Mann von großer Tugend und Frömmigkeit, aber obwohl seine guten Taten Legion waren, stand er nicht in dem Ruf, sein Auge auf den Besitz seines Nachbarn zu richten. Daher war er von dieser Botschaft überrascht.

Er zog sich sofort in seine Kammer zurück und sandte nach seiner Tochter. »Ist es das, was du wünschst?« fragte er sie und verbarg die Überraschung nicht.

»Wieso sollte ich einen Mann heiraten wollen, der sein Weib davonschickt, sobald er eine sieht, die ihm besser gefällt?« erwiderte sie. »Ich möchte lieber mit einem Mann meiner eigenen Stellung verheiratet sein, den ich nicht fürchten müßte. Wenn Herzog Amalo mich schlagen würde, könnte mir niemand helfen, denn seine Verwandten sind mächtiger als die unseren.«

Ihr Vater erkannte die Weisheit in ihren Worten, eilte geradewegs zu den Botschaftern des Herzogs zurück und erklärte ihnen seine Ablehnung.

Acht

Man wird sich wohl vorstellen können, daß diese Antwort Herzog Amalo nicht gefiel.

Er tobte tagelang, peitschte seine Hunde und schlug die Diener, die bei der Ausführung seiner Befehle ein wenig langsam waren.

Dann warf er sich in die Kapelle seines Anwesens auf die Knie vor den Altar und betete. Sein Vater hatte der Kapelle eine Reliquie des Heiligen Sergius gestiftet, und Herzog Amalo legte einen Psalter auf den Reliquienschrein. Er verbrachte eine ganze Nacht betend und zwei weitere Tage mit Fasten und Wachen.

Danach öffnete er den Psalter und las den ersten Vers oben auf der Seite. Dort stand: »Die aber abweichen auf ihre krummen Wege, wird der Herr dahinfahren lassen mit den Übeltätern.«

Diese Worte erschütterten ihn, und er weinte.

Danach erwähnte er das Mädchen Merofled für zehn Tage nicht mehr.

Neun

Tage vergingen und nichts geschah. Merofled begann zu glauben, daß sie Herzog Amalos Absicht falsch beurteilt hätte. Sie ging ihren Pflichten jetzt wieder ruhiger nach. Nach ein paar Tagen nahm ihr Vater sie beiseite und sprach folgende Worte:

»Mein Kind, es ist an der Zeit, daß wir uns nach einem würdigen Gemahl für dich umsehen.«

»Mein Herr«, erwiderte sie, »wir sollten darauf vertrauen, daß Gott uns schenkt, was notwendig ist. Wenn sich eine gute Gelegenheit anbietet, werde ich sie nicht verschmähen. Wenn nicht, bin ich es zufrieden, mein Leben guten Werken und Gottes Arbeit zu widmen und eine Dienerin Christi zu bleiben.«

Berulf akzeptierte diese Antwort gern, denn er hatte es nicht eilig, seine Tochter zu verlieren.

Zehn

Eines Abends, kurz nachdem dies geschehen war, trank Herzog Amalo beim Abendessen zuviel. Als er daran dachte, zu Bett zu gehen, fiel ihm im selben Augenblick die junge Frau ein, die er begehrte. Inzwischen war er vollkommen betrunken.

»Geht zu ihrem Haus«, sagte er seinen Dienern, »greift sie euch, wenn sie nicht freiwillig mitkommt, und bringt sie in mein Schlafgemach.« Dann begab er sich dorthin, um sie zu erwarten.

Als die Diener – mehr als ihrer zehn – zu Berulfs Haus kamen, sprachen sie ihre Forderung aus.

Merofled erhob sich stolz und stellte sich ihnen entgegen. »Mein Vater und ich haben bereits unsere Antwort gegeben. Nun weicht von diesem Haus, wo ihr nicht willkommen sein.«

Bei diesen Worten sprangen die Diener des Herzogs vor und packten sie. Ihr Vater schickte seinen ältesten Sohn nach seinem Schwert, und selbst die alte Theudichild schlug mit ihrem Stock um sich, aber die Diener waren besser bewaffnet. Merofled kämpfte gegen sie, warf Tische und Stühle um, aber zuletzt ergriffen sie sie dennoch bei den Armen, banden sie und trugen sie wie einen Sack Getreide davon.

Niemand im Haus wagte ihr zu folgen, wegen Herzog Amalos Stand und Familie.

Elf

So wurde Merofled zu Herzog Amalos Haus gebracht. Als sie dort waren, setzten die Diener sie ab und lösten ihr die Fesseln, da sie glaubten, nun werde sie die Ehre der Aufmerksamkeit des Herzogs akzeptieren, aber sie begann sofort wieder um sich zu schlagen und rannte zur Tür.

Es bedurfte dreier Bewaffneter, um sie einzufangen. Sie schlugen ihr ins Gesicht, bis ihre Nase zu bluten begann, dann zerrten sie sie nach oben ins Schlafgemach, wo sie sich immer noch wehrte und so sehr blutete, daß sie das Linnen mit roten Flecken übersäte.

Herzog Amalo hatte nicht ruhig und schweigend gewartet, während die Entführung stattfand. Er hatte Schwert und Gürtel und den größten Teil seiner Kleidung abgelegt, in Erwartung von Merofleds Ankunft. Er hatte auch noch mehr Wein bringen lassen, und als seine Männer Merofled hereinzerrten, goß er einen weiteren Becher ein.

»Laßt uns allein!« schrie er, und sie eilten davon, so daß Amalo und Merofled allein im Schlafgemach waren.

Sie wischte sich das Blut von der Nase, stieg vom Bett und starrte ihn trotzig an.

»Hier ist Wein«, sagte er und bot ihr den zweiten Becher an, »mit dem wir auf den Vollzug unserer Ehe trinken können.«

»Ich verweigere ihn, ebenso wie ich Euer Heiratsangebot ablehne, ebenso wie ich es ablehne, das Bett mit Euch zu teilen.« Sie wurde schwächer unter dem Schmerz, den sie erleiden mußte, und plötzlich erschlaffte sie, trotz ihrer Anstrengung, sich weiter zu wehren.

Als wäre dies eine Ermutigung, nahm er sie in die Arme und legte sie auf das Bett, bereit, sie zu seiner Frau zu machen. So überwältigt war er von ihrer Nähe, von der Erwartung, daß seine Begierde nun endlich erfüllt würde, außerdem aber auch von der großen Menge Weins, die er getrunken hatte, daß er die Augen schloß.

Merofled hatte sich dem Gebet und ihrem Glauben an Gottes Urteil überlassen. Sie spürte, wie Amalos Griff leichter wurde und nahm dies als Zeichen Gottes. Also sammelte sie den letzten Rest von Kraft, der ihr geblieben war. Sie entdeckte Amalos Schwert auf der Truhe am Fuß des Bettes.

Sie streckte die Hand aus, packte den Griff und zog das Schwert aus der Scheide. Amalo schlug die Augen wieder auf und wollte sich auf die junge Frau legen. Sie brauchte keine weitere Ermutigung und schlug ihn so fest sie konnte mit dem Schwert. Der Hieb traf ihn in die nackte Brust, und er schrie auf vor Schmerz.

Sofort kamen Diener ins Schlafgemach gestürzt. Sie brachen in Wehklagen aus, während Amalo schrie und stöhnte. Seine Soldaten packten Merofled, entwaffneten sie und zogen ihre eigenen Schwerter und Messer, um sie auf der Stelle zu töten.

Aber als Amalo dies sah, faßte er sich. Weinend rief er ihnen zu:

»Haltet ein! Es war meine Sünde, nicht ihre, denn ich habe versucht, ihr Gewalt anzutun. Sie hat dies nur getan, um ihre Ehre zu retten. Tut ihr nichts an.«

Sobald ihm diese Worte über die Lippen gekommen waren, verdrehte er die Augen; Blut schoß ihm aus dem Mund, und er hörte auf zu atmen.

Inzwischen waren andere aus seiner Familie, Verwandte und Diener, hereingekommen, um nachzusehen, was geschehen sei. Als er starb, erhoben sie ein ungläubiges Klagen, und alle waren entsetzt.

Zwölf

Während Diener und Verwandte alle noch klagend umherstanden, kam Merofled auf die Beine und schlich sich, immer noch wie betäubt, aus der Menge davon. Alle waren so überwältigt von Trauer und Staunen, daß ihre Flucht zunächst nicht auffiel.

Mit Gottes Hilfe konnte sie aus dem Haus entkommen und nach Hause laufen.

Nun mag man sich das Erstaunen ganz anderer Art vorstellen, das über alle im Haus ihres Vaters hereinbrach, als sie zurückkehrte, mit zerrissenen Kleidern, mit blutigem Gesicht, erschöpft und zerschlagen.

Zunächst bedeckten ihre Verwandten sie mit Küssen und dankten Gott für die sichere Rückkehr, aber nachdem sie ihre Geschichte erzählt hatte, verbarrikadierten sie die Türen und Fenster, und die alte Großmutter Theudichild begann aufs neue zu jammern.

»Kind, du hast Unglück über uns gebracht. Nun werden Herzog Amalos Verwandte kommen und sich an uns rächen. Sie werden meinen einzigen Sohn töten, meinen Enkel, und sie werden zweifellos das Haus niederbrennen. Wenn du dich ihm doch nur ergeben hättest – du wußtest, daß er größere Macht hat als wir, du hättest einen guten Brautpreis von ihm erhalten, und wir hätten unseren Frieden gehabt.«

»Nicht ich bin es, die gesündigt hat«, widersprach Merofled. »Ich habe nur meine Jungfräulichkeit und die Ehre dieses Hauses verteidigt.«

»Das mag sein«, sagte ihr Vater, »aber seine Leute werden sich trotzdem an dir und deiner Familie rächen.«

»Dann werde ich zum König selbst gehen und ihm meinen Fall vortragen.«

Sofort protestierten alle, sie könne so etwas nicht tun, denn sie war schwach wegen ihrer Wunden und von den Schlägen, die sie erhalten hatte, und die Straßen waren nicht überall sicher.

»Gott wird mich leiten«, sagte sie. Sie wusch sich und zog saubere Gewänder an.

Dreizehn

Im Morgengrauen nahm sie den Wallach ihres Vaters und zwei Diener und brach ohne Furcht auf nach Chalon, wo, wie es hieß, sich König Guntram gerade aufhielt, denn im September feierte er gern den Tag des Heiligen Marcellus in der Kirche, die dem Schutzpatron dort geweiht war.

Sie ritt fünfunddreißig Meilen, und als sie nach Chalon kam, ging sie direkt zur Kirche. Der König und sein gesamtes Gefolge beteten dort, aber Merofled betrat die Kirche ohne Zögern. Sie bat darum, zum König gebracht zu werden. Als seine Wächter sie zu ihm führten, war sie sich König Guntram zu Füßen und berichtete in einfachen Worten, was ihr zugestoßen war.

König Guntram war ein gottesfürchtiger Mann, und Mitleid mit der jungen Frau erfüllte ihn. Er erhob sich. Alle in der Kirche schwiegen, um seinen Urteilsspruch zu hören.

»Gott hat in diesem Fall sein Urteil bereits gesprochen«, sagte er. »Ich werde nicht anzweifeln, was er hat geschehen lassen. Aus diesem Grund gewähre ich dir, Merofled, Tochter von Berulf und Ingund, dein Leben, denn du hast dich rechtmäßig gegen Diebstahl verteidigt.«

»Was ist mit Herzog Amalos Verwandten, König Guntram?« fragte sie mutig. »Ich bin von freier Geburt und aus guter Familie, aber wir können uns nicht gegen die Rache schützen, die sie vielleicht planen, weil sie viel mächtiger sind als wir.«

Er nickte, denn dies war tatsächlich eine begründete Sorge. »Dann werde ich dich unter meinen Schutz stellen, und ich verbiete jedem aus der Familie des Toten, sich an dir oder deiner Familie zu rächen.«

Und so geschah es.

Vierzehn

Mit dem königlichen Erlaß in der Hand, ritt Merofled nach Hause und hatte sich so vor Herzog Amalos brutaler Aufmerksamkeit und ihre Familie vor der Rache seiner Verwandten geschützt.

Ich habe nicht gehört, daß weiteres unseliges Geschehen ihr Leben trübte, das, im Schutz Gottes, sich als ebenso lang wie reichhaltig erwies.

Würdigung

von C. J. Cherryh

Als ich 1975, ohne irgendwelchen Kontakt zu Autoren im Science-fiction-Bereich zu haben, Berufsschriftstellerin wurde, gehörte zu den Aspekten, die mir als erstes und am heftigsten auffielen, das Fehlen von Eifersucht und Territorialkämpfen unter den etablierten Autoren des Genres.

Meine erste Tagung war die WorldCon in Kansas City. Ich hatte *derart* wenig Verbindung mit dem Bereich, daß ich in elegantem Kleid und hochhackigen Schuhen erschien und an keiner der Podiumsdiskussionen teilnahm, erstens, weil ich (dank der Absätze) ständig zu spät kam, und es zweitens, da ich aus Akademikerkreisen kam, für unangemessen hielt, zu spät zu kommen. Es hätte mir vielleicht auffallen sollen, daß die anderen nicht dieselbe Uniform trugen wie ich... aber ich war ein bißchen überwältigt.

Und am Abend der Hugo Awards hörte ich, daß die anderen Autoren Smoking und Abendkleider trugen, entschied, daß mein Kleid nicht förmlich genug sei, und blieb statt dessen während der Zeremonie im Café sitzen.

Auch Marion schwänzte die Preisverleihung, da sie sich an diesem Abend nicht sonderlich wohl fühlte – netterweise versicherte sie mir, auch ihre Kleidung sei nicht formell genug, und so saßen wir stundenlang da, tranken irgendwas, ich habe vergessen, was, und sprachen über gemeinsame Interessen, Forschungsthemen – wir redeten auch später noch weiter, in einem Hotelzimmer, und sie war so großzügig, mir Komplimente über meine Arbeit zu machen.

Marion ist mit dafür verantwortlich, daß meine Einführung in dieses neue Arbeitsgebiet so positiv ausfiel. Sie ist eine wahre Naturgewalt, ein großzügiger, energiegeladener frischer Wind, der durch dieses Literaturgebiet weht, und sie hat einen gewaltigen Einfluß auf das Genre und seine jungen Autoren gehabt.

Und sie hat ihn immer noch. Schön für dich, Marion.

Sing mir von Liebe und Schatten

von Deborah Wheeler

An einem honigduftenden Morgen war die junge Witwe Solange damit beschäftigt, die Wolle ihrer eigenen Schafe zu spinnen, und dabei summte sie geduldig immer wieder die Melodie ihres neuesten Liedes vor sich hin, während Gaétan, der Spielmann, sich bemühte, die Akkorde dazu zu finden. Die Sonne stand schon hoch über ihrem Haus, in einem Halbkreis von Gebäuden, die das kleine Dorf bildeten. Der Wind trug den Duft von warmer Erde, Lauch und Thymian heran. Ganz in der Nähe lag das Herrenhaus von Val-Joli, gebaut aus den uralten Steinen einer der letzten Römerstraßen.

Gaétan schnaubte erschöpft, legte die Laute auf die Knie und streckte die Finger. Er war nur ein paar Jahre jünger als Solange und beinahe genauso unscheinbar.

»Gib nicht auf«, sagte Solange und schob sich eine Strähne ihres rötlichen Haars unter die Leinenhaube. »Du bist so ein guter Sänger.«

»Ja, singen kann ich. Aber niemand möchte mehr mein *chanson de geste* hören. Geschichten von Mut und Tugend langweilen sie; heute geht es nur noch um Liebe und die Gunst der Damen, und das kann ich überhaupt nicht.« Wieder seufzte er und strich über die Feder, die er benutzte, um die doppelten Saiten anzuschlagen.

»*Maman* singt hübsche Lieder«, sagte Jeannette, Solanges Ziehtochter, die den gesponnenen Faden aufwickelte. Obwohl sie bereits zwölf war, trug sie noch ein Kinderkleid.

Solange lächelte. Sie hatte mit dem Liederschreiben angefangen, nachdem sie frisch verwitwet war und für die schwachsinnige Schwester ihres Mannes sorgen mußte. Es gab Leute, die sagten, Jeannette wäre besser auch am Fieber gestorben, aber ob durch den Segen der Jungfrau oder eine andere Macht, das Kind hatte überlebt.

Der Spielmann griff wieder nach der Laute. Solange summte, und langsam entwickelte sich eine Melodie.

»Der Himmel so blau«, sang sie, »die Sonne so hell
Liebe bringt Hoffnung in die dunkelste Nacht.
Ein Mann sehnt sich nach der versprochenen Braut,
Sein Lied erweicht das härteste Herz,
Durch Wasser und Feuer –«

»Horcht!« Gaétan sprang auf. »Dort, auf der Straße nach Norden!«

Solange sah in die Richtung von Gaétans ausgestreckter Hand, blinzelte gegen das schimmernde Flechtmuster der Felder, einige grün von frisch sprießendem Weizen, andere noch brachliegend. Über der Straße stieg Staub in den Himmel, hinter dem undeutlich die Umrisse galoppierender Reiter auszumachen waren.

Solange runzelte die Stirn. Wieso die Eile, an einem solchen Tag?

»Jeannette, du mußt mit den Schafen gehen«, sagte sie. »Rasch! Stell keine Fragen!« Als das Mädchen auf die Beine kam, schickte Solange ein lautloses Stoßgebet an die Jungfrau, daß sie nicht losrennen würde, um die Fremden anzusehen. Sie würden ihr Bedürfnis, zu gefallen, nicht verstehen, ihre Unschuld... Vor ein paar Wochen hatte Jeannette die heiligen Hostien der ganzen Woche aus der Kapelle gestohlen und sie über den Kohl gekrümelt, als Zauber gegen die Raupen. Wer immer seine Pferde so anspornte, würde nicht so nachgiebig sein wie der Dorfpriester.

Solange wurde ins Herrenhaus befohlen, um beim Lüften der Wäsche, dem Bettenmachen, dem Ersetzen der Binsenteppiche, beim Wassertragen, Hühnerrupfen und Töpfeschrubben zu helfen. Die Bediensteten in der Küche wußten nähere Einzelheiten: Es war der Neffe des Herzogs selbst, François, der heute zu Gast war.

In der Haupthalle dröhnten die Stimmen von Männern, das Klirren von Bierbechern, das Knurren der Hunde, die sich um die Knochen der Spanferkel balgten, und aus der Ecke erklangen die Trommeln und Pfeifen. Der alte Sir Alain saß an seinem Tisch, flankiert von seinem Verwalter und drei jungen Fremden. Solange erspähte sie hin und wieder, wenn sie sich an den Tischen vorbeischob, einen vollen Becher mit Bier in jeder Hand, während sie den tätschelnden Händen geschickt auswich. Die Fremden trugen glitzernde Ringe, ihre Röcke waren mit Marderfellen gesäumt, und, was das Erstaunlichste war, sie hatten Reihen goldener Knöpfe. Sie hatte schon von dieser neuesten Mode gehört, so etwas aber noch nirgendwo gesehen.

Das Fest dauerte Stunden, und es schien immer noch mehr zu tragen zu geben, und immer noch schneller. Solange war zwar drei Jahre lang verheiratet gewesen, bevor das Fieber ihr den Gatten nahm, aber ihr war nicht klargeworden, daß Männer so viel essen und trinken konnten.

Gaétan begann sein Konzert mit einem flotten Lied, dann stimmte er eine von Solanges Kompositionen an. Die Gespräche verstummten eins nach dem anderen, und die Gäste hörten zu.

»Da ihr mich gebeten habt zu singen, ihr Herren, werde ich das tun«, sagte Gaétan, und diesmal begann er mit den Worten des Benart de Venatdorn,

»Und dennoch weine ich,
Mein Herz füllt sich mit Tränen ...«

Solange, die in der Ecke stand und einen leeren Bierbecher an sich drückte, spürte, wie eine unerträgliche Trauer sich ihrer bemächtigte, eine Sehnsucht, die alle Worte überstieg. Gaétans Worte verschwammen mit den Tönen seiner Laute, süß und gleichzeitig bedrückend. Selbst der Neffe des Herzogs schwieg jetzt.

Auf dem Heimweg sang Solange immer noch dasselbe Lied. Aber als sie weiter den mondbeschienenen Pfad entlangging, änderte sich die Melodie. Ihre Stimme schien nicht mehr dieselbe zu sein, sie hob sich und breitete sich aus, wie Bilder aus Schatten. Ihr Herz schlug schneller, und eine merkwürdige Kraft durchdrang sie. Sie lief beinahe um die letzte Biegung. Etwas war falsch, schrecklich falsch ...

»Jeannette!« Das Haus war still, die Luft roch nach dem nächtlich feuchten Stroh des Daches. Als Solange die Leiter zur Schlafkammer hinaufkletterte, war sie sicher, die Strohsäcke leer zu finden. Aber dort war Jeannette, schläfrig blinzelnd.

»*Maman* kommt aber spät.«

Solange schluchzte vor Erleichterung laut auf. »Ich war im Herrenhaus, *chérie*, und habe die Gäste des *seigneur* bedient.«

»Oh! Ich wünschte, ich hätte sie auch sehen können.«

»Still, Kind. Schlaf jetzt wieder.« Solange wiegte Jeannette in ihren Armen. *Sie ist kein Kind mehr. Ich muß einen Mann für sie finden, oder eine Mitgift, damit sich die Nonnen in Rocamadour ihrer annehmen, wenn ich einmal nicht mehr bin.*

Ein Flüstern, süß in der Dunkelheit: »Sing für mich, *Maman*. Sing mir von Liebe und Schatten.«

Solange begann mit dem Lied, das sie während Jeannettes Krankheit zu komponieren begonnen hatte. Im Lauf der Jahre war ihr immer mehr dazu eingefallen – wie der Ritter sich nach seiner toten Dame gesehnt hatte, wie er ihr bis an die Tore des Schattenreiches folgte, wie er seine Liebe, seine ganze Seele in sein Lied legte und ihr Leben zurückgewann. Jeannette entspannte sich.

Während Solange einschlief, wand sich die Melodie weiter durch ihre Gedanken; die Bilder bewegten sich, aber sie konnte sie nie klar sehen. Geisterhafte Stimmen zogen ihr durch den Kopf, und sie fiel in unruhigen Schlaf.

Der Neffe des Herzogs und seine Begleiter blieben noch vierzehn Tage und tranken und feierten immer bis tief in die Nacht. Obwohl Solange Einspruch erhob, wurde auch Jeannette zur Arbeit ins Herrenhaus befohlen. Eines Abends konnte Solange sie nicht finden, als es an der Zeit war, nach Hause zu gehen, und sie kam auch später nicht heim. Der Stallbursche fand ihre Leiche am nächsten Morgen hinter dem Wassertrog; die Pferde, die das Blut rochen, weigerten sich zu trinken.

Die dralle Frau des Verwalters führte Solange in die Kapelle und half ihr, die Leiche vorzubereiten. In dieser Hitze mußte sie schnell begraben werden. Solange wusch Jeannette so sanft, als wäre sie ein schlafendes Baby, und sie wickelte sie in ein Leichentuch aus selbstgewebtem Leinen.

Später an diesem Nachmittag kam einer der kleinen Söhne des Verwalters mit der Nachricht zu Solange, daß man den Mörder gefunden habe und der Neffe des Herzogs ihn hängen lassen wollte.

Solange setzte sich auf die Bank neben dem geweihten Baum, der auf dem Dorfplatz stand. Eisige Ruhe senkte sich über sie wie ein zweiter Witwenschleier. Sie blickte starr geradeaus, sah den Neffen des Herzogs in Sir Alains großem Sessel sitzen, mit einem mürrischen Ausdruck auf dem bartlosen Gesicht. An diesem Morgen trug er einen Mantel in tiefstem Blau. Seine Begleiter standen hinter ihm, einer blond, der andere mit rötlichem Haar. Sir Alain stand ebenfalls neben ihm und sah grimmig drein.

Der Neffe des Herzogs richtete sich auf. Seine Stimme war unerwartet blechern, ohne jeden Wohlklang. »Da dieses Herrenhaus zum Besitz meines Onkels, des höchst frommen und edlen Herzogs von

Pontdebois, gehört, werde ich in seinem Namen über dieses Verbrechen richten.«

Zwei Gardisten stießen den zitternden Schäferjungen auf den Platz. Aus den Reihen der Dorfbewohner erklangen protestierende Rufe. Alle kannten den Jungen; er war aufbrausend, aber jung, und er war als Kind ein Spielgefährte von Jeannette gewesen.

Einer der Begleiter des Neffen, der Blonde in Blau, schlug vor, man sollte den Jungen einem Gottesurteil unterziehen, ihn vielleicht einen Stein aus einem Kessel kochenden Wassers holen lassen, ohne daß er sich die Hand verbrannte. Der Neffe des Herzogs gab nichts auf diesen Vorschlag; er machte kein Geheimnis daraus, daß er noch an diesem Morgen abreisen wollte.

Die Stimmen der Männer, das schluchzende Leugnen des Jungen – all das ging über Solanges Kopf hinweg. Sie atmete leicht und schnell. Sie schwankte, als wollte sie ohnmächtig werden.

Die Verwaltersfrau, die neben ihr stand, bedeutete ihr, still zu sein, denn der Neffe des Herzogs hatte das Urteil verkündet. Die Gardisten führten den heftig um sich schlagenden Jungen zur Straße, wo ein Seil über einen kräftigen Ast gezogen wurde, der als Galgen diente. Wenigstens, murmelte die Verwaltersfrau und bekreuzigte sich, würden sie ihn nicht direkt hier an den heiligen Baum hängen.

Solange ließ sich durch die nächsten Tage treiben, als gehörte ihr eigener Körper nicht mehr zu ihr. Sie weinte, bis ihre Tränen versiegten. Ihr Kopf füllte sich mit einer sonoren, rhythmischen Melodie, mit Musik von der Farbe der endlosen Nacht. Ein- oder zweimal versuchte sie, sie zu singen, aber sie hatte das Gefühl, als hätte man ihr eine Schlinge um den Hals gezogen, so fest, daß kein Laut mehr aus ihrer Kehle dringen konnte.

Lange saß sie da, mit Jeannettes armseligen Sachen im Schoß – ein abgetragenes Kleid, das nach Schafen und Blumen roch, die schweren

Holzschuhe, das Hemd aus rauhem Leinen, mit Flecken von Blut und Gras. Sie folgte mit dem Finger der Stickerei an Hals und Tasche, den Stichen, die Jeanette ihr so voller Stolz gezeigt hatte. Sie spürte etwas Festes, Rundes, in der Ecke der Tasche. Verwirrt zog sie es heraus und hielt zu ihrer Überraschung einen goldenen Knopf in der Hand.

Sie starrte ihn an, zunächst nicht in der Lage zu verstehen, wie Jeannette an diesen Gegenstand gekommen sein sollte. Aber nein, er war nicht sorgfältig tief in die Tasche gesteckt worden wie Jeannette es normalerweise mit ihren Schätzen tat, einer Feder oder einem hübschen Kiesel. Er hatte sich zufällig am Rand der Tasche verfangen.

Musik erklang in Solanges Kopf, drängend und finster. Sie sah ein Grabmal in der großen Kathedrale aufbrechen und eine grauenvolle Gestalt daraus hervorsteigen, dann einen Mann im Gewand eines Gelehrten, der gepeinigt aufschrie und die blutigen Hände hob.

Sie faßte sich und machte sich auf zum Herrenhaus; es war noch Morgen, und Sir Alain hatte noch nicht zu Mittag gegessen. Die Halle wirkte leer, jetzt, nachdem der Neffe der Herzogs und seine Begleiter abgereist waren. Aus den hoch aufgestapelten Zinsbüchern und der Miene des Verwalters schloß Solange, daß die Männer dabei waren aufzuschreiben, wieviel Weizen und Bier verbraucht, wieviel Vieh geschlachtet, Möbel zerbrochen und Wachskerzen während des kurzen Aufenthalts verbrannt worden waren. Sollte die Ernte nicht außergewöhnlich gut ausfallen, würden sie alle im kommenden Winter hungern müssen.

»*Mon seigneur*«, begann Solange, »ich suche Gerechtigkeit für den Tod meiner Stieftochter. Ich habe einen Beweis gefunden –«

Sir Alain brachte sie mit einem kühlen Blick unter hochgezogenen grauen Brauen zum Schweigen. »Gerechtigkeit?« Er ließ den Blick auf die Spuren der Zerstörung in der Halle schweifen. »Wir haben hier die Gerechtigkeit des Herzogs. Die Sache ist ein für allemal vorüber, würde ich sagen.« Er streckte die Hand aus, und ein Page reichte ihm einen vollen Maßkrug. Er leerte ihn in einem Zug.

»Und was dich angeht, du bist zu lange unverheiratet geblieben, das ist nicht recht. Du brauchst einen Mann und eigene Kinder.«

Solange blinzelte überrascht. »Ich – ich –« stotterte sie. »Ich hatte eine Vision, ja, ich muß mich auf die Pilgerfahrt machen.«

Sir Alain blinzelte nun seinerseits, als überlege er, wie sich ein Mund weniger zu füttern gegen das Fehlen zweier kräftiger Hände auswirkte. Aber er war ein frommer Mann und selbst einmal auf Pilgerschaft gegangen. »Wenn die Heiligen sprechen, müssen wir ihnen folgen«, sagte er. »Du hast meinen Segen.«

Es war leicht, Gaétan zu überreden, Val-Joli zu verlassen. Seit Jeannettes Tod und der Hinrichtung des Jungen hatte er sich beschwert, wie bedrückend es in der Halle geworden sei. Mit Solange als Begleiterin und Komponistin, sagte er, könne er sich selbst am Hof des Herzogs einen Namen machen. Solange hielt das für eine hervorragende Idee. Es war durchaus nicht ungewöhnlich, daß in Truppen von *jongleurs* auch Frauen mitzogen. Sie bat die Nachbarn, sich um ihre Schafe und ihren Anteil am Anger zu kümmern und machte ein Testament, in dem sie alles der Kirche hinterließ, falls sie nicht zurückkehren sollte.

Vertraute Anblicke und Geräusche blieben bald zurück und machten fremden Kreuzungen, Burgen mit mächtigen Mauern und Städten Platz, in denen sich die Häuser wie Schweine an einem Trog drängten und die auch nicht weniger stanken. Solange kannte Gaétans liebste *chansons* bereits; jetzt lehrte er sie, die Laute und die dreisaitige Fiedel zu spielen.

Ein hoher Herr, der sie in seiner Halle hörte, deutete an, er wolle sie gern länger beherbergen, aber nicht einmal Gaétan war davon angetan; dieses Herrenhaus war sogar noch ärmer als das von Sir Alain.

Mitten im Regen kamen sie in Chavrinet an. Der Baron, erfreut über die Ablenkung, bestand darauf, daß sie blieben. Aber am folgenden Morgen wurde Gaétan vom Fieber befallen. Der Baron war bekannt dafür, daß er ein ungnädiger Mann war; Gaétan hatte schreckliche Angst, daß sie beide aus der Stadt geworfen würden. Er lag auf seinem Strohsack, unfähig aufzustehen, und bestand darauf, daß er singen könnte.

Solange zog Gaétans weites *bliaut* an und steckte das Haar unter die Kappe mit der Feder. Sie griff nach der Laute. Gaétan hob den Kopf lange genug, um zu erkennen, was sie vorhatte. »Sie werden es merken und dich als Hexe verbrennen!«

»Und du wirst draußen im Regen sterben«, erwiderte sie. »Sieh doch, dein Bartwuchs ist so gering wie meiner, und in der Halle ist es so dunkel, daß niemand, schon gar nicht der betrunkene Baron, viel von mir sehen wird. Sie wollen einen Spielmann, also werden sie einen hören.«

Schließlich gab Gaétan nach. Solange hatte recht; wenn irgendwer am Tisch des Barons sie für etwas anderes als einen bartlosen Jüngling hielt, sprach er es jedenfalls nicht aus. Drei Abende lang sang sie allein, Gaétans *chansons* und ein paar Bauernlieder, ein *dit* oder zwei, und einige ihrer eigenen Kompositionen. Inzwischen ging es Gaétan wieder besser, und sie konnten weiterreisen. Der Baron war so zufrieden, daß er in Münzen zahlte und Solange eine Laute schenkte, alt, aber immer noch funktionsfähig, die vielleicht ein weniger glücklicher Spielmann hatte zurücklassen müssen.

Danach schnitt Solange sich das Haar und reiste als Mann. Sie schlossen sich einer kleinen Truppe von *jongleurs* an, die gerne einen so fähigen Sänger samt Begleiter in ihren Reihen aufnahmen. Die Truppe war auf dem Weg nach Poitiers in Aquitanien. Als sich ihre Wege trennten, bat Gaétan Solange, sich ihnen anzuschließen.

»Der Hof in Poitiers ist viel größer; dort können wir für die Damen singen und auch unterrichten.«

Sie schüttelte den Kopf. »Ich muß nach Sainte-Foye.«

»Aber warum, um der Liebe Gottes willen? Zusammen könnten wir ein Vermögen machen!«

Solange küßte ihn auf beide Wangen, wie ein Bruder es getan hätte. »Dann wünsche ich dir ein solches Vermögen, mein Freund, und wenn es Gottes Wille ist, werden wir uns wiedersehen.«

Solange zog an einem Fluß in einer Klamm an einer Burgruine vorbei, die direkt in den Felsen gehauen zu sein schien, und dann kam sie in einen Wald. Der Geruch von verfaulendem Holz hing in der Luft. Rehe starrten sie aus dunklen Schatten heraus an, und Eichhörnchen hüpften schimpfend über den Weg. Einmal hörte sie in der Ferne einen Eber. Mehr als einmal dachte sie daran umzukehren.

Gegen Ende des Tages zwang sie ihre müden Füße immer noch weiter. Das Blätterdach hatte die Sonne lange vor der Abenddämmerung ausgeschlossen; Solange zuckte zusammen, als sie plötzlich das Knacken eines brechenden Zweiges hörte. Sie griff nach der Laute und stimmte sie im Gehen. Um sich aufzumuntern, sang sie Gaétans *chanson de geste*, eine komplizierte Geschichte von Kämpfen und Heldenmut. Aber die Saiten verstimmten sich immer wieder, als hätte die Laute ein Eigenleben entwickelt. Solange ertappte sich dabei, wie sie von einer Frau im zerrissenen weißen Gewand sang, der das Haar über den Rücken fiel, die ein blutiges Schwert in der Hand hielt –

Und plötzlich merkte sie, daß sie nicht allein in diesem Wald war. Die Sterne warfen ein schwaches, milchiges Licht; sie konnte nur ein paar Schritte weit sehen. Sie blieb stehen, die Hände reglos auf den Saiten, mit angehaltenem Atem.

Ein heiseres Männerlachen erscholl vor ihr. »Ho! Sieht aus, als hätten wir einen fahrenden Sänger erwischt.«

Im nächsten Augenblick loderten hinter den Baumstämmen blendend helle Fackeln auf. Solange fand sich von bärtigen Gesichtern umgeben, vier oder fünf von ihnen. Derjenige, der der Anführer zu sein schien, streckte die Hand aus. »Euer Geld, junger Herr«, sagte er.

Solange hatte Gaétan das meiste vom Geld des Barons überlassen. Sie gab dem Mann die paar Münzen, die sie noch übrig hatte.

»Pah! Nichts!« Einer der Männer betrachtete nachdenklich die Laute.

Solange zitterte bei dem Gedanken, daß man ihr das Instrument abnehmen würde. Sie hatte keinen Grund, um ihr Leben zu bangen, aber ohne die Laute würde sie keinen Einlaß zum Hof des Herzogs finden.

Sie warf einen Blick auf die schwielige Hand des Anführers, die geborstenen Fingernägel, den Schmutz, der tief in der Haut saß. Es brauchte ein Leben harter Arbeit, um solche Schwielen zu bekommen. Sie mußten Gesetzlose sein, Freie oder Bauern, die man von ihrem Land vertrieben hatte. Der junge Schafhirte hätte einer von ihnen werden können, wenn er entkommen wäre.

»Ich bin es gewöhnt, für mein Essen zu singen«, sagte sie. »Wieso sollte ich es nicht auch für euch tun, ihr Herren des Waldes?«

»Warum nicht?« meinte der Anführer. »Wenn wir schon leere Bäuche haben, können wir uns wenigstens die Ohren füllen.«

Sie brachten sie in ihr Lager, nur ein paar Schritte entfernt und vom Weg durch dichtes Gebüsch verborgen. Wenn sie es gewollt hätten, wäre Solange vorbeigegangen, ohne sie zu bemerken. Sie setzten sich alle nieder, und Solange begann mit einem Trinklied, dann sang sie eine von Gaétans Geschichten über Eustace den Mönch, der den geizigen Herzog von Boulogne überlistet hatte. Die Männer hielten sich die Bäuche vor Lachen über die Abenteuer des schlauen Mönchs, der ein Gesetzloser war wie sie selbst.

Aber wie schon zuvor hielt sich die Melodie nicht lange. Etwas Neues drängte an die Oberfläche. Solanges Stimme wurde heiser. Sie sang über ein Schiff mit blutroten Segeln, ein Schiff, das jahrelang unterwegs war, während ein unheimliches blaues Licht auf sein Deck fiel und die Mannschaft zu einem Geisterchor wurde. Die Gesetzlosen rissen die Mäuler auf. Als sie von der Dame sang, die den Kapitän liebte und die sich um seinetwillen von einer Klippe stürzte, schimmerte es in ihren Augen.

»Dieses Lied ist noch niemandem sonst zu Ohren gekommen«, sagte sie in die atemlose Stille, die ihrem Vortrag folgte. »Ich hab es nur für euch gesungen.«

Am nächsten Morgen ließen sie sie mit ihrer Laute weiterziehen.

Solange kam aus den Wäldern auf eine weite, fruchtbare Ebene. Hier wurde auch der Fluß breit und faul. Ähren schimmerten im hellen Sonnenlicht. Von weitem konnte sie eine Burg sehen, größer und komplizierter angelegt, als sie es je für möglich gehalten hätte. Ein Graben umgab sie, schimmernd wie ein Spiegel. Das alles ließ Sir Alains Herrenhaus, das sie immer für so großartig gehalten hatte, wie eine armselige Hütte aussehen. Die Häuser der Bauern sahen gepflegt aus, die Schafe waren fett. Eine Steinbrücke, immer noch halb von einem Gerüst umgeben, spannte sich über den Fluß und verband die Stadt mit dem weitläufigen Dorf am gegenüberliegenden Ufer.

Als sie näher zur Burg kam, reckten die Bauern auf den Feldern die Hälse nach ihr und starrten sie an, aber nicht unfreundlich, wie sie festzustellen glaubte. Ein paar Kinder in Kitteln, die sie an den von Jeannette erinnerten, rannten auf sie zu.

Je näher sie der Burg kam, desto mehr Menschen begegnete sie auf der Straße, Karren, Schafherden und Hühnern, Händlern mit beladenen Eseln, Bettlern, ja, sie sah sogar einen Juden mit spitzem gelbem Hut. Sie ging auf das Festungstor zu.

»Noch ein Sänger, wie?« sagte der Wächter. »Warum hält sich eigentlich jeder in Pontdebois für gut genug, für den Herzog zu singen?«

Solange erwiderte: »Wieso glaubt jeder halbtaube ungebildete Barbar, daß er mehr versteht als ein geschulter Spielmann?«

Einen Augenblick lang glaubte sie, er werde ihr wegen dieser Unverschämtheit eine Ohrfeige versetzen, aber dann warf er nur den Kopf zurück und lachte. »Bei unserer Lieben Frau, Junge, wenn du so mutig singst, wie du redest, kannst du dir heute abend ein gutes Essen verdienen. Komm rein!«

Bis sich Solange durch den Irrgarten von Zugbrücke, Fallgitter, Tor und noch mehr Toren gewunden hatte, war sie reichlich verwirrt. Noch nie hatte sie so viele Menschen gesehen, das Mehrfache der Anzahl der Bewohner von Val-Joli, und alle eilten in unterschiedliche Richtungen – Ritter, die auf Strohpuppen zielten, Stallburschen, die stolze Streitrösser am Zügel führten, livrierte Pagen, Küchenhelfer mit Wasserzubern oder dampfenden Platten, Männer, die Wagen abluden oder Fässer, Säcke und irdene Krüge stapelten, Bauern mit fetten Gänsen unter den Armen, quiekende Schweine.

In der großen Halle ging es nicht weniger geschäftig zu, nur daß es hier nicht so viel Vieh gab. Die Decke wölbte sich bis in den halben Himmel. Der Sekretär des Verwalters, ein Mann mit schütter werdendem gelblichen Haar und einer bekümmerten Miene, winkte sie zu einer Ecke. Er sagte ihr, sie könne an diesem Abend spielen, gemeinsam mit den anderen Schaustellern, und der Herzog sei zwar am ersten Abend immer großzügig mit dem Essen, aber wenn sie sich als nicht gut genug erwies, sei sie am Morgen wieder auf der Straße.

Solange folgte ein paar Dienerinnen über einen schmalen Hof ins Kochhaus. Von so einer Küche hätte sie nicht einmal träumen können, die riesigen Kessel, die gewaltigen Hackklötze, die freistehenden Herde. Die Köche waren froh, bei ihrer Arbeit ein vergnügliches Lied hören zu können. Sie bedankten sich mit Bier und kaltem Schinkenspeck. Solange fragte nach dem Herzog, seinen Söhnen, seinen Erben, welche Männer am Hof seien, welche Lieder ihnen gefielen.

»Unser Herzog ist ein feiner Mann«, sagte der Bäckergehilfe, der den Teig für die Taubenpasteten ausrollte. »Ein feiner Mann, wahrlich, und ein guter Kämpfer.«

»Aber seht euch bloß seine Söhne an, und diesen Neffen, den er da hat«, warf der Unterkoch ein und betrachtete noch einmal forschend die Pfefferkörner, bevor er sie mit einem Mörser zu zerstampfen begann und sie schließlich in eine fette Soße gab. Seine Brauen zuckten, er schnupperte anerkennend. »Sie haben keinen, gegen den sie kämpfen können, es gibt keine Kreuzzüge mehr, nichts als Turniere und Streitereien. Die jüngere Generation weiß einfach nicht, was Disziplin bedeutet.«

Als sich der Herzog und sein Hof zum Abendessen und für die folgenden Festivitäten versammelt hatten, wußte Solange schon alles über ihn, jedes einzelne Mitglied seiner Familie, seine Vasallen und ihre Verwandten, den Verwalter, den Marschall und die höheren Amtsträger, ihre Kleidung, ihre Gewohnheiten und welche Frauen sie bevorzugten. Sie wußte, daß die beiden Begleiter des Neffen Guisbert des Rivages und Olivier de Foretvert hießen und wie sie nach Sainte-Foye gekommen waren. Guisbert war ein Pflegesohn des Herzogs und Olivier war ursprünglich eine Geisel gewesen, deren Anwesenheit am Hof den rebellischen Vater in Schach halten sollte und der dann François' bester Freund geworden war.

Und dort saßen sie, am Tisch des Herzogs, nicht zu nah, aber in Würden. Sie trugen andere Farben als in Val-Joli. Andere Farben... aber dieselben Goldknöpfe.

Solange hörte zu, während die anderen Künstler sangen oder tanzten oder ihre akrobatischen Kunststücke vollführten; erst eine Gruppe aquitanischer Musiker und dann ein *trouvère* aus dem Norden.

Als sie an der Reihe war und vortrat, hatte der Herzog sich gerade abgewandt und begonnen, sich mit der Dame an seiner Seite zu unterhalten.

»Ho-jo!« sandte sie ihre Stimme zum Himmel. »Ho-jo-to-ho!« Die Laute stimmte in ihren Jagdruf mit ein, ein treibender Rhythmus wie das Galoppieren von Hufen. »Wir sind die Himmelsmaiden, wir holen die Ritter, die fielen in glorreichem Kampf!«

Der Herzog blickte auf, ebenso die Dame. Er trug so viel Schmuck, daß Solange sein Gesicht kaum erkennen konnte. Sein Mantel war von flammendem Rot, gesäumt von schneeweißem Hermelin, und seine Ringe glitzerten in allen Farben. Selbst in seinen Bart waren Goldfäden eingewoben.

Solange überließ sich ganz dem Lied, ließ sich in eine Geschichte vom Schatz eines Drachen führen, von einer Dame, die in verzaubertem Schlaf lag, einem Helden, der sie rettete. Manchmal schlug der Herzog mit dem leeren Maßkrug den Takt auf dem Tisch, und die anderen schwiegen gespannt. Nach einem letzten Akkord verklang die Musik, Solange hielt inne, dann verbeugte sie sich unter lautem Applaus. Der Herzog winkte sie zu sich.

»Eine so gute Geschichte habe ich seit Jahren nicht mehr gehört, nicht seit dieser Bursche aus der Provence uns das *Chanson de Roland* gesungen hat. Wie hieß er noch?« Er wandte sich seiner Frau zu.

»Conon, mein Lieber. Und er war aus der Dordogne.«

Solange warf einen weiteren Seitenblick auf den Neffen und seine Gefährten. Keinem von ihnen schien ein Knopf zu fehlen. Und nicht einmal so reiche Leute wie die Verwandten des Herzogs konnten sich mehr als einen Satz Goldknöpfe leisten.

»Du bleibst und singst noch einmal für uns!« sagte der Herzog.

Wieder verbeugte sich Solange. Als sich der Winkel ihres Blicks dadurch änderte, bemerkte sie, daß einer der Metallknöpfe von Olivier de Foretvert einen etwas anderen Schimmer hatte als die übrigen.

Solange spielte am nächsten Tag für die Frau des Herzogs und ihre Hofdamen, als sie in ihrer Laube saßen, stickend und tratschend. Solange ertappte sich dabei, wie sie den luftigen Raum mit dem Platz vor ihrer eigenen Haustür verglich, wo sie am Spinnrocken arbeitend ihre Lieder für ihren Freund Gaétan gesungen hatte. Für die Damen spielte sie das Lied von dem Vogelmann und der goldenen Pfeife, dann eine Geschichte von einem Liebhaber, der seiner Dame eine silberne Rose schenkt. Die Damen gurrten wie die Tauben, und die Frau des

Herzogs sagte, wenn sie selbst die Dame in dem Lied gewesen wäre, hätte der Ritter mehr als diese Rose in ihrem Schloß gelassen.

Der Tag verging auf angenehme Weise, und Solange hatte am Nachmittag noch die Zeit, unter dem Vorwand, ein paar Zofen den Hof zu machen, zu erfahren, wo sich die Schlafzimmer der wichtigeren Gäste des Herzogs befanden. In Val-Joli hatten nur Sir Alain und seine Frau ihr eigenes abgetrenntes Zimmer. Solange schlief auf einem Strohsack in der großen Halle, zusammen mit den anderen Dienern, geringeren Gästen, Pilgern und Gauklern.

Die Burg war dunkel und still, als Solange sich zur Tür von Oliviers Kammer schlich. Am Ende des gewundenen Flurs flackerte eine einzelne Fackel in einem Halter. Der Dolch fühlte sich wie brennendes Eis an, als sie ihn aus der Scheide zog. Ihre Handflächen waren feucht, ihre Zunge trocken. Mit einem Gebet an die Jungfrau versuchte sie, die Tür zu entriegeln. Sie öffnete sich mit einem leisen Geräusch. Solange erstarrte mit klopfendem Herzen, spitzte angestrengt die Ohren, aber niemand regte sich.

Die Tür ging eine Armeslänge weit auf, bevor die Scharniere knarrten. Leise schlich Solange hinein. Drinnen im Zimmer war es fast so dunkel wie auf dem Flur. Sie versuchte, ruhig zu atmen und ihre Augen an die Dunkelheit zu gewöhnen, und dann konnte sie das Bett erkennen, das hölzerne Gestell für die Kleider an der gegenüberliegenden Wand, die massive Truhe am Fußende des Bettes. Sie packte ihren Dolch fester.

Schritt für Schritt schlich sie sich näher zum Bett. Das Mondlicht warf ein Gittermuster auf die Decken. Olivier schlief auf dem Bauch, ein Arm hing über die Bettkante. Trotz ihres klopfenden Herzens konnte Solange seinen Atem hören, ein kaum wahrnehmbares Geräusch. Auch Jeannette hatte im Schlaf manchmal so geklungen.

Er sah so unschuldig aus, wie er dort lag, so kindlich. Und während dieser Gedanke ihr Herz für einen winzigen Augenblick erweichte, schlich sich auch Zweifel ein. Was, wenn sie falsch gesehen hatte? Oder gab es vielleicht doch einen anderen, unschuldigen Grund für das Fehlen des Knopfes? Der Dolch zitterte in ihrer Hand. Lautlos wie ein Schatten verließ sie die Kammer wieder.

»Spielmann, spiel uns ein Lied von Liebe und Abenteuer!« dröhnte die Stimme des Herzogs.

Solange hatte sich den ganzen Tag auf diesen Moment vorbereitet, überlegt, was sie singen könnte, was bei Olivier eine Reaktion hervorrufen würde, die seine Schuld oder Unschuld offenbarte. Aber den ganzen Tag lang hatte sie auch die inzwischen so vertraute finstere Musik gehört. Sie hatte nur kleine Melodiefetzen im Ohr, noch keine klaren Bilder, aber sie wußte, sie würde es nicht mehr lange zurückhalten können. Sie begann mit den Worten des Mönchs Abelard:

Friede, o mein gequälte Laute!
Deine Saiten schlafen.
Wenn doch auch mein Herz
aufhören könnte zu weinen.«

»Wie das?« rief der Herzog. »Warum so niedergeschlagen? Welche Trauer hat sich deiner bemächtigt? Die Liebe zu einer edlen Dame oder die Leere des Geldbeutels?«

Solange schlenderte zum Tisch des Herzogs. »Meine Herren, es ist die Geschichte einer äußerst unehrenhaften Tat, die mein Herz bedrückt, eines so widerwärtigen Mordes, daß es sich nicht ziemt, vor edlen Ohren wie den Euren davon zu sprechen.«

Auf inständige Bitten hin erzählte sie die Geschichte eines einfachen Bauernmädchens, dem von einem reisenden Edelmann Gewalt angetan und das dann von ihm ermordet wurde, und von dem Schäferjungen, der sie geliebt hatte, aber unter falscher Anklage für die Tat gehängt worden war, während der wahre Mörder entkam.

»Ich habe gehört, wenn der Täter an einem bestimmten Abend im Jahr ein bestimmtes Lied hört, wird es ihm tief ins Herz dringen, und er wird nie wieder frei sein, bis er seine Tat eingestanden hat.«

Einen Augenblick lang herrschte Schweigen am Tisch, dann brach Olivier in Lachen aus, ebenso wie der Neffe und Guisbert, sein anderer Gefährte.

Die Frau des Herzogs klatschte in die Hände. »Was für eine schöne Geschichte!«

»Und dennoch hörte man schon, daß merkwürdigere Dinge wahr wurden«, gab der Herzog zu bedenken. Er war der einzige unter den Edlen gewesen, der sich nicht über Solanges Geschichte lustig gemacht hatte. Seine Augen glitzerten. »Und möchtest du dieses Lied in meiner Halle singen?«

»Herr, ich klage keinen der hier anwesenden Ritter dieser unehrenhaften Tat an«, erwiderte Solange. »Ich habe die Geschichte nur zur Unterhaltung erzählt.« Als sie ihr erstes Lied begann, eines von Gaétans *chansons*, bemerkte sie, daß die Miene des Herzogs sich nicht erhellte.

Bald jedoch war sie in der Musik versunken. Eine Flut von Bildern drängte sich ihr auf, erfüllte sie. Sie sang von einer Prinzessin, die nach Rache für ihren ermordeten Vater schrie, von der Stimme eines toten Kindes, das nach seiner Mutter rief, von einem riesigen Schwert, das hoch über einem Verdammten hing, von einer Wunde, die nicht heilen wollte. Jede Note, jeder Satz zog sie tiefer in eine Welt leidenschaftlicher Melodien und ruheloser Sehnsucht.

Wieder und wieder kehrte sie zu diesen Themen zurück. Drängend und wild dröhnte die Musik durch ihren Kopf. Ihre Finger tanzten über die Saiten, die Laute bebte, als wäre sie lebendig. Sie hörte, wie ihre eigene Stimme erklang, die Geschichte eines Mannes erzählte, dem der Anblick der Sonne versagt war, ein bleicher Schemen, für immer sehnsuchtsvoll, für immer der Hoffnung beraubt. Seine Seele schrie in ihrer Musik, flehend, gemartert...

Solange hätte nicht sagen können, wie lange sie schon sang. Eine Art Wahn war über sie gekommen. Ihre Stimme kam ihr nicht mehr vertraut vor, sondern schien von einer übernatürlichen Kraft und Klarheit. Sie hatte nicht gewußt, daß eine Menschenkehle solche Schönheit hervorbringen konnte. Sie sah weit über die Halle hinaus in einen Palast, beleuchtet von himmlischem Licht, ausgeschlagen mit Stoffen in Edelsteinfarben. Sie hörte sanfte Sphärenmusik, Flöten und Geigen und Trompeten, die ihr das Herz zerrissen, süßer, als sie es sich je hätte vorstellen können. Ihre Seele schwebte über dieser neuen Musik, trug sie immer weiter und höher. Einmal sah sie Tränen in den ernsten Augen des Herzogs aufblitzen, einmal Oliviers bleiches Gesicht, einmal den versunkenen Blick des Verwalters.

Langsam verklang die Musik. Ihre Magie hatte Solange erschöpft. Ihr Finger glitten von den Saiten. Ihr Hals fühlte sich rauh an; ihre Beine zitterten so heftig, daß sie kaum mehr stehen konnte. Sie biß sich auf die Unterlippe, um die Fassung wiederzugewinnen.

Der Herzog blinzelte und schüttelte den Kopf, als wollte er wieder einen klaren Blick gewinnen. Neben ihm tupfte seine Frau sich die Augen ab. Einen langen Augenblick sprach niemand ein Wort, nicht einmal am anderen Ende der Halle, wo die Gemeinen und Diener lauschend gestanden hatten. Dann holte der Herzog tief Luft.

Plötzlich durchdrang ein Schrei schrecklicher Qual die Stille. Der Neffe des Herzogs sprang auf. Der Kelch vor ihm fiel zu Boden. Er drückte sich die Hände an den Kopf. Er starrte aus weit aufgerissenen Augen um sich, sein Gesicht war kreidebleich, und sein Mund verzog sich unmenschlich.

»Hör auf damit!« schrie er Solange an. »Mach, daß es aufhört.«

»Der Spielmann singt nicht mehr«, sagte der Herzog. »Sein Lied ist zu Ende.«

»Nein, nein! Die Musik geht immer weiter! Sie ist... sie ist in meinem Kopf!« Mit einem schrecklichen Schrei rannte der Neffe aus der Halle und auf das Haupttor zu.

Der Herzog winkte seinen Bewaffneten, ihm zu folgen. Lautes Flüstern und Gemurmel erhob sich. Der Herzog bedeutete Solange, zu ihm zu treten. Sie betete darum, nicht zusammenzubrechen, und folgte der Anweisung.

Ihre Hand tastete nach der Tasche in den Falten ihres *bliaut*. Sie holte den Goldknopf heraus und legte ihn in die ausgestreckte Hand des Herzogs. Ihr Herz war plötzlich leicht, wie verzaubert von der Zauberflöte ihres Liedes. Sie blinzelte die Tränen weg. Als sie wieder sehen konnte, war der Knopf nicht mehr da, und der Herzog nickte ernst.

»Wenn du nach Val-Joli zurückkehrst, werde ich dir einen Brief für Sir Alain geben«, sagte er. »Er wird dich für ein Jahr von den Steuern befreien.«

Solange hatte ihm nicht gesagt, woher sie kam, aber sie glaubte nicht, daß diesem Herzog viel verborgen blieb. Der junge Olivier würde erklären müssen, warum der Knopf ausgetauscht worden war. Aber sie hatte den Wahnsinn im Blick des Neffen gesehen. Kein Weihwasser, keine Reliquie würde ihn davon befreien können. Der Tod wäre gnädiger gewesen.

»Außerdem«, fuhr der Herzog fort, »werde ich dir ein Pferd und einen Bewaffneten mitgeben. Es ist nicht sicher für einen... einen Reisenden allein, auch dann nicht, wenn er über eine so mächtige Waffe verfügt.«

Sie senkte den Kopf, bereit, die Burg zu verlassen. Sie wußte ebensogut wie der Herzog, daß sie nie wieder auf Sainte-Foye singen konnte. Die Straße rief nach ihr, und der Trost ihres eigenen Hauses, eines Spinnrockens, der unter ihren Händen zum Leben erwachte, eines sonnigen Morgens. Und vielleicht eines Freundes, mit dem sie singen konnte.

Sie fragte sich, wie diese neuen Lieder wohl klingen würden.

Die Quelle im Hain

von Katherine Kerr

Unten im Gebüsch gab es Flecken von Schatten, kühl an diesem windstillen Sommertag. Unter den Eschen entsprang eine klare Quelle, ein lautloser Wasserstrom wand sich durch den weißen Sand. Als Gwanwyn sich niederkniete, spürte sie, daß dort etwas war. Die Priester sagten, daß in der Quelle ein böser Geist wohnte, aber Gwanwyn war davon überzeugt, daß es sich um ein heiliges Wesen handelte. Aber was es auch immer sein mochte, gelegentlich gewährte ihr dieses Wesen Visionen. Gwanwyn öffnete die Ledertasche, die an ihrem Gürtel hing, und nahm die Honigwabe heraus, die in grüne Blätter gewickelt war. Als sie sie aufs Gras legte, wurde das Gefühl einer Präsenz stärker.

Gwanwyn starrte in das ruhige Wasser, auf das Abbild ihres eigenen Gesichts, rund und bleich unter blondem Haar, hübsch, ohne schön zu sein. *Owain, O Heilige Jungfrau, zeig mir Owain!*

Als sie seinen Namen wieder und wieder aussprach, flossen die Schattenflecken zu einem Dunkel zusammen und dehnten sich dann weiter aus, bis die Dunkelheit im Herzen der Quelle ihren Geist erfüllte. Mitten im Dunkel, hell beleuchtet von einem Sonnenstrahl, stand Owain mit dem Schwert in der Hand, den Helm unter einen Arm geklemmt. Gwanwyn sah ihren Vater ganz in der Nähe stehen und lachen, den Kopf zurückgelegt. *So. Sie sind beide sicher, und die Schlacht ist vorüber.* Gwanwyn lächelte, als ob die beiden sie ebenfalls sehen könnten. Dann wurde der Sonnenstrahl rot und tauchte Owain in Blut.

Mit einem Schrei sprang Gwanwyn auf. Die Quelle war wieder nur eine Quelle, aber die Blätter der Büsche schienen noch vom Echo ihres Schreis zu beben. Gwanwyn preßte die Hände auf ihren Mund und blieb zitternd stehen. Eisige Kälte überfiel sie trotz der Hitze des Sommertags.

»Was ist denn?« Die Stimme erklang hinter ihr. »Habt Ihr im Wasser etwas gesehen?«

Gwanwyn fuhr herum. Hinter ihr stand eine Fremde, eine alte Frau. Groß und dünn, sie trug schäbige Reisekleidung, einen blauen Mantel über einem oft geflickten Kleid, das einmal grün gewesen war, aber ihr faltiges Gesicht war so ausgeprägt, daß ihre weißen Zöpfe, die sie hochgesteckt hatte, wie die Krone einer Königin wirkten. Hinter ihr stand ein graues Pferd, und ein großer grauer Hund lag geduldig daneben.

»Wer seid Ihr? Ich dachte, ich wäre hier allein.«

»Mein Pferd hat das Wasser gerochen, und es hat Durst. Darf eine Reisende von dieser Quelle trinken?«

»Wenn die Heilige Jungfrau es erlaubt.«

Die alte Frau nickte, als habe sie bereits darüber nachgedacht, dann holte sie ihr Pferd. Als der Hund aufsprang und ihnen folgte, wich Gwanwyn zurück. Es war kein Hund, sondern ein großer grauer Wolf aus dem fernen Hochland, mit einem schwarzen Streifen über den Rücken und schmalen gelben Augen.

»Er tut Euch nichts, Mädchen. Ich habe ihn, seit er ein Welpe war, und ich habe auch seine Mutter aufgezogen.« Die alte Frau bemühte sich, dem Pferd das Zaumzeug abzunehmen. »Ich heiße Rosmarta, und ich bin auf dem Weg ins Dorf. Wer seid Ihr?«

»Gwanwyn von Dun Pennog. Entschuldigt bitte! Ich habe ganz

vergessen, höflich zu sein. Wie ist Eure Reise verlaufen? Werdet Ihr im Haus meines Vaters Schutz suchen?«

»Nein, aber ich danke Euch für Euer Angebot. Eine Base von mir wohnt in Eurem Dorf, die alte Mab, die Kräuterfrau.« Sie zögerte und sah Gwanwyn aus ruhigen, grauen Augen forschend an. »Ihr wißt, Mädchen, daß sich Wege manchmal nicht ohne Grund kreuzen.«

Gwanwyn lächelte höflich und überlegte, was sie antworten sollte, dann entschied sie, daß Rosmarta vermutlich gar keine Antwort erwartete. Nachdem das Pferd und der Wolf ihren Durst gestillt hatten, erklärte Gwanwyn Rosmarte den Weg ins Dorf, die übliche Abkürzung, einen schmalen Pfad über die Wiesen. Meile um Meile erstreckten sich die Hügel des südlichen Rheged um sie, ein grüner Ausblick, von Baumwipfeln gekrönt. Hier und dort grasten weiße Kühe und schlugen mit den Schwänzen nach Fliegen.

»Verzeiht mir die Frage«, sagte Rosmarta, »aber was tut ein hochgeborenes Mädchen wie Ihr ohne Begleitschutz?«

»Ich bin gern allein, und außerdem sind alle Männer mit meinem Vater unterwegs. Die Iren haben uns wieder überfallen.«

»Das sind schlechte Neuigkeiten.«

»Wahrhaftig. Sie haben eine Kirche angezündet und ein Kloster. Sie haben alle Mönche umgebracht.«

»Wie schrecklich.« Aber in ihrer Stimme klang kein Entsetzen mit. »Eine furchtbare Sache.«

»Die Mönche waren alle gute Christenmenschen.«

»Ohne Zweifel.«

Gwanwyn zögerte, wartete. Rosmarta hatte sich nicht bekreuzigt.

»Und was ist mit Euch, meine Dame?« Gwanwyn flüchtete sich in formelle Höflichkeit. »Kommt Ihr von weit her?«

»Ja, aber wer schert sich schon um eine alte Frau? Außerdem würde mir jeder Mann leid tun, der mich angreift, solange ich Giff hier habe.«

Der Wolf zog die Lefzen über kräftigen weißen Zähnen zurück und wedelte mit dem Schwanz.

Etwa zwei Meilen von der Quelle entfernt breiteten sich an einer Kreuzung ein paar runde, strohgedeckte Hütten aus. Am Brunnen in der Dorfmitte hockten ein paar alte Frauen in schwarzen und grauen Kleidern und tratschten. Ein paar kleine Jungen traten sich einen Lederball zu und wirbelten damit kleine Staubwolken von der Straße auf. Als Gwanwyn und Rosmarta vorbeikamen, grüßten alle, wenn auch nicht sonderlich aufmerksam. Das Haus der alten Mab stand ein wenig abseits inmitten eines unordentlichen Gartens, der den bittersüßen Duft der verschiedensten Kräuter verbreitete. Als sie das Gartentor öffneten, erklangen winzige Messingglöckchen, und Mab kam herausgestapft, und ihr Lächeln breitete sich über ihre vielen Kinne aus.

»Da bist du ja endlich, Base! Und auch die Lady Gwanwyn, bei der Heiligen Mutter!« Mab knickste erstaunlich anmutig. »Wie geht es Eurem Vater, Lady? Gibt es Neuigkeiten?«

»Ich sah – nein, nichts Neues, gute Frau. Aber ich bete jede Nacht um seine sichere Wiederkehr.«

»Das solltet Ihr auch.« Mab warf Rosmarta einen Blick zu. »Es sind wieder einmal die Iren. Sie ziehen die Flüsse entlang, stehlen alles, worauf sie ihre schmutzigen Hände legen können, und verbrennen, was sie zurücklassen müssen.«

»Das hat die junge Dame mir schon erzählt. Ich habe auch von dem Kloster gehört.«

Mab und Rosmarta tauschten die Andeutung eines Lächelns.

»Aber inzwischen sind wir hier alle in Gefahr«, fuhr Mab fort, und nun zitterte ihre Stimme. »Sie bringen alle um, die keine guten Sklaven abgeben. Eine schreckliche Sache ist das.«

»So ist es«, warf Gwanwyn ein. »Und wir haben schon so viele gute Männer im Kampf verloren. Ich bete nur, daß es nicht auch meinen Verlobten das Leben kostet. Ich mache mir solche Sorgen um ihn.«

»Auch das solltet Ihr.« Mab nickte bestätigend. »Und darf ich Euch meine Gastfreundschaft anbieten, Lady?«

»Meinen Dank, aber Eure Base muß müde sein, und ich sollte zu meinen Pflichten zurückkehren.«

Lord Cadvaennans Anwesen lag eine halbe Meile vor dem Dorf, nahe genug, daß seine Leute dort Schutz suchen konnten, wenn Räuber über Land zogen, auf einem künstlich aufgeschütteten Hügel und von einem doppelten Wall umgeben. Oben auf der Hügelkuppe stand eine hölzerne Palisade, die einen Streifen nackter Erde einschloß, eine Reihe von Ställen, ein paar Hütten, und das hölzerne Langhaus von Dun Pennog, wo Gwanwyn Hausherrin war, seit ihre Mutter vor drei Jahren gestorben war. Über den Toren mit den Messingbeschlägen hing eine Reihe von abgehackten Köpfen, getrocknet in Sonne und Sand und dann zur Abschreckung dort angenagelt, die blonden und bärtigen Köpfe irischer Banditen. Als einziger unter jenen, die Urien, dem König von Rheged, Treue geschworen hatten, hatte Gwanwyns Vater sich den Namen Scotbane verdient. Jedermann schwor, daß Jesus selbst Cadvaennan dabei half, den mörderischen Abschaum aufzuspüren, und er war deshalb zu großen Ehren erhoben worden. Aber Gwanwyn wußte, daß dieses Glück einzig einem Mann namens Vortin zu verdanken war, der sich im Sommer des Vorjahres dem Kriegshaufen ihres Vaters angeschlossen hatte. Er spürte die Banditen so mühelos auf, als könnte er sie schon von weitem sehen.

Den ganzen Nachmittag, während Gwanwyn zusammen mit ihren Frauen Wolle spann und sie einander Balladen vorsangen, bemerkte sie immer wieder, wie ihre Gedanken zu Rosmarta wanderten. Besucher jedweder Art waren hier oben in den Hügeln selten, aber daß eine der Gemeinen eine Besucherin hatte, war etwas vollkommen Neues. Gegen Abend, als das schlechte Licht die Frauen zwang, die Arbeit beiseite zu legen, fragte Gwanwyn die älteste ihrer Frauen, Anghariad, ob sie Mabs Base kannte.

»Nein, aber Mab selbst ist schon ziemlich seltsam.« Anghariad zog demonstrativ die Brauen hoch. »Sie stammt nicht von hier, wißt Ihr. Ich erinnere mich noch, wie ihr Mann sie herbrachte, vor langer, langer Zeit. Den ganzen Weg von Tý Gwin sind sie gekommen.«

»Von so weit her? Das ist ja ein Ritt von zwei Tagen!«

Anghariad nickte und legte den Finger an die Nase, wie zur Warnung vor Fremden.

Aber diese Warnung steigerte Gwanwyns Neugier nur. Am Morgen schickte sie einige ihrer Frauen zum Spinnen, andere zum Brotbakken in der Küchenhütte, und mit der Ausrede, von einer zur anderen Gruppe gehen zu müssen, konnte sie sich davonstehlen und ins Dorf gelangen. Sie fand Mab und Rosmarta bei der Arbeit in Mabs Küchengarten, wo sie Schnecken und Würmer von Mabs Kohlköpfen lasen und sie in einen Ledereimer mit Salzwasser warfen. Als die beiden Gwanwyn sahen, wischten sie sich die Hände an den Kleidern ab und knicksten.

»Und was kann ich für Euch tun, Lady?« fragte Mab.

Sofort wurde Gwanwyn klar, daß sie sich für diese Situation keine Ausrede ausgedacht hatte. Beide Frauen lachten.

»Ihr wurdet von Eurer Neugier hergezogen, denke ich«, sagte Rosmarta. »Nun, dann setzt Euch und seht uns beim Arbeiten zu.«

Errötend und Entschuldigungen stotternd, setzte sich Gwanwyn auf einen Baumstumpf.

»Erzählt mir, Mädchen«, begann Rosmarta, »ist Euch an der Quelle dort je die Heilige Jungfrau erschienen?«

»Woher wißt Ihr das?« rief Gwanwyn, ehe sie noch wußte, was sie eigentlich sagte; dann wurde sie wieder rot. »Oh, bitte, sagte den Priestern nichts. Ich möchte nicht den Rest meines Lebens im Kloster verbringen.«

»Ohne Zweifel«, warf Mab ein. »Obwohl Ihr dort ein ruhigeres Leben haben würdet als in Lord Owains Haushalt.«

»Das ist mir gleich. Ich will kein ruhiges Leben.«

»Auch das bezweifle ich nicht«, sagte Rosmarta lächelnd. »Aber ich weiß es, weil Ihr mir, als ich Euch fragte, ob ich das Pferd zur Quelle führen könne, antwortetet, wenn die Heilige Jungfrau es erlaube.«

»Oh! Aber natürlich! Nun, ich hab sie nie selbst gesehen. Ich meine, sie ist mir erschienen, aber sie sah nicht so aus, wie die Priester sagen. Sie hat ein grünes Kleid und Blüten im Haar, aber ich weiß, daß sie kein böser Geist ist, also muß sie die Jungfrau sein. Wer auch sonst?«

»Ja, wer sonst?« Rosmarta schien plötzlich viel vorsichtiger. »Wer ist schon geblieben, um uns Frauen zu erscheinen?«

Sowohl Mab als auch ihre Base sahen Gwanwyn jetzt an, betrachteten sie mit freundlicher Sorge, wie Kindermädchen, die zusehen, wie einer ihrer Pfleglinge seine ersten, unsicheren Schritte macht.

»Nun, niemand«, meinte Gwanwyn verwundert. »Und was meint Ihr mit ›geblieben‹? Redet Ihr von den schrecklichen alten Dämonen? Denen, von denen die Menschen glaubten, sie wären wie Gott?«

»Ihr wart diejenige, die sagte, die Jungfrau könne nicht böse sein«, meinte Rosmarta. »Und Ihr seid diejenige, die sie gesehen hat, nicht die elenden Priester.«

Gwanwyn sprang auf. Sie sollte wirklich nicht hierbleiben und sich solch ketzerische Worte anhören.

»Wenn sie nicht die Heilige Jungfrau ist, wer ist sie dann?«

Die sündige Frage schien sich wie von selbst gestellt zu haben. Gwanwyn schlug sich entsetzt die Hand vor den Mund, aber die beiden Frauen lächelten nur.

»Eine heilige Jungfrau«, sagte Rosmarta. »Der Teil stimmt schon.«

Gwanwyn zögerte, nur zu gerne hätte sie weitergefragt.

»Ich muß zurück«, sagte sie statt dessen. »Die Spinnerinnen werden fast fertig sein, und ich muß das Garn verteilen.«

»Kommt wieder, wenn Ihr möchtet«, sagte Mab. »Ihr seid hier immer willkommen, Lady.«

Und am nächsten Morgen kam Gwanwyn wieder. Diesmal fand sie Mab, wie sie die auf den Feldern gesammelte Wolle spann, die ihr Witwenrecht war. Sie saß auf einem hohen Schemel und ließ die

Spindel sausen, während sie Fasern zu dem wachsenden Faden hinzufügte.

»Meine Base ist zum Kräutersammeln gegangen, Lady«, sagte Mab.

»Ohne Zweifel. Sie ist eine weise Frau, nicht wahr?«

»Es gibt Weise und Weise, Lady.«

»Nun, das mag sein. Aber weiß sie von heidnischen Künsten?«

»Was?« Mab lachte, vergnügt wie ein junges Mädchen. »Wie könnte eine Frau von solchen Dingen wissen, von diesem finsteren Zeug?«

»Sie wußte, daß ich die Jungfrau an der Quelle gesehen habe.«

»Nun, das habt Ihr ihr eigentlich selbst verraten.«

»Möglich.«

»Meine Base ist eine gute Frau«, fuhr Mab fort. »So nett wie Ihr nur wollt.«

Aber Gwanwyn erinnerte sich daran, daß Rosmarta gesagt hatte, daß sich Wege mitunter nicht ohne Grund kreuzten. In diesem Moment hatte nichts von einer guten, rechtschaffenen Frau in ihrer Stimme gelegen. Gwanwyn kehrte nach Hause zurück und hoffte entgegen ihrer eigenen Vorsätze, daß Rosmarta über verbotenes Wissen verfügen mochte.

Kurz vor Sonnenuntergang wußte Gwanwyn mit schmerzlicher Gewißheit, daß ihr Vater auf dem Heimweg war. Sie kletterte auf den Gang oben an der Palisade und schaute die Straße entlang. Nach wenigen Minuten sah sie eine Staubwolke, die sich schnell näherte: Der Kriegshaufen ritt in schnellem Trab durch das Dorf. Ihr Vater und Owain waren beide unversehrt und ritten an der Spitze. Sie stieß einen Freudenschrei aus, dann wandte sie sich um und rief den Dienstboten ihre Anweisungen zu. Einer rannte, um die Tore zu öffnen, der andere, um der Köchin Bescheid zu geben. Gerade als Gwanwyn wieder herunterklettern wollte, bemerkte sie, daß Rosmarta unten am Fuß des Hügels stand, ihren Wolf neben sich, und zusah, wie die Männer vorüberritten. Es war ohne Zweifel die erklärliche Neugier einer Fremden, aber die alte Frau stand so aufrecht und ruhig da, daß Gwanwyn sich trotzdem fragte, was sie dort tat.

Mit Geschrei und Hufgeklapper kam der Kriegshaufen durch die Tore, zwanzig Männer gesund, fünf in Decken gewickelt und über die Sättel gelegt. Als die Diener herbeieilten, um die Pferde zu versorgen, kletterte Gwanwyn von der Palisade und schob sich durch die Menge an die Seite ihres Vaters. Cadvaennan hob einen Ledersack von seinem Sattelknauf.

»Du da!« rief er dem nächststehenden Diener zu, »lauf und hol mir einen Pfahl.«

Als Gwanwyn knickste, sah sie Blut durch den Saum des Ledersacks sickern.

»Vater, ich danke der Heiligen Jungfrau, daß sie Euch gesund nach Hause gebracht hat.«

»Gesund?« Cadvaennan grinste durch seinen schmutzigen Bart. »Danke ihr für den Sieg, Mädchen.«

Gwanwyn drehte sich um und sah Owain direkt hinter sich. Sie warf sich in seine Arme und klammerte sich an ihn, und er lachte und strich ihr übers Haar und sagte, es sei dumm von ihr gewesen, sich um seinetwillen Sorgen zu machen. Er roch nach Schweiß, dem seines Pferds und seinem eigenen, aber über allem hing der Geruch des Bluts anderer Männer. Sanft schob er sie von sich und gab ihr einen liebevollen Klaps aufs Hinterteil.

»Lauf und schick die Diener an die Arbeit, ja? Ich könnte einen ganzen Pferdetrog voller Bier austrinken.«

»Den sollst du bekommen, Liebster. Vater, soll ich das Essen vorbereiten lassen?«

Cadvaennan achtete nicht auf sie. Ein Page kniete vor ihm und drückte einen langen Speer in den Boden, während sein Herr einen Männerkopf aus dem Sack nahm, dessen dunkler Bart starr vor Blut war. Er wendete ihn geschickt und stieß den Halsstumpf auf die

Speerspitze, mit einem saugenden, satten Geräusch. Der Kriegshaufen brach in Jubel aus.

»Heute abend segelt ein weiterer irischer Häuptling zur Hölle!« rief Cadvaennan. »Stell das da zum Trocknen ans Feuer, Junge. Ich werde mir eine Trinkschale aus seinem Schädel machen.«

Als die Männer in Gelächter ausbrachen, drehte sich Gwanwyn um und lief zum Langhaus. In der Tür stieß sie mit jemandem zusammen, der gerade herauskam.

»Oh, verzeiht!«

»Keine Ursache«, erwiderte Vortin.

Als er ihr die Hand auf die Schulter legte, um sie zu stützen, wich Gwanwyn zurück. Vortin, ein hochgewachsener Mann mit hängenden Schultern, lächelte auf sie herab, ein dünnes Lächeln in einem schmalen, narbigen Gesicht. Seit er mit dem Kriegshaufen ritt, hatte er sich nie rühmen können, selbst einen Mann getötet zu haben, aber ihr Vater schwor, daß ein Kundschafter wie er sich sein Essen ohne Schwert verdienen konnte. Die Männer sprachen darüber fast nur im Flüsterton, ebenso wie die Diener: Heidnische Kräfte murmelten sie, er hat Schwarze Magie und unheimliche Zauber in der Seele.

»Ich komme mit Euch nach drinnen«, fuhr Vortin fort. »Ich muß Euch etwas fragen.«

Da sie schlecht unhöflich zu einem Günstling ihres Vaters sein konnte, zwang sich Gwanwyn dazu, mit ihm in die große Halle zu gehen, einen riesigen Raum mit Holztischen auf einem strohüberzogenen Boden und zwei gemauerten Feuerstellen an jedem Ende. Während sie den Dienern Befehle gab, beobachtete er sie mit halb zugekniffenen eisblauen Augen, dann nahm er sie am Ellbogen und führte sie in eine Ecke.

»Als wir den Hügel hinaufritten, sah ich eine alte Frau, eine Fremde, mit weißen Zöpfen um den Kopf. Wißt Ihr, wer sie ist?«

Gwanwyn zögerte, wollte es ihm lieber nicht sagen, aber sie wußte nicht wieso.

»Antwortet mir, Mädchen. Ich weiß verdammt genau, daß Ihr es wißt.«

»Sie heißt Rosmarta. Sie ist eine Base der alten Mab.«

»Ach ja? Ist sie das?« Er drehte sich um und ging davon.

Gwanwyn schauderte und zupfte an ihrem Ärmel, wo er ihn berührt hatte. Wenn sie Zeit gehabt hätte, hätte sie die Kleider gewechselt.

An diesem Abend gab es eine Siegesfeier in der Großen Halle, die für dieses Fest sowohl von Fackeln als auch von den Herdfeuern erhellt wurde. Die Männer drängten sich um die Tische und trieben die Mädchen an, das Bier und die Platten mit Fleisch schneller aufzutragen. Am Ehrentisch oben an der Feuerstelle hatte Cadvaennan Owain und Vortin bei sich sitzen, jeden auf einer Seite, und Gwanwyn saß selbstverständlich neben dem ihr Angelobten.

Während des Essens berichteten Cadvaennan und Owain abwechselnd von ihrem Kriegszug, prahlten damit, wie viele sie getötet hatten und lobten die Tapferkeit ihrer Männer. Vortin stocherte in seinem Essen herum und sprach wenig, aber hin und wieder sah er in Gwanwyns Richtung und schenkte ihr ein Lächeln, das wie der Zugriff einer verschwitzten Hand war. Schließlich gab Gwanwyn vor, die Diener beaufsichtigen zu müssen, und floh vom Tisch. Die Männer hatten angefangen zu singen und lachten und grölten sich durch ein Lied über eine sagenumwobene Frau, die es immer mit fünf Männern zugleich aufnahm. Gwanwyn ging zur Tür, wo gerade zwei Jungen ein Faß Bier in die Halle rollten. Seren, die Köchin, stand hinter ihnen und erteilte Anweisungen.

»Das Bier wird immer weniger, Lady, und wir können es nicht wagen, die Burschen dort zu enttäuschen; nicht in der Laune, in der sie heute sind.«

»Das ist wahr gesprochen, aber laß sich das Bier im Faß noch ein wenig setzen, bevor du es ausschenkst. Sie sind zu betrunken, um noch Unterschiede zu machen, also können sie das andere auch erst austrinken, mit dem ganzen Bodensatz.«

»Wie ihr wünscht, Lady. Und wir haben auch kein Brot mehr. Ich –« Seren hielt inne, warf einen zweifelnden Blick über Gwanwyns Schulter.

»Es ist heiß hier«, sagte Vortin mit einem hinterhältigen Lächeln. »Kommt mit mir nach draußen, Lady. Wir können frische Luft schnappen.«

»Das werde ich nicht tun. Mein Platz ist bei meinem Verlobten.«

»Ach ja?«

Seren hatte den Blick gesenkt, sie sah aus, als schliefe sie im Stehen. Plötzlich spürte Gwanwyn, wie Vortins Geist den ihren umschlang wie ein Netz, sie einfing, zog, zerrte, sie seinem Willen unterwarf. Als er ihr die Hand auf die Wange legte, wich sie in blinder Angst zurück.

»Hört auf! Wagt nicht, mich zu berühren!«

Vortin fluchte leise und trat zurück, während Seren aus ihrer Starre erwachte und aufschrie, ein Echo von Gwanwyns Angst. Männer erhoben sich, Männer drehten sich um, in der Halle brach Geschrei aus. Gwanwyn rannte los und warf sich Cadvaennan zu Füßen.

»Vater! Er wollte mich entehren!«

Mit einem Fluch sprang Owain auf und rannte hinter Vortin her, aber andere Männer waren schneller. Sie packten den Zauberer, stießen ihn zwischen sich hin und her und verfluchten ihn mit einem Haß, der zu lange unterdrückt gewesen war; dann warfen sie ihn vor ihrem Herrn zu Boden. Vortin war vollkommen ruhig, lächelte sogar, während er die Flüche und Stöße ignorierte.

»Du schwarzer Hund!« fauchte Owain. »Ich hab dich jetzt schon zu lange um mein Mädchen schleichen sehen. Jetzt ist es also ans Licht gekommen!«

Owain versetzte ihm noch einen Stoß, der ihn direkt vor Cadvaennan brachte. Vortin schüttelte sich, wischte sich den Kittel ab und warf dann den Männern einen Blick zu, der sie zurückweichen ließ.

»Herr«, sagte er, »ich schwöre bei jedem Gott, daß ich nicht vorhatte, Eure Tochter zu entehren. Ich wollte nur mit ihr sprechen.« Er warf Owain einen noch finstereren Blick zu. »Ich muß allerdings bei aller Demut zugeben, Lord Cadvaennan, daß ich ein besserer Mann sein würde als dieser ochsenköpfige Tölpel mit dem Hirn eines grunzenden Ebers.«

Das Schwert schon halb gezogen, wollte Owain sich auf ihn stürzen, aber drei Männer hielten ihn zurück.

»Wartet! Laß uns einen gerechten Kampf daraus machen, Junge.«

Owain hatte die Männer zwar abgeschüttelt, aber jetzt trat er zurück.

»Vortin hat mir gut gedient«, erklärte Cadvaennan. »Aber das Mädchen ist Owain anverlobt, der mir ebenfalls wohl gedient hat. Also, Vortin, willst du dich ihm im Kampf stellen?«

Die Männer schnaubten höhnisch, grinsten in Vortins Richtung und versetzen einander Ellbogenstöße. Gwanwyn erhob sich und spürte, wie ihr klopfendes Herz sich ein wenig beruhigte.

»Gut«, sagte Vortin. »Der Überlebende soll sie bekommen.«

»Das ist also beschlossen«, sagte Cadvaennan. »He! Du da! Stell das Bier ab und hol ein paar Fackeln.«

Selbst die Dienerinnen folgten ihnen, als sie nach draußen gingen. Vier Jungen mit Fackeln markierten den Kampfplatz, während die Männer sich an den Seiten aufstellten. In den fackelerhellten Schatten über ihnen schienen die abgeschlagenen Köpfe der Iren zu grinsen. Owain und Vortin traten in die Mitte des Platzes. Sie zogen die Schwerter und reckten sie, um ihren Herrn zu grüßen.

»Mögen die Götter dem Besseren und Stärkeren den Sieg schenken!« sagte Cadvaennan. »Beginnt!«

Owain trat vor und setzte zu einem Täuschungsmanöver an, aber Vortin rührte sich einfach nicht von der Stelle und starrte ihm ins Gesicht. Owain zögerte, trat einen weiteren Schritt vor, blieb dann stehen und schüttelte benommen den Kopf. Das Grölen der Männer verstummte, und sie traten näher heran, bis die Fackeln plötzlich aufflackerten und rauchten, was sie wieder zurücktrieb. Owain begann zu taumeln wie im Fieber, während Vortin in mit einem dünnen Lächeln beobachtete. Plötzlich erinnerte sich Gwanwyn an ihre Vision an der Quelle. Sie wollte aufschreien, aber sie brachte keinen Ton heraus. Owain wandte sein Schwert gegen sich selbst und machte einen weiteren Schritt, blieb schwankend stehen, und die Schwertspitze glitzerte, als sie direkt unter seinen Rippen bebte. Dann warf er sich nach vorn und stürzte, und das Schwert drang ihm tief in die eigene Brust. Zusammengesackt blieb er liegen. Einer der Jungen ließ mit einem Aufschrei die Fackel fallen.

Die Männer begannen, unter lautem Geschrei auf Vortin einzustürmen. Cadvaennan wies sie mit der flachen Seite seines Schwerts zurück und schob sich an die Seite des Zauberers.

»Ein Schwur ist ein Schwur. Das Mädchen gehört Euch.«

Die Männer brüllten auf, und Gwanwyn ebenfalls.

»Wie könnt Ihr nur, Vater? Er hat nicht einmal mit den Waffen eines richtigen Mannes gekämpft!«

Als die Männer ihre Zustimmung herausbrüllten, fuhr Cadvaennan herum und schlug Gwanwyn ins Gesicht.

»Du tust, was ich sage!«

Die Männer drängten weiter vor, forderten Erklärungen, die Hände an den Schwertgriffen, und sie umringten Cadvaennan und Vortin. Im Schutz der allgemeinen Verwirrung schlüpfte Gwanwyn davon, schlich sich an der Menge vorbei und rannte dann zum Tor. Sie wußte nicht, wohin sie lief, hatte keine Hoffnung, wirklich zu entkommen, aber sie rannte immer weiter, stolperte den dunklen Hügel hinunter. Von hinten hörte sie die wütenden Rufe der Männer und die dröhnende Stimme ihres Vaters, der Ruhe verlangte. Am Fuß des Hügels angekommen, blieb sie stehen, weinend und atemlos.

Die Quelle, zischte Rosmartas Stimme in ihrem Kopf. *Gwanwyn, geh zur Quelle.*

Gwanwyn riß den Kopf hoch wie ein erschrockenes Pferd – es war niemand zu sehen. Aber sie zögerte nur einen Augenblick, dann rannte sie weiter in die mondlose Nacht hinaus, über die Wiese. Das hohe Gras zerrte an ihren Knöcheln, an ihrem Kleid; einmal fiel sie hin, aber sie stand schnell wieder auf und rannte weiter, mit schmerzender Lunge. Weit, weit entfernt im Dunkeln sah sie einen Umriß, der Bäume erahnen ließ, aber es waren zu viele Bäume. Sie hatte eine falsche Abzweigung genommen. Sie hielt inne, sah sich hektisch um, und wieder kamen ihr die Tränen, heiß, ungebeten, machten sie blind. Sie konnte Pferdehufe hören, das Klirren von Zaumzeug und das Geschrei des Kriegshaufens. Sie waren ihr auf der Spur, jagten sie wie ein Stück Wild.

Im Gras bewegte sich etwas. Gwanwyn unterdrückte einen Aufschrei, als Rosmartas Wolf auf sie zukam, schwanzwedelnd wie ein Hund. Er winselte, ein drängendes Geräusch, dann drehte er sich um und trabte wieder davon. Als sie folgte, grunzte er zufrieden und führte sie davon. Ein paar Minuten später entdeckte sie den vertrauten Umriß des Eschenhains direkt vor sich, aber immer noch zu weit entfernt – als sie sich umsah, konnte sie erkennen, daß die Männer schon hinter ihr waren, zu Pferd, mit Fackeln. Der Wolf heulte einmal, dann schoß er an ihr vorbei, direkt auf den Kriegshaufen zu. Gwanwyn nahm ihre ganze Kraft zusammen und rannte über die Wiese. Hinter sich konnte sie Pferde verängstigt wiehern hören, Männer, die schrien und fluchten, als der Wolf zwischen sie rannte und die Pferde fast verrückt vor Angst werden ließ. Gwanwyn duckte sich unter die Bäume, stolperte über eine Wurzel und fiel vornüber, die Hände ausgestreckt, ins kalte Wasser der Quelle. Schluchzend und keuchend kam sie auf die Knie. Sie konnte nicht mehr weiter, aber Rosmarta stand schon auf der anderen Seite der Quelle und lächelte ihr zu.

»Gut so. Kein Mann kann dich berühren, wo die Göttin mir Macht gibt.«

Gwanwyns Tränen versiegten vor schierer Überraschung, als ihr auffiel, wieso sie die alte Frau überhaupt sehen konnte. Das Gebüsch war erleuchtet von Streifen und Blitzen bläulichen Lichts, das aussah, als könnte man es greifen wie Wolle, die sich an Zweigen und Ästen verfangen hatte. Rosmarta streckte die Hand aus.

»Steh auf, Kind. Komm her und stell dich neben mich.«

Als Gwanwyn auf die Beine kam, sah sie sich um und entdeckte, daß die Männer über die Wiese geritten kamen. Dem Hain jedoch wichen sie aus, als blendete sie das Licht, das über der Quelle hing.

»Ich habe diesen Vortin schon länger verfolgt«, sagte Rosmarta so ruhig, als mache sie eine Bemerkung über das Wetter. »Jetzt wird er zu mir kommen. Ich habe meine Köder ausgelegt.«

»Herrin, kennt er sich wirklich mit heidnischen Künsten aus?«

»Wie kannst du noch daran zweifeln, Mädchen, nach dem, was du gesehen hast? Denk doch mal nach! Komm schon, es gibt keinen Grund, mir den Kopf abzureißen. Verzeih mir. Ich hätte so gern das Leben deines Verlobten gerettet, aber ich bin viel zu spät gekommen. Er wird gerächt werden.«

»Du warst dort? Ich habe dich nicht gesehen?«

»Selbstverständlich nicht! Dazu brauchte es keinen Zauber; ich stand am Tor, und du hattest auf anderes zu achten. Ich –« Sie hielt inne und zeigte auf die Wiese, wo eine einzelne Fackel schwankte und hüpfte, als ihr Träger direkt auf sie zugeritten kam.

Bald konnte Gwanwyn Vortin erkennen, der in dem gelblichen Fackellicht ritt. Etwa dreißig Fuß entfernt stieg er vom Pferd und hielt dabei ungeschickt die Fackel vom Kopf des Tiers weg.

»Wer bist du?« rief er. »Dummes altes Weib!«

Rosmarta lachte nur. Als Vortin in den Hain trat, spiegelte sich das Fackellicht im Wasser der Quelle.

»Gib mir dieses Mädchen. Sie ist mir versprochen.«

»Ach ja? Dein Meister Emrys hat da vielleicht auch noch mitzureden.«

Vortin erstarrte und wurde kreidebleich.

»Aha«, schloß Rosmarta. »Du kennst den Namen also immer noch. Hast du denn tatsächlich geglaubt, ein Eidbrecher wie du könnte einfach davoneilen und tun, was er will? Hast du wirklich geglaubt, es würde dir keiner folgen?«

Mit einem Aufheulen, das an ein Tier erinnerte, warf Vortin die Fackel direkt nach Rosmartas Kopf, aber sie fiel mit gewaltigem Zischen ins Wasser, und Dampf stieg auf. Gwanwyn spürte, wie sich etwas erhob, wütend über diese Entweihung.

»Du Narr«, sagte Rosmarta.

Vortin sprang auf sie zu und starrte sie auf diese besondere Weise an, die Gwanwyn inzwischen kannte; er versuchte, ihren Willen dem seinen zu unterwerfen. Als Rosmarta lachte, so vernügt wie ein Mädchen auf dem Markt, wurde seine Miene noch finsterer, und die Adern an seinen Schläfen begannen zu pulsieren. Er zog das Schwert und kam um die Quelle herum. Von der anderen Seite der Lichtung näherte sich der Wolf und flog auf ihn zu wie ein Speer. Mit einem Aufschrei fuhr Vortin herum, um den Angriff abzuwehren, das Schwert halb erhoben. Und blieb stehen, stand einfach da, erstarrt, so steinern, wie Owain gezwungen gewesen war zu stehen. Der Wolf griff kurzerhand an. Gwanwyn drehte sich um und schlug die Hände vor die Augen. Sie hörte nur einen gurgelnden Schrei, dann nichts mehr.

»Es ist vorüber. Du kannst jetzt hinsehen, Kind. Komm schon, es ist doch nicht so, daß du noch nie einen Toten gesehen hättest.«

Gwanwyn drehte sich um und sah, daß der Wolf aus der Quelle trank, während Vortin mit dem Gesicht nach unten im Gras lag. Der Geist der Quelle tanzte neben ihm, so deutlich, daß Gwanwyn sie genau sehen konnte, wie ein Strahl von Mondlicht im Nebel. Gwanwyn hob betend die Hände, aber sie konnte kein Wort herausbringen. Als Rosmarta ihr eine tröstende Hand auf die Schulter legte, fühlte sich Gwanwyn plötzlich wie jemand, der aus einem Alptraum erwacht, nur um festzustellen, daß alle Schrecken, die sie gerade abgeschüttelt hatte, auch im Tageslicht noch Wirklichkeit waren.

»Aber, Lady«, stotterte sie, »wer seid Ihr?«

»Eine, die den Weg der Magie geht, aber ich habe meinen Weg ein wenig sorgfältiger ausgewählt als dieser Narr dort. Weißt du, wenn jemand die Zauberkunst erlernen will, schließt er sich einer Art Gilde an, nicht sonderlich anders als die, die Weberei oder Töpferei lernen wollen – nur, daß unsere Gilde geheim bleiben und sich vor den Priestern verstecken muß, die sich in alles einmischen wollen. Vortin diente einmal demselben Meister wie ich, aber er hat seine Schwüre gebrochen. Er ist davongegangen und hat versucht, die Geheimnisse zu seinem eigenen Nutzen und Frommen auszunutzen, hat Edelsteine gesammelt und sie für Schätze gehalten. Nun, du siehst, wie seine Belohnung ausgefallen ist.«

Plötzlich mußte Gwanwyn sich hinsetzen; ihre Beine verweigerten ihr einfach den Dienst. Sie ließ sich ins Gras sinken, während Rosmarta sich neben ihr niederhockte. Mit einem langgezogenen Seufzer legte sich auch Giff hin, der jetzt wieder wie ein ganz gewöhnliches Tier aussah.

»Kannst du gehen?« fragte Rosmarta. »Wenn wir noch lange hierbleiben, wird dein Vater irgendwann über uns stolpern.«

»O Gott! Aber ich muß mich noch einen Augenblick ausruhen, und wenn es nur kurz ist.«

»Nun gut. Und du solltest auch nachdenken. Was wirst du nun tun, Kind? Wenn du morgen früh zu deinem Vater zurückkehrst, wenn sein Zorn sich gelegt hat, wird er dich vielleicht nicht einmal schlagen.«

»Wahrscheinlich nicht, aber wenn ich irgendwo anders hinkönnte, würde ich nie wieder einen Fuß in seine Halle setzen.«

»Warum?«

»Er hätte mich einem Mann ohne Ehre überlassen, darum! Ich würde lieber am Straßenrand betteln gehen und hungern, als noch einmal an seinem Tisch zu sitzen.«

»Möchtest du mitkommen und dich meiner Gilde anschließen?«

Gwanwyn drückte sich den Handrücken auf den Mund, um nicht aufzuschreien wie ein kleines Kind.

»Ich habe dich sofort erkannt, als ich dich sah, Kind. Wenn du etwas in dieser Quelle spürst, dann kannst du auch dem Weg der Magie folgen. Aber du mußt deine Wahl schnell treffen. Dein Vater wird dir vergeben, aber ich möchte nicht, daß er unbequeme Fragen stellt. Wenn du mit mir kommen willst, dann noch heute nacht. Wir werden Vortins Pferd als Teil des Blutgeldes für deinen Verlobten nehmen.«

»Owain ist tot.« Sie sprach leise, erstaunt, denn bis zu diesem Augenblick hatte sie es nicht glauben können. »Warum weine ich nicht um ihn?«

»Weil du fast zu Tode erschöpft bist. Die Tränen werden später fließen. Und dann sag mir: Wärest du als Lord Owains Frau wirklich glücklich gewesen?«

»Glücklich? Lady, schon den Gedanken daran habe ich mir nie zugestanden. Er war der Mann, den mein Vater für mich gewählt hat, und er war der beste Krieger in Rheged. So haben sie alle gesagt, und ich war stolz, daß ich ihn heiraten sollte.« Ihre Stimme brach. »Jetzt ist er tot, und ich habe nichts mehr.«

»Nichts? Nur deinen eigenen Weg? Das kommt mir eigentlich nicht schlecht vor.«

Das Licht in den Bäumen glühte wie Silber im Schein einer Kerze. Der Geist der Quelle war ganz nah, seine bleiche, schlanke Gestalt, stofflicher, als Gwanwyn sie je gesehen hatte, und sie lächelte, als wolle sie Gwanwyn auffordern, diesen unerwarteten Reichtum entgegenzunehmen. Gwanwyn erinnerte sich an jedes einzelne Mal, als sie hierher an die Quelle gekommen war, an all die Stunden, die sie mit dem Geist verbracht hatte, ihrer einzigen wahren Freundin. Und während sie sich erinnerte, wurde ihr Leben deutlich, als sei sie aus einer rauchigen, bedrückend engen Kammer gekommen und sähe die Sonne zum ersten Mal.

»Wahr gesprochen. Ich habe den Weg.«

Rosmarta klatschte dreimal in die Hände. Das Licht in den Bäumen verschwand.

Mit Giff vor ihnen, der wachte und sie anführte, ließen sie Vortins Leiche zurück, damit Lord Cadvaennan sie finden konnte, und eilten über die nachtdunkle Wiese. Als sie die Hütte erreichten, fanden sie die alte Mab hellwach vor, wie sie gerade ein paar Zweige aufs Feuer legte.

»Da seid ihr ja!« rief sie laut. »Lady, Euer Vater hat jeden einzelnen Mann im Dorf geweckt, um nach Euch zu suchen. Er war zornig und schrie, aber ich glaube, er ist zu Tode verängstigt, weil er glaubt, daß Euch etwas geschehen ist.«

»Nun, er wird mich nicht finden. Ich werde mit Rosmarta gehen.«

»Und zwar noch heute nacht«, fügte Rosmarta hinzu.

»Ah. Es war also der Richtige?« Mab nickte in ihre Doppelkinne. »Ist er tot?«

»Er war und er ist«, erwiderte Rosmarta. »Tausend Dank für deine Botschaft.«

Plötzlich wurde Gwanwyn klar, wieso Mab Rosmarta Base nannte, als stammten sie aus demselben Klan – nein! derselben Gilde. Mab grinste, als hätte sie Gwanwyns Gedanken gelesen.

»Ich hab mir immer gedacht, daß Ihr eine von uns seid, Lady.«

»Wirklich, Mab?«

»Ja. Eure Mutter, möge die Göttin sie in Frieden ruhen lassen, hatte das Gesicht, aber Euer Vater hat sie dafür nur geschlagen, und deshalb habe ich den Mund gehalten, als ich erkannte, daß Eure Augen mehr sehen können als die der anderen.«

»Und nun wird sie lernen, die Kräfte zu nutzen, die die Göttin ihr gegeben hat«, meinte Rosmarta lächelnd. »Und auch die des neuen Gottes. Priester! Sie sind wie Männer, die eine Kiste mit Gold finden und es benutzen, um damit Löcher in der Wand zu stopfen.«

»Ohne Zweifel«, sagte Mab. »Aber predigen kannst du auch noch später. Jetzt ist es wichtig, die Lady von hier wegzubringen.«

»Wohl gesprochen. Kannst du uns etwas zu essen und einen Mantel für die Lady geben?«

»Essen habe ich, aber keinen zweiten Mantel.«

»Ich werde schon nicht frieren«, sagte Gwanwyn. »Und ich werde zu Unserer Lieben Frau beten, daß sie uns beschützt.«

Und ob es Unsere Liebe Frau war, die sie schützte oder nicht, sie kamen sicher durch die Hügel nach Tý Gwin, der Stadt, die die Rhivannon einmal Candida Casa genannt hatten, und andere Whithorne. Und nie wieder, so heißt es, hat eine Frau die Zauberkunst so gut und schnell gelernt wie Lady Gwanwyn von Dun Pennog, aber ob das nun stimmt oder nicht, kann ich nicht sagen.

Messer

von Dave Smeds

Ledda arbeitete gerade im Garten, als sie hörte, wie vertraute Stimmen ihren Namen riefen. Sie erhob sich, ein Büschel Unkraut in der Hand, und schaute über die Gersten- und Flachsfelder. Bello der Kahle und sein Sohn fuhren ihren Heuwagen den Weg zu ihrem Haus entlang.

Sie winkte ihnen zu und schirmte dann die Augen ab, sah, daß im Wagen ein Mann saß. Er klammerte sich verzweifelt fest, war offenbar nicht in der Lage, aufrecht zu sitzen, obwohl der Weg nicht sonderlich holprig war. Ein Fremder.

Nun wußte sie, wieso sie heute früh auf dem Baum ihrer Urgroßmutter diesen blühenden Vogelbeerenzweig gefunden hatte, obwohl es schon Herbst wurde. Sie ging ins Haus, füllte das Becken und wusch sich die Hände. Sie würde eine Berührung vollziehen müssen.

Als sie wieder herauskam, setzten Bello und sein Sohn gerade das Joch ab. Sie wischten sich den Schweiß von den Stirnen und fuhren plötzlich herum, als Ledda aufschrie. Der Mann war gerade dabei, vom Wagen zu fallen. Sie packten ihn und legten ihn vorsichtig auf den Boden.

Ledda hatte noch nie einen Menschen gesehen, der solche Schmerzen hatte. Seine Lippen waren verzogen, die Zähne entblößt. Sobald die beiden ihn hingelegt hatten, rollte er sich auf die Seite, krampfte sich zusammen. Speichel tropfte auf den Boden.

Es war ein Römer. Ein Soldat, wenn man von seiner Kleidung ausging. Er war hochgewachsen, mit dunklem, lockigem Haar und Anzeichen von Muskeln, obwohl ihm seine Kleider irgendwie zu weit schienen. Seine Wangen waren hohl, und seine Bewegungen zeigten, daß er schnell sehr viel Gewicht verloren haben mußte. Seine Augen waren glasig wie die eines verwundeten Tiers.

»Julia Ledicca?« krächzte er und blickte zu ihr auf.

Bello antwortete. Ledda nahm an, daß er sagte: »Ja, das ist sie, die Heilerin«, denn sie beherrschte das Lateinische kaum. Der Fremde wandte sich ihr zu, mit flehentlichem Blick, öffnete und schloß den Mund, als hätte er gern ein ganzes Epos vorgetragen, wenn er nur der Sprache mächtig gewesen wäre.

»Bringt ihn ins Haus«, sagte sie. Sie trat zur Seite, und die Männer legten den Römer auf die Pritsche, die für die Kranken gedacht war. Ledda brachte ihrem neuen Patienten einen Becher mit Wasser, den er gierig leerte.

»Die Ärzte der Legion wissen nicht, wie sie ihm helfen sollen«, erklärte Bello. »Er sagt, es sei der Fluch des Waldvolks.«

»Mutter schütze uns«, flüsterte Ledda. Laut fügte sie hinzu: »Sag ihm, ich werde ihm die Hände auflegen. Er soll so still liegen wie er kann.«

Ledda hatte gehört, daß römische Soldaten die Berührung von Weisen Frauen nicht ertrugen, von überhaupt keiner Frau außer denen, die sie mit ins Bett nahmen, aber der Fremde ließ es dankbar und demütig mit sich geschehen. Ledda lockerte seine Rüstung und begann, ihn zu untersuchen. In weniger Zeit, als es benötigt hätte, den Eid der Heiler zu rezitieren, hatte sie fünf Stellen gefunden, an denen er auffällig zitterte. Sie waren heiß wie Wunden. Und dennoch, er hatte kein Fieber. An anderen Stellen war seine Haut kühl.

Keine Zeichen von einem Schlangenbiß. Nirgendwo unter der Haut sammelte sich Eiter. Er hatte hier und da Narben, und ein Knie war geschwollen, aber dies waren alte Wunden und hatten offensichtlich nichts mit seinem derzeitigen Leiden zu tun. Nur an diesen fünf Stellen lockerten sich die Muskeln nicht, als Ledda sie massierte. Mitunter genügte so etwas bei einer Berühung bereits, um die Symptome verschwinden zu lassen. Aber diesmal nicht. Sie hatte gehofft, daß Bellos Erwähnung des Fluchs eine Übertreibung gewesen war – es gab Leute, die führten jede Art von Krankheit auf das Feenvolk zurück. Aber nun gab es keinen Zweifel mehr. Sie hatte es tatsächlich mit einem Ergebnis von Elfenzauber zu tun.

Sie hielt an den Rippen an seiner linken Seite inne, hielt die Hände neben einen der Schmerzpunkte. Sie starrte und starrte. Die Einzelheiten ihrer Hütte verschwammen, und die Aura des Legionärs enthüllte sich ihr. Sie bemerkte einen Umriß im Gewebe des Geistes: ein Messer.

Der knöcherne Griff sorgfältig geschnitzt, die Feuersteinklinge schärfer als Stahl, hing die Waffe über seinen Rippen, die Spitze ritzte beinahe die Haut. Als sei sie nur zu begierig, Ledda etwas vorzuführen, bewegte sich die Klinge nun. Der Soldat schrie auf und griff sich an die Seite. Ledda wich zurück und verlor ihre Vision.

Am Körper des Mannes war kein Einstich zu sehen. Kein Blut floß. Aber Ledda wußte, daß er die Klinge spürte, als wäre sie tatsächlich in sein Fleisch eingedrungen.

Der Soldat keuchte. Ledda nahm an, daß die Phantomklinge sich wieder zurückgezogen und den weniger quälenden Schmerz einer frischen Wunde zurückgelassen hatte.

»Wie oft stoßen sie zu?« ließ Ledda Bello fragen.

Das war unterschiedlich. An jedem der fünf Punkte mindestens einmal am Tag, normalerweise, wenn er gerade begann, seiner Qualen Herr zu werden, oft, wenn er gerade einschlief. Die dunklen Ringe unter seinen Augen waren deutliche Zeichen, wie oft ihm der Schlaf verwehrt geblieben war.

Ledda stand auf und begann, auf und ab zu gehen, rieb sich die Hände. Eine Berührung verursachte häufig ein taubes Gefühl dort, aber noch nie war das so intensiv gewesen wie jetzt. »Er sollte bis morgen hierbleiben«, sagte sie den zwei Männern aus dem Dorf. Zu dem Bauernsohn gewandt, fügte sie hinzu: »Geh und hol meinen Bruder aus der Mühle.«

Der Junge nickte respektvoll und verschwand. Ledda legte zwei neue Scheite aufs Herdfeuer. Sie füllte den Teekessel aus dem Rinnsal, das durch eine Ecke des Hauses verlief – die Heilerhäuser ihres Volkes waren immer über Wasser gebaut – und setzte ihn auf.

Dann ging sie wieder zur Pritsche und bat Bello, ihr weiter als Übersetzer zu dienen. »Sag ihm, er soll mir seine Geschichte erzählen.«

Er hieß Lucius Arpagius, war Kavallerist und hatte bis vor kurzem unter dem Befehl von Agricola, dem Gouverneur in Britannien, dafür gekämpft, die Briganten und andere nördliche Stämme zu befrieden. Als Belohnung für seine Dienste und weil sein Knie nur schlecht heilte, nachdem sein Pferd auf ihn gestürzt war, hatte man ihn nach Süden geschickt, in einen Teil des Landes, der schon lange unter römischer Besetzung stand. Er sollte sich beim Garnisonskommandeur der *civitas* in Canterbury melden, damit man ihm einen Dienst zuwies, bei dem ihn sein Knie nicht allzusehr behinderte.

Kurz bevor er sein Ziel erreichte, als er allein durch das Zwielicht einer Mittsommernacht ritt, bemerkte er lautes Lachen neben der Straße, die Musik von Schilfflöten und einer Art Harfe. Das alles schien nur einen Steinwurf entfernt, aber er war noch eine halbe Wegstunde weitergeritten und hatte merkwürdigerweise kein einziges Mal daran gedacht umzukehren, bis er zwischen zwei erstaunlich großen Vogelbeerbäumen ein unheimliches Bankett erblickte.

Eine Gruppe von etwa fünfzig Männern und Frauen saßen an einem riesigen Tisch, der aus einer umgestürzten Eiche gefertigt war. Das

Holz war liebevoll poliert, die Beine mit geschnitzten, lachenden Gesichtern verziert, und die freigelegten Wurzeln mit Ranken dekoriert. Hohe Leuchter trugen Kerzen, die nach Lorbeeren und Bienenwachs dufteten, aber ihre Flammen waren kalt und bläulich und hatten nichts von den gewohnten warmen Gold- und Orangetönen. Lucius fühlte sich an Mondlicht erinnert, das jemand irgendwie in den Dochten dieser Kerzen eingefangen hatte und nun freiließ.

In diesem merkwürdigen Licht konnte er erkennen, daß es sich bei den Feiernden nicht um die Art von Menschen handelte, an die er gewöhnt war. Sie hatten seltsame schmale und hagere Gesichter, ihre Haut war kreidebleich, und ihre Gelenke schienen sich in jede Richtung biegen zu lassen.

Das hätte eigentlich genügen müssen, um ihn in die Flucht zu treiben. Statt dessen stieg er ab und hinkte weiter, und nur sein steifes Knie erinnerte ihn daran, wo er sich befand. Er hielt zwischen den Vogelbeerbäumen inne, dachte noch daran, sein Pferd anzubinden, und dann hatte er die Grenze auch schon überschritten.

Die Feiernden entdeckten ihn und winkten, hielten ihm Streifen von Wildbret und Stücke von Brot entgegen. Sie führten ihn zu einem Sitz und reichten ihm einen Tonbecher mit Met. Er hob das Getränk aus fermentiertem Honig an die Lippen, unsicher, ob er wirklich trinken sollte, aber dann begann die Harfenmusik wieder. Ohne weiter nachzudenken, schluckte Lucius das Gebräu hinunter.

Eine Wärme, die nicht allein vom Alkohol kommen konnte, breitete sich in ihm aus. Seine Gastgeber lachten ihn an und schwatzten in einer Sprache, die ihm den keltischen Dialekten der Insel nur vage verwandt schien. Sie drängten sich um ihn, betrachteten forschend das Muttermal auf seiner Wange – bei ihrem Volk kam so etwas offenbar nicht vor – und die Haare auf seinen Armen. Sie kamen näher, als die Höflichkeit es gestattete, aber unerklärlicherweise wehrte er sich nicht. Es schien schon schwierig genug, aufrecht auf dem Hocker sitzen zu bleiben.

Sie mieden sein Schwert, sein Messer und alles andere aus Metall, das er an sich trug. Es wurde sehr deutlich, daß sie selbst über keine derartigen Gegenstände verfügten. Ihre Kleider waren mit Schnüren und Bändern gebunden. Ihr Schmuck bestand aus Steinen oder Kristallen an Lederschnüren. Ihre Waffen wiesen nicht einmal eine Metalleinlage auf.

Lucius spürte plötzlich, daß er ihnen auf keinen Fall Unbehagen bereiten wollte, und stand auf und legte Waffen und Gürtel ab. Bald schon war er vollkommen nackt, aber auch das störte ihn nicht, obwohl sie seinen Körper eingehend untersuchten. Er ließ sich ohne Gegenwehr von seinen Kleidern und seinem sonstigen Besitz wegführen.

Eine Gestalt mit langem, wehendem Haar und in knöchellangen Gewand trat vor. Lucius nahm auf den ersten Blick an, es handele sich um eine Frau, aber je genauer er hinsah, desto weniger sicher war er sich. Alle Angehörigen dieses Waldvolks schienen glatte Haut zu haben, haarlose Gesichter, schlanke Arme – sie waren wie Kinder, obwohl sie die Größe von Erwachsenen erreichten und ihre Blicke nichts Kindliches aufwiesen.

Das Elfengesicht wurde größer und größer, bis Lucius es nur noch verschwommen sah. Etwas rührte sich in seinem Kopf, bewirkte, daß Szenen seines Lebens ihm wieder einfielen, Teile seiner Vergangenheit. Er spürte das Elfenlächeln ...

Nachdem der Soldat seinen Bericht beendet hatte, erhob sich Ledda und seihte die Blätter aus dem Tee ab, den sie gebraut hatte.

»Er kann sich nicht genau an diese Visionen erinnern«, erklärte Bello. »Er glaubt nicht, daß er einschlief, während er dort war, aber ansonsten hat er keine Erinnerungen mehr an diese Nacht, bis auf eine: Jedes Bild enthielt ein Messer, und nach einer Weile schienen Messer um ihn zu schwirren wie Fliegen. Dann wachte er auf, mitten im Wald, seine Kleider und seine Waffen neben ihm. Es war Morgen.

Kein Anzeichen des Waldvolks und seines Festes war geblieben, obwohl die Vogelbeerbäume nur ein paar Schritte entfernt standen.«

»Wieviel Tage waren inzwischen vergangen?« fragte Ledda.

Als Bello die Frage auf Lateinisch wiederholte, blinzelte der Römer sichtlich beeindruckt. »Drei. Aber das fand er erst heraus, als er das nächste Dorf erreichte«, berichtete Bello. »Inzwischen konnte er fast nur noch an die Messer denken.«

Lucius fügte hinzu, daß er einmal bei einem Kampf eine Stichwunde erlitten hatte, und bei anderen Gelegenheiten Schnitte. Er wußte, wie sich Messerwunden anfühlten. Das erste der elfischen Messer stach zu, bevor er auch nur auf die Straße zurückkehrte. Es traf ihn zwischen den Rippen, und er konnte sich kaum mehr auf dem Pferd halten. Seitdem hatte die Qual kein Ende genommen. Er hatte einen militärischen Außenposten erreicht, wo er von einem Arzt untersucht wurde, aber weder dieser noch andere römische Heiler hatten ihm helfen können. Nach zwei Monaten hatte er von einer einheimischen Weisen Frau gehört, die vielleicht helfen konnte, ihn von dem Elfenfluch zu befreien. Er hatte sich sofort auf die Suche begeben, und hier war er nun.

»Und hier bin ich.« Ledda drückte beruhigend seine Hand und hielt ihm den Tee an die Lippen. »Trink dies. Dann wirst du schlafen.«

Lucius wartete nicht einmal auf die Übersetzung. Er schluckte und hielt nur noch einmal inne, um Luft zu holen, damit der heiße Tee ihm nicht die Kehle verbrühte.

Das Beruhigungsmittel wirkte schnell, nicht zuletzt wegen Lucius' tiefer Erschöpfung. Aber auch nachdem er bewußtlos war, zuckte und wand er sich noch. Oft stieß er ein leises Stöhnen aus.

»Niemand kann so grausam sein wie das Waldvolk«, murmelte Bello.

Ledda nickte. Lucius war zu ihrem Spielzeug geworden, und die Legenden berichteten, daß sie gerne erforschten, auf welche Weise sie Menschen leiden lassen konnten. Wie anders ihre Welt sein mußte, und Ledda war dankbar, daß sie sich mit der der Briten nur selten überschnitt, gewöhnlich nur in Nächten der Macht, und im Lauf der Jahrhunderte war selbst das seltener geworden. »Jeder Einheimische hätte gewußt, daß er in einer solchen Nacht lieber nicht unterwegs sein sollte«, sagte sie, »und er hätte die Warnzeichen erkannt.«

Das Tuch an der Tür hob sich, und Bellos Sohn trat herein, gefolgt von Votto, Leddas Bruder. Letzterer nickte Bello zu, warf einen Seitenblick auf den Soldaten und begann dann, seine Axt zu schärfen, um Späne zu hacken. Votto war, seit er als Kind von einer Kuh an den Kopf getreten worden war, nicht mehr ganz bei Verstand. Er sprach nie in ganzen Sätzen, und immer, wenn ihn etwas beunruhigte, flüchtete er sich in eine ganz alltägliche Arbeit, reparierte seine Werkzeuge oder mistete den Stall aus. Ledda wußte, daß er tausend Fragen über den Römer hatte, die er aber nicht formulieren konnte.

»Ihr müßt wieder aufs Feld«, erinnerte Ledda ihren Nachbarn freundlich. »Danke für deine Hilfe. Komm morgen früh wieder. Dann werde ich noch einmal mit unserem Besucher sprechen müssen.«

Bello tippte sich an den Kopf. »Zu Diensten. Ich beneide dich nicht um deine Arbeit, Ledicca.«

»Ich würde sie nicht einmal einem Feind wünschen«, bestätigte Ledda. Sie sah Sohn und Vater nach, wie sie mit ihrem Heuwagen davonzogen, dann blieb sie nachdenklich auf der Schwelle ihres Hauses stehen.

Vottos Anwesenheit beruhigte sie. Er war vielleicht kein guter Gesprächspartner, aber er war rückhaltlos treu, und seine Körpergröße schüchterte selbst die tapfersten Männer ein. Nicht, daß der Legionär in seinem Zustand eine Bedrohung dargestellt hätte, aber Ledda wäre nur ungern mit ihm allein gewesen. Ihr Haus war weit vom Dorf entfernt errichtet worden – zunächst einmal, damit es über dem Wasser stand, aber auch, damit sie den Heilkräutern der Wälder näher war und die anderen nicht die Dämpfe einatmen mußten, wenn sie ihre Arzneien zubereitete. In Zeiten wie diesen mißfiel ihr diese Isolation.

»Bleib bei ihm«, sagte sie ihrem Bruder.

Sie trat hinaus, ging an den Reihen von Kräutern vorbei, die sie an diesem Tag gejätet hatte, und folgte dem Lauf des Bachs in den Wald. Der dritte Baum, an dem sie vorüberkam, war der Vogelbeerbaum ihrer Ahnen, von dem sie nun den blühenden Zweig nahm. Das Zwitschern der Vögel in den Blättern über und unter ihr beruhigte sie durch seine Vertrautheit und half ihr zu meditieren.

Der Römer stellte sie vor ein Problem, wie sie es in den dreißig Jahren ihres Lebens noch nicht erfahren hatte. Aber er hatte recht gehabt, sich an sie zu wenden. Wenn man davon ausging, daß die Göttin Mutter ihr den Segen auch weiterhin nicht verwehrte, war Ledda einer der wenigen Menschen in dieser Provinz, die ihm vielleicht helfen konnten.

Die Frage war nun, ob sie es überhaupt versuchen sollte? Er gehörte nicht zu ihrem Volk. Sie schuldete ihm nichts. Wenn überhaupt, war er ein Feind. Sein Volk hatte das ihre unterworfen.

Sie preßte die Finger an die Schläfen. Wie konnte sie so etwas auch nur denken? Ihre Pflicht lag klar vor ihr. Sie konnte keine Feindseligkeit vortäuschen, wo keine bestand. Die Eroberung war Jahre vor ihrer Geburt geschehen. Selbst die Revolte der Boudicca war nur noch eine verschwommene Kindheitserinnerung. Ein paar der Männer aus dem Dorf hatten daran teilgenommen, und zwei hatten ihr Leben verloren, aber der Konflikt hatte Ledda und ihre Familie nie direkt berührt. Für sie bedeutete die Anwesenheit der Römer, daß sie nicht mehr von anderen Stämmen überfallen wurden, daß es neue Waren auf den Märkten gab und bessere Straßen zwischen den größeren Städten. Lucius war ein Mensch in Not. Wenn sie nicht versuchte, ihm zu helfen, verdiente sie es nicht, sich Heilerin zu nennen.

Und dennoch, was er von ihr erbat, ließ sie zittern. Sie atmete den Duft der Blüten ein und steckte den Zweig vorsichtig in die Tasche ihrer Schürze. Unsicher beugte sie sich zum Bach und benetzte ihr Gesicht. Sie schauderte, aber das kam nicht von der Kühle des Wassers. Um mit den Geschöpfen der Feenwelt umzugehen, würde sie eine ganz andere Art von Mut finden müssen. Sie kannte die Rituale, die ihre Aufgabe erforderte, aber das bedeutete nicht, daß sie je erwartet hatte, sie selbst durchführen zu müssen.

Sie kniete sich auf die gelben Blätter, die ersten Spuren der neuen Jahreszeit, und senkte den Kopf zum Gebet.

»Ich werde dir helfen«, sagte Ledda zu dem Soldaten. Sie sagte es ihm direkt, nachdem Bello ihr die entsprechenden lateinischen Worte beigebracht hatte. Auf diese Weise wurde der Eid Wirklichkeit und würde sie beide stärker binden. Dann erklärte sie, nun wieder in ihrer Sprache und in der Übersetzung, was sie vorhatte.

Lucius, der flach atmete und hin und wieder schmerzerfüllt zusammenzuckte, hörte ihr mit vollkommenem Vertrauen zu und war sofort einverstanden. Er zeigte auf die Satteltasche, die Bello zusammen mit ihm hergebracht hatte, und ließ sie einen kleinen Beutel herausholen.

Den Rest des Morgens verbrachte Ledda damit, im Dorf von Haus zu Haus zu gehen und mit Nachbarn zu sprechen. Einige weigerten sich, ihrer Bitte nachzukommen. Die meisten sagten ja und wurden mit Münzen aus der Börse des Soldaten belohnt. Als sie so viele für sich gewonnen hatte, wie sie für notwendig hielt, kehrte sie in ihr Haus zurück, ging zum äußersten Ende des Gartens und grub einige Flecken Erde um, die von kleinen Kreisen aus Pflastersteinen umgeben waren.

Um den Elfen zu begegnen und auch nur die geringste Hoffung auf Sicherheit zu haben, mußte sie ein Opfer bringen. Die Erde enthielt die verwesten Reste menschlicher Nachgeburten. Alle stammten von Kindern, die tot zur Welt gekommen waren – die Nachgeburten lebender, gesunder Kinder wurden von den jeweiligen Familien nahe ihrer Häuser begraben, um den Schößlingen, die zu Ehre der Neugeborenen gepflanzt wurden, mehr Kraft zu geben. Als Hebamme gehörte es zu Leddas weniger angenehmen Pflichten, diesen Boden der Trauer zu benutzen, damit die Götter vielleicht davon absehen würden, dieselbe Mutter zweimal auf diese Weise zu strafen.

Sie seufzte, als sie ein paar Taschen gefüllt hatte und sorgfältig zuband. Es gefiel ihr nicht, solch geheiligten Stoff benutzen zu müssen, aber er enthielt den machtvollsten Zauber, den sie kannte, und die Elfen waren versessen darauf – so sehr, daß sie dafür bekannt waren, Kinder aus dem Mutterleib zu stehlen, um daran zu gelangen. Auf eine solche Bestechung würden sie mit Sicherheit antworten.

Sie wünschte, sie könnte es irgendwie vermeiden, mit dem Feenvolk verhandeln zu müssen. Man konnte ihnen nicht trauen. Sie könnten sie selbst verfluchen oder für Jahre entführen oder sich einfach weigern, ihr zuzuhören. Sie waren wankelmütig und selten gnädig. Aber sie mußte zu ihnen. Sie hatten den Fluch auf Lucius gelegt. Sie allein konnten ihn wieder zurücknehmen.

Am Nachmittag kümmerte sich Votto um Vorräte und Reittiere für Ledda und sich selbst, und die Heilerin setzte sich hin und ließ sich mit Bellos Hilfe von dem Legionär noch einmal genaue Anweisungen geben, wo sich die Stelle des Elfenbanketts befand. Ledda fügte die Auskünfte über Richtungen und Straßen in einen Reim zusammen, damit sie ihn besser behalten konnte.

Sie hatte nicht die Zeit, sich zu verirren. Wenn die Legenden zutrafen, würde sich das Portal zwischen den Welten wieder zur Tagundnachtgleiche öffnen. Es würde schwierig sein, noch rechtzeitig an Ort und Stelle zu gelangen, aber sie mußte es versuchen. »Wir können nicht mehr bis Samhain warten«, erklärte sie Lucius. »Ich weiß nicht, ob du die zusätzlichen Wochen überleben würdest.« Und zu Samhain würden die Winterstürme bereits toben und die Reise nicht nur schwieriger machen, sondern auch mehr Krankheiten bei den Dorfbewohnern hervorrufen, und es war Leddas Pflicht, ihnen dann beizustehen.

Der Soldat versuchte nicht, ihr zu widersprechen. Sein abwesender Blick zeigte, daß er verstand, wie wenige Reserven ihm blieben. Demütig ließ er sich von Bello auf den Wagen laden. Er würde im Haus von Leddas Schwester bleiben, die ihm weiterhin mit Kräutermedizin helfen würde, ein wenig zu schlafen und die Schmerzen zu ertragen.

»Versuche, soviel zu essen, wie du nur kannst«, wies ihn Ledda an. Er hatte an diesem Morgen seinen Haferbrei wieder von sich gegeben.

Als der Wagen in Richtung des Dorfs davonrumpelte, kam Votto mit den Pferden. Die Sonne tauchte in den Wäldern im Westen unter, aber Bruder und Schwester machten sich trotzdem auf den Weg und ritten, bis es zu dunkel wurde, um weiterzureisen.

Votto war, wie die meisten Dorfbewohner, nie weiter vom Ort seiner Geburt weggewesen als eine Tagesreise. Er war voller Staunen über die neuen Hügel und Täler, über Städte, die mehr als doppelt so groß waren wie das Dorf. Er staunte über die Breite des ersten Flusses, an den sie kamen, und die Fähre, die sie benutzten, um ihn zu überqueren. Als Ledda die Heilkunst erlernt hatte, war sie durch den Süden und Osten Britanniens gereist, und sie begab sich immer noch hin und wieder auf Reisen, um seltene Pflanzen zu sammeln, aber das kindliche Staunen ihres Bruders erlaubte ihr, das Land in einem neuen, strahlenden Licht zu sehen. Dies war wohltuender Balsam, denn die meiste Zeit war sie in Nachdenken versunken, brütete über der Aufgabe, die ihr bevorstand.

Einmal tauchten zwei Männer aus dem Wald auf. Einer hatte eine Narbe auf der Wange. Beide waren muskulös und ziemlich schmutzig. Aber es brauchte nur einen abschätzenden Blick auf Vottos breite Schultern, und schon winkten sie und wandten sich ab, als wären sie anständige Einheimische, die Wild jagten. Ledda sah sich den Rest des

Tages immer wieder um, aber es kam zu keinen weiteren Vorfällen. Sie begann sich vorzustellen, daß sie überfallen und beraubt würden, und dann würde es unmöglich sein, rechtzeitig ihr Ziel zu erreichen – ein Gedanke, der einen gewissen Reiz hatte.

Aber sie kamen rechtzeitig an, am Nachmittag des Tages der Tagundnachtgleiche. Die Vogelbeerbäume, die der Soldat beschrieben hatte, standen vor ihnen. Vielleicht zwanzig Schritte voneinder entfernt. Sie waren tatsächlich erstaunlich groß. Vogelbeerbäume waren normalerweise gertenschlank. Außerdem wuchsen sie in dieser Gegend eigentlich nicht von Natur aus. Man fand sie nur, wenn sie bewußt angepflanzt worden waren, wie der Baum von Leddas Urgroßmutter. Diese Bäume waren Wächter. Sie bezeichneten nicht nur die Schwelle ins Feenland, es gab auch Legenden, die behaupteten, sie hinderten dessen Bewohner, die Welt der Menschen zu betreten. Ledda war nicht sicher, ob sie daran glauben sollte, aber es war vielleicht sinnvoll, die alten Geschichten ernst zu nehmen. Sie hatte einen Stab aus Vogelbeerholz dabei, und bevor es Nacht wurde, würde sie sich ein Gewand anziehen, das mit dem Saft von Vogelbeeren rot gefärbt worden war. Außerdem trug sie ein Halsband aus Eisen, eiserne Armbänder und Bänder um die Fußgelenke. Auch Votto war mit rot gefärbter Kleidung und Eisen ausgestattet.

Solche Vorkehrungen würden vermutlich genügen, Votto vor der Lockung der Elfen zu bewahren, denn er würde auf dieser Seite des Tors bleiben. Ledda glaubte nicht, daß es jemandem helfen würde, der so dumm war, die Schwelle aus eigenem Antrieb zu überschreiten.

Von den Bäumen einmal abgesehen, hatte der Ort nichts Ungewöhnliches, obwohl der bewölkte Himmel dem Wald etwas Finsteres verlieh. Ledda wies ihren Bruder an, sich zurückzuziehen und in sicherer Entfernung ein Lager zu errichten. Sie warnte ihn, ihr nicht nachzukommen. Er sollte auf sie warten, bis ihm die Vorräte ausgingen, und wenn sie bis dahin nicht zurückgekehrt war, sollte er sich allein auf den Rückweg machen. Sie wußte, daß seine Sorge um sie ihn veranlassen würde, diesen Befehl zu mißachten, aber zumindest einen Tag oder zwei würde er sich daran halten, und bis dahin würde er sicher sein. In solchen Situationen war sein Geisteszustand ein Segen.

Als es Abend wurde, wurden die Geschöpfe des Waldes unnatürlich ruhig. Eine Eule, viel früher erwacht als gewöhnlich, hockte sich auf einen hochgelegenen Ast und beäugte die Umgebung forschend. Ledda konnte trotz der Wolkendecke den Augenblick des Sonnenuntergangs genau berechnen: Die Schwelle zwischen den Wächterbäumen flackerte, und während es dunkler wurde, verschwammen die Bäume, einige von Arten, die Ledda nicht erkannte, und sie gewannen an Stofflichkeit und Tiefe. Im Vordergrund stand ein Bankett-tisch, der aus einer gestürzten Eiche geschnitzt worden war.

Es wurde vollends Nacht, ehe die Elfen erschienen. In einem Moment war noch nichts von ihnen zu sehen, im nächsten saßen sie schon am Tisch, essend, trinkend und lachend, als wären sie die ganze Zeit dort gewesen, nur unsichtbar für Leddas Augen.

Ledda nahm an, daß weiteres Warten ihre Aufgabe nur noch furchterregender machen würde, holte tief Luft und trat über die Schwelle.

Die Elfen wandten sich ihr in einer einzigen gemeinsamen Bewegung zu und begrüßten sie überschwenglich. Sie hielten ihr Obst, Brot, Wildbret, Becher mit Met und Weinschläuche entgegen. Sie schüttelte den Kopf und glaubte, bei dieser Weigerung Spuren von Ärger, Überraschung und Staunen in ihren Blicken erkennen zu können. Sie fragten sich, wieso Ledda ihrem Bann nicht nachgab.

Die Elfen gaben es auf, weiterhin die Vision des Banketts aufrechtzuerhalten. Vier der schönsten von ihnen traten vor, alle offensichtlich hochgewachsen und würdig, in Gewändern, wie selbst die beste Schneiderin des Römischen Reiches sie nie hätte fertigen können. Tatsächlich waren die vier nicht größer als Ledda selbst, und bevor man sie verleiten konnte, anders darüber zu denken, senkte sie den Blick und verweigerte ihnen damit, die Macht ihrer Elfenaugen einzusetzen.

»Ich bin gekommen, weil ich um etwas bitten möchte«, erklärte sie schnell, bevor sie sie von ihrem Vorhaben ablenken konnten. »Dies biete ich dafür.« Sie stellte die Taschen mit der Erde auf den Tisch und trat zurück.

Sie schienen mehr an ihr als an den Taschen interessiert zu sein, aber sie hielten sich auf Armeslänge von ihr entfernt und betrachteten ihre Eisenbänder mit Unbehagen. Ledda fragte sich, ob sie überhaupt ihre Sprache verstehen konnten. Sie verstand die Feensprache jedenfalls nicht.

Der schlankste Elf, der dennoch der beeindruckendste zu sein schien, riß einen Sack auf und versenkte gleichmütig die Finger darin. Er hob ein paar Krümel Erde an die Nase. Er lächelte, und auf einen Befehl hin sprang ein verwachsener, grauhaariger Mann unter dem Tisch hervor und verschwand mit der Opfergabe. Ledda riß erschrocken die Augen auf – der Diener war eindeutig ein Mensch gewesen; er hatte die Tätowierungen der Iceni.

Der Anführer der Elfen – Ledda betrachtete ihn als männlich, obwohl es auch eine Frau hätte sein können – winkte ihr zu, und obwohl er nicht gesprochen hatte, bildeten sich seine Worte in ihrem Kopf: *Sprich aus, was du willst, und wir werden darüber nachdenken.*

Ledda begann zu zittern. Die Tatsache, daß sie die »Stimme« hören konnte, zeigte, daß ihr Körper und ihr Geist nicht gegen fremdes Eindringen gefeit waren. Wie bei einer Berührung konnte sie die Herzen der Feen spüren, und sie waren kalt. Mit ihnen Kontakt aufzunehmen war, als stürzte man sich mitten im Winter in einen Teich.

Sie beschrieb den römischen Legionär und sein Leiden. Sie bat die Elfen, den Fluch aufzuheben.

Die vier Anführer begannen eine leise Unterredung. Der Oberste lachte leise und gackernd. Er winkte Ledda heran, machte deutlich, daß er keinen Ungehorsam zuließe. Nervös ihre Armbänder berührend, trat sie vor, bis sie inmitten des Quartetts stand. Plötzlich traten sie zur Seite, und sie fand sich einem Elfen mit langen, flachsfarbenen Strähnen gegenüber – demjenigen unter ihnen, der am männlichsten wirkte, wenn man vom Haar einmal absah. Er streckte die Hand aus, auf ihren Kopf zu.

Ledda keuchte. Sie war sich kaum mehr des Waldes, des Banketts, der Elfen bewußt. Sie war plötzlich anderswo, umgeben von den Wänden der Mühle ihres Dorfes. Aber es war nicht die gegenwärtige Mühle. Es war die alte, die vor ein paar Jahren niedergebrannt war. Ledda selbst räkelte sich nackt auf einer Decke hinter Säcken frisch gemahlenen Mehls. Sarro, der Müllerssohn, schob sich zwischen ihre Beine, die sie begierig gespreizt hatte.

Verwirrt schrie Ledda auf. Aber kein Laut drang aus ihrem Mund. Sarro drang in sie ein, wurde empfangen von ihrer feuchten Wärme, und begann rhythmisch die Hüften zu bewegen.

Ledda kannte diese Szene. Sie war fünfzehn gewesen, und Sarro war vom Kindheitsgefährten zu einem möglichen Ehemann geworden, obwohl sie geglaubt hatten, daß dieses Geheimnis ihnen allein gehörte. Zwei Monate zuvor hatten sie einander ihre Unberührtheit geschenkt. Inzwischen war die Ungeschicklichkeit und das Unbehagen der ersten Male vergessen. Ihre Körper kannten einander. Die jüngere Ledda lächelte und fragte sich, wie etwas so schön sein konnte. Sie fürchtete sich fast vor den Gefühlen, die sie überfielen – schämte sich, daß ihr Körper sie so sehr dominieren konnte. Sie hätte alles für Sarro getan.

Aber in jenem Winter starb Sarro an Pocken. Diese Stunden in der Mühle waren der Höhepunkt ihrer gemeinsamen Zeit gewesen. Es war die am höchsten geschätzte Erinnerung der älteren Ledda.

Und nun hatte der Elf sie ihr genommen und für alle sichtbar auf dem Tisch ausgebreitet. Während die Vision verblaßte, sank die Heilerin schluchzend zu Boden.

Der Elf strich sich übers Kinn und betrachtete Ledda forschend, als messe er sie daran, was sie für ihre intimste Erinnerung hielt. Ihr wurde klar, daß sie nicht der erste Mensch war, den er auf diese Weise erkundet hatte. Es hieß, Elfen seien unsterblich. Lucius war nur das letzte Opfer von Hunderten, vielleicht Tausenden, gewesen.

So etwas ... amüsierte sie.

Ein zweiter Elf, mit geflochtenem Haar und grünen, katzenhaften Augen beugte sich über sie. Er/sie streckte die Hände aus, und Ledda wurde schwindlig. Bilder durchdrangen ihren Geist wie der Strom von Eindrücken, die sie jeden Abend sah, wenn sie in Schlaf fiel. Die Elfen unterhielten sich leise darüber, welche Erinnerung sie näher untersuchen sollten.

Ledda hatte keine Ahnung, wie sie sich ihnen widersetzen sollte. Sie würden sie vollkommen öffnen. Das Eisen und die Vogelbeeren schützten ihren Körper, aber nun, da sie selbst in ihren Kreis getreten war, war ihr inneres Selbst zum Spielzeug geworden. Sie hatte nur noch in einer Hinsicht Gewalt über sich – sie war sich jeder Facette dieser Schätzung bewußt, und sie wußte, daß sie die Erinnerung daran nicht verlieren würde, anders als Lucius, der, wie die meisten, mit denen das Feenvolk sein Spiel trieb, den Segen des Vergessens erfahren hatte.

»Nein«, sagte sie plötzlich. Sie konnte sich nicht einfach unterwerfen. Wenn ihre Zauber sich als zu schwach erwiesen hatten, dann wußte sie von ihrer Urgroßmutter noch einen weiteren Weg, um sich den Elfen zu stellen, obwohl das auch die unzuverlässigste Methode war: Sie mußte an ihre Prinzipien appellieren.

»Ihr entehrt mich«, sagte sie eindringlich. »Ich werde aus eigenem Willen hierbleiben.« Und dies, das wurde ihr plötzlich klar, entsprach der Wahrheit. Wenn sie ihre Pflicht verraten wollte, konnte sie über die Schwelle zurückkriechen, außerhalb der Reichweite der Feen – sie würden dank des Metalls an ihrem Körper nicht imstande sein, sie zurückzuhalten und frustriert und empört zurückbleiben. »Ich habe euch Tribut gezollt. Ihr werdet mir geben, was ich will, und mir gefälligst meine Seele lassen.«

Der Elf mit dem geflochtenen Haar trat zurück und wandte sich dem Anführer zu. Das zweite Paar mischte sich ebenfalls ein, und es gab ein heftiges Streitgespräch zwischen den vieren. Schließlich hob der Anführer die Hand. Er kniete sich neben Ledda.

Also gut, sagte er. *Wir werden dir zeigen, was wir getan haben.* Und er hielt ein Messer aus Knochen und Feuerstein hoch.

Vögel feierten zwitschernd den ungewöhnlich warmen Herbstmorgen, als Ledda zwischen den Bäumen hindurch auf Vottos Lager zutaumelte. Ihr Bruder kam auf sie zugerannt und stützte sie, als sie sich auf einen umgestürzten Stamm setzte.

Ihr war nie zuvor klar gewesen, wie intensiv die Farben ihrer Welt waren. Besonders das Rot, dachte sie, und zog ihren Mantel fester um sich. Sie öffnete die Augen weiter und versuchte, das gesamte Bild aufzunehmen, es in Besitz zu nehmen.

Votto starrte sie an, die Stirn gerunzelt. Sie tätschelte ihm die Hand. »Es geht mir gut«, sagte sie. »Jedenfalls gut genug. Wie lange war ich weg?«

Er hielt drei Finger hoch.

Drei Tage. Wie der Soldat. Es waren immer noch genug Vorräte in den Satteltaschen. Eine Spur von Reue in Vottos Zügen wies darauf hin, daß er tatsächlich nach ihr gesucht hatte und immer noch verwirrt war, weil er sie nicht dort gefunden hatte, wo sie eigentlich hätte sein sollen.

»Sorge dich nicht«, sagte sie. Sie hob die Faust und öffnete sie, zeigte ihm eine silbriggraue Eichel. »Wir müssen dies nur zu dem Soldaten bringen, und dann ist unsere Arbeit getan.«

Votto brummte, und dann machten sie sich auf den Weg.

Es schien, als seien jeder Mann, jede Frau und jedes Kind draußen auf den Feldern, als Ledda und ihr Bruder zurückkehrten. Die Ernte war überreich und entschädigte sie für die schlechten Erträge der vergangenen zwei Jahre. Ledda erwiderte die Grüße, blieb aber nirgendwo stehen, um sich zu unterhalten.

Ihre Schwester grüßte sie an der Tür ihres Heims. Ledda wies einen ihrer Neffen an, Bello zu holen, dann kniete sie sich neben die Pritsche, auf der Lucius lag.

Er zitterte und schwitzte. Er war noch mehr abgemagert, und sein Gesicht war abgehärmt und hager. Die Kräutermedizin hatte dafür gesorgt, daß seine Augen weniger gerötet waren, aber es war nur zu deutlich, daß er dahinschwand.

Sie wußte, was er empfand. Die Elfen hatten es ihr nur zu deutlich gezeigt. Ätherische Messer hatten sie getroffen, geschnitten, Stücke abgeschnitten, bis sie es nicht mehr hatte ertragen können, bis sie nur aus Schmerz bestanden hatte. Aber dann war es zu Ende gewesen. Lucius hingegen hatte man kein Entkommen gestattet. Er hatte die Messer nun drei Monate ertragen müssen. Sie war sicher, daß er inzwischen in mancherlei Hinsicht bereits verrückt geworden war, daß ihn nur noch der störrische Glaube an eine Heilung aufrechterhielt. Da er Römer war, weigerte sich ein Teil von ihm vielleicht einfach, an die Existenz von Feen zu glauben und an ihre Macht, ihm zu schaden.

Ledda wiederzusehen half ihm, sich zusammenzunehmen. Er setzte sich auf, sprach sie auf lateinisch an. Sie zeigte ihm die Eichel. Er strich zögernd darüber, offensichtlich unsicher, wie sie ihm helfen könnte, aber sicher, daß dies der Fall sein würde. Dann umklammerte er mit schmerzverzerrtem Gesicht sein Bein, als ein weiteres Messer ihn traf.

Ledda holte sich einen kleinen Mörser, schälte die Eichel und begann sie zu zermahlen. Inzwischen brachte ihre Schwester auf ihre Anweisung hin frisches Wasser aus dem Brunnen und setzte es zum

Kochen auf. Bello traf ein, als Ledda das Eichelmehl auf ein Schneidebrett gab, heißes Wasser darauf tropfte und einen kleinen Teigklumpen formte.

Mit Bellos Hilfe erklärte Ledda dem Soldaten: »Ich werde dies zu einem Kuchen backen. Er wird ziemlich bitter schmecken.«

Lucius nickte.

»Er sagt, du mögest dich beeilen«, fügte Bello hinzu.

Sie holte den flachen Stein vom Rand der Feuerstelle, rieb ihn mit etwas Butter ein und legte den Teigfladen darauf. Der Teig wurde langsam hart und begann zu dampfen. Sie schob den Fladen auf ein Tuch und hielt ihn Lucius hin.

»Iß es, sobald es kalt genug ist, daß du dir nicht mehr die Zunge verbrennst.«

Der Soldat pustete auf den Fladen, um ihn schneller abzukühlen und knabberte erst nur an der Kante; als der Dampf weniger wurde, schlang er den Rest herunter.

Ledda faltete die Hände im Schoß, um sich in Meditation zu versenken.

Plötzlich fiel der Römer von der Pritsche und wand sich in Zuckungen. »Nein!« schrie er und brach in einen lateinischen Wortschwall aus.

»Er sagt, jetzt ist ein weiteres Messer da und schneidet ihn hinter dem Knie«, wiederholte Bello, die Augen weit aufgerissen.

»Eins für das Brigantenkind, dem er die Sehne am Bein durchgeschnitten hat, weil der Junge ihm nicht den Sattel sauberlecken wollte«, sagte Ledda.

Bello zögerte. »Sag's ihm!« zischte die Heilerin.

Kaum hatte der Bauer dies getan, als der Soldat auch schon aufschrie und sich die Hände vors Gesicht riß, als wolle man ihm ein Auge ausstechen.

»Eines für den alten Krieger, den du geblendet hast, als er dich trotzig mit seinem verbliebenen Auge ansah.« Diesmal sprach Ledda

Lucius direkt an, der sie zweifellos nur zu gut verstand. Wieder schrie er auf und hielt sich die Genitalien.

»Und das ist für das schwarzhaarige Mädchen, das du vergewaltigt hast, und dafür, daß du ihre Mutter zum Zusehen zwangst.«

Der Soldat wand sich am Boden, den Mund weit aufgerissen, alle Gelenke zum Zerreißen angespannt, und der Schweiß lief in Strömen. Votto, Bello und die anderen wichen zurück. Sie warfen Ledda verstörte Blicke zu. Ihre Schwester hatte die Hände immer noch über den Ohren, als könnte sie die Worte nicht glauben, die ihre eigene Verwandte ausgesprochen hatte.

Ledda öffnete den Mund, um die Verbrechen zu verkünden, für die die ursprünglichen fünf Messer gestanden hatten, aber dann brach plötzlich das Eis in ihr. Sie schluchzte und stützte die Stirn in die Hand. »Die Pest soll die Elfen holen!« keuchte sie und zitterte vor Angst vor dem, was sie getan hatte. Die Feen hatten gewußt, daß sie zuviel Mitgefühl hatte, dem Soldaten eine solche Strafe aus eigenem Willen aufzubürden, wie sehr sie seine Taten auch verurteilen mochte. Deshalb hatte man ihr einen Zwang auferlegt.

Sie warf die leere Eichelhülle ins Feuer und spuckte in die Kohlen. »Schickt ihn zu seinen Leuten zurück«, wimmerte sie. Zu ihrer Erleichterung hatten ihr Bruder und Bello bereits begonnen, den Römer wegzuzerren, mit finsteren Gesichtern in Gedanken daran, was Ledda wegen eines solch unwürdigen Menschen hatte erdulden müssen.

Launisch waren die Elfen und selten gnädig. Aber nie würde Ledda mehr an ihrem Gerechtigkeitssinn zweifeln.

Feuerdrachen

von Susan Shwartz

Der Donner verklang. Wieder stürzten die Festungsmauern von Dinas Emrys ein, ihre Fundamente versanken im Schlamm und brachen.

Sie mögen uns töten, aber sie können nicht auf unserem heiligen Hügel bauen! dachte Tangwen, mit einem Gefühl von Triumph, das sie allerdings sorgfältig verbarg. Sie hielt den Kopf gesenkt. Dies war nun das dritte Mal, daß Vortigerns Baumeister versagt hatten, und seine sächsischen Herren waren überhaupt nicht erfreut.

Der Hügel selbst erbebte, als hätte sich tatsächlich ein Drache darunter geregt und schickte sich nun an, zu schrecklichem Zorn zu erwachen. Baumeister, Zauberer und Krieger fluchten. Die Frauen der Königin schrien aufeinander ein, aber ihr Sächsisch war zu schnell, als daß Tangwen es hätte verstehen können.

Einen Augenblick lang war sie außerhalb ihrer direkten Reichweite. Sie nutzte die Gelegenheit und rannte los. Ihre Chancen, Dinas Emrys und der Sklaverei zu entkommen waren etwa so groß wie die, den Jüngsten Tag zu erleben, aber sie mußte es versuchen.

»Wynna!«

Die Stimme, die ihren Namen mißhandelte, durchdrang selbst den schweren Regen.

Tangwen warf einen Blick über die Schulter und zuckte dann zusammen, als es blitzte und dröhnender Donner von den Gipfeln von Eryri widerhallte. Jetzt sahen die Berge fast wie Wasserfälle aus, so heftig ergoß sich der Regen, und Dinas Emrys, im Herzen von Britanniens Bergen, wirkte mehr wie ein Sumpf als eine Festung.

Sollen sie doch alle versinken. Das wäre wenigstens eine Art von Freiheit...

»Wynna!«

Tangwen fluchte, dann stieß sie auf Latein ein Stoßgebet für das Gelingen ihrer Flucht aus. *Gott, strafe Unferth mit deinem Blitz.* Es brachte Unglück, einem Menschen den Tod zu wünschen, aber sie hoffte, Gott würde sie verstehen und seine liebe Mutter hätte vielleicht Mitleid mit ihr. Unferth entstammte derselben Familie wie Hengist und Horsa und die Hexenkönigin Rowan, die König Vortigern in die Falle gelockt und ihn zum Verräter gemacht hatte. Das allein stempelte ihn schon zum Feind. Aber Unferth hatte auch den Angriff auf den Maenol ihrer Familie angeführt, den befestigten Hof, der ihr Heim gewesen war. Und er hatte sie gefangengenommen, als sie versucht hatte, in die Hügel zu fliehen. *Nicht meine ganze Familie. Bitte, Gott, laß einige von ihnen entkommen sein!*

Sie hatte versucht, in seiner schmutzigen Umklammerung zu sterben, und auch später noch, aber sie hatte nie einen unbeobachteten Moment gefunden, es ernsthaft zu versuchen. Erst jetzt.

Sie kämpfte sich durch das dichte, feuchte, niedrige Gebüsch. Regen fiel ihr in den Nacken, und sie schauderte.

»Wynna!«

Tangwen, ermahnte sie sich selbst. Sie hieß *Tangwen*, nicht Wynna. Die sächsischen Eindringlinge taten nichts lieber als Namen zu ändern. Sie hatten Könige zu Verrätern werden lassen, Eryri zu Snowdon. Sie nannten die Briten *Waelas*, oder Fremde in ihrem eigenen Land. Wieso sollten sie also nicht Tangwen zu Wynna ändern, wenn es ihren rauhen Zungen besser behagte?

Vae victis – »wehe den Besiegten.« Kaum zu glauben, daß sie in Frieden Livius studiert hatte, bevor die Sachsen und die Dänen und der Rest dieser Piraten gekommen waren. Sie erinnerte sich an die Worte des sanftmütigen alten Priesters, der ihr Latein und die Geschichte der britischen Inseln beigebracht hatte.

»Was wir jetzt brauchen«, hatte er gesagt, »ist ein zweiter Macsen, der Britannien heilt und die Heiden vertreibt. Und dann wird Rom wiedererstehen.«

Das Blut des alten Mannes war auf den Herd gespritzt, dann hatte Unferth sie gepackt und sie aus den Ruinen ihres Heims gezerrt.

Seitdem hatte sie sich so gut wie möglich vor ihm verborgen gehalten. Viele von Königin Rowans Frauen hatten sie eine Närrin genannt und erklärt, sie solle sich glücklich schätzen, daß Unferth ihr eine Morgengabe und eine ehrenhafte Ehe anbot, eine angemessene Entschädigung für die Jungfräulichkeit, die er ihr geraubt hatte, aber Tangwen hatte nur geschaudert und sich daran erinnert, wie ihr Heim in Flammen aufgegangen war, ihre Familie getötet wurde und wie Unferth gelacht hatte.

Was bildete sie sich eigentlich ein? Viele Frauen hatten bereits eingewilligt, um ihrer Sicherheit willen diesen Weg einzuschlagen … ja, und wenn Macsen wiederkehrte, würde ihr eigenes Blut sie verachten.

Wenn sie gefangen würde – so sagten die Frauen der Königin, diese Tyranninnen mit den schweren goldenen Flechten – würde sie für Unferths Schutz noch dankbar sein. Tangwen war der Ansicht, sie würde einige der Strafen vorziehen, mit denen sie ihr drohten. Selbst der Blutadler konnte nicht schlimmer sein, als sich freuen zu müssen, daß ihre Mutter und ihr Vater endlich von ihren Schmerzen erlöst wurden, oder diese Alpträume noch einmal zu erleben, ihre sinnlose Gegenwehr, dieses schmerzhafte Eindringen und das Gelächter des Mannes, der sie geschändet hatte.

Sie atmete hektisch, und sie fühlte sich schwindlig und elend.

Ein erneuter Schrei und weitere Blitze ließen sie tiefer ins Gebüsch kriechen. Plötzlich hatte sie eine Art Lichtung vor sich. Eine störrische Brombeerranke zerrte an der nassen Wolle ihres Mantels, und sie taumelte weiter. Sie verlor einen Schuh, der beinahe in den Bach fiel, der in einem Bett aus rötlicher Erde über die Lichtung verlief und um den kleinen Hügel floß, der in ihrer Mitte aufragte.

Mit ihrem kalten nackten Fuß angelte sie nach dem verlorenen Schuh –

Und hätte beinahe noch den zweiten abgestreift. Sie kannte diesen Ort. Aber sie hatte nicht gewußt, daß sie ihn aufsuchen würde, wie ein Flüchtling Zuflucht in einer der wenigen Kirchen suchen mochte, die die Sachsen noch nicht niedergebrannt hatten.

Entledige dich deines Schuhwerks, denn es ist geweihter Boden, auf dem du stehst. Wenn Dinas Emrys das Herz Britanniens war, geschlagen aus dem Feuerstein von Eryri, dann war diese Lichtung schon zu heidnischen Zeiten seine Seele gewesen. Vor Tangwen erhob sich der *gorsedd*, auf dem, wie man erzählte, Barden gesungen, Druiden geweissagt und wahre Könige ihre Visionen gehabt hatten.

An den Wassern zu Babel saßen wir und weinten, wenn wir an Zion gedachten ... die alte Klage fiel ihr wieder ein, und Tränen liefen ihr über die Wangen. Hier, in all diesem üppigen Grün von Moos und Blättern, gewiegt von Feuersteinklippen, lag Britanniens Herz, hatte seine Grundmauern tief im Felsen selbst.

Sie starrte ins Wasser. *Keine Vision für mich übrig? Nicht einmal eine kleine?* Sie wußte kaum mehr, um was sie da bat. Und es war reine Dummheit. All ihre Visionen würden ohnehin nur von Blut und Feuer künden. Sie hatte nicht die geringste Chance zu entkommen, ohne angemessene Kleidung, ohne Vorräte, ohne Waffen.

»Wynna, beeil dich!« Die Stimme war zu hoch für Unfert. Konnte Tangwen sich gegen ein gesundes Sachsenmädchen wehren? Schon Sachsenkinder von zehn waren größer als sie.

Etwas Rotgoldenes schoß durchs Wasser. Sollte die Erde sie verschlingen. Sollte der Drache kommen und sie zerreißen. Dieser Hügel war von Magie umwoben. Warum sollte er keinen Drachen beherbergen? Und warum sollte sie nicht in der Lage sein, den Drachen zu beschwören?

Sie angelte wieder nach ihrem Schuh. Etwas stach sie in die Hand, und Tangwen keuchte erschrocken auf. Bloß keine Schlange! Sie zwang sich, sich umzusehen. *Wenn dich eine Schlange gebissen hat, wirst du schnell sterben. Und das willst du doch nicht, oder?*

Selbstverständlich war es keine Schlange gewesen; bei solchem Regen hatten die sich längst irgendwo zusammengerollt. Was dort am Boden glitzerte, war weder eine Schlange noch ein Kiesel, sondern ein Feuersteinmesser, der Stein kunstfertig bearbeitet, so daß es immer noch scharf war, nach – wieviel Jahren? Es konnte gut schon vor der Sintflut geschliffen worden sein und verborgen, bis diese neue Flut es vor ihren Augen freigespült hatte. Vielleicht war es aber auch nicht so alt. Solche Klingen hatten auch die *Picti* hergestellt, die sich vor den Briten in die Hügel zurückgezogen hatten.

Waren die Überlebenden nun nicht froh, jene besiegt zu sehen, die sie überwältigt hatten?

Die Frauen der Königin hatten die Messer vor ihr weggeschlossen. Nun besaß sie also eines. Es war ihr vielleicht nicht gelungen, den Drachen zu beschwören, um sich zu schützen. Aber ihr Volk... es befreien, wenn sie konnte, es rächen, wenn sie es wagte... hier auf dieser heiligen Lichtung, wie konnte man nur den Feuerdrachen beschwören?

»Tangwen!«

Wieder erklang ihr Name. Diesmal nicht »Wynna«; es klang tatsächlich beinahe wie »Tangwen«. Sie murmelte etwas, was sie gehört hatte, als sie Rowans Verwandten Met ausschenkte. In ihrer verlorenen Heimat wäre es einem Krieger nie erlaubt gewesen, in Gegenwart einer Frau zu fluchen, schon gar nicht vor der Tochter des Hauses. Sie war zusammengezuckt, aber Rowan hatte nur gelacht.

Wer auch immer Aelflaed auf die Suche nach ihr geschickt hatte, mußte ekelhaft schlau sein. Tangwen hätte nie vor diesem Sachsenmädchen davonrennen können, sie war einfach nicht schnell genug. Vielleicht war Aelflaed auch aus eigenem Entschluß gekommen. Eroberte und Eroberer konnten niemals Freunde sein, aber Tangwen mußte zugeben, daß Aelflaed immer versucht hatte, sie freundlich zu behandeln.

Aelflaed würde ihr keine Zeit mehr für Visionen lassen, für Flüche, für die Beschwörung welcher Kräfte auch immer, die hier in Dinas Emrys verborgen sein mochten.

Schnell steckte sie die uralte, tödliche Klinge ein. Sie hatte gerade noch die Zeit dafür, bevor Aelflaed, vor sich hin murmelnd und schwer atmend, durch das Gebüsch brach.

»Da bist du ja, Tangwen!« Sie stützte die kräftigen Arme in die Hüften. »Legst du es wirklich darauf an, daß wir beide Prügel beziehen?«

»Wieso sollte jemand dich schlagen?«

»Weil ich dir ohne Erlaubnis nachgerannt bin«, erwiderte Aelflaed. »Sieh dich bloß an! Die Kleider halb zerrissen, ein Schuh verloren. Du könntest in diesen Bergen nicht einen Tag allein überleben. Und wenn dich die Wölfe nicht erwischen, dann würdest du am Fieber sterben.«

Freundlich gemeint, wenn auch grausam gesprochen. Aelflaed trat weiter auf die Lichtung, und Tangwen gestikulierte abwehrend. Hier war kein Platz für schwere Sachsenschritte, für sächsisches Geschimpfe und sächsische Namen. Sie war dennoch überrascht, als Aelflaed blieb, wo sie war, und sich neugierig umsah.

»Eald enta geweorc«, sagte sie. »Spuren der alten Riesen, wie die stehenden Steine. Kein guter Ort, sich zu Tode zu frieren.«

»Besser als Unferth.« Tangwen schauderte.

Aelflaed zog eine Grimasse. »Ich dachte, ich hole dich zurück, und dann fragen wir meinen Vater, was man wegen Unferth tun kann.«

Wieso »wir«? Sie hatte Aelflaed schon einmal gefragt. Wieso kümmerte sich die Sächsin überhaupt um sie? *Wir werden für immer hierbleiben*, hatte sie erwidert, und ihr breitflächiges Gesicht war ausnahmsweise ganz ernst gewesen, *also sollten wir lernen, gute Nachbarn zu sein.*

Es tat weh, einer von diesem Erobervolk dankbar sein zu müssen, aber alle Sicherheit, die Tangwen an diesem halbsächsischen Hof besaß, verdankte sie Aelflaed. Aelflaed hatte Tangwen aus der Menge der britischen Gefangenen ausgewählt und sie angelächelt, Gott allein wußte, wieso. Und Gott allein wußte, wieso Tangwen sich hatte verleiten lassen... nun ja, nicht unbedingt zurückzulächeln, aber immerhin auf diese Geste zu reagieren. Woraufhin Aelflaed sich an ihren Vater gewandt hatte, und dieser hatte mit Rowan gesprochen. Und dieses Gespräch hatte die Königin davon überzeugt, es werde ihr Ehre machen, ein walisisches Mädchen aus edler Familie zur Dienerin zu haben.

Aelflaed hatte Tangwen erzählt, sie sei keine Sklavin, sondern eine Geisel. Dies war seit jeher – so sagte sie jedenfalls – ein ehrenhafter Rang bei den Sachsen. Wenn Tangwen Alpträume hatte, weckte Aelflaed sie beinahe sanft, und in dem Versuch, sie zu trösten, hatte sie ihr viele der düsteren sächsischen Lieder beigebracht. Es gab eines über eine Frau, die auf ihren verschwundenen Mann wartete, das Aelflaed immer zum Weinen brachte; Tangwen gefiel das Lied über den Barden besser, der jeden Vers abschloß mit: »Dies ist vergangen, und auch anderes mag vergehen.«

Aelflaed wollte ihr eine Freundin sein, aber in diesem Augenblick hätte Tangwen ihr die Kehle durchschneiden können. Jetzt würde sie zurückgehen, lügen, lächeln und gehorchen müssen – und Unferth ausweichen, solange sie nur konnte.

Das Sachsenmädchen kam näher zu Tangwen, packte sie am Arm, schüttelte sie. Tangwen riß sich los.

»Erzähl mir bloß nicht, daß du auch noch Visionen hast!« sagte sie aufgeregt. »In der Halle schwirrt alles umher wie in einem Bienenstock, auf den jemand mit dem Schwert eingeschlagen hat. Die Königin hat bereits drei von uns geohrfeigt, und König Vortigern hat die Maurer angebrüllt, wenn sie keine Mauer bauen könnten, die auch stehen bleibt, würde er sie in die Zinnminen schicken. Und Maugantius« – sie spuckte aus und machte ein abwehrendes Zeichen – »stößt eine Prohezeiung nach der anderen aus, während seine kleinen Zauberlehrlinge sich hinter ihrem Meister verkriechen.«

»Bah«, sagte Tangwen. Rowans Zauberer waren nicht nur Heiden; sie ließen ihr wahrhaftig das Blut gefrieren.

Der rotgoldene Streifen, den sie im Wasser des alten Schreins gesehen hatte, schoß wie ein Komet durch ihr Gedächtnis. »Ich wünschte, ich könnte den Drachen beschwören.«

Erst als Aelflaed sie noch einmal schüttelte, wurde ihr bewußt, daß sie laut gesprochen hatte. »Und wozu sollte das gut sein? Maugantius würde ihn dir nur abnehmen. Sein Wille ist sehr stark, und er ist durch sein Versagen nur noch störrischer geworden...«

Wieder blitzte es. Einen Moment lang glitzerten Aelflaeds helle Augen blau, dann lagen sie wieder im Schatten, wie die polierten Augenhöhlen eines Schädels, der als Trinkgefäß benutzt wurde.

»Und gerade, als Vortigern« – die beiläufige Verachtung, die viele Sachsen für den Überläufer hegten, klang deutlich in ihrer Stimme mit – »seinen Baumeistern drohte, kam Maugantius' Sklave herein und sagte, sie hätten endlich den Jungen ohne Vater erwischt und würden ihn herbringen.«

Als Maugantius das letzte Mal einen prophetischen Anfall gehabt hatte, hatte er etwas von einem Jungen ohne Vater dahergeschwätzt. Nachdem er sich erholt hatte (und damit aufgehört hatte, sich selbst zu besabbern), hatte er gefordert, der König solle Männer ausschikken, diesen Jungen zu finden und ihn nach Dinas Emrys zu bringen, damit sein Blut in den Mörtel gemischt werden könne, dann würde die Festung des Königs endlich stehen bleiben. Das hatte Tangwen den bisher schlimmsten Alptraum beschert.

So viele Männer waren in den Kriegen getötet worden, daß es jetzt viel Jungen – und Mädchen wie Tangwen selbst – ohne Vater gab. Aber das hatte der Zauberer nicht gemeint, und man brauchte kein Heide sein, um das zu verstehen. Vielleicht war die Bedeutung seiner Worte für Christen sogar noch schrecklicher. Denn Maugantius sprach vom Kind eines Dämons, vielleicht auch einem Kind mit dämonischen Kräften.

»Ich wußte, es würde niemandem auffallen, wenn ich mich auf die Suche nach dir mache«, schwatzte Aelflaed weiter und bemerkte Tangwens entsetztes Schaudern überhaupt nicht.

Zu ihrem eigenen namenlosen Schrecken begann Tangwen zu weinen. Hier stand sie und schmiedete Pläne, den Drachen oder wer weiß was zu beschwören, und Aelflaed war freundlich zu ihr. Wie würde sie es ertragen können, diesen Hügel oder gar dieses Mädchen aus dem Volk der Feinde zu Asche verbrennen zu sehen?

Aelflaeds blaue Augen spiegelten ihr Mitgefühl, und sie zog Tangwen fester an sich.

Jetzt wäre die richtige Zeit gewesen, das Messer zu benutzen und dann die Flucht fortzusetzen, aber Tangwen wußte, daß nur ein noch schlimmerer Verräter als selbst die Sachsen einem Mädchen so etwas antun würden, schon gar nicht einem, das sie gut behandelt hatte. Es würde zweiffellos auch solche Sachsen geben, und Tangwen würde nie frei sein, nie ihre Rache bekommen. Sie schluchzte heftiger.

»Nicht dieser Jammer, Wynna«, flehte Aelflaed, die jetzt nicht mehr an Tangwens richtigen Namen dachte. »Bitte! Alles, nur nicht das!«

Jammer war etwas Ähnliches wie Verzweiflung, und Verzweiflung war eine Todsünde. Tangwens eigener Impuls, Aelflaed zu trösten, selbst mit einer Lüge, erschreckte sie. Statt dessen zwang sie sich zu niesen, um die Sächsin von den überraschend scharfsinnigen Fragen abzulenken, die ihr manchmal einfielen, oder von dem Mitgefühl, das sie anbieten würde und das so verlockend zu akzeptieren war.

»Wir müssen dich zurückschaffen, bevor du dir hier den Tod holst!« sagte Aelflaed sofort und fing an, Tangwen davonzuziehen.

Triefend und elend stolperte Tangwen hinter dem anderen Mädchen her und hörte kaum den Plänen der Sächsin zu, wie sie ihr am besten ein trockenes Kleid beschaffen konnten.

Sie hätte Aelflaed vielleicht sogar überreden können, sie gehen zu lassen, aber nun war es zu spät, Aelflaed hatte sich entschieden. Und das bedeutete, daß Tangwen sich nicht mehr würde losreißen können. Sie würde mit zurückgehen und diesen »Jungen ohne Vater« sehen müssen, der sich vermutlich als Verrückter oder Betrüger herausstellen würde und sicherlich als ein Landsmann von ihr, und wenn es so schlimm weiterging wie nun schon seit Monaten, würde sie vermutlich zusehen müssen, wie ein weiterer Brite viel zu jung starb.

In einen geborgten Mantel gewickelt und in Aelflaeds zweitbestem Kleid, das sie hoch über den Gürtel gezogen hatte, weil der Rock einen ganzen Fuß zu lang für sie war, stand Tangwen im Schatten hinter Königin Rowan. Wie schade, daß diese Schatten nicht noch tiefer waren, oder daß sich nicht einfach die Erde auftat und sie verschlang.

Rauch stieg von der Feuerstelle in Vortigerns Halle auf, die jetzt für dieses Miststück von Königin im sächsischen Stil umgebaut worden war. Der Rauch blieb mürrisch am feuchten Stein der Säulen hängen und ließ den rotgoldenen Glanz der Waffen und des Granatschmucks stumpf werden. Alle warteten darauf, daß Maugantius und seine zwölf Unterzauberer erschienen und den Jungen ohne Vater vor König und Königin brachten.

Rowan leckte sich die Lippen, die in der Farbe giftiger Beeren geschminkt waren, und zupfte mit rauhen, aufgesprungenen Händen an ihrem grell gefärbten Mantel. Hinter ihr regten sich die anderen Frauen, eine lachte zu schrill über eine geflüsterte Bemerkung, dann brach ihr Lachen ein wenig zu abrupt ab.

König Vortigern, der die Briten hätte schützen sollen, saß auf dem Hochsitz und trug britische Wolle und sächsisches Gold. Der schwere Reif um seinen Hals sah aus wie ein Sklavenring, nicht wie der Schmuck eines Königs. Der Renegat, der einmal Hochkönig gewesen war, rutschte unruhig hin und her, als wünschte er sich, lieber eine Stadt zu belagern oder die Mauern von Dinas Emrys wieder einmal einstürzen zu sehen – alles, nur nicht hier zu sein.

Maugantius trat ein, gehüllt in Gewänder voller aufgestickter Zeichen, die Tangwen gar nicht erst genau ansehen wollte. Statt dessen hob sie die Hand an die Brust, wo das Feuersteinmesser ruhte. Es zu berühren, beruhigte sie irgendwie. *Dies ist vergangen, und auch anderes mag vergehen*, wiederholte sie auf sächsisch. Zu ihrer Überraschung wirkte das ebenfalls beruhigend.

»O König«, hob Maugantius an; ein Sachse, der sich vor dem britischen König ein wenig zu tief verbeugte, als daß es ein Zeichen ehrlicher Hochachtung hätte sein können, »Ihr fragtet, was geschehen muß, damit die Mauern dieser Festung stehen bleiben. Und meine Brüder und ich haben uns beraten und die Götter befragt. Dies wurde uns offenbart: ›Wenn man das Blut eines Sohnes, der keinen Vater hatte, in den Mörtel mischt, werden die Mauern stehen.‹ Und also sandtet Ihr Eure Boten durch das ganze Königreich, um dem Sohn ohne Vater zu finden. Sehet also!«

Der Zauberer klatschte in die knochigen Hände, und einer von Hengists Häuptlingen – *Unferth, als ob sie es gewußt hätte!* – trat vor und führte einen Mann, der eindeutig ein britischer Unterhäuptling war.

»Sag uns, was du sahst«, befahl Maugantius, als wäre der britische Edle ein Sklave. Er reckte sich, um den kleineren, dunkelhaarigen Mann noch mehr zu überragen, dessen Finger, beinahe verdeckt von seinem Gewand, ein Abwehrzeichen machten.

»In Caer Myrddin«, begann der Brite, »haben Jungen Ball gespielt. Darauf begannen zwei von ihnen zu ringen. ›Gib Ruhe‹, sagte der eine zum andern, ›und miß dich nicht mit mir, denn ich bin von Vater- und Mutterseite edler Abkunft, und du, du hast keinen Vater.‹«

Er hielt inne, und Unferth gab ihm einen Stoß und grinste.

»Sofort haben Eure Männer den Jungen ergriffen und zu mir gebracht, mit Befehlen, ihn und seine Mutter zum König zu bringen.«

Wieder klatschte Maugantius in die Hände. Seine Kollegen stolzierten herein; sie eskortierten eine Frau in Nonnentracht und einen jungen Mann.

Aelflaed murmelte: »Ein ganz gewöhnlicher Junge.«

Wie viele ganz gewöhnliche Männer und Jungen sind schon für Britannien gestorben? hätte Tangwen gern gefragt. Angefangen mit ihrem eigenen Vater und ihren Brüdern.

Königin Rowan beugte sich vor, grell in ihrem Schmuck und den leuchtend gefärbten Gewändern. Ihre schweren Zöpfe fielen über dickliche Schultern, und Tangwen konnte sehen, wo das Gold des Haars verblaßte. Es war an der Zeit, die duftenden Kräuter und Farben zu erneuern. Verglichen mit der Nonne, die dunkles Haar und die Haltung alten britischen Adels hatte, sah Rowan noch billiger und ungelenker aus als sonst.

König Vortigern winkte, und die Nonne verbeugte sich. Er mochte ein Verräter sein, er blieb doch König von Britannien. Als erinnerte ihn ihre Ehrerbietung daran, hob er die Stimme laut und klar.

»Ihr seid die Lady Niniane?«

Die Nonne senkte den Kopf.

»Und – Euer Sohn?«

Wieder eine angedeutete Verbeugung. »Er heißt Myrddin und steht kurz davor, die heiligen Gelübde zu nehmen.«

Tangwen zog eine Braue hoch. Dieser Myrddin-ohne-Vater sah eher wie ein Junge aus als wie ein Mann von mindestens vierzehn – ihr eigenes Alter. Und sie hätte nie geglaubt, daß er jemals eine Kirche von innen gesehen hatte. Er sah aus wie einer aus den Hügeln, ein Diener vielleicht, ein Bauernjunge, aus der Gegend von Dinas Emrys.

Und auf der Stirn hatte er eine blasse Narbe, die durchaus ein Zeichen sein konnte, daß er ein Anhänger des Mithras war, des alten Schutzpatrons der römischen Legionen, und nicht Christi. Aber der Kriegergott war besiegt worden. Schon vor langer Zeit: Dieser Möchtegern-Mönch sah eher wie ein Schreiber aus, nicht wie ein Krieger.

Vortigern schien dies alles nicht zu bemerken. Aber Aufmerksamkeit für andere war nie seine starke Seite gewesen, bis sein Blick auf Rowan gefallen war, und sie ihren Bann auf ihn gelegt hatte.

Nun bemühte er die Überreste seiner Höflichkeit. »Auf Eure Ehre, Lady«, sagte er zu der Frau, die einmal zu seinen treuen Untertanen gehört haben mußte, »und bei Eurem Glauben: Wer ist der Vater Eures Sohnes?«

Die Frau verzog keine Miene.

»Bei meinem Glauben«, sagte sie nun, und ihre Stimme trug bis in die abgelegenste und verqualmteste Ecke der großen Halle, »das weiß ich nicht. Ich war die einzige Tochter des Königs von Dyfed. Als ich noch jung war, trat ich ins Kloster von Caer Myrddin ein. Und als ich dort schlief, inmitten meiner Schwestern, sah ich einen jungen Mann im Traum, der mich küßte; aber als ich erwachte, war dort niemand außer meinen Schwestern und mir selbst.«

Königin Rowan leckte sich die Lippen, und Tangwen spürte, wie sie errötete. Das glatte Gesicht der Nonne blieb bleich, ungerührt, nachdem so viele Jahre vergangen waren.

»Danach«, fuhr die Nonne fort, »wurde mir dieser Junge geboren. Und auf meinen Glauben an Gott – mehr war nie zwischen einem Mann und mir.«

Der Hochkönig räusperte sich. »Könnte das wahr sein?« fragte er Maugantius, als haßte er diese Frage.

»Es ist möglich«, erwiderte der Zauberer. »Denn es ist bekannt, daß es Geister zwischen Himmel und Erde gibt, die Kinder zeugen können. Und dieser Bursche dort ist wohl einer von ihnen.«

»Und es gibt keine andere Möglichkeit?«

»Nicht, wenn Ihr wollt, daß Eure Festung steht.« In Maugantius' Stimme lag nun eindeutig Verachtung.

»Bringt den Jungen her«, befahl der König widerstrebend.

»Lady«, wandte er sich Lady Niniane zu, »ich danke Euch für Euren Gehorsam. Euer Sohn soll als einer meiner Krieger geehrt werden. Sorgt dafür, daß diese Dame das beste Quartier erhält«, sagte er zur Königin. »Und zwar sofort!«

Rowan winkte, und eine Frau führte die Nonne weg, bevor der König Myrddin mit einer Geste zu sich befahl.

»Bursche«, sagte er, »junger Myrddin, du bist ein Schreiber und kein Krieger, aber um Britannien zu verteidigen, ist es notwendig, daß du dein Blut vergießt. Denn man hat uns gesagt«, seine Stimme wurde rauher, und er trank ein Horn Met, »daß dein Blut mit dem Mörtel vermischt werden muß, damit die Mauern von Dinas Emrys stark bleiben und Britannien sicher.«

»Warum?« fragte der Junge. »Was macht mein Blut anders als das Blut anderer?« Aha, der ließ sich nicht aus der Ruhe bringen. Tangwen konnte spüren, wie Aelflaed ihren Arm packte, und die Hand der Sächsin zitterte.

»Weil der Magus Maugantius und seine zwölf Kollegen mir das gesagt haben.«

»Bringt sie her«, sagte der Junge mit einer königlicheren Geste, als Vortigern sie je hätte fertigbringen können. Bevor der König dem nachkommen konnte, traten die Zauberer vor den Thron.

»Wieso habt ihr dem König gesagt, mein Blut würde die Mauern beständig machen?«

»Der Regen hat die Mauern einstürzen lassen.«

Der Junge zog die dunklen Brauen hoch. Beinahe sofort – so dachte Tangwen jedenfalls – schien die Dunkelheit in der Halle sich aufzulösen und der Rauch durch die Löcher im Dach zu entweichen. Hoch über ihnen brach die Sonne durch die Wolken, und Tangwen seufzte, als sei eine gewaltige Bürde von ihr genommen worden.

»Dann wollen wir uns diese Ruinen mal ansehen«, sagte der Junge. Sein Ton war ein wenig scharf, und mehr als ein Baumeister – und mindestens zwei der Zauberer – zuckten zusammen. Der Junge wartete nicht auf seine Eskorte, sondern verließ zielsicheren Schrittes die Halle, als wisse er, wohin er sich wenden müsse. König, Königin und der gesamte Hof folgten wie Küchenmägde, nach denen man gerufen hatte.

Immer wieder über Aelflaeds Kleid stolpernd, folgte Tangwen dem Rest des Hofs nach draußen zu den eingestürzten Mauern. Unter der Hügelfestung von Dinas Emrys selbst breitete sich das Tal aus, hundert verschiedene Grundtöne, die Felder und Wälder anzeigten, und das Silbergrau des Flusses, und Wolken hoch darüber.

Tangwen schauderte, als sie sah, wer dem Jungen Myrddin auf dem Fuß folgte: nicht die Truppen des Hochkönigs, sondern mehrere von Hengists gefürchtetsten Männern, darunter auch Unferth. Mühsam beherrschter Zorn stand in seinem Blick, und Tangwen wich weit zurück, damit er sie nicht entdeckte.

Aber wie ängstlich sie auch sein mochte, der Junge ohne Vater schien so ruhig, als stünde er inmitten von Freunden. Er zeigte auf das Stroh unter einem Gerüst, das vermutlich dorthin geworfen worden war, um den Weg etwas trockener zu machen.

»Was ist unter diesem Stroh?« fragte er Maugantius, wie man einen Dienstboten anweist, eine Kiste zu verschieben oder eine Bank zu bringen.

Der Zauberer blickte erbost auf, sein Bart zitterte vor Zorn, daß sein Opfer ihn nun verhörte, als hätte es das Recht dazu.

Du weißt es nicht, dachte Tangwen. Und tatsächlich, Maugantius mußte es zugeben. Zu Tangwens Überraschung zwinkerte ihr der Junge amüsiert zu.

»Laßt Männer unter diesem Stroh graben!« befahl Myrddin. Selbst ältere Krieger eilten, seinem Befehl zu folgen.

Nachdem Unmengen von Erde und Schlamm bewegt worden waren – die Königin hatte sich unaufhörlich über die Flecken auf den Gewändern beschwert – stieß man auf einen großen Teich. Das Wasser darin bebte, ganz ähnlich wie auf der Lichtung, zu der Tangwen geflohen war. Es war unmöglich zu erkennen, was unter der Oberfläche lag.

»Was ist in diesem Teich?« fragte Myrddin.

Wieder mußten die Zauberer ihre Unkenntnis eingestehen, und wieder gab Myrddin Befehle – diesmal ließ er den Teich trockenlegen. Bemüht, sich ein kurzes, qualvolles Leben in den Minen zu ersparen, machten sich Vortigerns Ingenieure eifrig an die Arbeit.

Es brauchte Stunden, aber niemand rührte sich vom Fleck – außer Mädchen wie Tangwen und Aelflaed, die nicht rasten durften, wenn es Ältere und Wichtigere hungerte und dürstete. Mutig brachte Tangwen Bier, Äpfel und Käse zu Myrddins Mutter, die ihr die schmale Hand auf die Stirn legte, sie segnete und nur Obst und Wasser annehmen wollte.

»Was werden wir sehen, wenn das Wasser abgelassen ist?« fragte König Vortigern, als die Arbeiter halb fertig waren.

»Ihr werdet eine steinerne Truhe finden. In dieser Truhe schlafen zwei Drachen. Wenn sie erwachen, werden sie kämpfen. Es ist dieser Kampf, der die Mauern immer wieder zum Einsturz bringt.«

Drachen! Sie hatte nur davon geträumt, einen Feuerdrachen loszulassen, aber dieser Junge ohne Vater war so rechtzeitig erschienen, als hätte sie um einen Diener gebeten, der ihr helfen möge, und als wäre sie erhört worden.

Gemurmel zeigte, daß der gesamte Hof gebannt gelauscht hatte. Nur die Arbeiter murrten. Es schien unmöglich, den Teich trockenzulegen.

»So mächtig seid ihr, und braucht dennoch meine Hilfe?« Wieder zog Myrddin die dunklen Brauen hoch. Er murmelte etwas, gestikulierte, und das Wasser floß in fünf Bächen aus dem Teich.

Als der Wasserspiegel sank, erschien die Steintruhe, von der Myrddin gesprochen hatte. Wieder erhob sich Gemurmel.

»Öffnet die Truhe!« befahl Vortigern mit rauher Stimme.

Niemand rührte sich.

»Ich sagte ›Öffnet sie!‹« schrie er. »Du, Zauberer! Laß mich sehen, wie du sie öffnest! Streng dich gefälligst an.«

Tangwen hatte die Hand auf den Mund gedrückt. Aelflaeds Schultern zitterten. Wie konnten sie in einem solchen Augenblick nur lachen?

Ganz einfach, weil Maugantius sich so ärgerte!

Sie spürte, daß jemand sie ansah, und zwickte Aelflaeds Hand. Rowan starrte sie wütend an. Aber die Schultern des Sachsenmädchens zuckten nur noch mehr. Rowan kniff die Lippen zusammen, und ihr Blick versprach, daß das Leben der beiden in der nächsten Zeit reichlich unerträglich sein würde.

Wasser tropfte immer noch von dem grobbehauenen Deckel, als Maugantius sich widerstrebend der Steintruhe näherte. Sie hatte kein Schloß. Unter Abwehrgesten öffnete der Zauberer den Deckel.

Zwei riesige Drachen – einer rot, einer weiß – drängten heraus. Sie reckten sich, als wären sie steif nach langer Gefangenschaft, breiteten ihre Flügel aus und gaben schrille Schreie von sich. Rauchwolken drangen aus ihren mächtigen Nüstern, und dann erhoben sich die Drachen in die Luft und stürzten sich aufeinander.

Dort fliegt der rote Drachen Britanniens, dachte Tangwen. Wie flink er war, wie strahlend, und wie wild! Tränen traten ihr in die Augen. Wenn der rote Drache siegte, konnte es dann noch lange dauern, bis der Kaiser wiederkehrte? Oh, Aelflaed hatte recht gehabt. Der Feuerdrache war nicht etwas, was ein albernes Mädchen heraufbeschwören konnte, um sich Freiheit und Jungfräulichkeit zu sichern. Aber Gott war gnädig gewesen und hatte diesen Jungen geschickt, der bald Mönch werden sollte, um den Drachen an ihrer Stelle zu beschwören.

Aber wenn der rote Drache flink und wild war, so war der weiße störrisch und stark, genau wie die sächsischen Eindringlinge. Noch während sich der rote Drache erhob, stieß der weiße zu und schlug ihm die Zähne ins Fleisch, genau dort, wo die Flügel in die Schulter übergingen. Tangwen hielt den Atem an, gab dann ein Keuchen von sich, das beinahe ein Schmerzensschrei war. Das war *ihr* Drache!

Kreischend erwiderte der rote Drache den Angriff und trieb den weißen zurück bis in die Mitte des Teichs, wo er liegenblieb, angespannt, als wolle er springen.

»Was hat das zu bedeuten?«

Maugantius war wieder auf die Beine gekommen. Sein Gewand war voller Schlamm, er hatte den Mund weit aufgerissen und schrie etwas, was ein Fluch sein konnte, oder ein Befehl, oder ein Bannspruch, und seine Hände warfen krallenähnliche Schatten auf den Boden. Verglichen mit der Gelassenheit des Jungen ohne Vater wirkte er eher lächerlich als furchteinflößend.

Tangwen schauderte.

Myrddin stand dort wie jemand, der in die Ferne sieht, weil er auf einen Boten wartet. Er beugte sich erwartungsvoll vor. Dann begann er sichtbar zu zittern. Er verdrehte die weit aufgerissenen Augen.

Tangwen wußte sofort, daß eine Vision von ihm Besitz ergriffen hatte. Der Junge ohne Vater streckte die Hände aus und jammerte. Dann richtete er sich wieder auf, und sein Blick hatte nichts annähernd Menschliches mehr, als er schrie: »Weh dem roten Drachen, denn ihm droht große Gefahr, und der weiße Drache wird seine Höhlen erobern. Der weiße Drache steht für die Sachsen, und der rote, der von dem weißen besiegt werden wird, für die Briten. Und die Berge sollen abgetragen und Tälern gleichgemacht werden, und in den Tälern werden Flüsse wie Blut fließen.«

Er schluchzte, und Tränen liefen ihm über die Wangen. Dann, als die Prophezeiung noch tiefer von ihm Besitz ergriff, schrie er auf wie ein hungriger Adler.

In Tangwens Nähe reckten sich alle, so gebannt wie Tangwen selbst. Auch sie glaubte, den schrecklichen Kampf zwischen rotem und weißem Drachen zu sehen; Dörfer, die zerstört wurden, brennende Städte, Asche und Ruinen, während die Drachen am Himmel schrien, und die Geschöpfe des Tierkreises selbst von ihren angestammten Plätzen stürzten und einander kratzend und beißend anfielen.

Es war auch *ihr* Drache, dachte sie. Ihrer und der der Briten, der im Augenblick ihrer größten Not erschienen war. Dieser Junge von Niemandsblut sollte ihn nicht vollends beherrschen, sollte nicht der einzige sein, der für ihn sprach. Sie ballte die Fäuste in den überlangen Ärmeln von Aelflaeds Kleid. Die Hand, die sie sich am Steinmesser geschnitten hatte, schmerzte wieder.

In diesem Augenblick bewahrte sie nur das Steinmesser, das sie in ihrem Kleid verborgen hatte, davor, vollkommen in den Bann gezogen zu werden. Als Myrddins Prophezeiung ihren Höhepunkt erreichte, drückte sie die Finger noch einmal an die scharfe Klinge. Der leichte Schmerz brachte sie in die Gegenwart zurück, wo ein Junge mit den Zungen von Verrückten und Engeln sprach und wo Männer und Frauen mit Ehrfurcht und mehr als nur geringem Schrecken lauschten.

Aus dem Nichts tauchten plötzlich Wolken auf und überzogen den Himmel. Wieder grollte der Donner. Und dann sprangen Blitze aus den dunklen Wolken, zerrissen und verbrannten den Himmel. Mit einem letzten Aufschrei: »Dort fliegt der Feuerdrache!« stolperte der Junge Myrddin nach vorn, dann stützte er sich auf die Steintruhe.

Tangwen seufzte. Sie glaubte, eine Art Sternschnuppe gesehen zu haben.

»Nun, König, könnt Ihr Eure Mauern bauen.«

Er keuchte, dann fiel er zu Boden. Sein langes, schwarzes Haar breitete sich in dem seichten Wasser aus.

Die Drachen, der rote wie der weiße, waren verschwunden. Geblieben war nur die leere, rußbedeckte Steintruhe.

Nur Königin Rowan regte sich in diesem Augenblick. Sie ist eine Hexe, dachte Tangwen; vielleicht war sie die einzige, die es wagte, sich zu rühren. »Holt den Jungen da raus, bevor er ertrinkt«, befahl sie und fuhr mit einer Reihe von Anweisungen fort, was Bäder, warme Pelze und Diener betraf.

»Soll sich seine Mutter um ihn kümmern, Herrin?«

Die Frage erklang, als Tangwen versuchte, wieder in den Schatten zurückzuschlüpfen.

»Ich glaube nicht.« Die Königin lächelte dünn. »Ich nehme an, der Junge wird erst mal schlafen, und Lady Niniane wird begierig sein, in ihr Kloster zurückzukehren.«

Rowan trat vor und beugte sich über den bewußtlosen Myrddin. Unter dem Schlamm auf seinem Gesicht war er sehr bleich. Rowan streckte die Hand aus, um sein Gesicht zu berühren. Tangwen hatte schon beobachtet, wie sie auf diese Weise ein Schmuckstück berührt hatte: nicht mit Vorsicht, aber mit Besitzerstolz. Rowans Blick fiel auf Tangwen, und dem Mädchen wurde klar, daß keines ihrer kleinen Täuschungsmanöver der älteren Frau entgangen war.

»Eiskalt«, sagte Rowan. »Und wer könnte ihn besser wärmen als eine von seinem eigenen Volk? Du da, Wynna. Komm her, Mädchen. Du bist alt genug, eine richtige Frau zu sein, wie ich gehört habe. Kümmere dich um ihn.«

Und diesmal konnte Tangwen sich nicht verstecken.

Gekleidet wie für eine Hochzeit – wenn diese Hochzeit in einem Bordell stattfand und nicht in einer Kirche – saß Tangwen neben dem schlafenden Myrddin. Wie sie sehr genau wußte, da sie geholfen hatte, ihn zu baden, war er unter den Schichten weicher Pelze und gewebter Decken nackt, und seine Haut war sehr bleich.

Die Frauen der Königin hatten ihr nichts erspart. Nachdem sie den Jungen ohne Vater ins Bett gesteckt hatten, hatten sie sich um Tangwen gekümmert. Unter boshaftem Gelächter hatten sie auch sie gebadet, dann ihre Lippen mit Beerensaft geschminkt und sie mit süßduftenden Ölen eingerieben. Die Beeren schmeckten bitter, und vom Duft der Öle wurde ihr beinahe übel. Sie hatte geschwiegen, hatte die ganze Prozedur wie erstarrt über sich ergehen lassen, und das hatte die Frauen nur noch mehr zum Lachen gereizt. *Unferths Hände auf ihr, sein Körper, der sie niederdrückte, dieses Reißen an ihrer intimsten Stelle...*

Das hier ist nur ein Junge, versuchte sie sich zu beruhigen.

Er ist ein Mann! Das hast du selbst gesehen, er ist kein Eunuch, sondern ein Mann, und das ist es nun mal, was Männer tun.

»Was ziehst du für ein Gesicht, Mädchen?« wollte Königin Rowan wissen. »Wenn du von ihm schwanger wirst und das Kind ein Sohn ist, wird Maugantius ihn zum Zauberer ausbilden und dir Gold für ihn geben. Was für ein besseres Schicksal hast du schon zu erwarten?«

»Wenigstens ist er von deinem Volk«, hatte Aelflaed geflüstert, »und auf seine Art recht hübsch. Sie sagen, es hilft, wenn man etwas trinkt. Ich lasse dir ein bißchen Wein da.«

Aber selbst Aelflaeds Versuch, ihr zu helfen, hatte Tangwens Elend nicht verringert. Sie konnte nur noch an Unferth denken, der sie packte. Ihr Körper erlebte diese Schändung wieder und wieder, und am liebsten wäre sie gestorben.

Sie griff in den Ausschnitt ihres Kleides – eines neuen Kleides, grellbunt wie alles, was Rowan auswählte – und tastete nach dem kleinen Feuersteinmesser, das sie erst an diesem Morgen gefunden hatte. Sie war froh, daß es ihr gelungen war, es vor den Frauen der Königin zu verbergen. Wenn der Junge aufwachte und sich tatsächlich als Dämon erwies, würde sie ihm entkommen können.

Und wenn er nur ein Junge war – was dann?

Was dann? Wenn Maugantius ihn haben wollte, stand ihm ebenfalls keine sichere Zukunft bevor. Und er war kein Christ; er zog vielleicht die Freiheit vor, die die Klinge aus den Bergen ihm geben konnte.

Sie zog das Messer heraus. Wenn Myrddin ein Dämon war, würde sie keine Chance gegen ihn haben, nachdem er erst einmal erwacht war.

Sollte sie ihn lieber jetzt schon umbringen? Sie starrte die Klinge an. Es wäre so einfach, ihm einen tödlichen Stoß zu verpassen. Die Sachsen machten so etwas dauernd. Sie zögerte, und dann haßte sie sich für ihr Zögern.

»Ist dieses Messer für mich?« Myrddins Stimme klang recht kräftig.

Tangwen zuckte zusammen, als wäre das Messer plötzlich glühend heiß. Ihre Hand zitterte, sie ließ die Klinge auf die Pelze auf dem Bett fallen. Der junge Zauberer unternahm keinen Versuch, es an sich zu nehmen. Statt dessen sah er Tangwen an, mit großen Augen, grau, wie bei ihrem Volk üblich, mit keinerlei Anzeichen von Bösem.

»Wieso seid Ihr hier?« fragte er.

»Was glaubt Ihr wohl? Sie haben mich gezwungen. Ihr seid ein hochgeehrter Gast, und ich... Ich soll Euch willkommen heißen.«

Die Röte, die sich auf Myrddins Gesicht ausbreitete, überraschte sie beide. »Sie schicken mir eine Landsmännin – die britische Dienerin der Königin – um mich zu wärmen?«

Sie nickte und errötete nun selbst. »Königin Rowan« – sie spuckte den Namen geradezu aus – »ist nicht gerade meine Freundin.«

»Aber daß sie Euch hergeschickt hat, wird Euch vor dem schützen, was Ihr am meisten haßt«, sagte Myrddin. Wenn er auch nur versucht hätte, ihr die Hand zu tätscheln, hätte sie aufgeschrien, das Messer genommen und versucht, ihn anzugreifen, aber er lag reglos, und seine Ruhe beruhigte sie ebenfalls.

Es würde heute abend ein Fest geben, das stimmte. Wenigstens würde Unferth, wenn sie hier mit dem jungen Zauberer eingeschlossen war, den der gesamte Hof fürchtete, nicht mehr nach ihr zu suchen wagen.

Sie betrachtete Myrddin nun mit weniger Angst. »Stimmt es, was du über die Mauern gesagt hast?«

»Lady... habt Ihr einen Namen?«

»Sie nennen mich Wynna, aber ich heiße Tangwen.«

»Lady Tangwen, ich weiß nicht, was ich gesagt habe. *Es*, die Macht, oder wie immer Ihr es nennen wollt, kommt über mich, wie die Inspiration einen Barden ergreift. Dinge verändern sich vor meinen Augen. Ich erinnere mich nur noch an Angst. Der König sagte mir, ich würde wie ein Krieger sterben, aber ich... ich wollte nicht.« Er befeuchtete die Lippen. »Haben wir etwas zu trinken?«

»Es gibt Wein. Und auch Met.«

Myrddin schüttelte den Kopf. »Kein Wein. Gerstenwasser, wenn welches da ist.«

Tangwen erhob sich und schnupperte an den Krügen. Sie fand Gerstenwasser, goß einen Becher ein und hielt ihn ihm hin. Myrddin versuchte, sich aufzurichten, aber er fiel in die Kissen zurück.

»Schwach wie ein junges Kätzchen«, meinte er. Wieder leckte er sich die Lippen, aber er sprach keine Bitte aus, also hielt sie ihm den Kopf, damit er trinken konnte. Sein Haar war immer noch feucht und sehr weich.

»Stimmt es, was sie über Euch sagen?«

»Daß ich Dinge sehe? Ja. Wie Schemen im Feuer oder Rauch. Geflügelte Dinge, wie Seelen.«

»Diesmal waren es Drachen«, erzählte sie ihm.

»So? Das Schicksal von Königreichen, von Königen, die wiederkehren –« Myrddins graue Augen schienen größer zu werden, sich mit Rauch zu füllen, dann wurden sie wieder klar. Tangwen verspürte den Impuls, diesem Blick zu begegnen. Sie sah in seinen Augen nicht nur ihr eigenes Spiegelbild in diesem billigen Aufputz, sondern auch Feuerstein, das Messer, das sie fallen gelassen hatte, und im Feuerstein begraben den schimmernden Griff eines römischen Schwertes.

»Eine Klinge, die du bei dir trägst«, flüsterte er, »aber deine Macht liegt nicht darin, sie zu schwingen, sondern indem du die Hand ausstreckst...«

»Hört auf!« rief sie erschrocken.

»Womit aufhören, Lady? Was habe ich gesagt? Ich bitte Euch, sagt es mir!« rief Myrddin, aber Tangwen hatte schon das kleine Messer gepackt und floh. Im Augenblick fürchtete sie diesen merkwürdigen Jungen mehr als Königin Rowan und eine ganze Armee von Unferths.

Wie lange oder wohin sie rannte, wußte sie nicht. Als sie schließlich wieder zu sich kam, die freie Hand fest auf die zitternden Rippen gepreßt, als sie versuchte, wieder zu Atem zu kommen, fand sie sich ganz in der Nähe des Dickichts, in dem sie sich an diesem Morgen zu verstecken versucht hatte und dabei den alten Schrein ihres Volkes und das Messer gefunden hatte.

Mit dem vagen Ziel, es zurückzugeben, lief sie weiter zum *gorsedd*. Es war Vollmond; sie würde den Weg leicht finden können. Und sie würde den Mond in dieser Nacht zweimal sehen, ein zweites Mal gespiegelt im heiligen Teich.

Aber nun war das Gebüsch zertrampelt, die Ruhe des uralten Schreins gebrochen. Einen Augenblick lang dachte Tangwen daran zurückzugehen. Sie würde es nicht ertragen können, das Wasser oder auch nur die Felsen verdreckt zu sehen.

Dann wurde die Luft irgendwie merkwürdig. Ein Pfeifen schien sie zu erfüllen – hoch, schrill und dennoch so leise, daß sie nicht herausfinden konnte, woher es kam; es wirkte, als erklänge es direkt aus dem Nachthimmel. Wind kam auf, und sie erinnerte sich an Myrddins Worte: Der Wind war schwer von »geflügelten Dingen, wie Seelen«, genau, wie er es ausgedrückt hatte.

An gebrochenen Zweigen vorbei schob sie sich bis zur Lichtung. Ein Mann kniete vor dem Hügel in der Mitte. Während Tangwen noch zusah, warf er sich zu Boden. Sein Spiegelbild, ein wenig verschwommen, schimmerte im Wasser und überdeckte das Spiegelbild des Mondes.

»Zeig mir mein Schicksal!« befahl König Vortigern Himmel und Erde, aber beide schwiegen. Konnte es sein, daß die Schultern des

Königs zitterten? Konnte es sein, daß der Verräter, der Feigling, dieses Spielzeug der Frauen, tatsächlich weinte? Tangwen entschied, daß das Mondlicht sie täuschen mußte. Sie griff nach ihrem kleinen Messer. Der Kuß dieser Klinge würde ihr ihren Verstand wiederbringen. Und dann ... und dann ...

Sie schlich sich näher. Ein paar rasche Schritte, ein heimlicher Stich, und ihr Volk – ganz Britannien – würde gerächt sein. *Sie* selbst war der rote Drache.

Und sie würde eine Mörderin sein.

Besser eine Mörderin als ein Opfer!

So war es doch, oder?

Sie verhärtete ihr Herz und wiederholte die Litanei dessen, was man ihr angetan hatte. Vortigern hatte die Sachsen hergebracht. Er hatte eine heidnische Hexe geheiratet. Er hatte zugelassen, daß Tangwens Heim zerstört, ihre Familie getötet worden war.

Der König spürte ihre Anwesenheit, drehte sich um und erhob sich langsam wieder auf die Knie.

»Ich hätte den Jungen getötet«, sagte er. »Also ist es nur gerecht. Und es ist ein besseres Schicksal, als weiterzuleben als ein König, den sowohl Briten als auch Sachsen verachten. Mach schon.«

Er zog den schweren Goldreif vom Hals und entblößte die Kehle.

Neckte er sie nur? Sie war ein Mädchen, kein Krieger, selbst wenn die Heldenlegenden ihres Volkes von Frauen berichteten, die ebenso geschickt mit Waffen umgingen wie jeder Mann.

Nein. Der Hochkönig der Briten kniete vor ihr und war bereit, geopfert zu werden. Auch solche Dinge waren schon an diesem Ort geschehen, das wußte sie plötzlich, lange vor der Geburt Christi. In schlechten Zeiten war es notwendig, daß der König für sein Volk starb. Wenn die Zeiten nach dem Tod eines guten Königs verlangten, wieviel mehr würden sie zum Himmel schreien, damit ein schlechter endlich starb?

Sie ließ die Hand sinken. In jenen vergangenen Tagen mochten hier Opfer gebracht worden sein, aber nie ihresgleichen. *Judith*, sagte sie sich. Aber sie war keine Judith.

»Mach schon, hab ich dir gesagt!« Der Blick des Königs war gequält, verwirrt. Der Tod wäre in der Tat eine Gnade für ihn, aber das konnte er ihr nicht befehlen.

Was hatte Myrddin gesagt? Ihre Macht lag nicht im Zuschlagen?

Feigling! schimpfte sie sich und versuchte, genug Zorn aufzubringen, um endlich zuzustechen. Aber der Zorn war verschwunden, war einer Kühle und Urteilsfähigkeit gewichen, die der von Myrddin glich.

Vielleicht bestand die schlimmste Rache, die sie an diesem König nehmen konnte, der sie und ihr Volk verraten hatte, gar nicht darin, ihn zu töten. Er wußte, daß er sein Volk verraten hatte. Er wußte, daß er alle Ziele, die er einmal für Britannien gehabt hatte, weggeworfen hatte. Und sie verdammte ihn zum Leben.

»Ich werde Euch nicht töten«, sagte sie. »Verräter oder nicht, Ihr seid immer noch König.«

Sie steckte den Dolch wieder in den Ausschnitt, drehte sich um und ging zurück zur Festung. Die Vernunft sagte ihr, daß sie nur ein Mädchen war, daß es nicht ihre Sache war, über das Schicksal von Königen zu entscheiden. Aber immer noch lag das Pfeifen in der Luft und wurde lauter, als sie sich der Halle näherte. Selbst das Grölen und Singen und Lachen von drinnen konnte diese Fledermausmusik nicht übertönen. Der alte Priester, der mit ihrem Zuhause gestorben war, hatte ihr beigebracht, daß das Gesicht Täuschung und Verblendung war, aber sie hörte das Pfeifen. In dieser Nacht ging das Schicksal um, und sie hatte Angst, an seiner Seite zu gehen.

»Wynna! So allein, Kleines?« Etwas sprang an ihre Seite und riß sie von den Beinen.

Unferth! Er roch nach Schweiß, nach dem Bier, das er gesoffen und dem Fleisch, das er die ganze Nacht über verschlungen hatte. Und nun, wo sein Bauch satt war, wandte sein Geist sich anderen Gedanken zu.

Sie versuchte zu schreien, aber er legte ihr seine riesige Pranke auf den Mund – wie in der Nacht, als ihre Familie umgekommen war.

Sie trat und wand sich und versuchte, ihr Messer zu erreichen.

Er bemerkte die Bewegung und lachte. »Ich helfe dir, Süße!«

Er riß an dem dünnen Stoff. Das Kleid riß beinahe bis zur Taille. Das Feuersteinmesser fiel in die Nachtschatten. Angst verlieh Tangwen Kraft, und sie riß sich los, um aus voller Lunge zu schreien.

»Laß sie in Ruhe«, befahl eine Stimme aus dem Dunkeln.

»Wer sagt das?« wollte Unferth erbost wissen. Er folgte Tangwen, genoß das Spiel, das, wie er wohl wußte, nur auf eine Weise enden konnte.

»Ich sagte es.« Der König. Vortigern trat aus den Schatten. »Laß das Mädchen in Ruhe.«

Unferth lachte und spuckte aus. »Du? Ein Marionettenkönig, der an den Schürzenbändern seiner Königin hängt? Du feiger walisischer Hund!«

»Zurück, Kind«, sagte Vortigern. Tangwen wich zurück. Aber Unferth trat nach ihr, und sie flog taumelnd auf den König zu. In diesem Augenblick griff Unferth an. Er hatte das Messer in der Hand, mit dem er den ganzen Abend sein Fleisch geschnitten hatte, und es glitzerte im Mondlicht, als er auf den König zustürzte.

Auch Vortigern zog sein Messer, und Tangwen versuchte verzweifelt, sich aus dem Weg zu rollen.

Sie keuchte, als ihre Hand auf etwas Scharfes traf – wieder das Feuersteinmesser! Sie packte es, als die beiden Männer zu ringen begannen. Sie klammerten sich aneinander. Unferth, jünger und größer, war bald im Vorteil. Mit seiner großen Hand packte er König Vortigers Handgelenk und drückte, bis das Messer des Königs auf den Boden fiel. Vortigern versuchte verzweifelt, Unferths Kopf zurückzuschieben, damit ihm der Hals brach. Aber der Versuch war sinnlos. Unferth lachte nur und starrte Vortigern in die Augen, weil er den Augenblick vor dem Todesstoß genießen wollte.

»Lauf!« keuchte der König, aber Tangwen wich nicht von der Stelle. Sie hätte laufen können, aber sie konnte nicht ewig fliehen. Früher oder später würde Unferth sie erwischen. Es sei denn, er wurde aufgehalten.

»Nehmt dies, Herr!« Sie sprang nach vorn und drückte dem König das Messer in die linke Hand.

Er schloß die Finger darum und trieb es dem großen Sachsen in den Rücken, mit der Kraft des Verzweifelten. Blut spritzte, beinahe auf Tangwens zerrissenes Kleid, und sie sprang rückwärts. Vortigern schob den Toten von sich weg und richtete sich wieder auf.

Er zog das Messer heraus und reinigte es in der Erde, dann reichte er es Tangwen.

»Deine Hand blutet, Kind«, sagte er.

Sie ließ das Blut noch einen Moment auf den Boden tropfen. Sollte dieser Ort seine Opfer haben, schuldige und unschuldige. Dann nahm sie ihr Messer entgegen.

»Du solltest sicher nicht hier sein«, meinte der König. »Ich schlage vor, du kehrst an deinen Platz zurück, und zwar schnell. Ich konnte dich gegen dieses Stück Dreck da verteidigen ... aber wenn die Königin erst vor Wut schäumt ...« Er brach ab. »Laß uns also sagen, ich hätte dich an diesem Abend nicht gesehen. Und du mich nicht. Mein Feuer mag ausgebrannt sein, aber ich habe offenbar noch ein Scheit retten können. Möge der Himmel mir das anrechnen.«

»So soll es sein. Ich werde es niemandem sagen. Aber ich sage es Euch. Ich habe heute nacht einen König gesehen.« Mit ihren Worten und mit einer tiefen Verbeugung zollte Tangwen ihm den Tribut, den er verdient hatte.

»Ach ja?« Vortigern lachte; ein trauriges, bitteres Lachen. »Dann muß es das Mondlicht gewesen sein und nicht der arme Vortigern. Gute Nacht, Lady. Gedenkt meiner mit Mitgefühl bei Euren Gebeten.«

Er ging in die Halle, bevor Tangwen antworten konnte, und ließ sie bei der Leiche ihres Feindes stehen. Es wäre einfach, Unferths Tod zu erklären; Kämpfe unter Betrunkenen hatten schon manchen das Leben gekostet, und Unferths Streitsucht war bekannt. Eine Wolke zog vor den Mond. Das Licht im Wasser wurde dunkel, und das Pfeifen in der Nachtluft erstarb. Stille breitete sich aus.

Bevor sie dich finden.

Tangwen floh zurück zu den vertrauten Schrecken von Myrddins Kammer.

Irgendwie hatte Myrddin es geschafft, sich aufzusetzen und anzuziehen. Er hatte einen Kelch in beiden Händen, und er schien auf sie zu warten. Er richtete den Blick seiner verblüffend klaren grauen Augen sofort auf ihre blutende Hand.

»Das wird sich entzünden, wenn du Dreck drin hast.« Er erwähnte nicht ihr zerrissenes Kleid oder die Art und Weise, wie es ihren Körper entblößte. Der Macht verbunden, schien ihm das Fleisch gleichgültig. »Ich brauche Wein, um die Wunde zu säubern«, befahl er.

Sie brachte ihm den Wein und bereitete sich auf den Schmerz vor. Als er glaubte, daß sie standhaft genug war, packte er ihre Hand und goß den Wein darüber. Sie keuchte, als die Flüssigkeit in die Wunde lief und dann in den Kelch tropfte.

Sie starrte die getrübte Flüssigkeit in dem Gefäß an. »Wir sind uns jetzt nahe«, flüsterte Myrddin. »Und du hast Visionen gehabt. Sag mir, was du gesehen hast.«

Muster bildeten und änderten sich im Kelch. Ein Mann mit hellem Haar, der noch leuchtenderes Feuer und ein Schwert brachte, um den König zu töten, der sie gerettet hatte; ein Kreis stehender Steine; Myrddin selbst, sehr viel älter, wie er vor einem König kniete, dessen Gesicht sie nie gesehen hatte, und schließlich …

»Meine Schwester! Und mein kleiner Bruder!« Dort waren ihre Verwandten, älter, blasser, geneigt, sich immer wieder umzusehen, in Erinnerung an alte Ängste. Ihre ältere Schwester hatte ein Schwert umgebunden. Ihr kleiner Bruder hinkte, was er zuvor nicht getan hatte. Aber sie waren am Leben, und sie hatten ein neues Zuhause gefunden, dessen Balken immer noch frisch und roh aussahen.

Das Bild ihres zukünftigen Lebens verschwamm. Blut und Wein tropfte von ihrer Hand in den Kelch, und wieder bildeten sich Muster und Gesichter – ein angebundener Jagdfalke, ein alternder König, der um Hilfe rief, ein Mann, der in den Hügeln gefangen war, ein Mann mit dem Gesicht und den Augen von...

Myrddins Hand zuckte heftig, und er kippte den Kelch um. Seine Miene war bedrückt.

»Du hast es auch gesehen«, sagte er. Sie waren sich in diesem Augenblick so nahe gewesen, daß Tangwen sein Schicksal ebenso gesehen hatte wie das ihre – und ihres war viel, viel freundlicher.

Seit sie ihr Zuhause verloren hatte, hatte sich Tangwen geweigert, in Gegenwart anderer zu weinen, aber nun weinte sie bitterlich. Nicht nur aus Freude über das Wissen, daß Menschen, die sie für tot gehalten hatte, noch am Leben waren und sie willkommen heißen würden, sondern um den König, der sie gerettet hatte und dennoch sterben mußte, und um den jungen Mann neben ihr, der die Falle fürchtete, die ihn erwartete und sich dennoch nicht von seinem Weg abwenden durfte.

Er wandte sich auch nicht von Tangwen ab, sondern verband ihre Hand mit der Kunstfertigkeit eines Arztes. Dann hielt er sie im Arm, während sie bis zur Erschöpfung weinte, und dann schliefen sie auf dem Bett ein, Kelch und Feuersteinmesser zwischen ihnen.

Als sie erwachte, bemerkte sie, daß der Junge ohne Vater sie beobachtete. Es tat ihr beinahe leid... nein, lieber nicht daran denken. Er hatte unheimliche Kräfte – es konnte sein, daß er ihre Gedanken las.

Er lächelte, und ihre Wangen wurden so rot wie der Feuerdrache.

»Ich habe einen prophetischen Traum gehabt«, sagte Myrddin ohne ein Wort des Grußes. »Der König wird mich freilassen, und die

Zauberer werden sich mir nicht in den Weg stellen. Und ich habe mich gefragt, was du tun solltest.«

Sie schüttelte den Kopf. »Das wissen wir doch«, erinnerte sie ihn. »Ich werde meine Verwandten finden, und wir werden ein großes Haus bauen.«

»Und inzwischen?« fragte er. »Erinnerst du dich, daß meine Mutter dich gesegnet hat? Möchtest du zu ihr gehen? König Vortigern würde dich jetzt sicher für solchen Dienst freistellen.«

Dann wußte sie plötzlich, was sie tun mußte, bevor ihre wahre Zukunft begann, so sicher, als wäre sie selbst und nicht Myrddin der Prophet.

»Dein König wird kommen«, sagte sie. »Und ich weiß jetzt, daß ich lange genug leben werde, um ihn zu sehen. Ich werde hier warten, denn es stimmt, wenn sie sagen, daß auch jene dienen, die nur stehen und warten. Vortigern hat mich ein Scheit genannt, das noch nicht ausgebrannt ist. Wer weiß, vielleicht kann ich weitere solcher Scheite bewahren, für die Flammen, die kommen mögen.«

Sie dachte an Aelflaed, vielleicht ihren Vater, und andere, die freundlich zu ihr gewesen waren – Briten, ja, und jene Sachsen, die hergekommen waren, um sich hier anzusiedeln, nicht um zu plündern. *Wir sollten lernen, gute Nachbarn zu sein*, hatte Aelflaed gesagt. Vielleicht würde das möglich sein.

»Aber werde ich dich wiedersehen?« fragte sie.

Die Miene des jungen Zauberers wurde ernst. »In jedem geflügelten Geschöpf.« Er griff nach ihrer verletzten Hand und küßte sie. In diesem Augenblick war er nur Mann, nicht Magier.

»Aber es gibt ein Königreich, daß ich gründen muß, nicht nur eine Familie. Wenn ich dich sehe, wünschte ich mir, es wäre anders.«

»Du könntest uns nicht vielleicht in Falken verwandeln, damit wir einfach wegfliegen können?«

Traurig schüttelte er den Kopf. Beide lächelten.

»Dann nimm das zur Erinnerung an mich.« Sie reichte ihm die

Feuersteinklinge, dann wandte sie sich ab, um ihre Tränen zu verbergen. Zu denken, daß sie einmal vorgehabt hatte, ihn damit zu töten! Sie mußte wieder lächeln, und das war gut; sie wollte, daß er sie lächelnd in Erinnerung behielt.

Myrddin erhob sich und griff nach seinem Mantel. Bald würden sie ihn abholen, und er würde gehen – welcher Ruhm, welches schreckliche Schicksal ihn auch erwarten mochten. Als er die Fibel feststeckte – ein Bronzedrachen, bemerkte Tangwen – klopfte es an der Tür.

Er beugte sich vor und legte ihr die Hand aufs Gesicht. Die Berührung ließ sie an kaltes Wasser denken, eine Frühlingsbrise, Blätter, von Regentropfen gestreift. Es war die Berührung eines Mannes, aber sie wich nicht zurück. Nicht alle Männer waren wie Unferth, das wußte sie jetzt. Einige waren Myrddins. Einige waren Aelflaeds Vater. Und einige waren sogar wie Vortigern – Gott möge ihm mehr verzeihen, als er verdient hatte.

»Was ich geben kann, gebe ich dir«, sagte er. »Tangwen, die einmal Wynna war, du sollst leben; du sollst gedeihen; und du und deine Tochter werden meinem König dienen. Sie wird so weise sein wie du und sogar noch mutiger. Nimm einen anderen Namen an und gib ihn ihr, wenn du sie zum erstenmal in den Armen hältst.«

Er beugte sich vor und küßte sie auf die Stirn.

»Sei hiernach Linnet – benannt nach dem Bluthänfling«, flüsterte er. »Flieg in Freiheit, und freue dich. Wenn du meinem König begegnest, sprich gut von mir. Und mögen die Götter es mir anrechnen.«

Die Tür ging weit auf. Männer warteten, um Myrddin zum König zu bringen. Sie zog ihre Kleider zusammen, so gut es ging. Ihre Würde lag ohnehin nicht in den Gewändern, sondern im Geist. An Myrddins Seite betrat sie die Halle.

Vortigern, der König, nickte. Bei einem anderen Mann wäre es ein Zwinkern gewesen.

Demütig verbeugte sie sich vor Rowan, erwiderte ihren scharfen Blick mit einem gleichmütigen Starren, und nahm ihren Platz unter den sächsischen Frauen der Königin ein. Es war nur auf Zeit, das wußte sie nun.

Licht blitzte auf, und Tränen traten ihr in die Augen. Als sie nicht mehr geblendet war, war der Junge ohne Vater verschwunden. Mit einem Lächeln für Aelflaed machte sich Tangwen – nein, Linnet – an ihre Pflichten.

Wenn der rote Drache zurückkehrte, durfte er sie nicht untätig finden.

Würdigung

von Charles de Lint

Marion wird in meinem Herzen immer einen Platz haben – nicht nur wegen ihrer vielen guten Romane und Geschichten, die mir im Lauf der Jahre so gut gefallen haben, obwohl Gott weiß, daß dies schon Grund genug wäre. Wenn ich an die angenehmen Stunden denke, die ich mit Büchern wie *Die Nebel von Avalon* oder *Das Haus zwischen den Welten* und natürlich mit den Bänden der Darkover-Reihe verbracht habe, kann ich nur dankbar sein, daß sie sich entschlossen hat, zum Stift zu greifen und diese Geschichten zu erzählen, statt, sagen wir mal, Atomphysikerin zu werden.

Aber von den Büchern abgesehen hat mir Marion auch sehr geholfen, als ich meine eigene Laufbahn begann, hat einigen meiner frühen Kurzgeschichten in ihren Anthologien eine Heimat gegeben und war immer bereit, ein wenig konstruktive Kritik anzubringen, wodurch diese Geschichten erheblich lesbarer wurden. Solche Unterstützung ist für einen Schriftsteller-Anfänger unschätzbar, und nun, da ich seit über zehn Jahren hauptberuflich schreibe, kann ich nur staunen, wie sie überhaupt die Zeit dafür gefunden hat, mir und so vielen anderen zu helfen. Was immer Marion durch das Genre erhalten hat, sie hat ihre Schulden mehrfach zurückgezahlt.

Ich bin nicht sicher, ob meine eigenen Arbeiten von denen Marions beeinflußt wurden – einmal abgesehen davon, daß durch den kreativen Prozeß alles, was wir erleben, irgendwie Eingang in unsere Werke findet –, aber ein Konzept, das sie entwickelt hat, hat mir immer besonders gefallen: der Gedanke an eine Serie, die auf dem Schauplatz der Geschichten basiert und nicht unbedingt auf einzelnen Charakteren, die immer wieder auftauchen. Man beginnt, die Vertrautheit der Umgebung zu genießen und erfährt auch immer mehr über die Geschichte des Schauplatzes – hervorragende Eckpfeiler in einem Genre, das aus Marketinggründen immer mehr Trilogien, Serien usw. braucht – aber die einzelnen Geschichten können immer wieder von anderen Personen handeln. Da diese Personen nicht von Buch zu Buch weiterleben müssen, kann ihnen jederzeit alles zustoßen. Sie können sich so verändern, daß sie am Ende der Geschichte praktisch nicht mehr zu erkennen sind. Kurz gesagt, ihre Leben sind wie die wirklicher Personen, statt von den Gesetzen des Marktes diktiert zu werden.

Die Idee einer Serie mit einem durchgehenden Schauplatz ist eine wunderbare Sache, und obwohl es vielleicht nicht ursprünglich Marions Idee gewesen sein mag, bin ich ihr in Marions Werk zum erstenmal begegnet, und ich bin heute immer noch der Ansicht, daß in dieser Hinsicht nur wenige bessere Arbeit geleistet haben als sie.

Ich hoffe auf viele weitere Geschichten, mögen sie auf Darkover spielen, oder welchem Ort auch immer sie ihr Künstlerinnenauge zuwendet.

Die Hexe

von Lawrence Schimel

Beim Abendessen fiel der Hexe die Gabel aus der Hand.

»Ein Mann kommt«, sagte Avery.

Die Hexe zweifelte nicht an den Worten ihres Vertrauten. Er hatte die Zeichen immer besser lesen können als sie selbst.

»Ich frage mich, was er will«, sagte sie, wischte sich die Gabel am Rock ab und wußte, daß Avery es ihr schon würde sagen können. Sie starrte den Kater an, der keinerlei Anstalten machte, seine gelben Augen zu öffnen und sie anzusehen. Sein Schwanz peitschte hin und her entlang der Tischkante.

»Ein Liebestrank. Die Gabel ist nach Osten gefallen.«

Unwillkürlich wandte sich die Hexe dem Fenster zu, aus dem sie den Wald östlich ihres Häuschen sehen konnte. Sie fragte sich, ob er wohl aus dieser Richtung kommen würde, ein Reisender. Sie würde ihn fragen... Aber nein, wahrscheinlich kam er aus dem Süden, aus der Stadt. Beinahe hätte sie Avery gefragt, aber dann hielt sie lieber den Mund. Der Kater zuckte weiterhin schweigend mit dem Schwanz und hielt die Augen geschlossen.

Nach dem Essen räumte die Hexe sorgfältig ihr Haus auf, während sie auf den Fremden wartete. Es war wichtig, sich im rechten Licht zu zeigen. Sie stellte Gegenstände vor den Kamin, so daß sie Schatten ins

Zimmer warfen. Die Schatten flackerten wie lebendig, als die Flammen an den Scheiten leckten.

»Er ist da«, sagte Avery, ohne den Kopf vom Tisch zu heben, wo er auf dem Rücken lag.

Nervös sah sich die Hexe noch einmal um, ob auch alles im Zimmer am rechten Platz war. Sie konnte Überraschungen nicht ausstehen. Sie hätte gern noch ein paar Minuten gehabt, um sich selbst auf die Begegnung vorzubereiten, doch nun eilte sie zur Tür. Averys Gehör war dem ihren erheblich überlegen, aber selbst sie konnte schon bald die Schritte auf dem Weg zu ihrer Tür vernehmen. Sie hielten inne. Der Fremde blieb stehen, um seinen ganzen Mut zusammenzunehmen, und gerade, als er den Arm hob und klopfen wollte, riß die Hexe die Tür auf und rief: »Kommt herein, kommt herein. Ich habe Euch schon erwartet.« Sie drehte sich um und überließ es ihm, ihr in den absichtlich verdunkelten Raum zu folgen. Im Geist dachte sie über das Aussehen des Fremden nach; sie hatte irgendwie jemanden erwartet, der größer war. Nein, eigentlich nicht größer, eher älter. Sie hatte Trent erwartet, das war alles. Aber Trent würde nie wieder zu ihr zurückkommen. Jetzt nicht mehr, nicht, nachdem sie...

Sie verbannte ihn aus ihrem Geist und wandte sich dem Jungen zu, der ihre Hilfe suchte. »Also, für einen Liebestrank müßt Ihr mir ein paar von ihren persönlichen Gegenständen bringen.« Er kann nicht mehr als fünfzehn Lenze zählen, dachte sie. Jünger als diejenigen, die üblicherweise um einen solchen Zauber kamen. »Und ich warne Euch, es wird nicht einfach sein, sich in den Besitz dieser Gegenstände zu bringen. Ich brauche eine Locke von ihrem Haar, und das ist noch das Einfachste. Aber ich brauche auch ihr Blut, nicht irgendein Blut, sondern das ihrer Menses. Ihr werdet einen Weg finden müssen, es Euch zu verschaffen. Es macht nichts, wenn es getrocknet ist, also könnt Ihr auch die Tücher nehmen, die sie dann benutzt, immer vorausgesetzt, es sind genug davon. Ohne das gibt es keinen Liebestrank. Und ich brauche –« Die Hexe hielt inne. Der Junge hatte sie nicht angesehen, und er wirkte ... nicht unbedingt abgelenkt, aber etwas Ähnliches. Sie war daran gewöhnt, daß die Leute unruhig waren, wenn sie zu ihr kamen, aber das hier war etwas anderes. »Was ist denn?« fragte sie ungläubig, denn sie hatte einen Ruf zu verlieren, und sie hatte aus irgendeinem Grund das Gefühl, mit diesem Jungen vorsichtig sein zu müssen, als sei ihr Wunsch, Trent möge wiederkommen, von der Sorge um diesen Jungen ersetzt worden. »Ihr seid doch wegen eines Liebestranks hier, oder?« Hatte Avery sich etwa geirrt? Er war so gut darin, die Zeichen zu lesen, aber es gab für alles ein erstes Mal.

»Es geht nicht um ein Mädchen«, sagte der Junge mit leiser, aber fester Stimme.

Die Hexe lachte. Sie strengte sich so sehr an, ihre Kunden einzuschüchtern, indem sie im voraus wußte, was sie von ihr wollten. Diese Angst machte die Kunden meist gehorsam und großzügig und bewahrte die Hexe im allgemeinen davor, sich allzu viele Sorgen zu machen, daß sie eines Nachts aufwachen könnte, weil ihr das Haus von dummen Bauern über dem Kopf angezündet worden war. Aber diesmal war sie zu weit gegangen.

»Könnt Ihr mir etwas geben?«

Der Junge war so ernsthaft, daß er das Herz der Hexe gewann. Ich werde eindeutig zu alt für diese Arbeit, dachte sie. Oder vielleicht war sie einfach zu lange allein gewesen. Seit Trent sie verlassen hatte ...

»Ja, das kann ich. Aber es wird mehr kosten, weil ich ein paar Nachforschungen anstellen muß. Solche Tränke werden nicht allzuoft verlangt, versteht Ihr.«

Der Junge nickte. »Ich werde so lange für Euch arbeiten, wie es nötig ist, um es abzubezahlen.«

Wieder sah die Hexe ihn an, und wieder mußte sie sich anstrengen, um ihre Überraschung zu verbergen. Wieso unterschätzte sie diesen Jungen immer wieder? Er hatte kein Geld, das war deutlich genug gewesen. Er war nur zu offensichtlich ein Bauernjunge mit sonnenverbrannter Haut, ährenblondem Haar und leuchtendblauen Augen. Er war noch jung, aber an seiner schlanken Gestalt zeigten sich bereits Muskeln, die auf harte Arbeit hinwiesen. Sie hatte schon oft handeln müssen, aber dabei war es immer um Vieh gegangen oder Lebensmittel oder irgendwelche anderen Dinge, nie um Arbeit. Aber sie mochte diesen Jungen, und sie war beeindruckt von seinem Mut und seiner Entschlossenheit. Es war viele Jahre her, seit sie einen Lehrling gehabt hatte, der ihr half.

»Dann erwarte ich dich morgen bei Sonnenuntergang, und danach jeden Abend, bis ich der Ansicht bin, daß die Bezahlung geleistet wurde.«

Der Junge sah die Hexe einen Augenblick lang an, unerschrocken, aber nicht frech. Abschätzend vielleicht. Schließlich nickte er und ging.

Die Hexe lächelte. Sie konnte sich vorstellen, daß er nicht mehr so schweigsam sein würde, wenn er sie erst einmal besser kannte. Es würde angenehm sein, dachte sie, einen anderen Gesprächspartner als Avery zu haben.

»Du bist heute ja in bester Laune«, beschwerte sich Avery.

Die Hexe dachte einen Augenblick über die Bemerkung der Katze nach und stellte fest, daß sie nervös auf die Rückkehr des Jungen wartete. Sie verkniff sich eine boshafte Antwort und beschäftigte sich im Haus, richtete Unordnung an, damit der Junge etwas aufzuräumen hatte.

»Aber wozu? Es gibt wahrhaftig genug zu tun.«

Die Hexe ignorierte den Kater, wie er es seinerseits so oft mit ihr tat. Sie wollte, daß der Junge gleich auf die richtige Art begann und nicht faul wurde. Sie würde ihm nichts beibringen können, wenn er nicht bereit war, sich darauf einzulassen. Und sie hatte auch ihren Ruf zu wahren; sie wollte nicht, daß er in der Stadt irgendwelche Geschichten über sie und ihr Leben erzählte.

»Du verstehst wohl«, sagte sie dem Jungen, als er exakt zu Sonnenuntergang bei ihr eintraf, »daß du über nichts, was in diesem Haus vorgeht, sprechen darfst – mit niemandem. Nicht mit deinen Eltern, nicht mit deinen Freunden. Nicht einmal«, fügte sie mit einem Lächeln hinzu, »mit deinem künftigen Geliebten.« Er lief dunkelrot an, selbst sein Hals wurde rot bis zum Kragen des Kittels.

Sie wollte auch nicht zu schnell allzu vertraut mit ihm werden, und daher neckte und schikanierte sie ihn gnadenlos. Sie erprobte ihn, erforschte seine Denk- und Lernfähigkeit – und seine Bereitschaft zu gehorchen, denn wenn es um Zauberei ging, würde es mitunter lebenswichtig sein, daß er ihren Befehlen exakt folgte, ohne sie zu hinterfragen, auch wenn die Situation ganz anders aussah, denn sonst konnte ein Bannspruch schiefgehen und sie beide zerstören. Glaube war oft schon der halbe Kampf. Besonders, wenn es um einen Liebestrank ging.

Das erwünschte Gebräu herzustellen, war einfacher, als sie verraten hatte, aber die Hexe war über die Anfrage so verblüfft gewesen, oder davon, daß ihre Vermutungen falsch gewesen waren, daß sie weiterhin so tat als ob und den Zeitpunkt herausschob, an dem sie dem Jungen den Trank gab, den sie bereits zubereitet hatte. Sie teilte ihrem neuen Helfer die verschiedensten Pflichten zu, ließ ihn schwierig zu beschaffende Zutaten für andere Mittelchen auftreiben oder solche, die ihn in Kontakt mit dem Ersehnten bringen würden, damit eine Verbindung zwischen ihnen entstand.

Der Junge kam jeder Bitte nach, ohne zu murren. Jeden Abend, kurz vor Sonnenuntergang, erschien er vor dem Häuschen der Hexe. In der ersten Woche stieß Avery vor seiner Ankunft jeweils noch eine Warnung aus, aber bald akzeptierte selbst der Kater seine Gegenwart, und der Junge hatte oft schon mit seiner Arbeit begonnen, ehe die Hexe überhaupt merkte, daß er da war.

Sie stellte ihm viele Fragen, über das Leben im Dorf und besonders über seinen Freund. Seine Antworten waren meist einsilbig und beschränkten sich auf ein Ja oder ein Nein. Nicht, weil er vor ihr Angst gehabt hätte, sondern weil er immer einfach und direkt antwortete, und lieber schwieg, wenn er nichts zu sagen hatte. Aber die Antworten wurden bald ausführlicher, als die Romanze sich zu entwickeln begann.

»Heute hat er mich geküßt.«

»Wir haben gestern, nachdem ich hier weggegangen war, Händchen gehalten, und wir haben noch lange unter der Ulme am Kreuzweg gesessen, uns unterhalten und die Sterne beobachtet.«

Aber nie berichtete er ungefragt über diesen Teil seines Lebens. Er schien zu schüchtern, zu verlegen, selbst nachdem die Hexe das Gefühl hatte, er sei inzwischen mit ihr und dem Haus einigermaßen vertraut. Er war aufmerksam und freundlich und kümmerte sich oft auch um Dinge, um die sie ihn gar nicht ausdrücklich gebeten hatte, einfach weil ihm auffiel, daß etwas getan werden mußte: er brachte Wasser vom Fluß, reparierte eine Lücke im Zaun, pflanzte die Kräuter auf dem Fensterbrett um.

Die Hexe genoß seine Anwesenheit, und die Tatsache an sich, wieder einmal Gesellschaft zu haben, aber sie hörte auf, ihn am Abend lange zu beanspruchen, damit er mehr Zeit mit seinem Freund verbringen konnte. Das war ja schließlich der ursprüngliche Zweck seines Kommens gewesen, und es schien irgendwie falsch, ihm das nun zu verweigern, obwohl es ihr Recht gewesen wäre, die Bezahlung zu verlangen, die sie wollte. Die Hexe betrachtete seine Arbeit im Haus kaum mehr als Bezahlung; er war, wie ihr nicht ohne Schrecken klargeworden war, ein Freund geworden. Sie hatte keinen anderen Menschen mehr so nahe an sich herangelassen, seit Trent so grausam war... Seit sie Trent davongejagt hatte... Plötzlich fühlte sie sich verwundbar.

Sie beschloß, gnadenlos zu sein, den Jungen mit Neckereien und Arbeit auf Abstand zu halten, wie sie es mit jedem anderen Lehrling getan hätte. Aber wenn sie es versuchte, merkte sie, daß sie es nicht konnte, und statt dessen hörte sie begierig zu, wenn er von seinen jüngsten romantischen Abenteuern berichtete. Die beiden Jungen waren inzwischen unzertrennlich, wenn sie nicht gerade arbeiteten, und sehr verliebt, wie es aussah. Die Hexe war zufrieden mit ihrer Kunstfertigkeit. Und der Junge war so glücklich, daß sie es nicht über sich bringen konnte, dieses Glück zu stören, indem sie ihn plötzlich grundlos zurechtwies. Jedesmal, wenn der Junge von seinem Geliebten sprach, spürte sie, wie sehr Trent ihr fehlte, aber sie freute sich auch für den Jungen, und das tröstete sie. Entschieden zu alt für diese Arbeit, dachte sie, und all ihre unterdrückten mütterlichen Gefühle schossen an die Oberfläche.

Und wie bei allen Müttern kam die Zeit, daß sie ihr Junges aus dem Nest werfen mußte. »Du kannst gern wieder herkommen, du bist jederzeit willkommen. Ich würde mich tatsächlich sehr darüber freuen. Aber wenn du kommst, solltest du es aus freiem Willen tun. Du hast deine Verpflichtungen schon lange erfüllt.«

Der Junge schaute nachdenklich drein, und die Hexe spürte, wie sich ihr Magen vor Unruhe zusammenzog. Instinktiv wußte sie, daß er sie jetzt verlassen würde, und obwohl sie vorgehabt hatte, ihn aus dem Nest zu stoßen, hätte sie doch nie geglaubt, daß er tatsächlich davonfliegen würde.

Der Junge sprach langsam und gewählt, und er schaffte es, ihr die ganze Zeit in die Augen zu sehen. »Ich danke Euch für dieses Angebot. Aber wir werden nun nach Westen ziehen, wo mein Geliebter Besitz hat, den ihm sein Vater überlassen hat. Wir haben vor, dort zu wohnen und ein wenig freier zu sein von den Vorurteilen, mit denen wir in der Stadt zu tun haben, wo die Menschen unsere Liebe nicht anerkennen wollen.«

Die Hexe fühlte sich verraten. Nach allem, was sie für ihn getan hatte, nachdem sie ihn zu ihrem Lehrling herangezogen und ihm all die magischen Geheimnisse gelehrt hatte, die zu lernen sie ihm zugestehen konnte, verließ er sie nun. Sie war froh, keine Kinder von eigenem Fleisch und Blut zu haben. Sie stellte sich vor, daß es noch schmerzhafter sein mußte, wenn diese das Nest verlassen mußten.

Sie spürte, daß sie sich in einen festen Gefühlsknoten zusammenzog, den sie nie wieder verlassen wollte. Sie wußte, man mußte sich öffnen können, um Glück zu empfinden, und dabei bestand immer die Gefahr, daß man litt – und sie war in diesen vergangenen Monaten, seit er zu ihr kam, glücklicher gewesen als in vielen Jahren zuvor –, aber es fiel ihr schwer, den Jungen nicht unwillkürlich anzugreifen, weil er, ohne es zu wollen, der Auslöser dieses Schmerzes war, und weil er sich nicht so verhielt, wie sie es gehofft hatte. Aber wann hatte er sich schon je so verhalten?

»Nun, ich bin froh zu hören, daß mein Trank Erfolg hatte und daß er dich so sehr liebt.«

Der Junge wandte den Blick ab und schwieg.

»An diesem Punkt wäre es vielleicht angemessen, wenn du dich bedanken würdest.«

»Ich ... äh ...«

»Was es auch sein mag – du kannst es mir sagen. Das weißt du doch, oder?«

Er holte tief Luft. »Ich habe ihm den Trank nie gegeben. Ich hab ihn verschüttet, ehe ich die Gelegenheit dazu hatte.« Er lief rot an, an Hals und Gesicht.

Hundert Gedanken und Gefühle verwirrten Herz und Geist der Hexe. Sie ignorierte sie alle und versuchte, vernünftig zu denken. »Wenn du den Trank nicht benutzt hast, wieso hast du dann die ganze Zeit für mich gearbeitet?«

»Ihr hattet Eure Hälfte des Handels eingehalten, und ich war der Ansicht, es sei nur gerecht, wenn ich auch die meine erfüllte, obwohl ich, durch meinen eigenen Fehler, nicht nutzen konnte, was ich erworben hatte.«

»Und du hast mir nie gesagt, daß er sich von ganz allein in dich verliebt hat.«

»Ihr habt nie gefragt. Und ich wußte nicht, wie ich es Euch sagen sollte, ohne daß Ihr Euch aufgeregt hättet, weil Ihr doch sagtet, es sei so schwierig, den Trank zu brauen, und ich ihn verschwendet habe. Ihr habt immer angenommen, er hätte sich wegen Eures Liebestranks in mich verliebt, und es war das einfachste, Euch nicht zu widersprechen.« Einen Moment lang senkte er den Blick, dann sah er die Hexe wieder an. »Aber irgendwie bin ich auch froh«, meinte er. »Daß ich diesen Trank nicht angewendet habe. So hat er sich um meiner selbst willen in mich verliebt. Er ist nicht durch Zauber dazu gezwungen worden. Ich weiß, daß er mich wirklich liebt.«

Die Hexe war sofort eifersüchtig, weil sie ununterbrochen den Erfolg des Jungen mit ihrer eigenen mißlungenen Liebesgeschichte verglich; sie beneidete ihn darum, daß ihn alles, was auch geschah, zum erstrebten Ziel führte.

Nein, nicht alles. Sie würden weiterhin Vorurteilen und Haß und Unverständnis begegnen, ganz ähnlich den Vorurteilen, die sie erfahren hatte, weil man sie fürchtete und falsch verstand. Selbst Trent – das gab sie nun zum ersten Mal vor sich selbst zu –, selbst Trent hatte sie nicht verstanden oder ihr nicht getraut, und sie hatte sich nie erlaubt, sich um sein Vertrauen zu bemühen. Diese beiden schienen perfekt zueinander zu passen, und sie war froh, daß sie einander gefunden hatten und sich aneinander halten konnten, um sich der Welt zu stellen.

»Also gut«, sagte sie schließlich und ließ den Jungen gehen, weil sie wußte, daß ihr nichts anderes übrigblieb. »Du mußt deinen eigenen Weg gehen. Ich möchte dich allerdings um etwas bitten: Ich möchte ihn kennenlernen, bevor ihr geht.« Ich möchte diesen Jungen sehen, der dich mir stiehlt – das ließ sie ungesagt. Sie zwang sich zu lächeln, und der Junge lächelte zurück und nickte, und in diesem Augenblick wußte die Hexe, daß in seinem Herzen nie Platz für sie gewesen war, nur für seine Liebe, und bestimmt nicht für eine alte Hexe, die noch jeden davongejagt hatte, den sie liebte.

Salve Regina

von Melanie Rawn

Ihre Knochen waren taub vom Knien auf kalten Steinen. Auf dem Steinboden neben den Betten ihrer fiebernden Kinder; auf den Kieseln neben den Gräbern ihrer Eltern, ihrer Schwester, ihres Neffen und ihrer Freunde und ihres lieben Mannes; auf den groben Steinplatten der Kirche, vor dem Altar und den Kerzen – sie kniete und flehte und weinte und betete den ganzen Winter lang, bis ihre Knochen taub wurden.

Der Priester stand aufrecht neben den Totenbetten, neben den Gräbern, vor dem Altar, intonierte die heiligen, unverständlichen Worte des Wahren Glaubens. Er rief Christus an, Hunger und Krankheit zu beenden, sie von giftigem Wasser und sterbendem Vieh und unfruchtbarem Boden zu erlösen. Er stand aufrecht inmitten der Heiligen Reliquien und des Weihwassers, der Kerzen und des Kelchs, den ihr eigener lieber Mann mit kunstfertiger Hand geschaffen hatte, und neben Monseigneur le Barons Silbergaben.

Von dem des Priesters einmal abgesehen, waren alle Köpfe im Dorf vor Reue über die Sünden gesenkt – wegen tatsächlich begangener Sünden, wegen nur vorgestellter und auch wegen den unbekannten. Die Frau des Müllers geißelte sich blutig; sie starb vier Tage später, also war klar, daß sie nicht genug bereut hatte. Die schwächliche neugeborene Tochter des Bäckers weinte nicht, als das Weihwasser ihre Stirn berührte; sie starb am nächsten Morgen, also war klar, daß der Teufel bei der Taufe nicht aus ihr gewichen war. Den ganzen Winter über gab es Asche und Opfergaben, Gelübde und Messen. Die Sterbenden beichteten, erhielten die Absolution, schmeckten zum letzten Mal Wein und Hostien. Die Lebenden flehten Gottvater und Christus den Sohn an, sie zu retten, Gnade zu haben, ihnen zu enthüllen, worin sie gesündigt hatten, damit sie bereuen konnten und die Schrecken aufhörten.

Die Schrecken nahmen kein Ende.

Schlimmer als Kälte und Hunger, schlimmer noch als der Tod ihres Mannes war, daß die Kinder sie nicht mehr erkannten. Ihre schmächtigen Körper brannten im Feuer der Hölle (und warum nur, denn sicher hatten diese Kleinen noch keine Sünde auf ihre jungen Seelen geladen). Ihr eigener Leib war taub, ebenso wie Herz und Geist, und der endlose Schrecken brannte hinweg, was sie einmal gewesen war.

Noch im letzten Sommer war sie rundlich und hübsch gewesen, ihr Mann vom ganzen Dorf beneidet wegen ihrer rosigen Wangen, ihrem in der Sonne glänzenden Haar und ihrem strahlenden Lachen. Noch im letzten Sommer hatte sie ihr sechstes Kind empfangen, das in diesem Winter zu früh zur Welt gekommen war und zu kurz gelebt hatte, um auch nur getauft zu werden. Jetzt war sie hager und ausgemergelt, grau und leer. Sie würde keine Kinder mehr haben, und die fünf, die ihr geblieben waren, würden auch bald nicht mehr sein, wenn sie ihnen kein frisches Wasser geben konnte, keine Nahrung und keine wirksame Medizin gegen das Fieber.

Sie kannte keine Arznei. Es gab kein Essen. Das Wasser im Dorfbrunnen war verseucht, und sie wagte nicht einmal mehr, es zu benutzen, um die Stirnen ihrer Kinder zu kühlen, denn wer wußte schon, ob nicht das dazu führte, weitere Fieberdämonen in sie zu senken? Aber sie brauchten unbedingt Wasser – irgendwo mußte es doch sauberes, reines Wasser geben. Sie war ganz besessen vom

Gedanken an Wasser. Sie erinnerte sich an seine Kühle, die den Durst löschte und kleine Hände und Gesichter für die Messe am Sonntag reinwusch. Sie erinnerte sich daran, wie ihre Kinder die rosigen Fäuste bewegt hatten, als das Weihwasser ihre Stirnen berührte und sie dem Herrn weihte (mit Ausnahme dieses letzten Kindes, des Frühgeborenen, dessen Seele auf immer ruhelos bleiben würde – und warum nur, denn ein Neugeborenes konnte bestimmt nicht gesündigt haben).

Sie hatte keine Arznei und kein Essen – aber sicherlich gab es irgendwo Wasser, mußte es irgendwo Wasser geben.

Sie bat die Schwester ihres Mannes, deren Mann, der Schuster ebenfalls tot war, sich zu den Kindern zu setzen, während sie sich aufmachte, das Wasser zu suchen, das sie versprochen hatte. Sie nahm ihren Mantel und zwei Holzeimer mit ausgefaserten Seilgriffen und machte sich auf den Weg. Vorbei am Dorfbrunnen, vorbei an der Kirche, vorbei am Friedhof, vorbei an sterbenden Obstgärten und brachliegenden Feldern. Sie spürte, wie ihre alten, tauben Knochen unter Schmerzen wieder zum Leben erwachten, aber als ihr Herz und ihr Geist drohten, ebenfalls zu erwachen, sagte sie immer das Wort *Wasser* vor sich hin, ein Talisman, wie eine Reliquie, gegen Angst und Gedanken und Schmerzen.

Wasser, Wasser, Wasser.

Und dann, tief im Wald, konnte sie es riechen. Nicht in Stein gefangen, wie das Wasser im Dorfbrunnen, oder flach und glatt wie im Teich, sondern wild und frei und schnell über Felsen und Moos fließend.

Wasser.

Sie war schon tief im Wald, und sie gestattete sich nicht, darüber nachzudenken, denn sie wußte, daß sie sich sonst hoffnungslos verirren würde. Hätte sie sich gestattet, etwas zu empfinden, wäre sie verängstigt gewesen. Aber sie roch das Wasser und ging tiefer in den Wald hinein, dorthin, wo keine Tochter des Wahren Glaubens je gehen sollte, denn hier lauerten verbotene Höhlen und geheimnisvolle Dickichte und unheimliche Steingebilde, die kein lebender Mensch einreißen konnte, Steine, von denen man sagt, daß sie sich bei jeder Jahreswende erhoben und im bleichen, verderblichen Mondlicht tanzten.

Und dann hörte sie das Wasser auch, sein leises Lachen, das so sehr dem Lachen ihrer Kinder im vergangenen Sommer glich, daß sie aufschrie und schneller lief. Keine Wurzel, kein abgerissener Ast brachte sie zum Stolpern, keine Ranke, kein Zweig rissen sie zurück. Sie kam an einen breiten Bach aus klarem, lachendem Wasser. Weiches Moos ließ seine Ufer aussehen wie die dicken Kissen auf dem Sessel von Madame la Baronne. Bunte Blumen nickten über den kleinen Wellen wie Madames Töchter in ihren reizenden Kleidchen. Alte Eichen und anmutige Weiden flüsterten genau wie die Damen von Madame, wenn sie tratschend um den großen Kamin saßen, in dem immer ein Feuer brannte... Sie hatte all diese Dinge selbst gesehen, denn vor ihrer Heirat hatte sie in Madames Diensten gestanden. Aber all die Bequemlichkeiten und Farben des weit entfernten Châteaus waren nichts gegen dieses üppige Wunder des Wassers.

Das Moos gab sanft unter ihr nach, als sie auf die Knie fiel, um zu trinken. *Wasser, frisches Wasser, wie sie es seit Monaten nicht mehr geschmeckt hatte*. Sie schöpfte sich Handvoll um Handvoll in den Mund, über das Gesicht, riß sich das schmutzige Kopftuch ab und öffnete ihr Haar, um die Krankheit und die Trauer des Winters wegzuwaschen.

Als ihre Leere gefüllt und ihr Haar naß und sauber über ihren Rücken gebreitet war, hob sie den Blick zum weißgoldenen Sonnenlicht und sprach ein Dankgebet – nicht zu Gottvater oder Christus dem Sohn, sondern an die Muttergottes, deren Mitgefühl sicherlich für dieses Wunder verantwortlich war.

Die Stimme einer Frau antwortete ihr.

»Du bist hier immer willkommen, Tochter.«

Die Frauenstimme war tief und sanft und warm, wie eine Brise aus dem vergangenen Sommer. Sie drehte sich um, immer noch auf den Knien, und sah eine Frau neben einer der alten Eichen stehen. Weder jung noch alt, weder dunkel noch blond, weder ernst noch lächelnd – und dennoch all dies zur gleichen Zeit. Ihre Schönheit war von fleischlicher Art, aber auch von dem Geist bestimmt, der in ihren Augen blitzte, die die Farbe des Waldes hatten: erdbraun, weidengrün, sonnengold. Sie trug einfache weiße Gewänder, gerafft an Taille und Schulter. Um ihren Hals wand sich ein Band von Gold, und an den Handgelenken trug sie die passenden Armbänder.

Alle Taubheit, aller Schmerz waren verflogen. Sie schlug die Hände vors Gesicht und verbeugte sich tief vor der Gottesmutter.

»Wie heißt du, meine Liebe?«

Trotz allen Wassers wurde ihr Mund plötzlich trocken. Sie schluckte, biß sich auf die Lippen und stammelte, das Gesicht noch hinter den Händen verborgen: »Berthilde, Herrin.«

»Ah! Die Schimmernde – zweifellos wegen deines goldenen Haars. Das ist auch einer meiner Namen.« In ihrer leisen, warmen Stimme schwang auch ein Lächeln mit. »Ich habe so viele!«

Die Worte sprangen in ungezügelter Freude von Berthildes Lippen, denn hier hatte sie nun diejenige vor sich, die sie bezeichneten. »Himmelskönigin, Gottesmutter, Meerstern, Sitz der Weisheit, Heilige Jungfrau, Herrin des Lichts –« Sie hielt den Atem an und wagte, zwischen ihren Fingern hindurchzuspähen. Sie lächelte nun tatsächlich, sehr liebenswert und sogar mit einem Anflug von Humor.

»Herrin der Berge, der Tiere, des Waldes, des Sees«, sagte sie und nickte. »Eine ziemliche Liste! Und füg noch Namen wie Gaia hinzu, Isis, Hera, Ashtoreth, Brigid, Inanna, Britomartis, Var und tausend andere, die dir vermutlich noch weniger bedeuten, Schimmernde.«

Die Hände sanken zitternd auf die Knie, und plötzlich hatte sie Angst. »Herrin«, flüsterte sie, »diese Namen habe ich noch nie gehört, auch nicht, wenn der Priester die heilige Messe las.«

»Es sind nur Namen. Die mich kennen, wissen, wer ich bin.« Sie hielt inne und schüttelte den Kopf. »Der Priester gehört nicht dazu.

»Aber – gewiß dient er Euch doch!«

»Er nicht. In diesem Land dienen mir jetzt nur noch wenige.«

Berthilde senkte beschämt den Kopf. »Wir haben gesündigt, Herrin, das weiß ich. Woher würde sonst diese Plage kommen, diese Krankheit, die selbst die Stärksten von uns tötet? Wir sind des Opfers, das Euer heiliger Sohn gebracht hat, nicht würdig – wir haben Gottes Gebote nicht befolgt –«

»Im Gegenteil«, erwiderte sie, »ihr habt sie nur zu gut befolgt.«

»Ich bin nur eine Frau, ich verstehe solche Dinge nicht – aber ich flehe Euch an, süße Herrin, helft meinen Kindern! Befreit sie von dem Fieber, das sie und alle im Dorf tötet!«

»Deshalb bist du hergekommen, Tochter. Dies soll *dein* Werk sein. Bring deinen Kindern Wasser, und deinem Dorf und dem Vieh, das in den Ställen hungert, und dem verpesteten Brunnen und der müden Erde auf euren Feldern. Nehmt dieses reine, klare Wasser, und gebt mir dafür euren Dank.«

»Ich danke Euch wahrhaftig, Gesegnete Herrin –«

»Aber *nicht* so!« rief sie. »Es mißfällt mir, wie du da kniest, das Gesicht im Dreck. Steh aufrecht! Heb die Hände zur Wärme der Sonne!« Berthilde tat, wie ihr geheißen wurde, und die Dame lächelte. »Viel besser. Und nun zeig deine Dankbarkeit mit Freude, nicht mit Angst. Nimm das Wasser, Schimmernde, und kehre so oft zurück, wie du willst. Das Wasser und ich werden immer hier sein.«

Berthilde senkte ihre beiden Eimer tief in den Bach. Als sie sich umwandte, um der Herrin abermals zu danken, war sie allein, bis auf das Seufzen des Windes in den Weiden, der so sehr an den Sommer erinnerte, und den Tanz der Sonnenstrahlen auf dem Wasser.

Sie ging rasch ins Dorf zurück, leichten Schrittes und leichten Herzens, denn sie war sicher, daß es ihren Kindern bald wieder gutgehen würde, und das Gras würde wachsen, die Obstgärten würden blühen, die Ernten würden gedeihen, das Vieh fett werden und süße Milch geben. Diese ersten zwei Eimer waren für ihre Kinder, dann für die Kränksten im Dorf, und selbstverständlich für den Priester. Danach waren die anderen Leute an der Reihe, dann würden die Tiere und das Land selbst trinken, und alle würden geheilt werden.

Aber als sie an den welkenden Apfelbäumen vorüberkam, konnte sie nicht anders, als die Eimer abzusetzen und eine Handvoll Wasser für einen Baum zu schöpfen, der ihr besonders ans Herz gewachsen war. Unter seinen Ästen, die damals schwer von Frühlingsblättern und weißen Blüten und dem Versprechen süßer Früchte gewesen waren, hatte ihr Mann sie zum erstenmal geküßt. Sie besprenkelte die trokkene Erde an den Wurzeln des Baums mit dem Wasser und trat zurück. Sie wartete, hielt den Atem an.

Der Apfelbaum zitterte, schien die Fäule und die Kälte abzuschütteln. Zarte grüne Sprossen erschienen. Sie schrie voller Staunen auf und griff nach den Eimern, eilte nach Hause, um zu sehen, wie das Wunder bei ihren Kindern geschah.

Aber Vorsicht ließ sie ihre Schritte wieder verlangsamen, als sie sich dem Dorf näherte. Beim letzten Neumond war der Gerber, der den langen Weg vom Château nach Hause kam, von maskierten Männern überfallen worden, die ihm das Mehl stahlen, das er für die Reparatur von Monseigneurs Lieblingssattel erhalten hatte. Wenn die Leute dieses frische Wasser sahen, würde auch sie zerschlagen und blutüberströmt zu ihrer Schwelle kriechen müssen – nachdem man ihr etwas viel Wertvolleres gestohlen hatte als das Mehl für einen einzigen Laib Brot. Das konnte sie nicht riskieren. Sie schämte sich für ihr Mißtrauen, aber sie mußte zuerst an ihre Kinder denken und an die gesunde rosige Farbe, die an die Stelle der hektischen Fieberröte auf ihre Wangen treten würde. Also nahm sie den Umweg um das Dorf herum, damit niemand sie sah. Und ungesehen kam sie schließlich wieder in ihrem eigenen Haus an.

Die Kinder waren allein. Die Schwester ihres Vaters war nicht, wie versprochen, bei ihnen geblieben. Einen Augenblick lang war Berthilde zornig, dann zuckte sie die Achseln, denn es war nicht wichtig. Schnell nahm sie einen Becher – ihren Hochzeitsbecher, den ihr Mann aus gutem Zinn gefertigt hatte, aufpoliert zum Glanz von Silber – vom Regal über der kalten, toten Feuerstelle und tauchte ihn ins Wasser.

Zuerst Margot, sie war die Jüngste. Madeleine, Arnaud, Anne, Jean. Sie stand neben ihren kleinen Betten, hob ihre müden Hände und sandte einen wortlosen Dank an die Himmelskönigin, als der Atem der Kinder leichter wurde und ihre brennende Haut abkühlte.

Anne rührte sich, öffnete die Augen und flüsterte: »Maman?«

Berthilde weinte und lachte und zog ihre Kinder an die Brust. Nach einiger Zeit, als die Kleinen wieder in heilenden Schlaf gefallen waren, nahm sie die Eimer und machte sich auf zum Haus des Schmieds; er war krank und seine Familie dem Tode nah, sie sollten das Wasser als erste bekommen.

Die Schmiede lag hinter der Kirche. Als sie sich dem grauen Steingebäude näherte, wußte sie, daß sie als erstes dem Priester Wasser geben mußte. Er war die Stimme Gottes in diesem Dorf, ein ehrlicher und heiliger Mann, nicht wie sein lange verstorbener Vorgänger, der immer nach Bier gerochen hatte. Père Jerome ging jeden Tag in jedes Haus, um zu trösten und die Beichte zu hören und die Letzte Ölung zu geben. Er würde besser als sie wissen, wessen Not am größten war.

Also trug sie die Eimer die drei Stufen (Symbole der Heiligen Dreifaltigkeit) hinauf und unter dem Türsturz mit seiner geschnitzten Jungfrauenfigur hindurch. Als sie unter dem Bild stand, blickte sie auf. Obwohl dieses steife, hölzerne Gesicht in nichts der warmherzigen Liebenswürdigkeit der Frau im Wald ähnelte, glaubte sie zu sehen, daß ein Lächeln ihre Lippen umspielte.

Der Priester war am Altar, aber in einer Haltung, in der Berthilde ihn nie zuvor gesehen hatte: Auf den Boden geworfen, die Arme ausgestreckt, die Fäuste geballt und das Gesicht auf den kalten Stein gedrückt. Entsetzt blieb sie stumm am Eingang stehen und hörte, wie er aufschrie und gepeinigt mit den Fäusten auf die Steinplatten einschlug.

»Nein«, hörte sie sich selbst sagen, setzte die Eimer ab und eilte zu ihm. Sie bückte sich, berührte ihn an der Schulter. »Nein, das dürft Ihr nicht, Père Jerome! Vergeßt Eure Verzweiflung, wir sind gerettet!«

Mühsam erhob er sich; ein hochgewachsener, magerer, asketischer Mann mit brauner Kutte und einem schönen Elfenbeinkreuz, das an einem Lederband um seinen Hals hing. Er wischte sich die Tränen von den Wangen und starrte Berthilde an.

»Gerettet? Nachdem erst heute drei weitere krank geworden und zwei gestorben sind? Was kann man anders tun als verzweifeln, wenn es mehr Tote gibt als Gräber, sie zu begraben?«

»Niemand wird mehr sterben.« Sie zog ihn am Ärmel zur Tür zurück und zeigte ihm das Wasser. »Ich habe es gefunden – nein, die Heilige Jungfrau hat mich hingeführt, und ich habe sie *gesehen*, Père Jerome. Ich sah sie, und sie sprach zu mir, und –«

»Du –« Er hielt inne und wich vor ihr zurück. »Berthilde, wo hast du dieses Wasser her?«

»Ich werde Euch alles sagen, aber zuerst müßt Ihr trinken. Euch ist nicht wohl; ich kann Euch ansehen, daß auch Ihr Fieber habt. Trinkt, Père Jerome. Bitte.«

Er schöpfte eine Handvoll Wasser, schnupperte mißtrauisch daran, trank aber nicht. »Sag mir, wo du auf diesem verseuchten Land frisches Wasser gefunden hast, und dann werde ich entscheiden, ob ich trinke oder nicht.«

Also erzählte sie ihm vom Wald, von dem Bach, von der Gottesmutter, vom Wasser und dem Apfelbaum. Und die ganze Zeit tropfte das gesegnete Wasser zwischen seinen Fingern hindurch auf die Steine.

Seine dunklen Augen waren noch dunkler, sein Blick grimmig. Als sie schließlich alles berichtet hatte, bekreuzigte er sich und murmelte viele der heiligen Worte, die sie nicht verstand.

Er sah sie mit strengem, besorgtem Blick an und sagte: »Berthilde, es gibt einiges, was ich herausfinden muß. Fragen, die du beantworten solltest. Wirst du das tun?«

»Selbstverständlich, Père Jerome.«

»Diese Frau, die du gesehen hast. Trug sie einen blauen Mantel?«

»Nein. Sie war ganz in leuchtendes Weiß gekleidet – feiner noch als die feinsten Kleider von Madame La Baronne.«

»War sie von Licht umgeben? Von einer Aura?«

»Ich verstehe dieses Wort nicht, Père Jerome.«

»Ein Heiligenschein, wie du ihn bei Christus auf dem Kapellenfenster des Châteaus gesehen hast.«

»Nein, aber Sonnenschein umgab sie, als wäre dort, wo sie ist, ewiger Frühling.«

»Trug sie ein Buch in der Hand? Oder vielleicht eine Lilie?«

»Nein, aber sie trug ein Halsband und goldene Armbänder, gewunden und geflochten.«

»Sprach sie mit Ehrfurcht von Unserem Herrn und Seinem Sohn Jesus Christus, und sagte sie, sie habe ihren Segen, dir das Wasser zu zeigen?«

»N-nein«, meinte sie, langsamer nun. »Aber sie sprach von Gottes heiligen Geboten.«

»Und was sagte sie darüber?«

»Daß – daß wir sie nur zu gut befolgt hätten. Und daß ihr in diesem Land nur noch wenige dienen, oder sie als das erkennen, was sie wirklich ist.«

»Du sagst, sie hat dir viele seltsame Namen genannt. Was waren das für Namen, die sie sich selbst gab?«

»Ich kann mich nicht erinnern, Père Jerome. Ich bin nur eine einfache, dumme Frau. Ich habe nichts gelernt –« Sie zögerte, versuchte, sich an den Klang der Namen zu erinnern, dann sagte sie schüchtern: »Sie sagte allerdings, mein Name bedeute ›Die Schimmernde‹, und auch dies sei einer von ihren Namen.«

»War einer davon –« Und hier senkte er die Stimme zu einem Flüstern. »– Ashtoreth?«

»Ja! Ashtoreth – und ein Wort ähnlich dem Namen meiner Tochter, Anne –«

Der Priester bekreuzigte sich mehrmals und sprach sehr schnell in der heiligen Sprache. Dann packte er Berthilde bei den Schultern und starrte ihr eindringlich in die Augen.

»Du bist betrogen worden, verführt von den schrecklichen Mächten des Bösen. Ich danke dem Allmächtigen Gott, daß er dich hier in Seine Heilige Kirche geschickt hat, bevor deine Einfalt deine unsterbliche Seele in furchtbare Gefahr führen konnte.«

Berthildes Herz schlug schneller vor Angst. »Père Jerome«, hauchte sie, »was habe ich denn getan?«

»Es ist wahr, daß du dumm bist, und daher ein sehr einfaches Opfer. Es ist mein Fehler, daß ich dich nicht strenger unterwiesen habe.« Er senkte den Kopf, der kleine Kreis seiner Tonsur bleich und nackt oben auf seinem Schädel. »Aber welcher Priester, der Hirte einer so sanftmütigen Herde wird, würde schon glauben, daß seine Schafe anderer Sünden als der kleinen, alltäglichen fähig sind – nicht davon zu reden, daß man sie so sehr in die Irre führen kann? Ich habe keine strengen, warnenden Worte gesprochen – ich hielt es nicht für notwendig. Und darin habe ich gefehlt.« Wieder sah er sie an und fuhr fort. »Ich bereue meine Sünden und werde etwas gegen dein Unwissen unternehmen. Es war nicht die Mutter Gottes, die du sahst, sondern eine Abgesandte Satans.«

»Nein!« rief sie. »Das war sie nicht, das kann nicht sein –«

»Ich sage dir, sie war es. Hättest du wirklich die Gottesmutter gesehen, dann hätte sie einen blauen Mantel getragen, denn Blau ist ihre Farbe. Ihr Kopf wäre von einem Lichtschein umgeben gewesen, denn sie ist die Himmelskönigin. Sie hätte ein Buch in der Hand gehabt, wie sie es bei sich trug, als der Erzengel Gabriel zu ihr kam, oder die Lilie, die er ihr als Zeichen dafür reichte, daß sie gebenedeit unter allen Frauen war. Sie hätte dir gesagt, daß sie aus Mitleid vor Gott und Christus gefleht hat, dir helfen zu dürfen, indem sie dir Wasser gibt. Statt dessen –«

Sie zitterte, wagte kaum zu atmen.

»Statt dessen trug sie schimmerndes Weiß, so hell wie der Stern Luzifers, bevor er in den Abgrund stürzte. Hat sie nicht gesagt, die Schimmernde sei einer ihrer Namen? Und das Halsband und die goldenen Armbänder – waren sie nicht wie Schlangen um ihren Hals und die Arme? Die Namen, mit denen sie sich bezeichnete – o Berthilde, der Name Ashtoreth ist ein Wort, das in der Heiligen Schrift wieder und wieder verdammt wird! Und was das angebliche Wunder mit dem Apfelbaum angeht – erinnerst du dich denn nicht, daß es ebenjene Frucht in der Hand einer Frau war, die zur Verbannung aus dem Paradies führte? Du hast nicht die Heilige Jungfrau gesehen, du hast nicht die Muttergottes gehört! Du sahst und hörtest den Teufel!«

Überwältigt von Angst und Verwirrung rief sie aus: »Aber sie war so schön, so sanft – sie hat mich angelächelt –«

»Und du glaubst nicht, daß Satan jede Gestalt annehmen kann, um dumme Frauen in die Irre zu führen? Welch großes Vergnügen muß es ihm bereitet haben, dich zu seinen Füßen statt vor Gott knien zu sehen!«

»Sie bat mich, *nicht* zu knien, sondern meine Hände zu freudigem Dank zu erheben –«

»Was nur noch einmal beweist, daß es nicht die Muttergottes war! Vor ihr sollten alle Menschen, und besonders die Frauen, niederknien, denn sie allein ist ohne Sünde!«

»Nein, Père Jerome – bitte, nein –«

»Du hast dich mit dem zusammengetan, der all dieses Übel über uns gebracht hat! Wenn wir uns von Gott abwenden, wer wartet nur darauf, sich unserer zu bemächtigen? Uns zu quälen? Unser Leben zu einem Vorgeschmack der Hölle zu machen, die uns alle in Ewigkeit erwartet?«

Sie mußte hart dagegen ankämpfen, daß es ihr die Kehle zuschnürte, aber sie protestierte: »Aber – aber meine Kinder – es geht ihnen viel besser, sie schlafen friedlich und haben kein Fieber mehr – das Wasser hat sie geheilt –«

»Dieses Wasser ist verflucht«, rief er mit dröhnender Stimme und stieß mit dem bloßen Fuß beide Eimer um. Er bekreuzigte sich und sagte: »Es kann geweihtem Boden nicht schaden.«

Berthilde stöhnte. »Es wird uns retten – die Menschen, die Tiere, die Ernte – es hat den Apfelbaum gerettet –«

»Der Baum muß gefällt werden, denn jede seiner Früchte wird verflucht sein. Du und deine Kinder, die von dem Wasser getrunken haben, sind verflucht, bis ihr gebeichtet und Buße getan habt. Vielleicht wird auch eine Austreibung nötig sein.« Er fixierte sie mit dunklen, glühenden Augen. »Knie nieder und danke dem Allmächtigen, daß er dich in Seine Heilige Kirche geführt hat, um deine Seele zu retten.«

Berthilde bebte wie ein Zweig im Wind. Ihre Knie zitterten – aber sie kniete nicht nieder. Sie konnte es nicht.

»Auf die Knie, und flehe den Herrn an, dir deine Sünden zu vergeben!«

Sie konnte es nicht.

Durch das dünne, abgewetzte Leder ihrer Schuhe spürte sie das Wasser, das auf den grobbehauenen Steinplatten kleine Pfützen bildete und ihr die Fußsohlen benetzte. Sie dachte daran, wie rein es geschmeckt hatte, wie kühl es sich auf ihrem Gesicht und in ihrem Haar angefühlt hatte.

Es konnte nicht verflucht sein. Es kam nicht vom Teufel. Es hatte den Apfelbaum wiederbelebt, *ihren* Apfelbaum. Es hatte ihre Kinder geheilt.

Sie kam sich nicht verflucht vor. Und sie konnte sich nicht niederknien.

Sie lief davon, durch die Tür mit der reglosen Holzstatue und die drei Stufen hinab, über den Kirchhof und durchs Dorf. Sie rannte am Apfelbaum und den brachliegenden Feldern vorbei, tief in den Wald hinein.

Die Dame wartete auf sie.

»Deinen Kindern geht es gut.«

Berthilde nickte wortlos.

»Warum bist du dann betrübt? Du bist eine Mutter, wie ich, und das Wichtigste für ein Mutterherz ist das Wissen, daß es ihren Kindern gutgeht und sie in Sicherheit sind.«

»Herrin –« Die Worte blieben ihr fast im Hals stecken. »Herrin, der Priester –«

Das schöne Gesicht veränderte sich ein wenig. »Ah ja. Der Priester. Was ist geschehen, Berthilde?«

»Er sagt – er sagt, Ihr wäret das Böse, das Wasser sei verflucht, Ihr hättet das Land krank gemacht –«

Plötzlich waren alle Wärme, alles Sonnenlicht verschwunden. Das goldene Halsband schien sich zu regen, die Armbänder zuckten an den Handgelenken. Berthilde wich vor ihrem schrecklichen Zorn zurück.

»Ich?« rief sie. »Habe ich das Land gepflügt, bis es blutete, und ihm einen einzigen Tropfen von dem Blut zurückgegeben, das aus seinem Fleisch tropfte? Habe ich Bäume hingemetzelt, um mehr Land für den kalten, seelenlosen eisernen Zahn zugänglich zu machen? Habe ich die heiligen Brunnen vergiftet? Habe ich irgend etwas davon getan? Habe ich?«

Wind ließ die alten Eichen erschauern, wirbelte über das Wasser. Aber so schnell er gekommen war, verschwand er auch wieder, und damit der Zorn der Dame. Das Gold an ihrem Hals und ihren Armen erstarrte wieder, und mit weisem, traurigem Blick sah sie Berthilde an.

»Und dennoch ehrt mich dieser Priester, ohne es zu wissen. Wären meine anderen Namen nicht vergessen und mir verweigert worden, dann würden vielleicht sogar die Priester wissen, wer ich wirklich bin.«

Berthilde fragte demütig: »Bitte, – ich bin zu einfältig, um es zu verstehen, aber ich möchte Euch kennen, damit ich Euch besser dienen kann.«

»Ich bin die Mutter des Heiligen Königs, der getötet wurde. Ich bin die Herrin der Ewigen Trauer, denn mein geliebter Sohn mußte sterben, damit die Erde und alles andere leben können. Alles Leben beginnt und endet in mir. Alle Völker sind meine Kinder. Ich bin die, die Leben gibt, und die, zu der alles Leben zurückkehrt, um wiedergeboren zu werden. Ich bin die Jungfrau, die Mutter und die Alte Weise Frau, die Dreiheit, die Gesichter des Mondes.«

Berthilde spürte, wie sich ihre Arme hoben, die Hände ausstreckten, nicht, um diese Worte abzuwehren, sondern um sie an sich zu ziehen als die Wahrheit, die sie darstellten.

»Von meinem Atem kam das Wort, das die Welt erschuf. Der Unterschied zwischen mir und dem Gott der Priester besteht darin, daß ich nie das Wort sprechen werde, das sie beendet.«

In ehrfürchtigem Flüsterton sagte Berthilde: »Das – das Wichtigste für ein Mutterherz ist das Wissen, daß es ihren Kindern gutgeht und sie in Sicherheit sind...«

Die Dame nickte. »Du verstehst also. Und nun geh, Tochter, und sei deinen Kindern eine Mutter. Du bist eine Jungfrau gewesen, so wie ich, und hast mir mit deinem Tanzen und deinem Lachen gedient. Nun bist du Mutter, wie ich, und du dienst mir am besten, indem du dich um deine Kinder kümmerst. Frauen, die alt sind, so wie ich, dienen mir auf andere Weise. Geh nun, Tochter, und diene mir, indem du für deine Kinder sorgst.«

Sie sah ihre Kinder nie wieder.

Als sie ins Dorf zurückkehrte, vorbei an den leeren Feldern und ihrem Apfelbaum, packte sie der Priester mit eigenen Händen, denn niemand sonst wollte sie berühren. Der Schmied, obwohl er hohläugig und vom Fieber gebeutelt war, hatte bereits eiserne Fesseln für ihre Hand- und Fußgelenke gemacht. Das wenige Holz, das nach dem langen, kalten Winter noch übrig war, wurde auf dem Dorfplatz aufgehäuft, und jemand brachte das frische grüne Holz des gefällten Apfelbaums, und am Abend wurde sie als Hexe und Ketzerin verbrannt.

Rauch erhob sich, stank nach verbranntem Menschenfleisch und grünem Holz und verdunkelte den Himmel. Und der Schrecken dauerte an und die Unfruchtbarkeit, und die Trauer. Noch mehr Dorfbewohner wurden krank, und noch mehr starben. Aber nicht der Priester.

Denn nachdem Berthilde geflohen war, war er in einem Augenblick der Schwäche – *Wasser, frisches Wasser, wie er es seit Monaten nicht gekostet hatte* – auf die Knie gefallen und hatte mit der Hand eine der Wasserpfützen berührt. Die Tropfen an seinen Fingerspitzen waren beinahe schon auf seinen Lippen, als ihm deutlich wurde, welcher Versuchung er da beinahe erlegen wäre. Er betete lange, und endlich versicherte ihm sein Wahrer Glaube, daß alles Teufelswerk ausgetrieben war, und wieder berührte er das Wasser, und diesmal trank er. Es war süß und sauber und wundertätig, wie Berthilde es versprochen hatte. Von allen Dorfbewohnern war der Priester der einzige, der nicht krank wurde, und bald ließ ihn dieser Beweis seiner Reinheit und Heiligkeit zum Bischof aufsteigen, dann zum Erzbischof und Kardinal.

Eines Sonntags, viele Jahre später, als er vor dem Altar einer Kathedrale die Hände zum Gebet hob, erschien ihm eine Vision. Die Frau war weder jung noch alt, weder dunkel noch blond, weder ernst noch heiter – und dennoch all dies zur gleichen Zeit. Ihre Schönheit war von fleischlicher Art, aber auch von dem Geist bestimmt, der in ihren Augen blitzte. Sie trug einen blauen Mantel. Eine Hand hielt ein Buch, die andere eine Lilie. Um ihren Kopf hatte sie eine Aura von goldenem Sonnenlicht, als wäre dort, wo sie sich befand, ewiger Frühling. Um ihren Hals wand sich ein Band von Gold, und an den Handgelenken trug sie die passenden Armbänder.

Das Herz schlug ihm bei diesem Anblick bis zum Hals. Sie schenkte ihm ein kluges, trauriges Lächeln und murmelte: »Kennst du mich nun, Priester?«

Die zitternden Hände hoch erhoben, ließ er seine Stimme durch Notre Dame de Paris erschallen.

Salve, regina, mater misericordiae,
Vita, dulcedo et spes nostra, salve!

»Das wird wohl genügen müssen«, sagte sie.

O Mutter der Barmherzigkeit, sei, Königin, gegrüßet.
Du bist des Lebens Süßigkeit, durch die uns Trost zufließet.

Die Bäume von Avalon

von Elisabeth Waters

Die Dryade Eliona döste gerade friedlich in ihrem Baum, als der Zauberer ganz einfach in den Stamm hereinplatzte – ohne die geringste Höflichkeit, ohne auch nur ans Holz zu klopfen oder ihren Namen anzurufen. Oder, falls er ihren Namen nicht kannte, sich an »den Geist dieses Baumes« zu wenden – das hätte wenigstens gezeigt, daß er über einen Rest an Anstand verfügte. Das Protokoll zur Anrufung von Dryaden war nun wirklich nicht *so* kompliziert. Und jeder, der von sich behauptete, auch nur die geringste magische Kraft zu haben, wußte, daß man nicht ungeladen den Baum einer Dryade betrat.

Widerstrebend erwachte Eliona vollends, öffnete die Augen und betrachtete ihren ungeladenen Gast. Es war der Merlin – der es wahrhaftig besser wissen sollte.

Der derzeitige Inhaber des Titels war ein immer noch recht junger Mann, dunkelhaarig und schlank, und einer der begabtesten Barden der letzten drei Generationen. Eliona hatte ihn immer bewundert – bis zu diesem Augenblick.

»Lord Merlin«, sagte sie und blinzelte den Schlaf aus den Augen. »Was für eine unerwartete Ehre.« Das klang immerhin besser als »Was willst du hier, und warum hast du nicht angeklopft?«

Der Merlin schien noch verblüffter, als sie gewesen war. »Wer bist du? Wo bin ich?«

»Ich heiße Eliona«, erwiderte sie verwundert, »und du bist in meinem Baum.«

»Du bist eine Dryade.«

Irgend etwas stimmte hier nicht. »Selbstverständlich bin ich das – was hättest du sonst in einem Baum im Heiligen Hain erwartet?«

»Der Heilige Hain.« Er erwiderte ihre Worte mit irgendwie betäubt klingender Stimme und sah sich um, als erwarte er, etwas ganz Bestimmtes zu sehen. Aber selbstverständlich war das einzige, was er auf dieser Ebene sehen konnte, die Innenseite des Stamms. Die Astlöcher, die einen Ausblick nach draußen gewährten, waren alle weiter oben.

»Wie bin ich hier hereingeraten?«

Eliona zuckte die Achseln. »Ich habe gerade geschlafen, als du kamst. Ich würde annehmen, daß du einfach hereinspaziert bist, aber ich habe keine Ahnung wieso.« *Und ich frage mich wirklich*...

»Nein.« Der Merlin schüttelte den Kopf. »Ich war zum Abendessen bei Nimue. Vielleicht habe ich ein bißchen zuviel Wein getrunken, aber das führt im allgemeinen nicht dazu, daß ich wie betäubt herumrenne. Zuviel Wein läßt mich einfach einschlafen...« er runzelte angestrengt die Stirn, »aber soviel war es wirklich nicht.« Er zuckte die Achseln. »Ich bin sicher, es gibt eine Erklärung dafür, und eines Tages werde ich sie finden. Inzwischen«, er verbeugte sich, »nimm bitte meine Entschuldigung dafür an, daß ich ungewollt deine Ruhe gestört habe. Ich werde dich nicht wieder belästigen. Der Segen der Herrin sei mit dir.«

»Möge sie auch dich segnen«, erwiderte Eliona förmlich, als der Merlin sich zum Gehen umwandte, zwei Schritte machte und gegen die innere Borke des Baums prallte.

»Merkwürdig«, murmelte er und versuchte es noch einmal – mit demselben Ergebnis.

Es war mehr als merkwürdig, das wußte Eliona nur zu gut. Der Merlin hätte imstande sein sollen, durch jeden Baum des Hains zu gehen, einen nach dem anderen, ohne einen der Bewohner zu stören. Baumborken hätten ihn nicht einmal langsamer werden lassen dürfen, schon gar nicht aufhalten.

»Vielleicht bin ich müder, als ich mir eingestehen wollte«, sagte er verstört. »Mit deiner gnädigen Erlaubnis ...« Er sank zu Boden und schlief fest ein.

Eliona beugte sich über ihn, löste ihm die Harfe von der Schulter und zog ihn gerade, damit er nicht mit Schmerzen in den Gelenken erwachte. Vorsichtig legte sie die Harfe zur Seite, dann schlüpfte sie durch die Borke des Stamms, als wäre diese überhaupt nicht vorhanden, und begab sich in die Außenwelt. Sie konnte ihren Baum nicht lange verlassen, aber sie hatte das eindeutige Gefühl, mit Nimue sprechen zu müssen.

Sie fand die Zauberin ohne Schwierigkeiten. Nimue saß an der Heiligen Quelle und sah ins Wasser hinab. Aber sie hörte Eliona kommen und blickte auf, als die Dryade sich zu ihr gesellte.

»Möge die Herrin dich segnen, Eliona«, sagte sie lächelnd. »Was kann ich für dich tun?«

»Du kannst mir sagen, was du mit dem Merlin gemacht hast«, erwiderte Eliona ohne weitere Formalitäten.

»Gefällt es dir nicht, ihn als Hausgast zu haben?« fragte Nimue spitz. »Ich war überzeugt, daß du es mögen würdest – du hast seit Jahren eine Vorliebe für ihn.«

»Ich hab ihn nie in meinen Baum eingeladen«, erklärte Eliona. »Und er scheint krank zu sein; als er versuchte zu gehen, stieß er gegen die Rinde.«

Nimue kicherte. Dieses Kichern hätte zu ihrer äußeren Erscheinung eines unschuldigen Mädchens passen sollen, aber das war nicht der Fall. »Er wird nicht gehen können, Eliona, Liebste. Er gehört jetzt dir, für alle Zeit.«

»Wie bitte?«

Nimue betrachtete nachdenklich ihre Fingernägel, dann begann sie, die Nagelhäute an der einen Hand mit einem Nagel der anderen zurückzuschieben. »Es sieht so aus, als hätte er etwas getan, was die Herrin sehr erzürnt hat, und es wurde beschlossen, ihn aus dem Weg zu schaffen, an einen Ort, von dem aus er sich nicht mehr einmischen kann.«

»Und da hast du ihn einfach in meinen Baum eingeschlossen? Für immer?« Eliona konnte es immer noch nicht glauben.

»Für immer, meine Liebe. Er gehört jetzt dir.« Nimue schenkte ihr ein strahlendes Lächeln. »Mit dem Segen der Herrin.« Sie drehte Eliona den Rücken zu und versenkte sich wieder in ihre Betrachtung des Wassers. Einen Augenblick lang dachte Eliona daran, sie in den Teich zu stoßen, aber dann überlegte sie es sich anders und kehrte wieder in ihren Baum zurück.

Sie fand den Merlin wach und oben in den Ästen. Ein halbes Dutzend Vögel flatterten hin und her und hörten ihm zu. Als Eliona hinaufschwebte, um sich zu ihm zu gesellen, flogen sie alle davon, bis auf einen, der demonstrativ den Kopf unter den Flügel steckte und so tat, als schliefe er.

»Ah, Eliona« – der Merlin lächelte sie an. »Da bist du ja. Ich war hier ein bißchen einsam ohne dich, aber wie du sehen kannst«, er zeigte auf die Vögel, die jetzt weiter entfernt waren, »sind ein paar von meinen Freunden vorbeigekommen.«

Eliona dachte sorgfältig darüber nach, was diese Bemerkung bedeuten mochte. Eigentlich konnte jedes Tier im Wald als Merlins »Freund« betrachtet werden, wenn dieser Begriff alle umfaßte, die er willentlich herbeirufen konnte. Sich vorzustellen, wie Unmengen davon ihren Baum umlagerten, genügte, der Dryade einen Schauder über den Rücken laufen zu lassen. Vögel mit ihren winzigen Vogelhirnen würden sich so dicht auf die Zweige hocken, daß diese abbrachen.

Wild würde erst an den Blättern knabbern, dann an neuen Schößlingen, dann an der Baumrinde selbst, so weit es sie erreichen konnte.

Zu viele von Lord Merlins Freunden wären leicht imstande, ihren Baum umzubringen – und sie dazu. Würde das den Merlin von dem befreien, was Nimue ihm auferlegt hatte? Und, was noch wichtiger war, glaubte er, daß dem so wäre? Diesen Gedanken sollte sie lieber gleich in der Knospe zerstören.

»Ich habe mit Nimue gesprochen, Lord Merlin«, sagte sie. »Deshalb war ich nicht hier, als du erwachtest.«

»Wieso wolltest du mit Nimue sprechen?« fragte er.

»Ich habe sie gefragt, ob sie wüßte, daß du nicht in der Lage bist, meinen Baum zu verlassen«, erwiderte Eliona. »Sie sagte, du hättest die Göttin beleidigt und müßtest deshalb in meinem Baum eingeschlossen bleiben, damit du nicht mehr tun könntest, was immer du auch getan haben magst.«

»Für wie lange?« wollte der Merlin wissen.

»Für immer«, sagte Eliona. »Und wenn der Baum stirbt, stirbst auch du. Ebenso wie ich, falls dies für dich von Belang sein sollte«, fügte sie noch hinzu.

Der Merlin sah sich im Baume um. »Lieber Himmel, ich hatte keine Ahnung ...« Er hielt inne. »Ich habe nur das Beste gewollt, aber ich fürchte, die Priesterinnen haben das nicht verstanden.«

»Ich glaube auch nicht, daß eine von ihnen herkommen wird, um eine Erklärung zu fordern«, sagte Eliona. »Falls es dir nicht gelingt, uns beide umzubringen, werden wir für lange Zeit zusammen sein.«

Der Merlin sah sie an, und endlich wurde ihm klar, daß sie verärgert war, und er verstand den Grund. »Es tut mir leid, Eliona«, sagte er. »Ich hätte dich nie willentlich auf diese Weise belästigt. Ich verspreche dir, daß ich mein Bestes tun werde, mich anzupassen und dein Leben nicht mehr zu stören, als ich unbedingt muß.«

»Und du wirst meinen Baum achten?« fragte Eliona und versuchte mühsam, ihre Sorge zu verbergen.

»Als wäre er mein eigener«, versicherte ihr der Merlin.

Eliona beschloß, ihm nicht zu sagen, daß dieser Baum, auf eine sehr reale Weise, *tatsächlich* seiner war.

Vielleicht versuchte der Merlin wirklich, ein rücksichtsvoller und unaufdringlicher Gast zu sein. Eliona hätte es nicht sagen können. Sie wußte nur, daß er – und seine Freunde – sie um den Verstand brachten. Nie war es still im Baum; das normale Rauschen der Blätter im Wind ging unter in den Geräuschen der Vögel, die zu allen Tageszeiten auf den oberen Zweigen landeten. Der Merlin kletterte so oft im Stamm nach oben, um mit ihnen zu reden, daß man schon seine Trittspuren im Holz erkennen konnte – eine Veränderung, die Eliona *nicht* als Bereicherung der Dekoration betrachtete.

Mindestens einmal in der Woche mußte sie das Wild wegscheuchen. Bisher hatten sie nur wenig Schaden angerichtet und nur an den neuen grünen Schößlingen geknabbert, die ihrem Baum jedes Frühjahr entsprossen. Aber wenn der Winter kam und sie an der Rinde fressen würden... Eliona schauderte. *Ich will nicht sterben*, dachte sie. *Ich bin zu jung zum Sterben. Und es ist einfach ungerecht. Was immer der Merlin getan hat, um die Herrin zu erzürnen, ich hatte keinen Anteil daran!*

Der Merlin schien nicht zu verstehen, worin das Problem bestand. Nun ja, er war eben ein Mensch, selbst wenn er ein mächtiger Zauberer war – oder gewesen war. Man konnte von Menschen nicht erwarten, daß sie das Leben einer Dryade verstanden, die Tage und Monate, die sie träumend verbrachte, eins mit dem Baum, friedlich wachsend während der langen Sommertage, schlafend im Winter...

Es war erst drei Tage nach der Sommersonnenwende, und Eliona war schon todmüde. Seit dem Eintreffen des Merlin hatte sie keine rechte Ruhe mehr gehabt, sie hatte ununterbrochen auf der Hut sein müssen vor Dingen, die den Baum beschädigen, ja vielleicht sogar töten könnten, und der Merlin redete ununterbrochen!

Wenn er nicht mit den Vögeln, den Eichhörnchen, oder, die Herrin möge ihr gnädig sein, dem Wild sprach, redete er mit sich selbst. Er sprach auch mit den Priesterinnen, als probe er eine Erklärung für seine Taten, um sie vor den Frauen zu rechtfertigen, die ohnehin nie vorbeikommen würden, um ihn anzuhören.

Und wenn er nicht redete, sang er und spielte Harfe. Eliona war nie zuvor aufgefallen, wie viele Stunden ein Harfner damit verbrachte, das Instrument zu stimmen, im Verhältnis zu jeder Stunde, in der er tatsächlich *spielte*. Sie hatte auch nicht gewußt, wie oft Harfensaiten rissen, wenn sie gestimmt wurden. Die erste, die riß, war eine der tiefen Saiten. Normalerweise hätte es einen tiefen Ton geben müssen, aber jetzt riß sie mit dem Geräusch eines mittelgroßen vertrockneten Zweiges, der zerbrochen wird, schoß mit beträchtlicher Kraft zur Seite und verursachte eine fingertiefe Kerbe in der inneren Rinde des Hauptstamms. Elionas Aufschrei, eine Mischung aus Schrecken und Schmerz, übertönte den Kommentar des Merlin über dieses Ereignis, aber er war eindeutig verärgert.

Unglücklicherweise ärgerte er sich nicht über den Schaden, den er dem Baum zugefügt hatte – offenbar konnte er das nicht einmal spüren. Er war zornig, weil seiner Harfe jetzt eine Saite fehlte, was das Repertoire der Melodien einschränke, die er darauf spielen konnte.

Soviel zu seinem Versprechen, den Baum zu behandeln, als wäre er sein eigener, dachte Eliona selbst. Die Wunde an der Innenrinde tat ihr immer noch weh. Der Merlin beschwerte sich weiter über die gerissene Saite und darüber, daß mit Sicherheit noch weitere reißen würden, was sein Repertoire weiter einschränken würde.

Eliona dachte darüber nach, wieviel größeren Schaden weitere reißende Saiten ihrem Baum zufügen würden. Jetzt verstand sie, wieso so viele alte Harfner blind waren. *Dieser Baum ist zu klein für uns beide.*

In jener Nacht war Vollmond, und alle Priesterinnen kamen für ihre Zeremonien in den Hain. Zu Elionas Überraschung blieb Nimue an ihrem Baum stehen und begehrte höflich Einlaß. Schon allein die Neugier hätte die Dryade veranlaßt, ihrer Bitte nachzukommen, aber sie hatte auch die schwache Hoffnung, Nimue werde den Merlin befreien. Aber nein, es sah so aus, als sei sie nur gekommen, um zu spotten.

»Du siehst ja furchtbar aus«, informierte Nimue ihn höhnisch. »Wer hätte das gedacht: der Merlin, der Erzdruide, der mächtigste Mann von Avalon, ruiniert durch die List einer Frau, wie ein einfacher Hirtenjunge. Ich habe nicht einmal Magie benutzen müssen, um dich in die Falle zu locken, und jetzt habe ich noch deine gesamte Zauberkraft, die mir hilft!« Sie verließ den Baum und den Hain, noch bevor der Merlin sich genügend hatte sammeln können, um eine Antwort zu geben.

»*Sie* hat deine Zauberkraft?« fragte Eliona. »Wie ist denn das passiert?«

Der Merlin bemühte sich, sich zu erinnern. »Sie muß sie mir genommen haben, als sie mich herbrachte.«

»Wie denn?« wollte Eliona wissen. Die Zauberkraft des Merlin könnte sich als sehr nützlich erweisen, wenn sie sie zurückbekommen könnten, um ihr gemeinsames Problem zu lösen. »Du sagtest, das letzte, woran du dich erinnerst, war das Abendessen mit ihr und daß du Wein getrunken hast.«

»Nein«, meinte der Merlin. »Ich erinnere mich auch noch schwach daran, was danach geschah. Wir lagen zusammen und ich schlief ein, nachdem – und als ich wieder aufwachte, war ich hier.«

Eliona hatte schon den Mund geöffnet um zu fragen »wonach?«, als ihr klar wurde, worüber er sprach. »Das würde ihr tatsächlich Zugang zu deiner Zauberkraft verschaffen«, meinte sie. »Ich habe schon öfter gehört, daß Männer vor Leidenschaft hin und wieder alles andere vergessen.«

Der Merlin stöhnte. »Erinnere mich nicht daran.«

»Dich erinnern? Ich wette, du könntest dich nicht einmal an Einzelheiten erinnern, wenn du es wirklich wolltest. Für Männer steht bei dieser Angelegenheit so wenig auf dem Spiel; es sind die Frauen, die die Kinder austragen müssen. Die Rolle des Mannes ist schnell vorüber, und dann kehren seine Kräfte zurück –«

»Nicht in diesem Fall«, fauchte der Merlin.

Eliona achtete nicht auf ihn. »– aber die Kräfte einer Frau werden gebraucht, das Kind zu nähren, was viel Energie kostet und fast ein Jahr Zeit.«

»Woher willst du das denn wissen?« meinte der Merlin verbittert. »Du bist kein Mensch; du bekommst keine Kinder.«

»Einen Baum wachsen zu lassen, dauert viel länger«, erklärte ihm Eliona. »Und es gibt Wachstumsstadien, die unglaubliche Kraft brauchen. Ich bin noch jung, ich hatte eigentlich nicht vor, vor Ablauf einer oder zweier Dekaden mit einem neuen Baum zu beginnen.«

»Du hattest es *eigentlich* nicht vor?« Der Merlin sah sie mißtrauisch an. »Und was planst du jetzt?«

Eliona lächelte ihn an. »Würde es dir gefallen, Nimue deine Zauberkraft wieder abzunehmen – und vielleicht auch noch einen Teil der ihren? Diese Verbindung, über die sie sich so freut, funktioniert nach zwei Seiten.«

»Weiter«, sagte er. »Ich höre.«

Im Frühherbst fiel von Elionas Baum eine vollendet geformte Eichel. Ein hilfsbereites Eichhörnchen vergrub sie nicht weit vom Baum in der richtigen Tiefe, und Eliona benutzte Dryadenzauber, um sicherzustellen, daß sowohl die Eichel als auch ihr Baum im Winter ungestört blieben.

Im Frühling schob sich ein neuer Sproß aus dem Boden, und er wuchs mit unerwarteter Geschwindigkeit.

Es ist verblüffend, was man mit kombinierter Zauberkraft und ein wenig zusätzlicher Energie anfangen kann, dachte Eliona und betrachtete ihren Sprößling zufrieden.

Am Ende des Frühjahrs war der Sproß zu beachtlicher Größe herangewachsen, und niemand hätte geglaubt, daß er noch jünger als ein Jahr war. Und nach einer guten Winterruhe und einer Jahreszeit, in der sie ihren Baum wieder ganz für sich gehabt hatte, hatte Eliona ihre alte Kraft und ihre Lebensgeister wiedergewonnen. Es ging ihr sogar gut genug, daß sie ihren Baum verlassen und die Heiligen Brunnen aufsuchen konnte.

Nimue lag im Gras an der Quelle, den Kopf auf eine Baumwurzel gestützt und nippte müde an einem Silberkelch mit Wasser. Sie sah bleich und schwach aus.

»Der Segen der Herrin sei mit dir«, sagte Eliona höflich. »Du siehst erschöpft aus; ist etwas nicht in Ordnung?«

»Das kannst du als Dryade ohnehin nicht verstehen«, sagte Nimue herablassend.

»Wenn du meinst.« Eliona sah, daß Nimue nicht die geringste Ahnung hatte, was für ihren Zustand verantwortlich war, aber sie beschloß, es ihr nicht zu erklären. Der Baum des Merlin wuchs gut und würde wohl noch Jahrhunderte weiterwachsen. Es würde interessant sein zu sehen, ob Nimue noch herausfinden würde, was mit ihr geschehen war, bevor sie an Altersschwäche starb. Aber das nahm Eliona eigentlich nicht an.

Sperling

von Esther Friesner

Der Junge stolperte durch den Wald, tat sein armseliges Bestes, um mit den Männern, die wie er flohen, Schritt zu halten. Man hatte ihm die Pferde anvertraut, aber die Pferde waren schon in der ersten Nacht davongerannt – alle bis auf das von Bedwyr. Immer noch mit weit aufgerissenen Augen und schreckhaft nach dem Schlachtengetöse, gehörte nicht eines davon dem König – seine waren dazu gezüchtet worden, Blut und dem Klirren von Eisen ebenso ungerührt zu begegnen wie ein Krieger. Nein, das hier waren Tiere gewesen, die man hastig von irgendwelchen Herren geschnorrt hatte, die entweder zuviel Angst vor Sir Bedwyrs mörderischen Worten, Gesicht und Klinge gehabt hatten, um ein Wort des Widerspruchs zu äußern, oder von Männern, die kalt und reglos auf dem Feld lagen und weit entfernt waren von jeder menschlichen Sprache.

Es war keine Zeit gewesen zu lernen, mit diesen Pferden umzugehen, keine Zeit für etwas anderes als Flucht, als wären zehntausend Dämonen hinter ihnen her. Tatsächlich schienen die Pferde ebendiese Dämonen gesehen zu haben statt der kleinen zusammengewürfelten Gruppe von Menschen, die im Wald Zuflucht gesucht hatten. Sie rissen die Zügel aus dem schwachen Griff des Jungen, als er versuchte, sie für die Nacht anzubinden. Sie galoppierten davon, schrill wiehernd, während sie blindlings durchs Unterholz brachen, direkt in die Rachen der wartenden Wölfe. Nur Bedwyrs Pferd war geblieben, ruhig und ungerührt, so hartmäulig und starren Blicks wie sein Herr.

Zum Glück hatten die verängstigten Tiere keine der Waffen des Königs mitgenommen. Für den Jungen war dies allerdings alles andere als Glück, denn er erhielt zunächst Prügel, dann sagte man ihm, er müsse nun die Pferde ersetzen und statt ihrer diese verfluchten, schweren Dinger tragen.

»Und bilde dir bloß nicht ein, du könntest ebenfalls davonrennen«, sagte Sir Bedwyr streng. »Du bist nicht annähernd so schnell oder so schlau wie ein Pferd. Versuch es, und ich werde dich erwischen. Du bist weniger wert als jedes Pferd, das ich je geritten habe, also werde ich dir die Haut abziehen, wenn du versuchst, deinen Eid gegenüber unserem König zu brechen.«

Der Junge hätte am liebsten gesagt, *Welchen Eid denn? Ich habe nie etwas geschworen. Das war mein Vater*. Aber er wußte, daß Sir Bedwyr ihm alle Worte mit dem einfachen, eindeutigen Argument eines lederbehandschuhten Schlags ins Gesicht abschneiden würde. Also verhielt sich der Junge, der immerhin fast so schlau war wie ein Pferd, ruhig, schleppte die Waffen und stolperte hinter den Männern drein.

Er hatte beinahe das Mannesalter erreicht, aber er war klein und schmächtig. Daher wurde er von allen anderen Pagen schikaniert und Sperling genannt – weil sie ihn so schmutzig und hilflos fanden – statt bei seinem richtigen Namen. Am Hof von Camelot hatte angeblich das Recht Vorrang vor der Macht, aber diese Regel war nie bis zum Schlafsaal der Pagen vorgedrungen. Und daher blieb der Name allein durch die brutale Kraft der anderen an dem Jungen hängen wie Pferdeäpfel am Stiefel eines Mannes. Sein Vater war tot, erschlagen im Dienst des Königs, und nun sah es so aus, als sei der König ebenfalls dem Tode nah. Bedwyr sagte, er habe bei Camlann eine tödliche Wunde erhalten.

Sperling erinnerte sich kaum an die Schlacht, wußte nicht, was auf dem Feld von Camlann tatsächlich geschehen war. Die Männer hatten geflüstert, es würde Tage dauern. Er war nur ein Page, kein Junker, und so hatte man ihn mit den Dienstboten zurückgelassen, um sich um das Lager zu kümmern, wie lange es auch immer dauern mochte, bis Arthur seinen Bastard zum Gehorsam oder zu Tode gebracht hatte. Die Kämpfe drangen zu ihm nur als entferntes Klirren von Eisen auf Eisen und schwache Schreie von Männern und Pferden.

Einmal kam der Tumult zum Schweigen, eine seltsame Stille, die bewirkte, daß die Männer im Lager die Ohren unruhiger spitzten, als sie es während des gesamten vorangehenden Pandämoniums getan hatten. Es dauerte nicht lange genug, daß irgendwer die Ursache der Stille hätte erraten können, und als sie zu Ende ging, schien der Kampf wieder Atem geschöpft zu haben für ein unbändiges Getöse, das alles, was sie zuvor gehört hatten, unwesentlich scheinen ließ.

Der Kampf war kaum wieder aufgeflammt, als Sperling beinahe niedergetrampelt wurde von einem schönen weißen Tier, die Flanken bespritzt mit Blut und Schaum, das reiterlos durch das Lager galoppierte, Wahnsinn in den Augen. Es rannte geradeaus, ohne Rücksicht auf Hindernisse, bis sein Fuß sich in einer Zeltleine verfing, so daß es vorwärts stürzte und sich den Hals brach. Der Koch häutete es und machte Eintopf daraus. Die anderen Pagen zwangen Sperling, die grauen, samtigen Lippen des abgeschlagenen Pferdekopfs zu küssen. Sein Magen drehte sich um, und er gab alles, was er gegessen hatte, wieder von sich, sobald sie die mitleiderregenden, erbärmlichen Überreste des Tiers weggebracht hatten.

Und dann die wunderbare Nachricht: Mordred war tot! Alle jubelten.

Darauf folgten die schlechten Nachrichten: Auch Arthur war schwer verletzt, und Mordreds führerlose Schar war auf dem Weg, ihren Herrn zu rächen.

Der Jubel brach ab und wurde zu erheblich leiserem, erschrecktem

Wehklagen. Das Lager glich einem Nest aufgestöberter Feldmäuse, alle huschten umher, um ihre Vorräte und ihren Besitz zu retten. Bewaffnete Männer kehrten vom Schlachtfeld zurück, einige zu Fuß, einige zu Pferd. Die, deren Verwundungen nicht allzu schwer waren, konzentrierten sich darauf, so viel von ihrer Habe, wie ihre Pferde tragen konnten, aufzusammeln, und wenn möglich noch mehr. Die Besitztümer der Toten wurden eiskalt unter den Lebenden verteilt, und manchmal auch die der Lebenden, wenn sie zu schwach waren, ihre Habe zu verteidigen.

Zusammengekrümmt zu einem verschreckten Häuflein hinter Sir Bedwyrs Zelt, die Gedärme immer noch bebend, sobald der Pferdekopf vor seinem geistigen Augen erschien, entdeckte der zitternde Sperling einen verwundeten Ritter, der von seinen Dienern auf einer Bahre vom Feld gezogen wurde. Sie waren erwachsene Männer, grobe Kerle, aber sie legten ihren verwundeten Herrn sanft auf ein Bett aus Stroh, das sie mit Decken überzogen hatten. Dann entledigten sie ihn der Rüstung und aller Kleidung bis aufs Hemd. Als sich der Mann unter gewaltiger Anstrengung auf einen Ellbogen stützte, um zu protestieren, um sie gesetzlose Hunde zu schimpfen, warf ihm der größere der beiden Diener einen lässigen Seitenblick zu und schlug ihm ebenso beiläufig mit dem Schaft seines kunstvoll gearbeiteten Speers den Schädel ein. Der Knochen brach so leicht, wie ein Ei am Rand einer Puddingschüssel brach.

In diesem Augenblick mußte Sperling ein Geräusch von sich gegeben haben – ein entsetztes oder mitleidiges Winseln vielleicht – denn der Diener wandte seinen steinernen Blick in seine Richtung und schenkte ihm denselben leeren Blick, mit dem er soeben noch seinen Herrn bedacht hatte. Es war ein Blick, der deutlich sagte: *Wenn du hier unter so vielen anderen Toten stirbst, wen wird es kümmern?* Nach dieser Botschaft brauchte er nicht mehr hinzuzufügen: *Sei still, und du bleibst am Leben.*

Sperling blieb still. Er war so klein, so hilflos, daß er sich an die einzige Waffe klammerte, die ihm das Leben retten konnte: eine Zunge, die wußte, wann sie zu schweigen hatte. Ringsum tobte das Chaos im Lager weiter wie um einen großen Felsen, der inmitten stürmischer See aufragt. Sperling zog die Knie nur noch dichter an den mageren Körper, duckte den Kopf unter die knochigen Arme und betete, er möge sich in Luft und Schatten auflösen.

Schließlich ließ der Lärm nach. Sperling hob den Kopf. Er war allein inmitten der Verwüstung. Dicker Nebel stieg vom Boden auf. Geborstene Zeltstangen wurden zu den verstreuten Knochen von Ungeheuern, Fetzen von Seide, die von verwüsteten Pavillons flatterten, waren die lechzenden Zungen hungriger Geister. Langsam und ungelenk kam Sperling auf die Beine. Und als er sich umdrehte, sah er ein Wunder vor sich: Das Zelt des Königs, das er und die anderen königlichen Pagen mit ihrem Leben hatten schützen sollen, war noch heil. Weithin leuchtend wie eine Vision des Grals, waren die Bahnen von den durchziehenden Plünderern unversehrt geblieben.

Zögernd trat Sperling einen Schritt vor, eine zitternde Hand ausgestreckt, die Eingangsklappe zu heben. Ein Schauder lief ihm von der Schulter zu den Fingerspitzen, und der Arm sank ihm wieder an die Seite. Es war etwas Unheimliches daran, daß ausgerechnet dieses Zelt unbeschadet geblieben war. Sperlings Geist gaukelte ihm schreckliche Dinge vor, die sich hinter den bunten Seidenwänden ereigneten. Sicher gab es einen Grund dafür, daß nur dieses Zelt noch stand. Wenn Arthur tatsächlich tot war, war vielleicht sein Geist zur letzten Wohnstätte seines Körpers geflohen. Und welche Form oder Substanz und welches Benehmen würde ein solcher Geist annehmen?

Abermals erschauerte Sperling und kniff die Augen fest zu, aber sein geistiges Auge hatte kein Lid und stand seinen furchtbaren Phantasien weit offen. Die anderen Jungen hatten sich einen Spaß daraus gemacht, in Sperlings Hörweite Geistergeschichten zu erzählen, weil sie sehr genau wußten, daß er derjenige unter ihnen war, der sich am meisten davor fürchtete. Seine in Alpträumen ausgestoßenen Angstschreie waren immer eine Quelle der Freude für sie gewesen.

»Herr –« Sperling zögerte, die Augen immer noch geschlossen, aber die Hand nun wieder gehoben, die Finger am Seidenstoff. Entgegen allem, was er aus den Lektionen des Priesters, die er bis zu dem allzu jähen Ende seiner Kindheit erhalten hatte, über Himmel und Hölle erfahren hatte, verspürte er im Herzen immer noch das Bedürfnis, die Erlaubnis seines toten Herrn zu erbitten, bevor er hier eindrang. »Herr. Mit Eurer Erlaubnis werde ich –«

Ein fester Schlag aufs Ohr riß ihn zur Seite. Eine tiefe Stimme, die fest diesseits des Grabes verwurzelt war, bellte: »Sei verflucht, Junge! Was soll diese Narretei? Was hast du vor, he? Dich als Dieb versuchen? Und aus dem Zelt des Königs! Ich werde dir den Kopf von diesem Zweig da hauen, den du deinen Hals nennst.«

Getrübten Auges blinzelte Sperling so lange, bis die Sterne vor seinen Augen verschwanden und die solide Gestalt von Bedwyr annahmen, der über ihm aufragte. Der Mann trug keinen Helm, Eisen und Leder waren mit Schmutz und Blut beschmiert. Sperling stotterte Entschuldigungen, die so lang waren wie das eingekerbte und zerschlagene Schwert, dessen Spitze nun an seiner Kehle ruhte.

Sir Bedwyr lächelte, ein schmales Aufblitzen abgebrochener Zähne zwischen den schwarzen Borsten seines Barts. Aber es war nicht freundlich gemeint. »Pah! Was für ein erbärmlicher Feigling. Du Dummkopf, ich habe nur Spaß gemacht! Du hast deinen Posten gehalten und den Besitz deines Herrn wohl bewahrt – obwohl ich nicht weiß, ob ich meinen Dank nicht doch ganz anderen Umständen schulde. Ich kann mir nicht vorstellen, daß du dich auch nur einem verkrüppelten Bettler entgegenstellen würdest, schon gar nicht Plünderern. Aber das ist gleich, du wirst genügen.« Er steckte das Schwert wieder ein und rieb sich nachdenklich das Kinn. »Ja, es mag sogar sein, daß du besser dienen wirst als ein Bursche mit mehr Mumm. Komm.«

Und das war alles. Bedwyr befahl, und Sperling gehorchte. Er wurde geheißen, das Pferd des Ritters zu holen und es zum Zelt zu führen, während Bedwyr selbst dort eintrat und überlegte, welche der Besitztümer des Königs es wert waren, mitgenommen zu werden.

Sperling tat, was man ihm gesagt hatte. Mutterlos und nun auch des Vaters beraubt, hatte ihn seine adlige Geburt nicht davor bewahrt zu erfahren, daß Ungehorsam nur zu Schlägen führte. Jene, die angeblich zu seinem eigenen Besten ausgeteilt wurden (wie man ihm häufig sagte) schmerzten nicht weniger als jene, die er erhielt, weil es dem Schläger einfach gefiel, einen Schwächeren zu verprügeln.

Der Nebel war dichter geworden, der Abend senkte sich herab und mit ihm die frische und würzige Herbstluft. Aber die Ernte dieses Tages roch eher nach Blut als nach Äpfeln. Gemurmel vieler Stimmen war zu hören, das nun lauter wurde. Während die Geräusche näher kamen, schwand Sir Bedwyrs Ruhe sichtbar, bis sein rundes Gesicht schließlich bleich und schweißüberströmt war wie ein frischer Käse.

»Verflucht! Mordreds Männer«, murmelte er. »Wenigstens beweisen sie Rückgrat, zu ihrem Herrn zu stehen, nachdem dieser getötet wurde. Sie haben ihn feierlich beerdigt, und jetzt marschieren sie hierher, um sich Maß für Maß an unserem Blut für das seine zu rächen. Zu viele von ihnen sind in der Kriegskunst der Römer geübt. Ich habe dem König gesagt, er solle lieber dafür sorgen, daß unsere Männer lernen, dem zu begegnen, aber er –!« Bedwyrs Lachen war bitter. Seine glitzernden, kleinen Äuglein richteten sich auf Sperling. »Hast du eine Ahnung, was für ein Narr unser König war, Junge?« fragte er barsch.

Sperlings Unterlippe fühlte sich wie Gelee an. Der Ritter starrte ihn an und befahl ihm zu antworten, wortlos, allein durch seine gewaltige Kraft. Sperlings treues Herz kämpfte gegen seinen zerbrechlichen Geist, das eine weigerte sich, einem, der seinen geliebten König einen

Narren nannte, auch nur einen Schritt nachzugeben, der andere zitterte vor Angst, was sein Schicksal sein mochte, wenn er Bedwyr nicht sagte, was dieser hören wollte. Bedwyr hatte recht: Er war nur ein Junge.

»Ich – ich weiß nicht, Herr«, sagte er und haßte sich dafür.

Wieder dröhnte Bedwyrs Lachen über seinem Kopf. »Dann werde ich es dir erzählen, aber nicht hier. Mordreds Männer sind auf dem Weg, und sie werden nicht erfreut sein zu sehen, wie wenig in diesem Lager übriggeblieben ist. Komm. Ich werde Besseres tun, als es dir zu sagen, ich werde es dir zeigen. Hopp!« Sperling sprang bei diesem letzten Wort auf, jedoch nicht schnell genug, um einem schmerzhaften Tritt von Bedwyrs Stiefel ausweichen zu können.

Der Ritter führte, und der Page folgte. Schon konnte Sperling hinter sich hören, wie Mordreds Truppen sich dem nächtlich-verlassenen Lager näherten. Seinem verzagenden Geist klangen diese Geräusche wie das Brüllen des Höllenschlunds, der sämtliche Dämonen auf einmal ausspuckte. Er hatte in den vergangenen Stunden genug an Greueltaten von Sterblichen gesehen, um zu fürchten, welch zusätzliche Qualen Dämonen den Hilflosen noch auferlegen mochten.

Und dennoch, es war nicht immer so gewesen, er kannte nicht nur jene rohe Brutalität, die er im Lager beobachtet hatte. Eine schimmernde Vision von Arthurs Hof erhob sich vor seinen Augen, schwamm durch den Vorhang von Tränen, der ihn nun halb blendete. Ja, das Leben im Pagenquartier war rauh und grob und hart gewesen, aber sobald er diese Räume hinter sich gelassen hatte, war er in einen Traum eingetreten: Arthurs Traum.

Er konnte ihn immer noch vor sich sehen, den großen, guten König, der die widerspenstigen Adligen Britanniens unter seiner Regentschaft vereint hatte. Mächtig? Ja, Arthur hatte Macht besessen; kein König hätte dieses Land regieren können, ohne Stärke zu zeigen. Aber nachdem er erst einmal erreicht hatte, was er wollte, nachdem die Unterhäuptlinge erkannt hatten, daß Unterwerfung unter Arthurs Herrschaft Wohlstand für sie alle bedeutete, griff er nicht wieder auf das Schwert zurück, um einen Mann zu überzeugen, wenn ein Wort guten Rats genügte.

Sperling erinnerte sich an jene wenigen kostbaren Stunden, während derer er den König bei Tisch hatte bedienen dürfen. Es war eine große Ehre, um die die Pagen eifersüchtig kämpften, aber Sperling schätzte sie nicht um des Ruhmes willen. Für ihn war es wichtig, seinem König nahe zu sein, Arthur auf seinem Thron zu sehen: königlich, edel, stark, und doch immer voller Sanftmut. Nicht einmal Guinhwyfars bleiche, durchscheinende Schönheit konnte so herzerwärmend sein wie die Güte, die vom König ausging. Der liebeshungrige Sperling hatte sich darin gesonnt, war darin eingetaucht, hatte die Stunde gefürchtet, wenn er in seine eigene, kleine, rauhe Welt zurückkehren mußte. Dies band ihn fester an seinen Herrn, als jeder bloße Schwur es je gekonnt hätte.

»He, Junge!« Bedwyrs Stimme ließ den Traum in tausend glitzernde Splitter zerbrechen. »Komm her und sieh dir an, welche Bürde wir zu tragen haben!«

Der Ritter stand am Rand einer dichten Brombeerhecke. Saftstrotzende Früchte, Juwelen gleich, glitzerten schwärzlich und verlockend zwischen den Dornen. Sperling lief das Wasser im Mund zusammen.

Dann wurde sein Mund trocken. Etwas bewegte sich im Schatten der Büsche. Eine Männergestalt in verbeulter Rüstung, befleckt von geronnenem Blut, kroch stöhnend aus dem Schutz der Dornen. Der Bart ein weißer Lumpen, der Blick leer bis auf reines Entsetzen. Arthur schleppte sich in das schnell schwindende Licht des Tages.

Sein Blick – die Augen grau wie die See im Winter – richtete sich auf Sperlings Gesicht. »M-Mordred?« Er streckte eine zitternde, narbige Hand zu dem Jungen aus.

Sperlings Eingeweide zogen sich zusammen und überzogen sich mit Eis, aber er hatte nicht die Kraft, sich zu bewegen. Der König klammerte sich an ihn, benutzte Sperlings schmächtigen Körper, um sich unsicher auf die Beine zu ziehen, als wäre der Junge ein Bettelstab, die Krücke eines Krüppels. Er lehnte sich schwer auf Sperlings schmale Schultern, und der Geruch des Todes drang aus seinem Mund, als er sprach.

»Mein Sohn – mein Junge – warum diese Schlacht? Ich sage dir, es war ein Zufall, daß einer meiner Männer als erster das Schwert zog! Du weißt genau wie ich, daß wir um Frieden verhandelten, als es geschah. Eine Schlange regte sich im Gras, biß ihn, er zog das Schwert, um das Tier zu erschlagen –« Die Stimme des Königs versagte, brach an einem Hustenanfall, der seinen ganzen Körper schüttelte und ihm frische Blutflecken auf die Lippen brachte. Um seinen Mund herum war der Bart bräunlich verkrustet. »Mordred, mein Kind...« Seine Kraft verließ ihn ebenso wie die Stimme. Er brach zu Sperlings Füßen zusammen.

»Er lebt noch«, flüsterte Sperling, wußte kaum, daß er laut dachte. »Ich dachte, er wäre tot; wir dachten alle –«

Eine Ohrfeige von Bedwyr ließ ihn wieder aufmerksam werden. »Nein, ist er nicht. Er hat immer noch eine Aufgabe. Hilf mir, ihn aufs Pferd zu setzen. Sitz nicht einfach nur da, du kleiner Mistkerl, *beweg dich!*«

Mit viel Grunzen und Fluchen entledigte Bedwyr seinen König der schwersten und hinderlichsten Teile der Rüstung. Er band Arthur auf den Rücken seines eigenen Pferdes, dann befahl er Sperling, das Tier ruhig zu halten, während er andere Pferde suchte, die sie nutzen könnten. Dies tat er schnell und verständig, und er hatte nur ein dünnes Rinnsal frischen Bluts am Schwert, als er zurückkehrte.

Dann machten sie sich auf den Weg, der König, der Ritter und der verängstigte Junge.

Sperling war kein guter Reiter. Der Gedanke, Ritter zu werden, hatte ihm nie gefallen, selbst wenn sein Vater anders gedacht hatte. Er klammerte sich an, mit Knien und Hacken und Händen und verzweifelt zupackenden Fingern und ohne jeglichen Wunsch, auch noch eine gute Figur zu machen, er wollte nur irgendwie auf dem Rücken des Tiers bleiben und nicht auch noch plötzlich dessen gewaltige Zähne zu spüren bekommen. Um es noch schlimmer zu machen, hatte Sir Bedwyr ein weiteres Pferd gefunden, das nun die Vorräte und die Waffen des Königs trug. Sie hatten das Gepäck hastig und nur schlecht verstaut. Manchmal klatschte das großartige Schwert Excalibur gegen die Flanke des Pferdes und bewirkte, daß das Tier zur Seite ausbrach. Bedwyr schrie Sperling an, abzusteigen und sowohl das Packpferd als auch sein eigenes Tier zu führen. Sperling war heilfroh, wieder festen Boden unter den Füßen zu haben, aber er vergaß seine Erleichterung bald wieder, als er darum kämpfen mußte, zwei verängstigte Pferde seinen Wünschen zu unterwerfen. Auf dem Weg war es schon schlimm genug, aber als Bedwyr glaubte, Mordreds Leute würden bis zur Nacht auf ihre Spur kommen und beschloß, sie sollten lieber durch den Wald ziehen, brach die Hölle los, und die Pferde mit ihr.

Und so geschah es, daß Sperling hinter Sir Bedwyr und seinem König hertaumelte, den knochigen Rücken unter den Waffen des Königs gebeugt.

Bedwyr selbst trug die knappen Vorräte in einem Packen, der sich den Platz auf dem Pferderücken mit dem bewußtlosen König teilte, wobei der Ritter das Essen mit mehr Ehrfurcht behandelte. Um diese Jahreszeit und in dieser Gegend gab die Wildnis wenig zur Erneuerung der Vorräte her.

»Wenn du jetzt davonrennst, wirst du einfach verhungern«, sagte Bedwyr mit einem wölfischen Grinsen zu dem Jungen. »Es sei denn, ich schlitze dir vorher den Bauch auf.«

Wenigstens waren es nur noch das Schwert, der Schild und der gekrönte Helm, die er tragen mußte. Bedwyr hatte sich entschieden, den größeren Teil der Waffen wegzuwerfen, nachdem er der Ansicht war, sie hätten jetzt genug an Entfernung zwischen sich und Mordreds Schergen gelegt. Er hatte es an demselben Abend getan, als die Pferde geflohen waren. Tief im Wald hatten sie die Ruinen einer Abtei gefunden – sie wußten nicht, welchem Orden sie einmal heilig gewesen war. Eichen und ihre Schwestern, die Efeuranken, hatten die Steine des Gebäudes gespalten und sie umstürzen lassen, aber der Brunnen stand noch. Bedwyr hatte die Last aus Leder und Eisen in seinen eigenen Mantel gewickelt, mit Steinen beschwert und sie in den klaffenden Schlund des Brunnens geworfen. Falls Sperling ein Wort des Widerspruchs hatte äußern wollen, so wurde das von seiner Schlauheit verhindert. Arthur protestierte schwach, verlor aber bald wieder das Bewußtsein.

Zu Sperlings Unglück gehörte Bedwyr zu jenen Männern, die zu wenige Worte mehr übelnehmen als zu viele. Seine finstere Miene ließ den dunklen Wald hinter dem Lagerfeuer vergleichsweise taghell aussehen.

»Was starrst du so, Junge?« fauchte er und verpaßte dem Pagen einen Stoß. Ein leiser Schmerzensschrei entfuhr Sperlings Lippen. Bedwyr lächelte, als wäre es ein Liebeswort gewesen, und versetzte dem Jungen einen zweiten Schlag, dann einen dritten. »Vielleicht wird dich das Weisheit lehren«, sagte er, endlich zufriedengestellt.

Sperling berührte das klebrige Blutrinnsal, das von seiner Lippe floß, und zog sich noch tiefer in sich selbst zurück. Er hätte für sein Leben nicht sagen können, welche Weisheit es sein sollte, die man durch diese Schläge lernte, es sei denn, es war die Weisheit der Angst. Und diese Lektion beherrschte er nun schon viel zu lange und zu gut.

In der kühlen Dämmerung erwachte Bedwyr wieder und begann erneut, Sperling herumzustoßen. Mürrisch befahl er dem Jungen, sein Gepäck wieder aufzunehmen und dem Pferd des Königs zu folgen. Sie waren im Wald, an schwarzen Ästen hingen die zerfetzten Banner des langsam weichenden Nachtnebels, und Schatten, in denen entweder Wölfe oder Wunder lauerten. Sperling fiel in einen stetigen Trab hinter den beiden Männern auf dem Pferd und ließ seine Gedanken das wenige, was von seinem alten Selbst übrig war, an einen Ort der Träume tragen, der außerhalb von Bedwyrs Reichweite lag.

Er wurde von einer plötzlichen Unruhe vor sich aus seinen Gedanken gerissen. Weit riß er die Augen auf. War das vielleicht nur eine weitere Vision, geboren aus den innigsten Wünschen seines Herzens? Der König! Der König lag nicht mehr schlaff über dem Pferderücken, sondern war auf den Boden gerutscht.

Aber er stand! Er *stand* – es war ein Wunder! Er war nicht tot, Gott sei gepriesen! Seine Gewänder waren befleckt von dem Blut, das er verloren hatte, sein Gesicht geisterhaft bleich, aber er hatte immer noch genug Kraft, um diese klare, unverwechselbare Stimme zu erheben, die einmal die Säle von Camelot durchhallt hatte.

»Bedwyr! Wohin bringst du mich?« wollte er wissen. Er hielt sich am Bein des Ritters fest und durchbohrte ihn mit einem feurigfinsteren Blick.

Und welcher Bann war auf Sir Bedwyr gefallen? Sperling konnte sich kaum die spöttische Freude verkneifen, die jetzt in seiner knochigen Brust aufstieg. Bedwyr wand sich geradezu im Sattel, warf seinem Herrn, seinem *lebenden* Herrn, einen beschämten Blick zu.

»Sire«, sagte er, die Stimme so sacht wie das Rascheln toten Laubs, »Sire, ich habe nur Eure Wünsche erfüllt. Ihr sagtet, Ihr wolltet nach –«

»Und habe ich auch gesagt, ich wollte wie ein Mehlsack dorthingebracht werden, den man über den Rücken eines Esels geworfen hat? Beim Himmel und den Verborgenen, wieso hast du mich nicht erst zur Abtei von Inys Witrin gebracht, damit man sich dort um meine Wunden kümmert? Oder hast du gehofft, die Reise würde die Arbeit zu Ende führen, die Mordred begonnen hat?«

»Herr –« Bedwyrs dicke Lippen setzten zu einem Dutzend Ausreden an, aber er hatte nicht einmal den Mumm für eine einzige. Er konnte nur stottern: »Herr –« und wieder: »Herr, ich –«

Arthur spuckte aus. Er wandte Bedwyr den Rücken zu und bemerkte zum erstenmal den Jungen, der dort stand, gebeugt unter dem Gewicht von Schwert, Schild und Helm. »Joseph?« Er rief Sperling bei dem Namen, den der Junge so lange nicht mehr gehört hatte. »Was hat er dir angetan?«

Sperling blieb stumm, voller Angst, daß er durch Worte den Bann brechen würde, dessen Kraft die Grenze der Anderwelt durchbrochen hatte, um das Leben seines geliebten Königs vom finsteren Rand des Grabes zurückzureißen. Arthur kam ein paar unsichere Schritte näher, die unbehandschuhte Hand berührte sanft das zerschlagene Gesicht, die immer noch aufgerissene Lippe. Gegen seinen Willen, gegen besseres Wissen, zuckte Sperling zurück.

»Was hat er dir angetan?« wiederholte Arthur, und diesmal war es mit tief empfundenem Mitleid gesprochen, vermischt mit Zorn.

Arthurs Miene versteinerte. Er befahl Bedwyr abzusteigen und zu ihm zu kommen. Worte fielen. Sperling sah, wie Bedwyrs Gesicht unter Arthurs Schimpfen bleicher und bleicher wurde. Das Gesicht des Königs selbst hatte die ungesunde Farbe von Weißkäse, und dennoch gelang es ihm, eine Illusion von Kraft aufrechtzuerhalten. Von Zeit zu Zeit flog ein schmerzliches Zucken über seine Züge. Wenn dies geschah, glaubte Sperling so etwas wie ein Lächeln auf Bedwyrs Lippen zu erkennen, aber es war nur ein Schatten und sofort wieder verschwunden. Dennoch sammelte sich noch größere Angst im Herzen des Jungen, als der König auf Bedwyrs Pferd stieg und der Ritter, mit einem Blick, der Höllenfeuer hätte gefrieren lassen können, Sperling unsanft seiner Lasten entledigte.

Bedwyr mußte allerdings keine so große Last tragen wie Sperling zuvor, das ließ Arthur nicht zu. Das Schwert des Königs befand sich jetzt wieder bei ihm selbst. Bedwyrs Hände strichen liebevoll über Excalibur, bevor er es seinem Herrn reichte. Arthurs schwerer Schild war alles, was Bedwyr tragen mußte, außer seinen eigenen Waffen. Der Helm des Königs mit dem auffälligen goldenen Reif über der Stirn blieb in Sperlings Obhut.

Es war eine andere Straße, die sie nun entlangzogen. Arthur führte, und Bedwyr und der Junge mußten ihr Bestes tun, um folgen zu können. »Ich kenne den Weg«, sagte Arthur, »obwohl ich keine Ahnung habe, was dir durch den Kopf ging, Bedwyr, als du diese Straße nahmst. Noch ein paar Tage, und wir hätten die Sachsenküste erreicht. Was dann?«

Bedwyr gab ein paar müde Ausreden von sich. Arthur hörte sie sich an, eine Braue hochgezogen, und die Skepsis war ihm deutlich anzusehen. »Ein ehrlicher Fehler, wie? Keine Gedanken daran, daß dein Vorhaben den Feinden Britanniens meine Leiche zu ihrem Trost und mein heiliges Schwert als Trophäe verschaffen könnte? Und den Jungen als Sklaven. Nein, Bedwyr, ich glaube nicht, daß du dazu geboren wurdest, den Sachsen deine Seele zu verschachern.«

»Herr! Ich schwöre bei allen Heiligen, ich glaubte, die Straße führt zum See!«

»Ja, wenn du wirklich glaubst, daß die Sonne im Norden aufgeht.« Arthur seufzte. »Denk nicht mehr daran. Du bist alles, was mir von meinen Männern geblieben ist, Bedwyr; jedenfalls für einige Zeit. Ich muß zum See, mich beraten lassen, die Visionen des Wassers sehen. Der See wird mich besser von meinen Wunden heilen, als es die freundlichen Brüder von Inys Witrin gekonnt hätten, und dann werde ich genug Kraft haben, meine verstreuten Truppen wieder zusammenzusuchen. Mordred, der mit den Sachsen paktiert hat, ist tot. Laß dir das eine Lehre sein, Bedwyr. Kein Mann kann hoffen, ein Reich in Britannien zu bauen, wenn die Grundsteine nicht die Männer dieses Landes sind, das Blut und das Leben Britanniens.« Er zog das Schwert Excalibur, obwohl die Äste der uralten Eichen so niedrig hingen, daß sie die schimmernde Klinge behinderten. »Ich werde ihnen diesen dreifach gesegneten Stahl zeigen, und seine Kraft wird sie wieder zum Leben erwecken.«

Sperling glaubte zu hören, daß Bedwyr »Schwätzer!« murmelte, aber er war nicht sicher.

Als sie an diesem Abend ihr Lager aufschlugen, konnten sie das Wasser schon riechen. Sperling ging seinen Pflichten mit Freude nach, denn diesmal trieb ihn nicht die Angst vor Bedwyrs schwerer Hand, sondern die erneuerte Kraft des Geistes, die er aus der Anwesenheit seines wahren Herrn gewann. Er sammelte Holz, fachte das Feuer an und benutzte ihr letztes Wasser und den Rest in der Mehltasche, um Fladen zu backen. Arthur sah ihm dabei zu.

»Du bist voreilig gewesen, Joseph«, sagte der König. »Was werden wir nun trinken?«

»In der Nähe ist Wasser. Hier entlang«, wies Sperling auf die schattigen Bäume in jene Richtung, aus der der intensive Geruch halb verfaulter Schilfrohre drang. »Riecht Ihr das denn nicht?«

Arthur lachte auf. »Selbstverständlich. Es ist der See, mein Junge, ihr See, der, den ich gesucht habe.«

»Ihr See?« wiederholte Sperling.

Arthur schien ihn nicht zu hören. Sein Blick wanderte, er richtete ihn hier- und dorthin, wie ein Mann, der immer noch im Wachen träumt. »Ich habe ihren Segen verloren«, sagte er. »Sie hat mich einmal berührt, und das hat mich zum König gemacht. Wenn ich nur mit diesem Segen zufrieden gewesen wäre, wäre ich vielleicht immer noch König, und das Reich wäre sicher. Aber ich habe mehr gewollt. Ein Mann erhält die Anerkennung anderer Männer, indem er ihnen zeigt, daß er mehr besitzt als sie: Waffen, Schätze, Land, schöne Frauen. Die Reichtümer der Seele … diese kann man nicht – sie lassen sich nicht sehen. Also habe ich meine Eroberungen gemacht, um die Männer zu beeindrucken, und dabei hätte es doch von Anfang an nur ihr Segen sein sollen, den ich suchte.«

Sperling blinzelte beunruhigt. »Das – das verstehe ich nicht, Herr«, wagte er zu sagen.

Arthur lächelte freundlich. »Wie könntest du auch? Du bist nur ein Junge. Aber das ist vielleicht besser, als ein Mann zu sein. Dein Verstehen rührt nicht von Worten her, sondern aus dem Herzen, und ich – ich habe den Traum meines Herzens schon lange aufgegeben. Deshalb bin ich hierhergekommen, an diesen Ort, an ihre Obhut, in der Hoffnung, daß ich ihn wiederfinden kann. Ist denn im Reich der Liebe etwas je wirklich auf immer verloren?«

Sperling wußte die Antwort nicht. Statt dessen griff er nach der leeren Flasche und sagte: »Ich werde frisches Wasser holen.« Er stahl sich aus den bebenden, vom Feuer geworfenen Schatten und betrat erleichtert den dichten Wald.

Er brauchte nicht lange, um den See zu finden. Selbst die Bäume schienen ihre schleierbehangenen Äste von seinem Rand zurückzuziehen. Er lag wie ein hingeworfenes Silbertuch über der Brust des Landes, ein weit geöffnetes Auge, dessen Pupille vom Mond gebildet wurde.

Sperling kniete nieder und senkte die Flasche ins Wasser. Sie sang ein gurgelndes Lied, ein merkwürdig vergnügtes Geräusch an diesem einsamen Ort. Die selbstauferlegte Pflicht des Jungen war bald getan. Er stellte die Flasche zur Seite und spritzte sich ein wenig Wasser auf sein zerschlagenes Gesicht ...

... und hätte beinahe aufgeschrien, als er nicht die kühle Berührung des Wassers spürte, sondern das sanfte Streicheln einer Frauenhand.

Das Gesicht der Frau war vor ihm auf eine Weise, wie die Welt vor einem Schlafenden ist, wenn er die Augen wieder öffnet. Ihre Augen waren von einem blitzenderen Silber als das des Sees, ihr Haar ein bleicherer Frost als der entfernte Mond. Sperling brachte keinen Ton heraus; er wich zurück, weg von der Erscheinung. Die Flasche fiel um, Wasser lief heraus, vereinte sich wieder mit dem feuchten, sumpfigen Seeufer.

»Junge, hast du etwa Angst? Vor mir?« Hochgewachsen und schön, majestätisch weit über den armseligen Versuch der verlorenen Guinhwyfar hinaus, trug sie nichts als Nebel und die grünen Pflanzen des Sees. Sperling starrte sie an, wollte sich zwingen zu erwachen oder – wenn er nur den Mut hätte! – sich in dieselben weißen Arme zu werfen, vor denen er nun zurückwich.

»Hat er dich geschickt?« wollte die Erscheinung wissen. Ihre Stimme war sanft, Wind und Wasser und Träume. »Er hat dir sein Zeichen aufgeprägt. Sag mir, ist er nah? Wird er herkommen?«

Sie nannte keinen Namen, aber Sperling wußte es. Am Hof war oft darüber gesprochen worden, wie Arthur sein Schwert aus ebendiesen weißen Händen erhalten hatte, die nun Sperling zu beruhigen suchten. Die Klinge, Symbol der Macht eines Königs, trug für jene, die es sehen konnten, ein weiteres Zeichen: daß Arthurs Königtum von mehr als nur den Menschen bewilligt war. Sperling hatte es nur für eine hübsche Geschichte gehalten.

»J-ja«, erwiderte er und erhob sich langsam, aber nur bis auf die Knie. In ihrer Gegenwart aufzustehen, wäre Blasphemie gewesen. »Mein Herr ist hier. Dort drüben. Unter den Bäumen. Er –« Er wußte nicht, ob er tatsächlich wagen würde, mehr zu sagen, ihr von Arthurs Wunden zu berichten. Er fürchtete, daß sie ihm irgendwie die Schuld daran geben könnte. Ganz gleich, was die Wahrheit sein mochte, diese Dame brauchte nichts anderes anzunehmen als das, was ihre Laune ihr eingab. So war es immer mit Bedwyr gewesen, und sie hatte mehr Macht in einem einzigen Blick, als dieser Ritter je in seinem starken Körper gehabt hatte.

»Sag es mir, Sperling«, flüsterte sie, und der Klang seines Namens von ihren Lippen war alle Zärtlichkeit, nach der seine ausgehungerte Seele lechzte.

Er fragte nicht, woher sie seinen Namen wußte. Sein Glaube genügte, auch dies hinzunehmen. »Er wurde verwundet, Herrin«, sagte er. Der kräftige Klang seiner eigenen Stimme überraschte ihn. »Schwer verwundet in der Schlacht gegen seinen verräterischen Sohn Mordred. Aber es geht ihm nun besser«, fügte er eilig hinzu, da er sah, wie Sorge die Miene der Dame umschattete. »Und es wird ihm noch bessergehen, wenn Ihr ihn erst geheilt habt.«

Die Dame schüttelte nur den Kopf und wandte sich ab. Jetzt erkannte Sperling, daß sie nicht auf trockenem Land gestanden hatte, sondern auf der Wasseroberfläche. Ihre zarten Füße waren fest genug, um das Gesicht des Wassers mit kleinen Wellen zu küssen. Und noch andere Ringe waren im Wasser um sie herum zu sehen, Zeichen fallender Tränen.

»Herrin, warum – warum weint Ihr?« Sperling erhob sich nun doch, er konnte nicht anders, und kam auf sie zu, als besäße auch er die Fähigkeit, über das Wasser zu gehen. Das war nicht der Fall, und seine Füße machten ungeschickte, platschende Geräusche, als sie weiter vom Ufer wegschwebte und er ihr folgte.

Erst als die Kälte bis zu seiner Taille drang, blieb sie stehen und wandte sich um. Sie schrie leise auf, als sie erkannte, wie dicht er hinter ihr war und verstand, daß er ihr auch in die Tiefe gefolgt und dort willig ertrunken wäre. Ihre schlanke Hand schimmerte, und er fand sich neben ihr am Ufer, triefend naß und schaudernd.

»Kind, was ist in dich gefahren?« fragte sie leise. Als sie diesmal die Hand nach ihm ausstreckte, wich er nicht zurück. Sie roch nach den tausend Düften des Frühlings, und ihr Haar umschloß ihn wie Engelsflügel.

Verzückt von so viel Schönheit, spürte Sperling, daß ihm beinahe der Atem versagte, als er erwiderte: »Ihr habt geweint, und das konnte ich nicht ertragen. Ich wollte Euch nur trösten, wenn ich kann.«

Ihr Lächeln zeigte ihr Mitgefühl, ohne dieses Mitgefühl zu etwas zu machen, was ein Mann scheuen müßte. »So mißbraucht, und dennoch weißt du, was Mitleid ist? Du bist ein Wunder.« Ihre Finger wanderten zum Verschluß seines Hemds und berührten den Anhänger um seinen Hals. Es war ein einfaches, aus Eichenholz geschnitztes Kreuz. »Du dienst dem weißen Gott. Sind es seine Lehren, die dir ein so gutes Herz gegeben haben?«

Sie hielt das Kreuz in der Hand. Sperling staunte darüber, denn man hatte ihm beigebracht, daß die Geschöpfe der Anderwelt die

Macht des Kreuzes nicht ertragen könnten, daß sie es in ihrer Seelenlosigkeit scheuen müßten. Sie las ihm diese Gedanken vom Gesicht ab und lachte.

»Liebe ist Liebe«, sagte sie und ließ das Kreuz wieder fallen. »Liebe für jene, die ihr dienen, ganz gleich, unter welchem Zeichen. Einstmals wurde ich von so vielen angebetet wie heute dein weißer Gott. Jetzt sind die, die mir dienen, zu einem armseligen Häuflein geschwunden. Aber das ist ganz gleich. Es gab viele, die mir falsch dienten, meinen Namen und meine Macht nutzten, um Dinge zu rechtfertigen, die ich verabscheue. Lieber ein neuer Gott mit Dienern, die im Herzen der wahren Lehre treu bleiben, als eine Masse von unechten Anbetern, die zu meinen Altären strömen.«

Sperling biß sich auf die Lippen. Er berührte den geschnitzten Anhänger und stellte sich vor, daß er von Feenlicht glitzerte, wo ihre Hand ihn berührt hatte. »Es gehörte meiner Mutter«, sagte er. »Sie hat es mir hinterlassen. Mein Vater hat mir nie viel vom weißen Gott erzählt, und auch nicht von anderen Göttern, aber – aber ich habe die Priester am Hof lehren hören, und ich habe die Königin zur Messe begleitet, und es gab Bilder auf den Wänden der Kapelle –« Er holte tief Luft und zerrte so fest an dem Kreuz, daß der Faden um seinen Nacken riß. Er hielt ihr den Anhänger hin. »Herrin, ich will nur noch Euch dienen.«

Aber sie wollte das Opfer nicht annehmen. Sie hob die Hand, und das Kreuz fiel aus Sperlings Griff. Er hielt die Luft an, als er es wieder um seinen Hals spürte. »Um der Liebe deiner Mutter willen, diene ihrem Gott, dessen Lehren auch die meinen sind. Wenn das Wasser rein und gut zu trinken ist, was hat der Name der Quelle schon zu bedeuten?«

»Wasser...« wiederholte Sperling. Das Bild seines Herrn erschien vor seinem geistigen Auge. Ohne nachzudenken, packte er die Hand der Dame. »Er – König Arthur, mein Herr – ist Euch ein treuer Diener«, sagte er. »Er braucht Euch jetzt. Ihr müßt mitkommen!«

Die Dame seufzte, ihr Blick wanderte zurück zum See. »Der Mond wirft viele Schatten aufs Wasser«, sagte sie, »ich, die ich an diesen Ort gebunden bin, lese tief in allen Bildern, die sie mir geben. Liebes Kind... liebes, treues Herz, weißt du, wieviel in der Zeit geschehen kann, die ein Junge braucht, um eine Wasserflasche zu füllen? Weißt du, wieviel mehr als Wasser in einem einzigen Augenblick vergossen werden kann?«

Ihre Worte senkten Sperling schwärzeste Angst ins Herz. Er schüttelte den Kopf, wußte, was sie sagte und wußte es dennoch nicht und versuchte, all das von sich zu schieben. Sie hielt seine Hand. Sie half ihm auf die Beine. Noch immer schüttelte er den Kopf wie ein Hund.

»Armes Kind«, murmelte sie. »All dies ist zuviel für dich. Und das Schlimme ist, du wirst noch mehr ertragen müssen. Kleiner Sperling...« Sie zog ihn dichter zu sich und drückte ihre Lippen auf seine Stirn, die Fingerspitzen an dem Kreuz, das um seinen Hals hing. »Sei gesegnet: Was immer du noch ertragen mußt, sei ein Träger des Lichts.«

Und dann war sie verschwunden.

Sperling lag auf dem Rücken, das Wasser des Sees umspülte seine Füße, der Mond war eine Maske am Nachthimmel. Sperling setzte sich auf, blinzelte wie eine Eule, die das Tageslicht erschreckt hat. Als er umhertastete, um sich zu stützen, stieß er gegen die Wasserflasche, die immer noch bis zum Rand gefüllt war. Er stand auf, hob die Flasche hoch und ging zum Lager zurück.

Bedwyr war alleine dort, das Schwert Excalibur über die Knie gelegt. Er reinigte die Klinge, seine Miene finster von der besitzgierigen Liebe eines alten Mannes, der eine schöne junge Frau genommen hat, mit ihrem Willen oder gegen ihn. Seine entzückten Blicke streichelten die Oberfläche der Klinge noch zärtlicher als seine Hände. Sperling hätte ebensogut ein toter Baumstamm sein können, mehr Aufmerksamkeit war er dem Ritter nicht wert. Die Haferfladen schmorten ungeachtet, halb verkohlt und halb roh, in der Asche.

Sperling ließ seinen unruhigen Blick in die Schatten wandern, aber es gab kein Zeichen, daß sein Herr dort war. Jeder Hinweis auf Arthurs Anwesenheit war verschwunden, selbst sein Schild war nicht mehr zu sehen. »Ich habe Wasser gebracht«, sagte der Junge schließlich und hörte seine eigenen dummen Worte schwach in der mitternächtlichen Stille.

Bedwyr blickte auf. Eine Veränderung, die schrecklich mitanzusehen war, ging mit seinem Gesicht vor. »Da bist du ja«, sagte er. Die Worte fielen wie Tropfen von Quecksilber, schwer und kalt. »Ich bin froh, dich zu sehen, Junge.« Sperlings erschrockenes Starren enthüllte zu viele Zweifel, als daß der Ritter sich das Lachen hätte verbeißen können. »O ja. Glotz nicht so. Das habe ich von ganzem Herzen gesagt! Obwohl ich fürchte, daß du bedauern wirst, nicht schon eher hiergewesen zu sein. Dein Trödeln hat dich darum gebracht, Zeuge eines Wunders zu werden.«

»Ein... ein Wunder?«

»Setz dich«, befahl Bedwyr. Das Schwert Excalibur bewegte sich anmutig in seiner Hand. Er benutzte die heilige Klinge, um auf einen Platz neben sich zu zeigen, direkt am Lagerfeuer. Widerstrebend gehorchte Sperling. Als er sich setzte, sah er das Glitzern eines zerschlagenen goldenen Rings im Gras zwischen Bedwyrs Füßen. »Ich werde dir erzählen, was geschehen ist.«

Ich werde dir erzählen, was geschehen ist.

Eine große Halle, erfüllt vom Lärm vieler bewaffneter Männer.

Der Schein des Feuers auf hohen Steinmauern, Dachbalken atmen den Geruch von brennenden Scheiten, gebratenem Fleisch, verschüttetem Bier.

Auf dem Hochsitz, dem Ehrenplatz, saß Lord Bedwyr mit dem Schwert Excalibur auf den Knien und empfing eine neue Delegation von Häuptlingen, die zuvor König Arthur die Treue geschworen hatten. »Ich werde euch erzählen, was geschehen ist«, sagte er freundlich.

Ich werde euch erzählen, was geschehen ist...

Die Worte erfüllten Sperlings Kopf mit Feuer, brachten die Anblicke und Gerüche und schrecklichen Feierlichkeiten jener Nacht zurück. Neben dem Thron zu Lord Bedwyrs rechter Hand stehend, ordentlich in die Livree seines Herrn gekleidet, hielt er den großen Goldpokal, aus dem Bedwyr seinen Wein trank. Rings um den Rand dieses Pokals waren die schönsten Edelsteine eingelassen, blutrote Rubine, Diamanten wie ein See, dessen Wasser das Mondlicht spiegelt, und ein einzelner, riesiger Saphir von einer Klarheit, die so blendend und allumfassend schien wie das Auge Gottes selbst.

»Es trug sich folgendermaßen zu«, sagte Lord Bedwyr zu seinen neuen Gästen. »Ich rettete meinen Herrn Arthur aus der Schlacht gegen seinen verräterischen Sohn und brachte ihn auf seinen Befehl hin zum Ufer des heiligen Sees. Ihr kennt den Ort? Aus jenen Wassern rief Merlin einmal die Dame, die ihm eben jenes Schwert gab, das ihr hier seht, eine Klinge von nicht irdischer Macht, Zeichen des Königtums.«

Die Männer murmelten zustimmend. Sie kannten die Geschichten.

»Aber er war sehr schwach«, fuhr Bedwyr fort. »Zu schwach, um auf den Beinen zu bleiben. Ist es nicht so, Junge?« Er wandte sich an Sperling um Bestätigung auf eine Art, wie ein Mann seinen Hund heranpfeift. »Dieser Junge da war auch dabei«, erklärte er.

Sperling spürte das Gewicht vieler Männerblicke auf sich. Und das nicht zum erstenmal. Seit er und Bedwyr die Taten jener Nacht hinter sich gebracht hatten, hatte sich der Ritter auf das Land seiner Ahnen zurückgezogen und Boten zu Arthurs früheren Verbündeten geschickt. Die Sachsen tobten im Osten; Männer, die sich zuvor um die Knochen des zerstörten Camelot gebalgt hatten, taten sich nun wieder gegen den gemeinsamen Feind zusammen. Sie waren bereit, wieder auf eine einzige Stimme zu hören, und Bedwyr besaß die Klugheit sicherzustellen, daß es *seine* Stimme war.

Die Klugheit, die Beweise und die Geschichte.

»Ich machte es dem König, meinem Herrn, so bequem wie möglich, und der Junge kümmerte sich um ihn«, sagte Bedwyr. »Und dann sprach Arthur. Seine Stimme war schwächer als ein Flüstern. Er befahl mir, sein Schwert, die heilige Klinge Excalibur, zum Ufer des Sees zu bringen. Er sagte, ich sollte sie ins Wasser werfen und dann zurückkommen und ihm sagen, was ich gesehen hätte. Dann wurde er ohnmächtig, denn seine Wunden waren tödlich, und er hatte zuviel Blut verloren.«

Das Gemurmel der Männer wurde lauter – nur jene, die bereits Bedwyrs geschworene Vasallen waren und die Geschichte schon gehört hatten, schwiegen. Wenn Arthur Bedwyr befohlen hatte, das Schwert wegzuwerfen, wie kam es dann hierher? Alle erkannten es sofort; sie waren seinem hellen Schein oft genug in die Schlacht gefolgt. Welcher Zauber war hier verborgen und sollte ihnen nun enthüllt werden?

»Ich mußte meinem Herrn gehorchen«, seufzte Bedwyr. »Ob er nun bei Bewußtsein war oder nicht, ich mußte ihm gehorchen, obwohl ich gestehe, daß ich mit dem Gedanken spielte, ihm einfach nur zu *sagen*, daß ich gehorcht hätte. Was für eine Schande, ein solches Schwert wegzuwerfen! Aber das konnte ich nicht tun; er war mein Herr. Und so tat ich, wie man mir geheißen hatte, wirbelte die Klinge dreimal über meinem Kopf und ließ sie schließlich über den See fliegen. Der Junge ist mein Zeuge. War es nicht so?«

Sperling nickte. Bedwyrs Gesicht, nun glatt rasiert im Stil der Römer und lächelnd, war eine Maske, die jenen Mann verbarg, der einmal Sperlings Schulter gepackt hatte, bis Knochen gegen Knochen geknirscht hatte, einen Mann mit schaumbeflecktem Kinn, der fauchte: *Sag mir bloß nicht, was du geglaubt hast, in jenem Sumpf zu sehen, Junge! Ich sage dir, was du gesehen hast, und du wirst es wieder und wieder erzählen, immer wieder dasselbe, wann immer mir der Sinn danach steht, dich sprechen zu lassen. Mach mich vor meinen Männern zum Narren, und ich werde dir Schlimmeres antun als deinem kostbaren Herrn!*

Auch Bedwyr nickte jetzt, sehr zufrieden damit, wie gefügig der Junge war. Er fuhr fort: »Beide warteten wir, das Aufklatschen zu hören. Nichts geschah. Statt dessen sahen wir sie, die Dame. Sie erhob sich aus den Wassern des Sees, das Schwert in der Hand. Sie war in weißen Damast gekleidet, schöner als die Tochter jedes irdischen Königs sein kann, und als ihre goldbeschuhten Füße das Ufer berührten, erblühten dort Rosen.«

Das wahre Bild der Dame erhob sich aus dem Phantomsee in Sperlings Erinnerung und spottete über das falsche Bild, das Bedwyrs Worte schufen.

»Sie kam auf uns zu, und wir knieten in Ehrerbietung für ihre Schönheit. Dann sagte sie: ›Erhebt Euch, Sir Bedwyr! Erhebt Euch und nehmt, was Euch rechtens zusteht. Soll dieses gute Schwert im Wasser rosten, wenn Britannien es braucht? Soll dieses Metall zerfallen, wenn noch einer hier weilt, der die Klinge schwingen kann?‹ Und sie reichte sie mir.« Er lehnte sich auf seinem Thron zurück, und ein glückseliger Ausdruck breitete sich auf seinem Gesicht aus.

Jemand rief: »Beweist es!«

Bedwyrs Miene verdunkelte sich bei dieser Herausforderung. Er hatte solches schon vorher vernommen – nicht allzuoft in der letzten Zeit, aber in der Vergangenheit, als er begonnen hatte, Männer unter seine Fahne zu rufen – aber jedesmal reagierte er darauf mit nicht weniger mörderischem Zorn. Er sprang auf, die Hände umklammerten die Armlehnen seines Throns, als wären diese aus Ton, in den er seine Finger einprägen wollte.

Derjenige, der ihn gereizt hatte, war ein Häuptling, ein kräftiger Mann, der über viele Männer und Waffen verfügte. Bedwyr dämpfte seine Wut so schnell, wie sie aufgekocht war, aber Sperling konnte immer noch die Kohlen sehen, die in den Augen seines neuen Herrn glühten. Er würde friedlich mit diesem Zweifler sprechen, aber er hatte sich den Mann gemerkt. Er würde Worte finden, ihn auf seine Seite zu ziehen, aber er würde nichts vergessen. Bei der ersten Gelegenheit, die sich bieten würde – ein Kampf, ein Turnier, eine dunkle Biegung auf der Burgtreppe – würde Bedwyr dafür sorgen, daß dieser Mann starb. Das war es, was er am besten konnte.

»Ihr seht das Schwert«, sagte Bedwyr ruhig. »Ihr könnt es so lange und so genau betrachten, wie Ihr wollt. Sicher wart Ihr einer der engsten Gefährten meines Herrn, sicher kennt Ihr Excalibur?« Dieser letzte Satz war wie ein leichter Peitschenschlag; Bedwyr wußte ebenso wie der Häuptling um dessen niederen Rang zu Zeiten Camelots.

»Ich erkenne es«, knurrte der Mann. »Ebenso, wie jeder Schmied es gut genug kennt, um sein Abbild zu schmieden.«

Bedwyr ließ sich davon nicht aus der Ruhe bringen. »Ich sehe, Ihr seid nicht entschlossen, meine Worte als wahr anzuerkennen. Wessen Worte würden Euch genügen?« Er wandte sich beinahe beiläufig in Sperlings Richtung. »Ein Kind soll sie anführen«, gurrte er.

Reliquien wurden gebracht. Der zweifelnde Häuptling, nach eigener Angabe ein frommer Christ, strengte sich gewaltig an, Sperling an die Foltern der Hölle zu erinnern, die jene erwarteten, die bei den Knochen der Heiligen falsch schworen.

Sperling warf seinem Herrn einen Blick zu. Bedwyrs Lächeln war jetzt starr. Dies war das erste Mal, daß man den Jungen auf Märtyrerknochen schwören ließ. Bedwyr wußte, daß der Junge das Zeichen des weißen Gottes um den Hals trug; er wußte nicht, daß es dem Jungen nur wegen der Berührung zweier Frauen heilig war – seiner Mutter und der Dame vom See – die für ihn nun beide verloren waren. Sperling wußte, er hatte die Huld der Dame verloren, als Bedwyr ihn zum erstenmal aufforderte, seine falsche Geschichte zu bestätigen, und als er die Wahrheit seiner Angst geopfert hatte.

Ich bin kein Held, Herrin. Ich bin nur ein Junge. Bittere Tränen brannten ihm in den Augen. *Ich könnte nicht ertragen, was er mir antäte, wenn ich nicht lügen würde. Also habe ich Euch verraten und Euch dadurch für immer verloren.*

»Verstehst du mich, Junge?« wollte der Häuptling wissen, packte Sperlings Hand und drückte sie auf den Reliquienschrein.

»Ich werde in Ewigkeit verdammt sein, wenn ich lüge«, erwiderte Sperling. Edelsteine und Goldfassungen stachen in seine Handfläche. »Ich verstehe.«

So sehr Bedwyr auch in die Haut des Jungen schlüpfen und ihn einschüchtern konnte, er konnte doch nicht seinen Geist besitzen. Und daher, unwissend, was dieser ernste Satz des Jungen für ihn bedeuten könnte, erklärte Bedwyr schnell: »Laßt uns hoffen, daß er es wirklich versteht! Denn ich muß gestehen, er war immer ein wenig schwach im Geist, und das Wunder, da wir beide am Seeufer sahen, war selbst für einen gesunden Mann nur schwer zu ertragen, ohne dabei den Verstand zu verlieren. Manchmal redet er wirr, und machmal –«

»Ich werde hören, was er zu sagen hat«, fauchte der Häuptling; er hatte Bedwyr den Rücken zugewandt. Zu Sperling sagte er: »Sprich jetzt, Junge! Du weißt, welchen Eid du geschworen hast. Ich werde nicht an deinen Worten zweifeln.«

Sperling holte tief Luft; Bedwyr hielt den Atem an. Dann sagte der Junge: »Ich sah die Dame vom See. Das Schwert Excalibur gehört Lord Bedwyr.«

»Und?« Bedwyr und der Häuptling hatten zur gleichen Zeit gesprochen. Sperling sah seinen neuen Herrn an, und ein Seufzer entschlüpfte seinen Lippen, so leicht, daß nur er selbst ihn bemerkte.

»Dann kam eine große Barke, behangen mit Draperien aus feinster Seide. Drei Königinnen saßen im Bug, und kein Mann steuerte oder stakte das Boot. Sie kamen und holten König Arthur an Bord und legten ihn sanft auf eine Bahre. Dann fuhr die Barke wieder davon, und die drei Königinnen trauerten.«

Sperling sprach die Worte mechanisch aus. Bedwyr war allein wichtig gewesen, daß er sie gut genug auswendig wußte, um sie auf den Buchstaben genau zu wiederholen, wenn es notwendig wurde. Überall in der großen Halle begannen die Männer zu flüstern. Die meisten von ihnen hatten diese Geschichte bereits gehört, einige von ihnen waren schon so lange Verbündete Bedwyrs, daß sie die Sätze vermutlich selbst auswendig und im Traum hersagen konnten. Einige hatten alles so oft sowohl von Bedwyrs als auch von Sperlings Lippen vernommen, daß sie sich neue Ausschmückungen ausdachten, zu ihrer Unterhaltung. Sie versicherten ihren Freunden, die drei Königinnen seien aus dem Feenland gekommen, daß Arthur noch lebend auf die Barke gebracht worden sei, daß die drei ihn nach Avalon gebracht hatten, um seine Wunden zu heilen und daß er zurückkehren werde, wenn Britannien seine starken Arme brauchte.

Bis zu diesem Tag würden Männer wie Bedwyr genügen müssen. Falls Bedwyr von diesen Ausschmückungen seiner Geschichte wußte, schien es ihn nicht zu stören. Ein Thron war ein Thron; er brauchte sich nicht hinter einer weiteren Legende zu verbergen. »Seid Ihr zufrieden?« fragte er den Häuptling.

Der mächtige Mann sagte nichts, aber er kniete sich vor Bedwyr und erwies ihm Ehre.

Der Geschmack von Falschheit in Sperlings Mund war ätzend. »Herr, darf ich gehen?« flüsterte er. Bedwyrs Nicken war knapp; auch er war zufrieden. Sperling verließ die Halle mit der vollkommenen Haltung eines gut geschulten Pagen. Erst als er außer Sichtweite der Feiernden war, begann er zu rennen.

Im äußeren Hof befand sich ein Brunnen in einem Kreis gelblicher Steine, der nächtliche Wanderer und dumme Schafe davon abhalten sollte, in den Schacht zu fallen. Sperling warf sich über diese niedrige Barrikade und starrte in den Schacht hinab. Dort war alles dunkel. Kein Mond stand in dieser Nacht am Himmel, kein Licht konnte sich in diesen Höllenschlund stehlen.

Aber für Sperling hatte das schwarze Wasser hundert gierige Mäuler, die ihn Feigling schimpften, und allein seine Augen hatten die

Kraft, das geliebte Gesicht seines wahren Königs dicht unter der Oberfläche zu sehen.

Mein Sohn, mein Sohn, warum hast du mich verraten? Der geisterhafte Schrei war nicht an Mordred gerichtet; Sperling wußte, er war für ihn bestimmt.

»Junge! He da, Junge! Du sollst zum Herrn kommen!« Eine Hand senkte sich auf Sperlings Schulter, mit beinahe so viel Kraft, um ihn über den Rand in den Brunnen zu stoßen, ins schwarze Wasser. *Wenn es doch nur so wäre,* dachte er, und suchte immer noch nach dem Gesicht des Königs, das langsam unter dem Wasser verschwand, tiefer ins Dunkel sank. *Ich sollte ihm lieber folgen; ich sollte ihm lieber gleich folgen.* Aber seine Sehnsucht blieb unerhört. Statt dessen packte ihn die Hand fester und riß ihn gnadenlos auf die Beine.

»Was in Teufels Namen tust du da?« Der Atem des Dieners stank nach faulen Zähnen und schalem Bier.

»He – Lord Bedwyr hat mich gehen lassen«, erwiderte Sperling. Der Diener war klein und untersetzt, ein Troll von einem Mann, mit all der Rauheit und Unverschämtheit eines Trolls.

»Er hat mich gehen lassen«, höhnte der Mann und imitierte Sperlings leise Stimme, seinen im Dienst in Camelot geschulten Akzent. Er schüttelte Sperling. »Dann ist er jetzt anderer Ansicht! Du sollst sofort zu ihm kommen. Dieser unhöfliche Rindskopf, der an der Geschichte unseres Herrn zweifelte, aber *dir* glaubte, hat noch mehr zu sagen.«

»Ich verstehe nicht –«

»Wen interessiert das?« Der Mann stieß Sperling in Richtung des Burgtors. »Du brauchst nur zu wissen, daß man nach dir verlangt; sie haben mich ausgeschickt, dich zu holen, und du solltest dich lieber beeilen, sonst geht es mir auch noch an den Kragen.«

Wie ein getretener Hund machte sich Sperling eilig auf den Weg und ließ den pöbelnden Diener weit hinter sich, als er zurück zur großen Halle rannte.

Was für eine Veränderung fand er dort vor! Zuvor war die Atmosphäre in der Halle widersprüchlich gewesen. Einerseits hatte es glatte und vernunftbestimmte Diplomatie gegeben und im Gegenzug Bedwyrs angestrengten Versuch, neue Verbündete zu gewinnen. Dahinter hatten sich jene, die bereits auf ihn eingeschworen waren, zurückgehalten, ruhig, aber wachsam. Neue Verbündete bedeuteten auch neue Rivalen; aber es bestand kein Grund, sich darüber Gedanken zu machen, solange die Allianz nicht fest geschmiedet war; allerdings taten die Männer gut daran, ihre Aufmerksamkeit auf jede noch so geringe Veränderung in dem Kräftegleichgewicht zu richten, das ihren Herrn, den Erben Excaliburs, umgab.

Nun war die Trennung aufgehoben und dem allgemeinen Überschwang gewichen. Diener huschten geschäftig umher, rollten Fässer mit Bier und sächsischem Met herein und kleinere Fäßchen mit Wein von den weit entfernten Stränden Galliens.

»Hier, Junge! Zu mir!«

Sperling riß den Kopf hoch. Bedwyr hatte sich von seinem Thron erhoben und winkte ihn heran. Er stand auf dem strohbedeckten Boden zwischen den beiden langen Reihen von Bankettischen, die die große Halle füllten. Neben ihm stand ein Priester – alt und runzlig wie eine Herbstpflaume –, der eine heilige Schrift in den gichtigen Händen hielt. Sperling schob sich am nächsten Tisch vorbei und war schneller als ein Gedanke an Bedwyrs Seite.

»Gut!« Es sah so aus, als hätte Bedwyr dem Jungen freundlich über die Wange gestrichen, aber Sperlings langes Haar verbarg die Tatsache, daß sein Herr sein Ohr gepackt und fest umgedreht hatte. Sperling wußte, er durfte auf keinen Fall schreien. Er wußte, welchen Preis er zahlen mußte, wenn er unter einer von Bedwyrs kleinen »Gaben« auch nur zusammenzuckte.

»Was wünscht Ihr, Herr?« sagte er so tapfer, wie der Schmerz es ihm erlaubte.

»Deinen guten Willen, mein Junge. Und deine Augen als Zeugen.

Ich werde heute abend heiraten.« Bedwyr lachte, dann beugte er sich vor, so daß nur Sperling die nächsten Worte vernehmen konnte. »Unser Freund, der zweifelnde Häuptling, steht nun fester auf unserer Seite, als ich hoffen durfte. Er hat eine Tochter, sein einziges Kind, die die Ländereien ihres Vaters mit ins Ehebett einbringen wird. Er hat sie mir als Zeichen seiner Reue dafür angeboten, daß er je Zweifel an meiner Geschichte hatte. Gottes Segen über ein solch christliches Gewissen!« Für jene, die zusahen, mochte es den Eindruck machen, daß Bedwyr über einen Witz seines schmächtigen Pagen herzlich lachte, obwohl im Grunde keiner den Jungen mit der traurigen Miene eines Spaßes für fähig hielt.

»Heiraten...« Sperling versuchte zu erfassen, was diese Veränderung für ihn bedeuten könnte. Würde die Anwesenheit einer Dame die strenge Einfachheit von Bedwyrs Haushalt mildern, die beiläufigen Grausamkeiten, die seine unsicheren Tage überschatteten?

»Wisch dir diesen Eselsblick vom Gesicht, Junge!« knurrte Bedwyr. »Oder *ich* werde das Wegwischen für dich übernehmen müssen. Hier kommt sie!«

Sperling hörte Jubelgeschrei von den Männern, die an beiden Seiten der Tische saßen. Der christliche Häuptling hatte den Gang am anderen Ende der Tischreihen betreten, und mit ihm die schlanke, kleine, verschleierte Gestalt eines Mädchens. Würdig schritten sie zwischen Bedwyrs Männern hindurch, das Mädchen hatte unter dem alles verhüllenden Schleier den Kopf gesenkt, der Vater nahm die freundlichen und neckenden Zurufe mit knappem Nicken nach links und rechts entgegen. Als sie vor dem Priester standen, nahm der Häuptling die Hand seiner Tochter und legte sie in Bedwyrs grobe Tatze, dann trat er zur Seite. Bedwyr warf einen Blick auf den gesenkten Kopf des Mädchens – blondes Haar schimmerte verheißungsvoll unter dem Schleier – und lächelte wie ein Fuchs, der gleich seine Zähne ins Fleisch des Opfers schlagen wird. Der Priester schlug sein Heiliges Buch auf und begann zu rezitieren.

»Warte!« Bedwyr hob die Hand. »Wenn diese Dame die Grundlage meines Königshauses sein soll, dann sollen meine Männer zuerst ihr Gesicht sehen.«

»Was?« Der Häuptling war erbost. »Das ist weder angemessen noch höflich. Meine Tochter ist eine ehrbare Jungfrau, und –«

»Ich zweifle nicht an Eurem Wort«, meinte Bedwyr leichthin. »Obwohl Ihr an meinem zweifeltet. Es heißt, daß Weise Frauen und Zauberer auf dem Land dem Gesicht einer Frau ansehen können, ob sie fruchtbar ist. Bestimmte Anzeichen zeigen, wie viele Kinder eine Braut austragen kann. Arthurs Reich ging unter, weil seine Königin unfruchtbar war. Ich bin es diesen treuen Männern schuldig, sicherzustellen, daß alles, was wir in unseren Kämpfen erringen werden, länger andauert als nur eine Generation. Ich sage, sie haben ein Recht, ihr Gesicht zu sehen! Wenn Ihr Euch dagegen stellt, stellt Ihr Euch gegen sie, nicht gegen mich.«

Für Bedwyrs Männer war das Unbehagen des Häuptlings eine Gelegenheit, ihren Spaß mit ihm zu haben. Sie stimmten ein mächtiges Gebrüll an und forderten, das Gesicht der Braut sehen zu dürfen. Einige zogen Messer und legten sie auf die Tische, um zu zeigen, wie weit sie gehen würden, um ein Recht zu verteidigen, von dem sie nicht gewußt hatten, daß es ihnen zustand, ehe Bedwyr es erwähnt hatte.

»Nun gut«, brummte der Häuptling und wandte sich ab.

Bedwyr grinste. »Ihr habt es aus dem Mund ihres eigenen Vaters gehört!« rief er seinen Männern zu. Und er hob den Schleier der Braut.

Sperlings Herz stand still. Er mußte tot sein, und sein ganzes kurzes Leben erschien noch einmal in diesem letzten, qualvollen Augenblick vor seinem geistigen Auge auf. Das war die einzig mögliche Erklärung. Denn unter dem Schleier, der bis zu diesem Augenblick das Gesicht der Häuptlingstochter bedeckt hatte, sah er das Gesicht der Dame vom See.

Nein! rief er tief in der Einsamkeit seiner Seele. Und noch einmal:

Nein! Das kann nicht sein! Die große Halle verschwand vor ihm. Er stand an einem vollkommen verlassenen Ort und heulte seine Verzweiflung in den leeren Himmel.

Aber so ist es, Sperling. Sein Geist war von ihr erfüllt, selbst während ihm die Liturgie des Priesters in die Ohren drang, von einem inzwischen weit, weit entfernten Ort aus. *Sie war bei ihm, wie sie am Seeufer bei ihm gewesen war, stand weniger als einen Steinwurf weg. Es ist so, weil es so sein muß, verstehst du nicht? Arthurs Zeit ist vergangen, die heilige Klinge ist zu Schlimmerem geworden als Rost. Mein Ritter ist tot, und das Licht ist aus dem Land verschwunden.*

Sie rührte sich nicht, um näher zu kommen, sie streckte auch die Hände nicht aus. Sperling spürte, wie eine größere Angst, als er sie je gekannt hatte, langsam näher kroch, um ihn zu überwältigen, Leib und Seele, als er die Fesseln an ihren Hand- und Fußgelenken sah, die Ketten, die sie an die Erde banden. *Ihr solltet Euch lieber den Sachsen ausliefern als Bedwyr!* rief er voller Pein.

Ich sollte mich lieber niemandem ausliefern, erwiderte die Dame. *Aber ich bin, was das Zeitalter aus mir macht. Was ich jetzt bin, hat keine Hoffnung zu überleben ohne einen Ritter, einen, der stark genug ist, das Schwert in meinem Namen wieder aufzunehmen.*

Sperlings Knie zitterten. *Ich werde Euer Ritter sein.* Er sprach wie jemand, der glaubt.

Ihr Seufzer zog durch seinen Geist wie der Atem des Winters. *Das hatte ich gehofft.*

Er hörte die enttäuschte Hoffnung in diesen Worten so genau, wie er die Stimme seines toten Königs aus der Tiefe des dunklen Brunnens gehört hatte, als sie ihn anklagte. Es schmerzte mehr als jeder Schlag, den Bedwyr ihm je versetzt hatte. *Wie kann ich Euch ohne ein Schwert verteidigen?* flehte er. *Wie kann ich Euch richtig dienen, ehe ich erwachsen bin? Ich bin nur ein Junge, aber wenn Euer Zauber einen Mann aus mir machen kann, wenn Ihr die Heilige Klinge in meine Hände legen könnt, dann –!*

Mein Zauber kann nichts gegen deinen ausrichten. Meine Magie ist machtlos gegen die, die dir schon bei der Geburt gegeben wurde. Wie kann ich dir geben, was du bereits besitzt? Das Bild der Dame verblaßte, wurde verschwommener, verlor aber nichts von seinem Licht. *Du bist mein Ritter, aber nur, wenn du dich selbst dazu machst.*

Ich habe kein – er starrte seine Hände an, in denen immer noch keine Waffen lagen.

Befreie den Gefangenen, Herr! rief sie. *Sei gnädig, suche ihn und befreie den Gefangenen! Dies ist die einzige wirkliche Aufgabe eines Ritters.*

Der Gefangene ...

Wir sind alle Gefangene, Kind. Sie breitete die Hände so weit aus, wie ihre Fesseln zuließen. *Nur wenige von uns finden die Kraft, die Gitter unseres Käfigs zu einem Schwert zu schmieden.*

Ihr Bild schien zu schrumpfen, wurde zu einer strahlend weißen Taube. Sie versuchte wegzufliegen, aber die Ketten hielten sie immer noch. Sie flatterte gegen die Dunkelheit an, bis ihr Herz brach und sie zu seinen Füßen niederstürzte. Er bückte sich, um die kleine, zerschmetterte Leiche aufzuheben und sah, daß er nur noch einen schmutzigen toten Sperling in der Hand hielt.

»NEIN!«

Schweigen brandete über Sperlings Schrei herein, mit der Kraft einer riesigen Woge, die sich am Strand bricht. Dem Priester blieben die Worte im Hals stecken, der Häuptling drehte sich um, mit dem starren, begriffsstutzigen Blick eines Ochsen, die Züge der Braut schmolzen von der Maske der Dame zu dem leeren, hübschen, verängstigten Gesicht eines gewöhnlichen Mädchens.

Für Sperling hatte diese letzte Veränderung nichts zu bedeuten. Er sprach bereits laut, sprach alles aus, was er bisher verborgen hatte, die ganze Wahrheit, laut und klar, eine Hand um das Kreuz auf seiner Brust geklammert, die andere wies auf Bedwyr. Er hatte das Gefühl, gleichzeitig zwei Wesen zu sein – eines, das über der Masse der verblüfften und mit weit aufgerissenen Mäuler dastehenden Menge in der Halle schwebte, und das andere ein Junge, dessen Stimme laut ertönte, die Lügen wegriß und das Licht brachte.

Die Zeit war gespannt wie eine Bogensehne. Zunächst vibrierte sie nur vom Klang von Sperlings Stimme, dann auch von den anderen Stimmen, dem Flüstern von Bedwyrs Männern, die flüsterten, flüsterten, flüsterten...

»– tot?«

»Von *seinen* Händen! All diese Geschichten über den See, die Königinnen –«

»Pferdedreck! Der Junge hat die Leiche gesehen. Es war ein Sumpf dort. Bedwyr hatte sie dort versenkt, mit dem Schild und allem, aber sie mußten daran vorbei, als sie vom See zurückkehrten, und der Junge hat gesehen –«

»– das *sagt* er nur. Und er sagt, er hat die Königinnen gesehen! Sollten wir ihm das nun glauben oder nicht?«

»Lord Bedwyr sagt, der Junge ist nicht richtig im Kopf.«

»*Dein* Lord. Er ist nicht mein Herr. Dieser dreckige Mörder...«

»Welchen Beweis gibt es denn, außer den Worten des Jungen?«

»Es ist schon Beweis genug, daß er es überhaupt ausspricht! Er würde dafür sterben!«

Die Zeit fiel zurück in ihr übliches Tempo, Sekunden, Minuten, Lebenszeiten. Bedwyr stieß ein Knurren aus. »Sei verflucht, du Kröte; dafür werde ich dich zermalmen!« Excalibur sprang aus der Schneide in seine Hand und fiel wie ein Urteil auf Sperling nieder.

Stahl prallte auf Stahl und erschütterte die Klinge in Bedwyrs Hand. Der Mann blieb verdutzt stehen und starrte das gekerbte und von Blut geschwärzte Schwert an, das er vom Schlachtfeld von Camlann getragen hatte, die Waffe, mit der er seinen König getötet hatte.

Nicht tot, sondern unberührt blickte Sperling auf und sah die heilige Klinge in der runzligen Hand des Priesters. Bevor sein Geist diesen Anblick akzeptieren konnte, sah er, wie sich in einem Lichtstrahl der Zauber des Schwerts über das Bild des alten Mannes breitete. Er wusch allen Anschein des Priesters hinweg und ließ einen hochgewachsenen, mächtigen Krieger zurück, dessen Gesicht die unsterblichen Züge der Elfen trug und der auf der Brust das Wappen der Dame trug: Aus einem schimmernden See erhob sich ein weißer Arm, der das Wunderschwert trug.

Die Zeit erstarrte. Sperling sah sich um und bemerkte, daß von allen in Bedwyrs großer Halle er und der Feenritter die einzigen waren, die sich noch regen konnten. Bedwyrs Männer waren zu Stein geworden, ihre Gesichter spiegelten Zorn und Wut wider, sprachen von Verrat und von der Rache, die sie nehmen würden.

»Sie werden ihn töten«, flüsterte Sperling und wunderte sich tief drinnen, daß er trotz allem, was Bedwyr getan hatte, immer noch eine Spur von Mitleid für den Mann empfand.

»Sie selbst werden wählen müssen, welchen Weg sie einschlagen«, sagte der Elfenritter. »Du selbst kannst einen anderen Weg gehen.« Er war nicht mehr zu Fuß, sondern saß auf einem Streitroß, das glänzte wie der Abendstern. »Treuer Page, willst du deinem Herrn weiterdienen, bis er zurückkehren wird?« Er zeigte zur Seite, und dort stand ein zweites Pferd, reiterlos, wartend.

Sperling starrte, und dann wußte er, mehr im Herzen als im Verstand, was er zu tun hatte. Er nickte.

Bedwyrs Halle wurde hinter ihnen zu Staub, als sie davonritten und es steinernen Männern überließen, sich um Nichtigkeiten zu streiten. Das Getöse ihrer Kämpfe verklang. Sperling saß mit der Anmut eines Fürsten zu Pferd, der im Sattel geboren wurde. Alle Angst, aller Schmerz fielen von ihm ab, wie die dünne Hülle, aus der sich ein Schmetterling entfaltet. Er wandte sich dem Licht zu, und sie ritten nach Avalon.

Zwischen den Welten

von Karen Haber

Die Morgensonne zerriß den Nebel, spießte Dampfpartikel auf goldene Strahlen, griff nach Staubflocken und ließ sie tanzen, als der Himmel über der grünen verzauberten Insel von Avalon aufklarte.

Nimue, zweite Hohepriesterin von Avalon, kniete am Altar der Dame vom See und hielt einen Wacholderstab an die glühenden Kohlen in dem metallenen Kohlebecken. Bläulicher Rauch wirbelte in einer Spirale nach oben. Nimue atmete den Duft dreimal ein und rief ehrfürchtig den Namen der Göttin an.

»Bitte, Herrin«, flüsterte sie. »Verlaß deine treue Dienerin nicht. Ich bin dir doch treu geblieben! Warum hast du mich dann verlassen? Warum lehnst du mich ab? Drei Tage und drei Nächte habe ich dich am Kristallteich um Visionen gebeten, und dreimal hast du sie mir verweigert. Warum nur? Warum?«

Sie wartete, wagte kaum zu atmen.

Und sie hörte nur den Wind in den Bäumen und den einsamen Ruf eines weit entfernten Vogels.

Mit zitternder Stimme wiederholte Nimue ihr Gebet.

Die Göttin blieb abweisend, schweigend, ungerührt.

Nimue spürte, wie Tränen ihr in den Augen brannten, und dann das plötzliche Aufwallen von Zorn. »Bist du überhaupt hier, Göttin, oder widmest du dich gerade dem Gebet einer bevorzugteren Tochter? Ich weiß, man hat mich gelehrt, du seist überall und dein Wille wohne allen Dingen inne. Worin besteht denn dein Wille, was mich angeht?« Sie schwieg einen Augenblick. »Hört mir überhaupt jemand zu?«

Sie erhielt keine Antwort, sie hatte auch keine erwartet. Die Göttin arbeitete auf ihre eigene Art und in ihrer eigenen Zeit. Aber heute abend würde Nimue den nächsten Versuch wagen, in die Zukunft zu sehen. Sie hatte gehofft und gebetet, bis dahin ein Zeichen zu erhalten.

Grimmig deckte sie das Kohlebecken zu und stand wieder auf. Es hatte keinen Sinn, eine anzurufen, die nicht kommen würde. Sie verließ den Steintempel, holte tief Luft und schaute hinauf zu den Flecken von Blau, die zwischen den Wolken hindurchspähten. Sie dachte an den tiefblauen Bogen des Himmels über Camelot, an Merlins uralte Saphiraugen, die sie um Gnade anflehten, und sie verspürte intensive Sehnsucht und Angst.

Liebste Göttin, dachte sie. Erspare mir das. Erinnerungen sind der schlimmste Fluch, der der Menschheit auferlegt wurde.

Nimue gestand sich nicht mehr zu, an den Zauberer von Camelot zu denken und daran, wie sie ihn zu Fall gebracht hatte. Sie zwang sich, auf das grüne Land zu starren, bis es vor ihren Augen verschwamm.

»Nimue! Wieso ruhst du dich nicht aus?«

Die Stimme war so spitz wie eine Nadel. Miriame, ihre Base, stand vor ihr, in einem schlammfarbenen Gewand und passendem Tuch, und runzelte die Stirn.

»Du meinst, ich sollte mich auf die Prüfungen vorbereiten, die mir heute abend bevorstehen?« erwiderte Nimue scharf. Und bedauerte ihren Tonfall, kaum daß sie die Worte ausgesprochen hatte.

In der letzten Zeit hatte die Sorge sämtlichen Stimmen, die Nimue umgaben, einen scharfen Unterton verliehen: denen ihrer Schwesterpriesterinnen, denen der Schülerinnen, ihrer Basen, ihrer Nichten. Alle hatten miterlebt, wie sie am Teich versagte, einmal, zweimal, dreimal. Alle fragten sich, was wohl an diesem Abend geschehen würde.

Ihre eindringliche Sorge machte Nimue nichts als Kopfschmerzen. Waren Sie denn so blind, ihre Schwestern in Avalon? Warum nutzten sie nicht die Sinne, die die Göttin ihnen gegeben hatte, um zu sehen und zu verstehen? War Bedauern denn ein solches fremdes Land für sie? Sicher hatten die Alten, die die Gemeinde der Göttin gegründet hatten, einmal eine Reise dorthin unternommen. Ganz bestimmt.

Sie lächelte Miriame entschuldigend an. »Nachdem ich eine ganze kalte Nacht damit verbracht habe, vergeblich am Teich auf Visionen zu warten, wollte ich in der Sonne spazierengehen, um mich wieder aufzuwärmen.«

»Die Sonne mit ihren heilenden Kräften zieht uns alle an«, sagte Miriame. Ihr schmales, dunkles Gesicht wurde weich vor Mitgefühl, und ihre Züge, die denen der Alten so sehr ähnelten, wirkten einen Augenblick lang beinahe hübsch.

Nimues blonde, hochgewachsene Schönheit bildete einen starken Kontrast zu Miriames spitzem und düsterem Aussehen, der beinahe wie ein Tadel wirkte. Einige der weniger freundlichen Schülerinnen von Avalon hatte man schon flüstern hören, daß in Nimues Adern das Blut eines Wechselbalgs floß.

Dasselbe hatten sie von Merlin gesagt.

Und sie hatten ihn verflucht, die Dienerinnen der Dame vom See, sie hatten Merlin verflucht, weil er die Göttin und den Alten Weg verraten hatte. Hatte er nicht die heiligen Insignien der Göttin mit den blechernen Dekorationen des christlichen Gottes vermischt? Nimue war nach Camelot geschickt worden, um den ehrwürdigen Zauberer zu verführen und in die Falle zu locken, um ihm seine Bannsprüche zu nehmen und ihn zurück nach Avalon zu bringen, wo er der Gerechtigkeit der Göttin überantwortet werden sollte.

Wieder dachte Nimue jetzt an Merlin und spürte, wie das kalte Messer des Gewissens sich in ihre Seele bohrte. Meine Bannsprüche schlagen fehl, dachte sie. Ich habe keine Visionen mehr. Und ihr habt alle Angst vor mir, Schwestern, ihr fürchtet mein Versagen und daß ihr mich brauchen könntet. Ihr braucht eine Hohepriesterin, die Ravens Stelle übernimmt.

Ein Schatten zog über die Sonne. Nimue blickte auf, aber am Himmel war nichts zu sehen, gar nichts.

»Bist du krank?« fragte Miriame. »Du siehst blaß aus. Komm, ich helfe dir zu einem Sitz im Pavillon.«

»Nein, bitte laß mich, es geht mir gut.« Und wieder legte sich Dunkelheit flackernd über sie. Nimue wußte, daß sie das Zittern der Ungesehenen am Rand ihres Bewußtseins gespürt hatte, eine Warnung vor etwas, das kommen würde. »Ich bin nur ein bißchen erschöpft«, sagte sie. »Das ist alles. Vielleicht sollte ich ein wenig meditieren.« Wieder dieses Flackern, und die Welt stellte sich auf den Kopf, dann wieder auf die Füße.

Miriame nickte, offensichtlich zufrieden. »Dann wünsche ich dir einen guten Tag, Base.«

Rings um Nimue glitzerte und bewegte sich die Luft. Nimue atmete schwer, die Luft brannte ihr in der Kehle. Sie zwang sich zu einem Lächeln und winkte Miriame nach. Erst als ihre Base außer Sichtweite war, erlaubte sie sich, vor Angst und Vorahnung zu schaudern. Sie brauchte einen sicheren, abgeschiedenen Ort. Schnell. Dort. Ein Hain, nicht weit vom Weg entfernt. Halb taumelnd warf sie sich zwischen zwei dicken braunen Stämmen hindurch in die Zuflucht des dichten Gebüschs.

Gerade noch rechtzeitig, denn die Vision brach mit erdrückender Kraft über sie herein, und Nimue fiel auf die Knie, stürzte auf den moosigen Boden.

Sie ist sechs Jahre alt, und sie hört wunderbares Singen, riecht den süßen Weihrauch, sieht das heilige, tanzende Licht und die lächelnde Dame, die in Weiß und Blau erstrahlt – ist sie eine Königin? – die sie die Treppe zum Tempel hinaufwinkt. Wie groß alle sind! Wie fremd das Parfum der Frau, die sie in die Arme nimmt! Sie hört die Stimme ihrer Mutter, die laut widerspricht, aber dann verklingt, während der Chor eindringlicher und eindringlicher wird.

Die Szene verändert sich beinahe unmerklich. Sie ist zwölf, langbeinig und fohlenhaft, und sie trägt das Gewand einer Novizin. Die Tempelstufen sind nicht mehr so steil. Wenn sie das Wort Mutter hört, sieht Nimue nur noch das Gesicht der Hohepriesterin Raven vor sich, Raven mit den dunklen Augen, die Älteste der Schwesternschaft, erste Dienerin der Dame vom See.

»Sei ein braves Mädchen«, sagt man Nimue, und sie weiß, wenn sie gehorcht, wird sie mit Wundern belohnt. Sie betritt das Haus der Jungfrauen, ein angenehmes, wohlduftendes Haus. Ein goldener Kelch, mit Juwelen geschmückt und nach Wein und Gewürzen riechend, wird ihr angeboten. Sie nimmt einen durstigen Schluck, schließt die Augen, träumt. Die Bilder sind seltsam und zauberhaft.

Sie sieht einen weißbärtigen Fremden, das Gesicht von der Zeit gezeichnet. Licht und Farben umspielen ihren Geist, und sie hört verrückte Arpeggios, merkwürdige Akkorde und schrille Klänge, wie sie sie nie zuvor gehört hat. Sie treibt wie ein Vogel auf den violetten Schichten der Luft und atmet wundervolle Düfte ein.

Wieder eine Veränderung. Sie ist älter, hat geschworen zu schweigen, wagt nicht, auch nur einen Laut von sich zu geben. Selbst als sie die Tätowierung erhält, die sie den Kuß der Ceridwen nennen – einen schmalen blauen Halbmond an ihrer rechten Schläfe, der sie als Priesterin ausweist und damit an die Göttin bindet – bleibt sie ungerührt und schweigt, obwohl sie nur zu gern laut vor Schmerz geschrien hätte.

Sie sinkt tiefer in die wirbelnden Nebel, treibt tiefer in die Mysterien. Sie irrt in einem seltsamen, dunklen Land umher, verirrt zwischen grauen Hügeln, ihre Züge von einem Bannspruch verdunkelt. Sie will weitergehen, aber ihre Füße regen sich nicht. Sie ist auf sumpfigem Gelände, gebunden von einem Kreis – nein, keinem Kreis. Einem Pentagramm. Gefangen in einem anderen Bann. Einem Bann gegen umherwandernde Dämonen. Aber sie ist kein Dämon! Oder doch? Sie ringt verzweifelt darum, ihre Maske abzunehmen, aber die sitzt fest auf ihrem Gesicht. Sie versucht zu rufen, Merlin anzuflehen, er solle zurückkommen, bitte zurückkommen und ihr helfen, ihr verzeihen, aber der Bann hat ihr auch die Stimme genommen.

Mit einem erstickten Aufschrei erwachte Nimue wieder. Die Vision hatte sie verwirrt und schwindlig gemacht. Sie lag auf dem feuchten Erdboden, ihr ungefärbtes Wollgewand voll grüner Flecken von zerdrücktem Gras. Hoch über ihr ragte die dunkle Krone des Eichenhains auf, schwere Äste schwangen sich in Bögen zum Himmel. Das Geräusch friedlicher Wellen, die an den Strand von Avalon schlugen, drang zu ihr. Sie schauderte und schlug die Hände vors Gesicht. In ihrem Kopf drehte sich alles, und das Licht blendete sie schmerzhaft.

Was konnte diese Vision zu bedeuten haben?

Sie hatte Nimues kindliche Ehrfurcht vor dem Tempel und der Dame wiedererweckt. Sie konnte noch den nadelspitzen Schmerz der Tätowierung spüren und dieses Gefühl einer heiligen Pflicht, das die Prozedur begleitet hatte. Sie war aufrecht, stark und tapfer gewesen, hatte das Gesicht besessen und war dem Dienst der Göttin geweiht worden.

Irgendwo hatte sie diese noblen Überzeugungen verloren. War es, als sie zum erstenmal den weißbärtigen Merlin gesehen hatte? Oder als sie ihn kennengelernt hatte, seine Sanftmut, seine Weisheit, seinen traurigen Humor? Vielleicht hatte sie sie verloren, als sie den Zauberer übers Wasser geschickt hatte, zurück in die Arme rachedürstender Priesterinnen. Als sie seine armselige Gestalt kauernd in jenem schaukelnden Boot gesehen hatte, das zwar weder Ruder noch Segel besaß, aber dennoch seinen Weg zwischen den Welten zum Ufer der verzauberten Insel fand? Nimue hatte bei diesem Anblick leise geweint, aber was hatte das schon zu bedeuten? Es war geschehen.

Und was hatte nun diese Vision zu bedeuten; war sie ein Zeichen? War die Göttin ihr wieder gnädig gesonnen?

Sie erinnerte sich an die wechselnden, treibenden Lichter, das unheimliche Gefühl, zwischen Schichten von Luft zu treiben, zwischen Welten. Allein und verirrt umherzuwandern. Und dann in einem Pentagramm gefangen zu sein. Was bedeutete das? War es eine Warnung, eine Erinnerung an ihren Schwur, der Göttin zu dienen? Ein Zeichen, daß die Dame wußte, daß Nimue vom Glauben abgewichen war?

»Nicht so«, flüsterte sie. »Göttin, nicht so. Ich bin dir treu geblieben.« Aber eine leise Stimme in ihrem Kopf sagte: *Du hast gewagt zu fragen und zu zweifeln.*

Sie erhob sich, immer noch zitternd. Langsam ging sie den gewundenen Prozessionsweg zurück bis zum Tempel der Sonne. Hinter ihr, auf dem See, glitten Schwäne im Ried dahin.

Die Steinmauern des Tempels waren hellgrau und uralt und nur für jene sichtbar, die, wie Nimue, dem Alten Weg folgten. Sollte es einen Fremden durch Zufall hierher verschlagen, würde er nur einen hellgrünen Hügel sehen, gekrönt von einem alten Turm. Aber niemand kam zufällig hierher.

Hinter dem Tempel lag die Heilige Quelle, die den Spiegelteich nährte, an dessen Ufer die Ausblicke in die Zukunft getan wurden. Beim Gedanken daran spannte Nimue sich an. Der Abend schien noch weit entfernt. Nur wenn der Mond in bleichem Silber von der Oberfläche des Heiligen Teichs reflektiert wurde, konnte sie die vier Elemente zusammenführen und die Fragen an die Göttin richten. Wind, Wasser, Erde und Feuer würden sich ihrem suchenden Blick öffnen. Die Göttin gewährte nur bestimmte Visionen. Andere mußte man sich mit langer, harter Arbeit erkämpfen. Und Nimue hatte diese Anstrengungen in der letzten Zeit beinahe unerträglich gefunden.

In diesen letzten Monaten war sie auf der Insel, die ihr so viele Jahre eine Heimat gewesen war, wie eine Fremde gewandelt. Zuvor war sie zufrieden gewesen, innerhalb der Grenzen von Avalon zu bleiben. Aber Merlin hatte ihr mehr gezeigt, so viel mehr. War es möglich, daß die Begegnung mit dem Zauberer sie grundlegend verändert hatte?

Als sie noch ein Kind war, war Avalon für Nimue die Welt gewesen. Sie hatte den Priesterinnen zugesehen, wie sie unter den Apfelbäumen arbeiteten und am Heiligen Teich, und sich danach gesehnt, endlich ihren Platz unter ihnen einnehmen zu können.

Aber Merlin hatte ihr den Mond und die Sterne gezeigt. Er hatte sie in den Körper einer Drossel versetzt, so daß sie das Herzklopfen des kleinen Vogels spüren konnte, und in einen Flußhecht, dessen langsame Fischgedanken sie zählte.

Sie hatte gespürt, wie sie sich öffnete, große Wahrheiten erfuhr, wunderbare Dinge vernahm.

Er hatte sie gelehrt, wie Könige auf den Thron gesetzt und zu Fall gebracht wurden. Wie man Kriege gewann. Wie Burgen, Stein um Stein, aus dem Nichts gerufen werden konnten. Wie die gesamte große, weite Welt funktionierte.

Nachdem sie all dies nun wußte, wie konnte sie sich mit dem Teich und den Obstgärten zufriedengeben?

Ein Vogel warf sich aus einem silbriggrauen Baum in den weiten blauen Himmel. Nimue beobachtete, wie er seine dunklen Flügel spreizte, flatterte und schnell zu einem winzigen Fleck in der Weite wurde. Sie mußte an Merlin denken, der ihr mit seiner heiseren Stimme erzählte, wie man sich in einen Fisch, einen Vogel, ein Waldtier verwandeln konnte. Sich einfach in die Luft zu schwingen und davonzufliegen. Es wäre so einfach...

Eine plötzliche Kühle ließ sie schaudern und brachte sie wieder in die Wirklichkeit zurück. Die Sonne warf lange Schatten aufs Gras.

Ein Vogel werden? dachte Nimue. *Was bilde ich mir eigentlich ein? Ich bin Priesterin der Göttin, mich erwarten die höchsten Ehren, ich werde Hohepriesterin von Avalon werden. Raven hat mich bereits gesalbt. Das genügt doch wohl.*

Eine Gruppe junger Novizinnen wartete auf ihre Lehren und ihren Rat. Sie eilte zum Tempel. Die Mädchen und ihre jugendliche Begeisterung halfen im allgemeinen, sie aufzuheitern.

Eifrig stieg Nimue die gewundene Treppe hinauf und betrat den Raum, wo die Mädchen schon warteten. Ein hübscher Anblick, dachte sie. Diese jungen Gesichter, glatte Haut, das Haar ordentlich zurückgebunden. So ernsthaft. So entschlossen, zu lernen und alle Geheimnisse zu ergründen.

So war auch sie einmal gewesen. Und nun würde sie weitergeben, was sie wußte, so daß andere, wenn die Zeit gekommen war, ihren Platz einnehmen konnten. Geben und nehmen, geben und nehmen, der tröstliche Kreislauf von Ritual und Dauer.

Nimue grüßte sie und bat sie, sich um sie zu versammeln. Es war beinahe dunkel, der Raum nur von einem spuckenden Feuertopf erhellt, die Luft feucht und kühl. Nimue bemerkte, daß die Mädchen, die nur ihre Novizinnengewänder trugen, sich die Hände rieben und vor Kälte zitterten.

»Gut«, sagte sie, »ich zeige euch, wie man einen einfachen Wärmezauber bewirkt.«

Sie holte tief Luft und sprach wohlklingende Worte, so leise wie Regen, der das Gras benetzt. Ein kleiner, leuchtender Funke erwachte zwischen ihren ausgestreckten Händen zum Leben und tanzte gewandt von Fingerspitze zu Fingerspitze.

Die Mädchen lächelten und kicherten. Die jüngst klatschte entzückt in die Hände. Nimue spürte, daß sie sich ein wenig besser fühlte, als sie die Funken weiterreichte. »Streckt eure Hände aus«, sagte sie zu den Mädchen. »Ja, versucht es nur. Es ist ganz einfach.«

Sie streckten die Hände aus, mit glitzernden Augen.

Die tanzenden Funken wanderten von Hand zu Hand, breiteten ein warmes Glühen aus.

Aber dann veränderte sich etwas. Während Nimue zusah, entglitt der Bann, und die Funken fügten sich zusammen, wandelten sich in einen Feuerkobold, bösartig und mächtig.

Das Ungeheuer hatte wilde dunkelrote Augen, während sein Körper, wenn man es denn einen Körper nennen konnte, in ununterbrochenem Wechsel von Blau, Grün und Gelb schillerte. Er war nicht größer als Nimues Hand. Aber vor Nimues Augen lachte es boshaft auf und begann zu wachsen, sich in alle Richtungen auszudehnen, wobei es einen widerwärtigen Geruch absonderte. Es war reine Bosheit.

Der Kobold sprang das jüngste der Mädchen an und rang mit ihr, während das Mädchen vor Schmerz aufschrie.

Göttin, was war nur geschehen? Nimue war wie gelähmt, und dennoch, sie mußte diesem Schrecken ein Ende setzen. Schnell flüsterte sie einen Spruch, der die Ereignisse ungeschehen machen sollte.

»Feuer, halte ein!
Sei still und ergib dich!
Beiß nicht mehr,
Erkalte und schweig –«

Der Feuerteufel kletterte am Gewand des Mädchens nach oben, während die anderen Novizinnen kreischend zurückwichen.

Wieder sprach Nimue den Bann. Es hatte keinen Sinn. Der Zauber der Göttin funktionierte nicht. Verzweifelt suchte sie in ihrem Gedächtnis, aber sie fand nichts, das etwas hätte bewirken können, sie stürzte sich auf das Mädchen, versuchte, das Feuer auszuschlagen.

Eine Stimme wie Donnerschlag und aufheulender Wind erfüllte das Zimmer, rezitierte in der Alten Sprache.

Der Kobold erstarrte.

Plötzlich war Raven, die Hohepriesterin, bei ihnen. Sie schien in der Luft zu schweben, ihr verwittertes Gesicht bleich wie Eis, ihre Augen blitzend, ihr Haar gesträubt. Wenn es die Not befahl, hatte Raven die Fähigkeit, sich von einem Ort zum anderen zu versetzen. Ihre Stimme, schrecklich und großartig zugleich, erhob sich noch einmal gegen den Eindringling. Sie brachte die Mauern des Tempels zum Beben.

Der Kobold glitt hinunter auf den Boden und zerfloß dort, zu einer schimmernden Pfütze, tröpfelte in einem Rinnsal auf den Feuertopf zu. Das feurige Rinnsal erkletterte das rußgeschwärzte Metall und ergoß sich in die Kohlen.

Nachdem die Gefahr vorüber war, schien Raven in sich zusammenzusinken, zu schrumpfen. Das Blitzen in ihren Augen verschwand.

Nimue hielt das jüngste Mädchen in den Armen. »Siehst du? Es ist nichts passiert. Niemand wurde verletzt. Das Ungeheuer ist gebannt.«

Wortlos streckte Raven die Arme aus, und das Mädchen rannte zu ihr, um ihr Gesicht in Ravens dunklem Gewand zu verbergen. »Geht auf eure Zimmer«, sagte die Hohepriesterin, ihre Stimme und Miene müde. »Ich möchte mit Nimue allein sprechen.«

Schweigend verließen die Mädchen den Tempel. Raven stocherte im Feuertopf, und einen Augenblick lang schwiegen beide Frauen.

Schließlich konnte Nimue es nicht mehr ertragen. Gequält blickte sie auf und sagte: »Ich weiß nicht, was geschehen ist.«

Raven sah sie an. Ihre Augen waren bodenlose Teiche. »Du hast dieses Ding herbeigerufen.«

»Der Bann ist mir entglitten. Ich wollte nur den Mädchen eine Freude machen und das Zimmer wärmen.«

»Und was für ein Spruch war dies? Von so etwas habe ich noch nie gehört.«

Nimue konnte dem Blick der alten Frau nicht standhalten. »Ich habe ihn von Merlin gelernt.«

»Dem alten Lästerer? Du hast gewagt, seinen Zauber hier zu verwenden?«

»Es war ein harmloser Scherz«, erwiderte Nimue.

»Offenbar nicht. Und woher kam dieser Schrecken?«

»Das weiß ich nicht. Oder glaubst du, daß ich ihn in meiner Schürze mitgebracht habe?« Der Satz war ausgesprochen, ehe Nimue sich beherrschen konnte.

Ravens Mund zuckte zu etwas, was ein kaltes Lächeln hätte sein können. »Mag sein. Ich habe auf jeden Fall keine bessere Erklärung.«

»Ich auch nicht.«

»Dann solltest du vielleicht darüber meditieren.« Raven entließ sie mit einer brüsken Geste, und als wollte sie diese noch einmal betonen, schritt sie selbst steif aus dem Tempel nach draußen, statt darauf zu warten, daß Nimue sie verließ.

Nimue starrte hinter ihr her. Sie behandelt mich wie ein Kind, nicht wie ihre Nachfolgerin, dachte sie. Und dennoch weiß ich von Zaubern, von deren Existenz sie nicht einmal ahnt, von Anrufungen, die Merlin mich gelehrt hat.

Und dann ein höhnischer Gedanke: Und wozu sollen diese Sprüche gut sein, wenn du sie nicht beherrschen kannst und sie denen weh tun, die du liebst?

Wieder wußte Nimue keine Antwort. Sie deckte den Feuertopf zu und suchte die Abgeschiedenheit ihrer winzigen Kammer auf.

Nimue saß auf ihrem Strohsack und wartete auf den Sonnenuntergang. Der beängstigende Vorfall mit den Novizinnen hatte sie unruhig und unglücklich gemacht.

Sie schloß die Augen, versuchte, ihre Gedanken zu beruhigen, und zählte ihre Atemzüge.

Eins.

Zwei.

Drei.

Das Bild des Heiligen Teichs erschien vor ihren Augen. Sie schüttelte es ab, versuchte, sich zu konzentrieren.

Vier.

Fünf.

Ihr linker Fuß juckte. Sie ignorierte es.

Sieben.

Acht.

Hoffnungslos. Seufzend öffnete Nimue die Augen wieder. Meditation würde nichts nützen, sie nur noch unruhiger machen.

Sie nahm nicht am Abendessen teil, sondern aß in ihrer Kammer Brot und Käse und trank den dunklen, trüben Apfelwein, der aus den Äpfeln des Obstgartens unten am Fuß des Hügels gemacht wurde. Heute abend würde sie in diesem Mondzyklus die letzte Chance haben. Sie konnte nur bei zunehmendem Mond versuchen, in die Zukunft zu sehen.

Kurz vor Mondaufgang kleidete sie sich in ein dunkelblaues Gewand und band ihr Haar zurück. Tiefe Atemzüge reinigten ihre Lungen und beruhigten ihren Geist. Es war Zeit, zum Teich zu gehen.

Als Nimue sich dem Tempel näherte, sah sie, wie die Novizinnen die Fackeln und Lampen entzündeten. Der Himmel war von tiefem Violett, gesprenkelt mit dem kalten Licht der Sterne. Der Horizont glühte, als der Mond sich über seinen dunklen Bogen erhob.

Der Geruch von brennendem Salbei, durchdringend und rauchig, grüßte Nimue. Der Teich wartete, glattes Silber im Mondlicht. Nimue kniete sich davor und spürte wieder, als wäre es zum ersten Mal, ein Schaudern beim Gedanken an seine Geheimnisse. Hier enthüllte die Göttin, was sein würde.

Die Novizinnen, bleiche Jungfrauen in ihren grünen Gewändern, fielen neben ihr auf die Knie. Raven kniete unter ihnen, ihr blaugefärbtes Kleid sah im Licht der Kerzen beinahe schwarz aus. Nimue hatte das Gefühl, ihre Gedanken lesen zu können: »Schwester, bring die Göttin zurück auf ihren angestammten Platz in der Menschenwelt. Du wirst die erste unter uns sein. Sie wird durch dich sprechen.«

Nimue wußte, was sie sich alle wünschten, Novizinnen und alte Priesterinnen; sie wußte es nur zu gut. Sie wollten – und erwarteten – daß Nimue die Dame vom See wurde, die Inkarnation des Willens der Göttin. Hüterin des Heiligen Teichs. Verteidigerin des Alten Wegs gegen das Eindringen der Christen. Raven war alt, zu alt, ihr Gesicht war wie ein verschrumpelter Apfel mit Rosinen als Augen. Ihr fehlte die Kraft, eine solche Aufgabe noch einmal anzugehen.

Als Nimue die vier Elemente grüßte und sich den Haselzweig an die Stirn drückte, dachte sie: *Ich wurde erwählt. Erwählt für diese Pflicht. Erwählt, Merlin seinem Schicksal auszuliefern. Ich habe meine Jungfräulichkeit für seine Zauberkraft gegeben.*

Ich habe nur getan, was man mir gesagt hat. Ich wurde erwählt. Oder hat man mich verflucht?

Nimue schauderte und legte den Zweig nieder. Ravens Blick schnitt durch sie hindurch.

Die Mädchen zitterten wie straff gespannte Bogensehnen, wie Schößlinge im Wind, obwohl es windstill war.

Nimue mahnte sich zur Konzentration. Heute abend würde sie Erfolg haben. Sie durfte nicht versagen. Sie griff nach dem Silberkrug mit dem geweihten Wasser. Der gebogene Henkel fühlte sich kühl an.

Raven blinzelte, entspannte sich.

Langsam goß Nimue ein paar Tropfen in den Teich. Die sich ausbreitenden Wellen verzerrten das Spiegelbild ihres Gesichts und, hinter ihr, der angehenden Priesterinnen. Nimue wartete und spürte eine seltsame Angst in ihren Eingeweiden.

Sie beruhigte sich. *Ich werde sehen, was auch immer die Göttin mich sehen läßt.* Sie flüsterte die Worte, um eine Vision der Zukunft herbeizurufen.

Die Wellen wurden flacher und flacher, bis sie ganz verschwunden waren. Der Teich blieb friedlich und silbrig. Nimue sah nur ihre eigenen blauen Augen, die ihr aus einem bleich gewordenen Gesicht entgegenstarrten. Mehr nicht.

Hinter ihr wurden die Mädchen unruhig. Raven starrte sie an, Entsetzen und Verzweiflung im Blick.

Nimue spürte, wie sich Panik um sie ausbreitete, immer weitere Kreise zog. Wieder hatte die Göttin sie abgelehnt. Was hatte das alles zu bedeuten?

Einander bekriegende Zauber tobten in ihrem Geist, erschütterten ihre Konzentration. Sie kämpfte, um die Fassung wiederzugewinnen. Sie würde es noch einmal versuchen.

Sie schloß die Augen und holte tief Luft. Sie grüßte die vier Elemente. Goß das geweihte Wasser aus. Flüsterte die Heiligen Worte.

Nichts.

Noch einmal. Sie würde alles, was sie hatte, in diesen Versuch legen. Sie griff nach dem Krug.

Eine Hand schloß sich um ihr Handgelenk.

Nimue wandte sich um und begegnete Ravens Blick. »Vielleicht ein andermal, Schwester.« Die Stimme der alten Frau war ein heiseres Flüstern, aber sie hatte das Gewicht uralter Autorität. Der Krug klang wie eine Glocke, ließ einen tiefen, traurigen Ton erklingen, als Nimue ihn wieder absetzte.

Sie sah die entsetzten Blicke der Novizinnen. Auch Raven sah sie anklagend an. Der unausgesprochene Gedanke war nur zu deutlich: Was hast du getan, um die Ungnade der Göttin über dich zu bringen?

Entschuldigungen murmelnd floh Nimue vor diesen Blicken und dem Flüstern, floh vor dem Teich und Hügel in die Sicherheit ihrer Kammer. Dort ging sie lange Nachtstunden auf und ab, erlebte immer wieder ihr Versagen am Teich und den schrecklichen Vorfall mit dem Feuerkobold. Und sie spürte, daß ihre Seele in Aufruhr war, von rivalisierenden Kräften umworben, von der Göttin und Merlin.

Kurz vor der Morgendämmerung kam Nimue zu einem Entschluß. Sie flocht ihr goldenes Haar neu, legte sich den blauen Mantel um und ging hinaus auf den Flur. Jeder Stein hier war wie ein alter, lieber Freund, und sie streifte die von der Zeit geglätteten Wände mit der Hand, als sie daran entlangging.

Am Ende des Flurs befand sich eine breite Eichentür mit eisernen Beschlägen. Trotz der frühen Stunde klopfte Nimue fest an.

»*Herein*«. Sie hörte die Stimme eher mit dem Geist als mit den Ohren.

Die Scharniere knarrten, als sie die Tür öffnete.

Nimue sah, daß Raven auf einem Holzstuhl saß, vollständig bekleidet, als habe sie ihren Besuch bereits erwartet. Jetzt erhob sie sich und winkte Nimue in ihre Kammer. Frisch geschnittenes Ried raschelte unter ihren Füßen.

»Schwester«, sagte Raven. »Was willst du?«

»Ich muß gehen. Sofort.«

Schmerz spiegelte sich auf dem Antlitz der alten Frau, ehe Raven ihre Gefühle hinter einer Maske des Gleichmuts verbergen konnte. »Aha. Und wohin willst du gehen?«

»Das weiß ich nicht.«

»Du weißt es nicht?« Einen Augenblick lang schien Raven zu wachsen, wurde noch einmal zu der furchteinflößenden Mutterpriesterin, deren scharfer Tadel jede Novizin getroffen hatte, die vom rechten Weg abgewichen war. »Was ist denn das für ein Plan? Wir erwarten nicht, daß eine von uns gegen ihren Willen hierbleibt. Aber zu gehen, ohne mir einen guten Grund oder einen vernünftigen Plan anzugeben ...«

Nimue sagte: »Einen guten Grund habe ich. Etwas ist mit mir geschehen. Irgendwie bin ich geschändet, verunreinigt.«

»Verunreinigt? Wovon?«

»Von Merlins Zauber. Deshalb erschließt sich mir der Heilige Teich nicht mehr.«

»Rede keinen Unsinn. Du bist überarbeitet. Das ist nach allem, was du durchgemacht hast, verständlich. Du brauchst Ruhe.«

»Raven, bitte! Ich sehe es ganz deutlich. Seltsame Zaubersprüche wirbeln in meinem Kopf. Ich schlafe schlecht, und wenn ich schlafe, träume ich von Merlin.«

»Du fühlst dich schuldig? Lächerlich. Er hat sein Schicksal verdient.«

»Trotzdem kann ich nicht länger Teil unserer Schwesternschaft sein. Und du bist die Dumme, wenn du diese Tatsache ignorierst. Ich habe am Teich versagt. Mehrmals. Du hast es selbst gesehen.« Verzweifelt senkte Nimue den Kopf. Tränen brannten ihr in den Augen, aber sie verbot sich zu weinen.

Raven klang überraschend sanft. »Vielleicht wird es nächsten Monat besser gehen.«

»Ich glaube nicht. Nein, ich muß gehen und mich irgendwie reinigen.«

»Hast du eine Pilgerfahrt im Sinn?«

»Was sonst?« Nimues Entschlossenheit geriet ins Wanken, und sie war plötzlich unsicher, ein kleines Mädchen, das sich an den Saum von Ravens grob gewebtem Gewand klammerte. Sie zwang ihre Panik nieder. »Ich habe das nicht gewollt.«

»Ich ebensowenig.« Ravens Blick war freundlich. »Du bist wie eine Tochter für mich gewesen, Nimue, die einzige Tochter, die ich je haben werde. Ich kann nicht so tun, als würde ich dich leichten Herzens gehen lassen. Aber ganz gleich, wie mir zumute ist, du mußt gehen. Als du vorhin hereinkamst, habe ich mich gefragt, ob es dir damit ganz ernst ist. Aber ja, ja. *Du mußt gehen.*«

Nimue verspürte eine Mischung aus Kummer und Erleichterung. »Wer wird meinen Platz einnehmen?«

»Ich werde es selbst tun, bis eine Novizin entsprechend ausgebildet wurde.«

»Aber –«

»Das darf nicht länger deine Sorge sein.« In Ravens Augen stand sowohl Trauer als auch ein Lebewohl. Noch während sie Nimue ansahen, schienen sie sich zu verschleiern, bis Nimue zweifelte, ob Raven sie überhaupt noch wahrnahm.

Und so kam sie zur Straße.

Hinter ihr verschwanden der Tempel und die Wohnräume der Novizinnen im Nebel.

Nimue schauderte im kalten Wind.

Werde ich also den Heiligen Kreis verlassen? dachte sie. *Für immer und ewig? Und ist dies wirklich meine Wahl?*

Sie drehte sich um, um noch einmal zurückzuschauen. In der Ferne leuchteten die Feuer der Siedlung, winkten ihr zu, riefen sie zurück. Plötzlich sehnte sie sich danach, wieder in diesem Kreis willkommen geheißen zu werden. In den Eichenhainen und Apfelbaumgärten zu wandeln. Den Willen der Göttin zu erfüllen, ohne zu fragen und zu zweifeln.

Ich könnte alles rückgängig machen, umdrehen und zu meinen Schwestern zurückeilen.

Nein. Sie durfte nicht mehr an ihrer Entscheidung rühren. Es war etwas Stolzes, Unnachgiebiges in ihr, das es ihr unmöglich machte umzukehren. Sie mußte weitergehen und sich von der Dunkelheit befreien, die in ihren Geist eingedrungen war.

Sie blieb immer noch stehen, die Seele zerrissen, Kräfte zerrten sie nach dieser und jener Seite, im einen Augenblick nach Avalon, im anderen nach Merlins Britannien.

Der Weg vor ihr führte hinunter zum Seeufer und in die Welt dahinter. Sie flüsterte die Worte und trat vom festen Boden in ein Geisterboot. Graue Nebel schlossen sich um sie.

Der Raum zwischen den Welten war kein Ort, um dort sicher zu verweilen. Es war eigentlich überhaupt kein Ort. Er war tief, von einer seltsam farblosen Art, erstickend heiß und kalt wie ein Grab, erfüllt von Nebel und der schrecklichsten Einsamkeit, die Nimue je erlebt hatte. Es war eine mörderische Einsamkeit. Wenn sie hier verweilte, das wußte sie, dann war ihr Leben nichts mehr wert. Aber die Schleier vor der Menschenwelt hoben sich nicht ohne weiteres. Zuvor war es ihr immer gelungen, Einlaß zu finden. Jetzt mußte sie sich anstrengen, dann noch mehr. Sie versuchte, sich ihren Weg zu erkämpfen, aber noch immer wollte die andere Seite sich ihr nicht öffnen. Und zurückkehren konnte sie auch nicht. Avalon lag hinter ihr und war versiegelt. Sie würde hier für immer festsitzen, nicht mehr am Leben, untot, während der Wind der Einsamkeit ihre Seele verzehrte.

Sie würde enden wie Merlin, weder lebend noch tot, gefangen zwischen den Welten.

Angst ließ sie stark werden, verlieh ihren aus dem Gleichgewicht geratenen Kräften Flügel. Sie sprach einen Bann, der ihr verraten sollte, was sie gefangenhielt.

»Im Namen des Monds
der das Dunkel erhellt
zeig mir den Bann
der gefangen mich hält.«

Eine Zeile in Runenschrift erschien mitten in der Luft vor ihr, glitzernd und schimmernd. Ein kleiner, fremdartiger Zauber, geschmiedet aus einer Magie, die sie nicht kannte, hielt sie gefangen.

Es war nicht schwer, einen Gegenzauber zu finden. Die Nebel hoben sich. Die Barriere gab nach, und Nimues Geisterboot trieb weiter. Mit einem erleichterten Seufzer brach sie durch nach Britannien und in die Menschenwelt.

Nimue hatte Zeit genug zu sehen, daß sie auf keinen Fall in der Nähe von Camelot war. Das Land war graugrün und zerklüftet, häßlich und ungewohnt. In der Ferne ragten Burgmauern auf, die Außenwände einer großen Festung.

Sie stolperte und fiel in einen Kreis aus Fackeln. Zu ihrem Entsetzen erkannte sie, daß sie mitten in ein Pentagramm getreten war. Ein Geräusch summte und nagte am Rand ihres Hörvermögens.

»Hexe!« Eine Frau mit wirrem Haar und rotgeschminktem Gesicht schrie sie gellend an. Ihre Augen waren dunkelgrün, ihr Blick der einer Seherin. »Bannverschlingerin! Heb dich hinweg! Kehr zurück in die Hölle, die dich hervorgebracht hat.«

Nimue gewann ihre Fassung wieder, richtete sich würdevoll auf, strich die blonden Zöpfe zurück und sagte: »Ich bitte um Verzeihung, Schwester. Ich bin keine Hexe. Nur eine einfache Reisende, die sich in der Nacht verirrt hat.«

»Eine Reisende, wie?« Die Stimme verhöhnte sie. »Du hast wohl keine Augen im Kopf. Kannst du das Pentagramm nicht sehen, Rumtreiberin? Weißt du nicht, was eine Wirkerin von Bannsprüchen ist?«

Plötzlich fiel Nimue die letzte Vision ein, die die Göttin ihr geschickt hatte. Sollte dies ihr Schicksal sein? In ihrer Verwirrung hörte sie sich selbst erwidern: »Ich bin eine Wirkerin von Bannsprüchen.«

Die Zauberin starrte sie erbost an. »Du? Du versuchst es vielleicht. Du kannst bestenfalls die Sprüche anderer durcheinanderbringen.« Sie spuckte aus. »Mehr gebe ich nicht für deine Künste.«

Nimue setzte gerade dazu an, der unverschämten Hexe mit einem Bannspruch den Mund zu stopfen, als eine rauhe Männerstimme ihre Konzentration durchbrach.

»Ha! Mara, soll das das Schauspiel sein, die Ablenkung, die du mir versprochen hast? Eine Frau im Blau der Druiden?«

Der Sprecher war ein untersetzter, muskulöser Mann. Er hatte ein breites Gesicht, eingefaßt von einem rötlichen Bart, und ein von Zahnlücken gebrochenes Lächeln. Er sprach mit einem seltsamen, schleppenden Akzent. Obwohl er so klein war, strahlte er Autorität aus.

»Halan, das hatte ich nicht beabsichtigt«, erwiderte die Zauberin. »Ich werde sie für diese Unterbrechung umbringen.«

»Umbringen? Wenn ich jemanden sterben sehen wollte, hätte ich Spiele angesetzt. Nein, sie ist viel zu hübsch, um getötet zu werden.« Halan betrachtete Nimue forschend, schlenderte um sie herum, als wäre sie ein preisgekröntes Pferd auf irgendeinem Markt. Ein heimtückischer Ausdruck stahl sich in seine grünen Augen. »Und habe ich sie nicht sagen hören, sie kenne sich mit Bannsprüchen aus? Wenn du ein Spiel willst, Mara, dann habe ich eins für dich. Einen Wettbewerb. Hexe gegen Hexe.«

Ein Teil von Nimue hätte gern widersprochen, aber ein größerer Teil wollte Mara einfach nur von der Lichtung scheuchen. »Gut«, sagte sie. »Ich nehme an.«

Mara warf ihr einen wütenden Blick zu. »Du mutest dir viel zu.«

»Nicht mehr, als ich schaffen kann.«

Die Gegnerinnen starrten einander mit unverhohlenem Haß an.

»Gut!« brüllte Halan. »Dann ist das beschlossen. Eine viel interessantere Zerstreuung.«

Die beiden Frauen betrachteten einander abschätzend. Nimue konnte Merlins Stimme hören, die ihr Sprüche zuflüsterte: einen, um Illusionen zu schaffen, einen anderen, um sich unsichtbar zu machen. Diese Gedanken konnten ihre Form verändern. Jene Gesten brachten Waffen aus der Luft und schmiedeten Ketten, die kein Mensch brechen konnte.

Waren solche großartigen Kräfte denn dazu gedacht, sie so billig zur Schau zu stellen? Ganz bestimmt nicht. Aber das war gleich. Nimue würde es dieser Angeberin schon zeigen.

Staub wirbelte aus der Mitte des Pentagramms, wogende Wolken aus roter Erde, fein wie Puder, und legte sich auf Nimues Gesicht.

Er sollte eigentlich blau sein, dachte sie. Druidenblau. Und plötzlich brach der schwelende Zorn über die Ungerechtigkeit ihres Schicksals heraus, wurde zu wild aufflackernden Flammen, und diese Fremde, Mara, stand im Mittelpunkt des Feuersturms. Immer, immer hatte sie getan, was man ihr gesagt hatte, selbst wenn es ihr Schmerz verursachte. Und ihre Treue war belohnt worden mit Verwirrung, Angst und nun mit dem Exil. Nie zuvor hatte sie solche Wut verspürt, solche Geistesqual. War dies die Prüfung, die ihre Seele reinigen oder sie töten würde? Sie war froh darüber.

Mara umkreiste sie.

Nimue bewegte sich ebenfalls, um ihr etwas entgegenzusetzen. Es war ein langsamer Tanz ohne jede Anmut. Nimue prüfte Mara mit einem Zauber, der Schwindel und Übelkeit hervorrief.

Ihre Gegnerin zuckte zusammen und schickte einen Schirm von Abwehrzaubern gegen Nimue aus, den diese mit Leichtigkeit von sich wies. Dann rief Mara mit einem wilden Schrei einen brennenden Speer aus den Tiefen des Feuers, der auf Nimues Herz zuschoß. Nur daß die Priesterin im letzten Augenblick zur Seite springen konnte und nur die Hitze spürte, als die Waffe an ihrem Gesicht vorbeizischte.

Nimue rief Eisketten auf Mara herab. Stahlblaue Kettenglieder kamen aus der Luft geschossen und umkreisten die Hexe von Kopf bis Fuß. Aber bevor die Ketten ganz fest werden und sie binden konnten, stieß die Frau einen scharfen Fluch aus, der die Fesseln in schneeigen Puder verwandelte.

Nimue fragte sich, wo Mara diese Kunst gelernt hatte. Ihre Magie hatte etwas seltsam Ungezähmtes an sich.

Sie legte einen Schweigebann auf Mara, um sie jeder Möglichkeit zum Weiterzaubern zu berauben, und konnte an der entsetzten Miene ihrer Gegnerin erkennen, daß sie erfolgreich gewesen war. Aber sie hatte nicht voraussehen können, daß Mara auch die Magie der Gesten beherrschte, und nun vollführte die Frau scharf abgehackte Handbewegungen und bleckte dabei die Zähne.

Der Bann brach, prallte ab und fiel auf Nimue zurück. Nur mit größter Willenskraft konnte sie sich dem Zauber entziehen, als er sich um sie zu schließen begann.

Mara lachte. »Teufelsbrut! Ich schicke dich dorthin zurück, wo du hergekommen bist.«

Nimue war erschüttert. Diese Frau war erheblich mächtiger, als sie angenommen hatte. Bei der Göttin, wo hatte sie das gelernt?

Mit tiefer, kehliger Stimme sang Mara:

»Magie der Alten, hör mich an!
Triff diese Hexe mit deinem Bann.
Zerreiß ihr Fleisch, zermahle ihr Gebein,
Möge sie Fraß der Würmer sein.«

Voller Entsetzen spürte Nimue, wie die Kraft aus ihr zu weichen begann, wie Wasser, das aus einem Schwamm fließt. Eine Verdichtung der Luft über ihr wurde zu einer riesigen ekelhaften Spinne mit langen kristallenen Beinen. Vor Nimues Augen bewegte sie sich durch die Luft und spann ein dunkles Netz, das auf die Priesterin herabschwebte.

Nimue begann einzuschlafen. Wie verlockend, für immer zu träumen, zu schlafen, wie Merlin nun schlief. Um sie herum verschwamm die Welt im Nebel, das Feuer war nur noch ein schwaches Glühen, die neugierigen Gesichter, die dem Wettstreit zusahen, verwandelten sich in grinsende Schädel und verblaßten. Nur ein einziger heller Fleck, ein glitzernder Stern, blieb. War das Glut vom Feuer?

Nein. Nein. Es war die Göttin, die Dame vom See, in ihrer schimmernden Aura.

Die Göttin, ja. Bei der Göttin, Nimue würde ihnen trotzen.

Über ihr spann die Spinne weiter.

Worte rannen durch Nimues Geist wie durch ein Sieb, und verschiedene Stimmen sangen unterschiedliche Bannsprüche, wobei eine männliche Stimme lauter wurde als alle anderen. Verträumt begann Nimue, mit dem Chor zu singen, mit Merlin.

Nein. Sie war hergekommen, um sich von Merlins Zauber zu

befreien. Nur die Göttin konnte sie retten. Nur sie würde sie befreien. Sie würde die Magie der Göttin nutzen oder sterben.

Nimue zwang sich, wieder wach zu werden, hackte auf die Fesseln ein, die ihren Geist umgaben. Mit äußerster Willenskraft zwang sie sich, den Mund zu öffnen, ihrer Stimme Leben zu verleihen. Sie rief:

»Göttin, schick mir dein Schwert,
die Klinge der Wahrheit,
deiner göttlichen Klarheit.
Zerschneide das Böse,
Verstrickungen löse,
steh mir bei in der Not,
bring den Feinden den Tod.«

Die Zuschauer rissen die Mäuler auf, als eine hell glühende Pfütze in der Mitte des Pentagramms auftauchte und sich schnell über seine Grenzen ausbreitete. Eine Schwertspitze, scharf wie ein Rasiermesser, brach durch die Wasseroberfläche, weißglitzernd vor Magie. Über die gesamte Länge der Klinge tanzten Runen. Eine schlanke Frauenhand in goldenem Panzer hielt den edelsteinbesetzten Griff gepackt.

Die Hand bewegte sich, und das Schwert schoß nach oben, wirbelte durch die Luft, schoß auf das magische Netz nieder. Es zerschnitt die verzweigten Stränge glatt und sauber, ebenso wie die achtbeinige Spinnerin. Der Bannspruch zerstob wie Nebel im Wind, als ein Geräusch wie von einen riesigen Gong ertönte, schrecklich anzuhören.

Nimue hielt sich schmerzerfüllt die Ohren zu.

Das Schwert schoß weiter nach unten, die Hand fing es wieder auf. Es wurde ins Wasser zurückgezogen, während Licht innerhalb des Kreises ausbrach, einer Explosion gleich, und sowohl Nimue als auch Mara umfing. Nimue wußte nicht mehr, ob sie lebte oder tot war, ob sie brannte oder fror. Der Wind der Zeit schien durch ihren Körper zu dringen, durch ihren Geist und ihre Erinnerungen.

Als der Zauber verflog, war nur Nimue geblieben. Das Schwert, die Hand und das Wasser waren verschwunden.

Mara kniete am Boden, blinzelte ins Feuer, den Mund weit aufgerissen, mit dem Blick einer Schwachsinnigen.

Das einzige Geräusch war das entsetzte Nach-Luft-Schnappen der Zuschauer. Offensichtlich hatten Halan und seine Leute nicht erwartet, daß Nimue siegen würde. Aber genau das hatte sie getan.

Sie fühlte sich klar und rein. Und dankbar. Die Göttin hatte sie gerettet. Merlins Zauberkraft war getilgt worden. Sie war frei, frei!

»Ho, Mädel!« Halans Gesicht war bleich, und eine pochende Vene zeichnete sich wie ein Fluß an seiner Schläfe ab. »Eine gute Vorführung. Ich hätte keine Kupfermünze auf dich gesetzt. Natürlich war Mara keine sonderlich fähige Zauberin. Aber du hast sie immerhin besiegt. Du hast gezeigt, daß du stärker bist. Was willst du jetzt tun?«

Nimue stellte fest, daß sie keine Ahnung hatte, was sie tun oder wohin sie gehen wollte. Ihre Gedanken wandten sich nach Avalon, nach Hause. Unsicher schüttelte sie den Kopf.

»Dann bleib bei uns. Wir könnten eine neue Zauberin brauchen.« Halan sprach lässig, aber Nimue sah die Angst in seinem Blick. Er wußte selbst nicht, ob er sie beherrschen könnte. Sie würde bei ihm nie sicher sein.

»Es gibt keine Sicherheit, nicht hier und nirgendwo. Vertrau auf niemanden, nur auf dich selbst.«

Das waren Merlins Worte gewesen. Nimue hörte sie so deutlich, als hätte der alte Magier sie ihr gerade eben ins Ohr geflüstert. Also war sie doch nicht frei von seinem Erbe. Nicht so schnell. Es war ihr noch nicht möglich, nach Avalon zurückzukehren.

Aber hierbleiben? In diesem grimmigen Land, bei diesen halbzivilisierten Menschen? Das hatte für sie wenig Reiz. Aber wohin würde sie gehen? Wieder mußte sie an das Schloß hoch in den Wolken denken, das Merlin ihr einmal gezeigt hatte. Einen kurzen Augenblick stellte sie sich vor, daß Merlin selbst dort war, daß sie mit einem einzigen

Wort imstande sein würde, ihn zu besuchen. Ein schöner Traum. Aber sie war hier, in der Welt christlicher Könige. Hier gab es keinen Platz für Wolkenschlösser.

In ihrer Zeit mit Merlin hatte sie viel gelernt. Daher mußte sie auch vieles wieder vergessen, bis sie irgendwo bleiben und dorthin gehören konnte. Ihre Pilgerreise war noch nicht zu Ende.

»Ich will gehen«, sagte sie, »wohin der Wind mich treibt.«

Und vor den Augen des erstaunten Halan und seiner Leute verwandelte Nimue sich in einen Falken, entfaltete ihre kräftigen Schwingen und hob sich hoch in den heller werdenden Himmel.

Das Tor zu den Ufern des nebelumfangenen Avalon lag irgendwo im Westen. Nimue drehte sich und flog mit einem gellenden Schrei nach Osten, auf die aufgehende Sonne zu.

Der Fluch der steinernen Mutter

von Dave Wolverton

In jenen Tagen, als die Wolken gerade erst laufen lernten und deshalb hin und wieder noch mit nassen Füßen über die Erde marschierten, lag am Ende eines langen Feldwegs nahe den Klippen am Rand der Welt ein Dorf namens Schönweide, das sich an die zerklüfteten Felsen unterhalb des uralten Friedhofs der Götter schmiegte.

Die Bewohner von Schönweide bauten ihre Häuser aus massivem Stein, so daß selbst der einfachste Bauer in einem Monolithen wohnte, und die Leute in dieser Gegend steckten den ganzen Tag kopfüber im Boden und förderten Adamant aus den versteinerten Gebeinen der Götter.

Manchmal fanden Händlerkarawanen den gewundenen Weg nach Schönweide, durch Wälder, in denen es von Schattenriesen und Rabenochsen nur so wimmelte, aber nur wenige andere wagten sich dorthin. Geschichtenerzähler, die sich in weit entfernten Ländern an Lagerfeuern räkelten, berichteten flüsternd, die Leute von Schönweide seien selbst zu Steinen geworden – kalt, unnachgiebig und unempfänglich für die Schönheiten der grünen Hügellandschaft, die sie umgab, und der Wildblumen auf den Wiesen. Einige sagten, diese armen Menschen seien Opfer ihrer Gier und ihrer Magie geworden;

sie hätten, um den Adamant besser zu Krummsäbeln oder zu Anhängern schneiden zu können, selbst härter werden müssen als der Stein. Andere behaupteten, sie hätten aus Quellen getrunken, deren Wasser direkt in den Minen entsprang, und sich damit über Generationen hinweg vergiftet – sie seien selbst Teil des Adamant geworden, nachdem sie ihn solange in flüssiger Form zu sich genommen hatten. Aber alle waren der Ansicht, ein schrecklicher Fluch liege auf diesem Dorf, was auch immer geschehen sein mochte, und nichts Gutes könne aus Schönweide kommen.

Und es geschah, daß Bronwythe, Königin von Schönweide, kurz nach dem Tod ihres Mannes eine Tochter gebar. Noch von den Schmerzen der Geburt gezeichnet, flehte die Königin die Hebamme an, die kleine Prinzessin einem der Dorfbewohner zu übergeben, denn sie könne es nicht ertragen, dieses Kind anzusehen, das sie so sehr an ihren verstorbenen Mann erinnerte.

Mitten in der Nacht erwachte Bronwythe, weil sie glaubte, einen Nachtvogel gehört zu haben. Als sie sich im Bett umdrehte, stellte sie fest, daß ihre Brüste geschwollen waren und vor Milch nur so tropften. Dann bemerkte sie, daß das Geräusch aus einem Körbchen unter dem Fenster kam. *Sie haben das Kind also hiergelassen,* dachte Bronwythe, *und meine Brüste haben den Schrei meiner Tochter eher erkannt als ich.*

Bronwythe erhob sich und ging zum Körbchen. Eine Talgkerze daneben war fast vollkommen heruntergebrannt, aber das Kind war in dem schwachen Licht noch zu sehen: rötlichbraune Locken, wie ihr Vater, und Augen so blau wie der Sommerhimmel im Zwielicht. Das Kind schwieg und blickte auf. *Den ganzen Tag ohne Essen*, dachte die Königin, *aber sie hat nicht geweint. Sie wird leicht aufzuziehen sein. Ich sollte sie Teneriel nennen, denn ihre Stimme trägt wie das Lied eines Nachtvogels.* Bronwythe hob ihre Tochter auf und legte sie an die Brust, und als die Kleine trank, drückte die Königin sie an sich und weinte. Es war drei Wochen her, seit der König in den Minen umgekommen war, und zum ersten Mal weinte Bronwythe um den Mann, den sie verloren und um die Tochter, die sie geboren hatte.

Und es mag zwar stimmen, daß Königin Bronwythes Leute kalt und hartherzig schienen, aber wenn sie denn liebten, war ihre Liebe oft tiefer und stärker als selbst die Wurzeln der Berge. Niemand hätte daran zweifeln können, daß Bronwythes Liebe zu Teneriel so massiv und beständig wurde wie ein Stein.

Während die Bewohner von Schönweide weiterhin Löcher gruben und durch ihre Stollen stapften, wuchs Teneriel in einem schwarzen Turm voller verstaubter Gobelins und rostiger Rüstungen heran. Die Winter waren trübe, das Dorf fest umschlossen von den Armen der Berge, bedeckt mit Schnee. Als Kind quälte sich Teneriel schrecklich während dieser trübseligen Monate und wartete darauf, daß der kurze, heftige Frühling endlich wieder Leben aus dem Boden trieb.

Teneriels Mutter arbeitete in den Minen. Sie benutzte den Zauber ihrer wohlklingenden Stimme, um die schwarzen Knochen zu schneiden und zu formen und wurde im Lauf der Jahre die beste Adamantschneiderin. In den langen Sommern reifte Teneriel heran wie Weizen. Sie liebte die Erde, und die Erde erwiderte diese Zuneigung und schenkte ihr Schönheit. Eines Frühlings, als duftende wilde Rosen entlang der Steinmauern von Bronwythes Burg blühten, berührte Teneriel mit einer Blüte ihre Wange, und der Duft der Rose blieb an ihrer Haut haften. Sie brauchte nur ein einziges Mal einer der dunkelblauen Bergorchideen einen bewundernden Blick zuzuwerfen, und ihre Augen nahmen eine intensivere Färbung an. Als sie zusah, wie die Sommersonne strahlend und glühend unterging, lernte sie gleichzeitig, ihr Licht in ihr rötliches Haar zu locken, bis es derart schimmerte, daß Königin Bronwythe ihr verbot, es jemals wieder zu schneiden.

Schon als Kind hatte Teneriel eine ähnlich wohlklingende Stimme wie ihre Mutter, trotzdem benutzte sie sie nicht zum Steineschneiden. Da die einfachen Leute von Schönweide nie zum Vergnügen sangen, lernte Teneriel nur die Lieder, die sie von den Lerchen hörte, wenn diese morgens von Hecke zu Hecke flogen, oder den abendlichen Chor der Grillen in einem frisch gemähten Feld. Sie merkte sich, wie es klang, wenn Wasser über glatte Kiesel gurgelte und plätscherte, wenn Frühlingsregen aufs Gras fiel, und das Heulen des Windes, der Blätter durch die Gassen fegte.

Manchmal erhob Teneriel ihre Stimme, wenn das grelle Licht eines kalten und einsamen Wintertages verblaßt war, und sang zaghaft die Worte, die ihr Innerstes ihr zuflüsterte, und die Dorfbewohner, die auf dem Heimweg waren, blieben unter ihrem Turmfenster stehen, hoben lauschend die Köpfe und wünschten sich beinahe, ihre Herzen würden aufhören zu schlagen.

Als Teneriel acht Jahre alt war, kamen Zigeuner nach Schönweide. Sie waren nicht anders als alle anderen gierigen Händler, die Königin Bronwythes Dorf besuchten, begrapschten den Besitz der Dorfbewohner und zwickten alle jungen Hühnchen, um das zarteste herauszufinden. Königin Bronwythe kannte sie nicht, aber die Zigeuner bedachten sie mit Komplimenten, und sie gewannen ihr Vertrauen. Bronwythe lud sie zum Essen in die Burg ein, um ihnen auch noch ihren größten Schatz vorzuführen: ihre Tochter.

Die Zigeuner unterhielten die Königin mit Zauberkünsten, und dann räumten die Diener die Leuchter vom Tisch und brachten die kleine Teneriel, setzten sie zwischen Platten mit Fleisch und Schwarzbrot, und alle starrten sie staunend an. Die Königin hatte Teneriel eine Halskette gemacht, aber die Rubine wirkten glanzlos und tot neben dem schimmernden rötlichen Haar der Kleinen, das sie zu einer Krone aufgesteckt trug.

Das Oberhaupt der Zigeuner, eine zahnlose alte Vettel namens Mama Cecesceau, starrte Teneriel an und rief: »Seht nur die Wildnis in ihren Augen!«

Die Königin trat stolz neben ihre Tochter und griff nach ihrer Hand. Teneriel zog die goldenen Kämme aus dem Haar und schüttelte es, und als es bis auf den Tisch hinabfiel, waren alle von dem Glanz so geblendet, daß sie aufseufzten und Schreie der Bewunderung ausstießen, und Teneriel sang ein unschuldiges, inniges Willkommenslied für die Gäste ihrer Mutter.

Königin Bronwythe sah sich ihre abgerissenen Besucher an. Mama Cecesceau weinte ganz offen, andere hatten die Hände vor den Mund geschlagen, und Bronwythe lächelte darüber, wie die Schönheit ihrer Tochter die Herzen der Menschen brach.

Aber nachdem die Zigeuner an diesem Abend in ihren bunten Wagen davongefahren waren, flog eine riesige Eule in seltsamen Schnörkeln am Mond vorbei und schließlich zu jenem Turmfenster, hinter dem Teneriel schlief, und am nächsten Morgen tobte ein Wutschrei durch Schönweide, wie eine immer höher werdende Welle, als ein Dorfbewohner nach dem anderen erfuhr, daß Teneriel entführt worden war. Bronwythe kam aus der Burg gestürmt, in ihrem Blick lag sowohl Trauer wie auch Zorn.

Alle im Dorf griffen nach Messern und Hämmern und rannten in die Berge, und viele Wochen taten sie ihr Bestes, um die Diebe zu fangen. Der Rabenochs trug drei Dorfbewohner in seinen Krallen davon, und die anderen konnten das Ungeheuer nur verfluchen, als es mit ihren Freunden davonflog. Aber der Zorn ließ die Überlebenden auch stärker werden, trieb sie weiter, und ganz gleich, wie schnell die Zigeuner flohen, die Leute aus Schönweide blieben ihnen auf der Spur.

Als Königin Bronwythe Mama Cecesceau schließlich einholte, waren beide, die Königin und die alte Hexe, nur noch abgehärmte, abgemagerte Schatten ihres alten Selbst. Bronwythe stellte fest, daß die Zigeuner nicht nur ihre Tochter, sondern auch viele gute Hühner und einen großen Teil ihres Goldes mitgenommen hatten. Für den Diebstahl an Hühnern und Gold ließ sie ihnen von ihren Soldaten die Hände abhacken, und für die Entführung ihrer Tochter schnitt Bronwythe Mama Cecesceau persönlich den Kopf ab, packte ihn am weißen Haar und schleuderte ihn in den Wald an der Straße.

Dann ging Bronwythe zu dem bunt angemalten Wagen, in dem ihre Tochter wartete, in einen Käfig gesperrt, und sie riß die Gitterstäbe zur Seite und schloß ihre geliebte Teneriel in die Arme. Das Mädchen vergrub den Kopf an der Brust der Mutter.

»Mutter, du bist wirklich da! Ich habe gebetet, daß du kommen würdest, um mich zu retten! Selbst als die alte Hexe immer wilder gezaubert hat, damit wir schnell wie die Füchse reisen können, habe ich immer noch gehofft, daß du kommen würdest.«

Bronwythe weinte, zog das Kind an sich und sagte: »Ich verspreche dir, niemand wird dich mir je wieder wegnehmen!« Alle Umstehenden schwiegen jetzt, und etwas an Königin Bronwythe veränderte sich. Etwas schien härter zu werden, und nun sah sie aus wie eine Frau, die nie wieder lächeln würde. Mit einem Schluchzen in der Stimme sagte sie: »Ich... ich werde dafür sorgen, daß dich mir niemand mehr wegnimmt.« Sie übergab Teneriel in die Obhut des Wachhauptmanns und ließ den guten Mann bei seinem Leben schwören, daß er Teneriel sicher nach Hause bringen würde. Er fragte: »Wohin wollt Ihr selbst denn gehen?«

Bronwythe senkte den Kopf. »Meine Tochter ist durch Zauberei entführt worden, also muß ich einen Zauber finden, mit dem ich sie halten kann.« Dann machte sie sich auf den Weg, allein zog sie durch den dunklen Wald und grübelte; die Schattenriesen und der Rabenochs ängstigten sie nicht. Viele Wochen lang ritt sie durch den Nebel, denn die Wolken hatten das Fliegen immer noch nicht gelernt. Schließlich erreichte sie eine Wüste, in der das Zelt eines alten Zauberers stand, von dem es hieß, er sei der Sproß einer Houri und eines Wirbelwinds, ein alter Wanderer namens Farouk al-Hassad.

Im Sonnenuntergang stand Bronwythe vor diesem Zelt, das sich im Wind bauschte und flehte um Hilfe. Zunächst war Farouk nur höhnisch: »Ich arbeite nur für einen hohen Preis. Ich glaube nicht, daß ein Bettelweib sich meine Zauberkünste leisten kann.« Er drehte sich um und wollte ins Zelt zurückgehen.

»Ich bin die Königin Bronwythe, und mir gehören die Adamantminen. Ich bin viele Tage gereist, um dich zu finden.«

Farouk zog eine Braue hoch, drehte sich um, murmelte einen Zauberspruch und berührte Bronwythe zwischen den Augen, um sich zu überzeugen, daß sie die Wahrheit gesagt hatte. Als er zufrieden war, sah er sie kühl an. »Es gibt nur wenige Sprüche, die so mächtig sind, daß sie Eure Bedingungen erfüllen, Euer Majestät – Zauber, die sowohl Schwarzer als auch Weißer Magie widerstehen. Selbst die mächtigsten Bannsprüche können von jenen gebrochen werden, die bestimmte magische Gegenstände benutzen. Aber wenn Ihr Eure Tochter behalten wollt, kann ich sie in einen Bernstein einschließen, der so schwer ist, daß niemand ihn tragen kann. Dort könnt Ihr ihre Schönheit auf ewig bewahren, und niemand würde sie Euch nehmen können.«

Entsetzt hielt sich Bronwythe die Hand vor den Mund. »Aber dann würde sie sterben!«

Der Zauberer zuckte die Achseln. »Ich könnte sie am Leben erhalten. Gefangen, aber lebendig, und sie würde erst an dem Tag wieder frei werden, an dem Allah Euch zu sich ruft.«

»Aber ich würde sie nie berühren können, ihre Hand spüren oder ihre Stimme hören.«

Der Zauberer kniete nieder und begann, mit einem Stock Bilder in den Sand zu zeichnen. »Es gibt keine anderen Zauber, die stark genug sind, sie zu halten«, sagte er, und Bronwythes Hoffnungen erloschen. Sie wollte sich umdrehen und gehen, als Farouk hinzufügte: »Aber ... ich könnte eine Illusion schaffen, die bewirkt, daß alle sie für häßlich halten und entsetzt den Blick abwenden. Niemand würde dann auf die Idee kommen, sie zu entführen, und sie würde allein Euch gehören. Ihr könntet sie berühren, Ihr könntet sie behalten.«

»Ihr kennt die Schönheit meiner Tochter nicht«, wandte Bronwythe ein. »Seid Ihr sicher, daß Euer Spruch sie verbergen könnte?«

»Das ist eine Kleinigkeit«, meinte Farouk. »Sie würde so häßlich wirken, daß selbst ihr eigner Hund kein Stück frischer Leber mehr aus ihrer Hand nehmen würde. Diesen Fluch kann ich ihr auferlegen.«

»Nicht ihr Haar. Laßt ihr etwas von ihrer Schönheit. Ich möchte nicht, daß Ihr ihr Haar verflucht.«

»Wie Ihr wünscht«, sagte der Zauberer.

»Und wenn ich den Fluch je aufheben möchte?«

»Nachdem ich den Fluch erst einmal ausgesprochen habe, müßt Ihr zweimal im Jahr Eure Tochter zu Euch rufen, sie ansehen und ihr sagen, daß es unerträglich ist, sie anzuschauen. Solange Ihr damit fortfahrt, wird sie glauben, daß sie häßlich ist, und alle anderen werden sie so sehen. Aufgehoben werden kann der Fluch nur von einem, der sie wirklich liebt, einem, der ihr in die Augen sehen und ihr sagen kann, daß sie schön ist, und der es aus tiefstem Herzen glaubt.« Farouk blickte von dem Sand auf, in den er seltsame Symbole gezeichnet hatte – Augen und Eulen und Dolche und eine Frau mit einer Waage in der Hand. »Aber niemand wird sie je lieben. Niemand wird ihr ins Gesicht sehen können.«

Bronwythe schluckte. »Aber ... aber ich werde sie immer lieben«, sagte sie mit zitternder Stimme und versuchte angestrengt, einen Entschluß zu fassen. »Ich würde sie immer lieben, und ich könnte den Fluch brechen.«

Der Zauberer lächelte traurig, und seine dunklen Augen glitzerten im verblassenden Licht des Sonnenuntergangs. »Seid Ihr da so sicher? Könnt Ihr sicher sein, daß Ihr in ein so ungeheuerlich häßliches Gesicht sehen und immer noch fest in Eurer Liebe bleiben könnt? Ich warne Euch: Es wird schwer sein.«

Aber Bronwythe war sicher, denn sie hatte einen starken Willen, wie alle aus Schönweide, und ihre Liebe zu ihrer Tochter war massiv und beständig geworden wie ein Stein.

Lange bevor Königin Bronwythe wieder nach Hause kam, blies ein starker Wind die Pocken nach Schönweide. Viele gutaussehende Männer und Frauen wurden durch Pockennarben ihr Leben lang gezeichnet, aber niemand so schlimm wie die kleine Teneriel.

Das Dienstmädchen hatte die Teller in Teneriels Zimmer gestellt, gleich hinter die Tür, und war dann geflohen. Teneriel machte das nichts aus. Sie hatte sich daran gewöhnt. Niemand konnte ihren entsetzlichen Anblick ertragen, sechs Jahre nach Ausbruch der Krankheit, sechs Jahre nachdem sie alle Spiegel weggeworfen hatte.

Als sie ihren Tee trank, starrte sie in die Tiefe der schwarzen Steinguttasse und versuchte, ihr Spiegelbild darin zu betrachten, ohne entsetzt zurückzuweichen. Es war schwer, unendlich schwer. Sie spähte über den Tassenrand auf ihr verwüstetes Gesicht. Die Abszesse und Schwellungen waren nie zurückgegangen, hatten ihre Züge verzerrt, selbst ihre Kartoffelnase war grotesk zur Seite gebogen. Selbst das klare Weiß ihrer Augen hatte sich gelb verfärbt wie die Zähne alter Männer, als litte sie unter Gelbsucht.

Teneriel starrte ihr Gesicht an, mußte sich ungemein anstrengen, um den Anblick zu ertragen, und hatte beinahe das Gefühl, eine unsichtbare Hand risse ihren Kopf zur Seite, damit sie es nicht aushalten mußte. Sie schloß die Augen und weinte.

Das Mädchen klopfte an die Tür. »Teneriel?«

»Ja?«

»Eure Mutter hat Gäste. Sie möchte, daß Ihr ihnen heute abend, nach dem Bankett, Euer Haar zeigt. Soll Eure Maske poliert werden?«

Teneriels Herz begann heftig zu klopfen, und sie schaute hinüber zum Frisiertisch. Dort ruhte die Silbermaske in ihrer blauen Schachtel, die Lippen zu einem unveränderlichen fröhlichen Lächeln verzogen, und glitzerte. »Nein, das ist nicht nötig.«

Die Schritte des Mädchens verklangen, und Teneriel kämpfte gegen den Impuls an, noch mehr zu weinen. Ein weiteres Fest, zu dem sie nicht eingeladen war, es sei denn, um ein groteskes Spektakel zu liefern und ihr Haar von Händlern aus Barbarenländern anstarren zu lassen. *Wenn ich doch einmal, nur ein einziges Mal, mit meiner Mutter allein sein könnte,* dachte sie.

Aber Königin Bronwythe bat Teneriel nur noch selten, mit ihr zu speisen, und bei diesen wenigen Gelegenheiten betrachtete sie das verzerrte Gesicht ihrer Tochter voller Mitleid und erinnerte das Mädchen daran, wie häßlich es geworden war, und Teneriel sehnte sich nach ihren Kindertagen zurück – nach der weichen Wärme von Bronwythes Körper, wenn sie sich umarmt hatten, und danach, wie das Haar ihrer Mutter an ihrer Stirn gekitzelt hatte. Teneriel sehnte sich nach der Zuneigung ihrer Mutter, nach beinahe jedermanns Zuneigung, aber sie konnte nicht ertragen, daß sie sich in Gegenwart der Königin noch häßlicher und hassenswerter fühlte.

Am liebsten hätte Teneriel sich schluchzend aufs Bett geworfen, als wäre sie noch ein Kind, aber sie wußte, daß Weinen nichts half. *Meine schönen Tage sind vorüber,* sagte sie sich, *und das ist recht so. Niemand kann mich ansehen. Wenn wir heute abend essen, muß ich aufpassen, die Maske nicht zu weit von meinem Gesicht entfernt zu halten. Ich darf ihnen nicht auch nur den kleinsten Einblick zumuten.*

Sie ging zum Fenster und öffnete es. Die Abendsonne fiel schräg herein, streifte mit ihrem rötlichen Licht die Staubkörner, die wie Sterne durch Teneriels Schlafzimmer wirbelten, durch ihr Versteck, ihr Gefängnis. Kühe standen auf den grünen Weiden der Hügel und Rauch stieg von den Feuerstellen des Dorfes auf. Teneriel bürstete ihr kastanienbraunes Haar, sorgfältig bemüht, ihr Gesicht im Schatten zu halten, für den Fall, daß irgendein Dorfbewohner aus Versehen herübersah.

Trevor tat von den vielen Tagen auf seiner alten Mähre der Rücken weg, und er war ein wenig steif. Er war jetzt schon seit Jahren unterwegs, suchte nach einem Ort, an dem er sich niederlassen konnte, und hier, so beschloß er, hatte er ihn gefunden. Dieses Dorf Schönweide, direkt am Rand der Welt. Wenn er noch einen Tag weiterreiten würde, würde er einfach vom Pferd fallen. Es schien ein guter Ort, um anzuhalten.

Und so schön! Bäche aus reinem Silber plätscherten die Hügel herunter, Blumen blühten auf den Wiesen, selbst die Häuser der Bettler waren so groß wie Burgen, und überall liefen rote Hennen herum, rundlich und zart wie die volle Brust einer stillenden Mutter. Er hatte Gerüchte gehört, daß alle in diesem Dorf Adamant förderten, wie wahnsinnige Maulwürfe nur unter der Erde lebten und die Nasen nie ins Tageslicht streckten, und die Straßen waren tatsächlich so leer, als wären diese Gerüchte wahr. *Mein Gott, wie dumm die Leute hier sein müssen,* dachte er.

Als Trevor an einem hoch aufragenden Turm vorüberritt – die Hufe seines Pferdes schlugen laut auf dem Pflaster auf – geschah etwas Seltsames: Ein Haar fiel vom Himmel. Er sah es nach unten segeln, ein rötliches Haar, das in der untergehenden Sonne glitzerte wie drei Meter gesponnenen Goldes. Trevor schluckte, denn das Haar senkte sich über seine Zügel, und er dachte: *Nur ein Engel kann so schönes Haar haben, und wenn du es wagst aufzublicken, Trevor O'Brien, wirst du einen Engel am Himmel erblicken, und Gott wird nichts anderes übrigbleiben, als dich auf der Stelle mit seinem Blitz zu strafen, weil du etwas so Heiliges einfach nicht erblicken solltest, und dann wärst du schön dumm dran.*

Aber dann blickte er doch auf. Er sah etwas sehr hoch oben fliegen, mit weißen Flügeln, aber bei näherem Hinsehen war er der Ansicht, es müsse sich entweder um einen kleinen Albino-Greif handeln oder um einen Pegasus. Kein Engel. Dann spähte er ins Fenster des Turms, und dort saß die hinreißendste Frau, die er je gesehen hatte, und kämmte ihr Haar – oder zumindest war es der Rücken der schönsten Frau, die er je gesehen hatte. Ihr Gesicht lag im Schatten, aber sie bewegte sich mit solcher Anmut, ihr Knochenbau war so zart, und sie hatte dieses schimmernde rötliche Haar – und es schien so üppig zu sein, daß es für zehn Mädchen gereicht hätte, und es wäre immer noch genug davon übriggeblieben, um ein Gewand daraus zu weben.

Trevor war sowohl einfältig als auch einsam und atemlos und mit einem Herzen, das schlug wie eine Handglocke, die man einem Kind übergeben hatte, beschloß er, er müsse diese Frau kennenlernen. Obwohl sein grob gewebtes Hemd schmutzig von der Reise war, strich er sich sein langes rotes Haar zurück und rief, was ihm am dringlichsten am Herzen lag: »Bist du verheiratet?« Das Mädchen erstarrte in der Bewegung, horchte.

»Du da im Turm: Bist du verheiratet?« Sie trat in den Schatten zurück. »Junge Dame, ich werde hier auf meinem Pferd sitzen bleiben, bis du antwortest: Bist du verheiratet?«

»Nein«, erwiderte sie und zog die Vorhänge zu.

Gut, dachte Trevor. *Eine gute Antwort.*

Teneriel hatte das nicht gewollt. Sie hatte diesen verrückten Bauernjungen wirklich nicht hinters Licht führen wollen, aber nachdem ihre Mutter sie an diesem Abend wie schon so oft gezwungen hatte, ihr Haar vorzuführen, war Teneriel auf ihr Zimmer zurückgekehrt und hatte sich von ihrem Fenster aus die Sterne angesehen. Und dort saß er, an einem kleinen Lagerfeuer, das er an der Straßenecke neben dem Laden des Kesselflickers errichtet hatte, briet sich ein Hühnchen und wollte einfach nicht gehen.

Teneriel befahl ihm zu verschwinden, und er fragte: »Auf wessen Anordnung?«, eindeutig in der Hoffnung, sie würde ihm ihren Namen verraten. Sie sagte ihm, sie stamme aus königlichem Haus, und er meinte: »Eine Prinzessin der Maulwürfe? Was soll das schon für ein Adel sein?« Sie sagte ihm, sie sei häßlich, und er erwiderte: »Ach, das denkt jedes junge Mädchen von sich. Zieh ein neues Kleid an, Prinzessin, und du wirst dich selbst einem wie mir ebenbürtig fühlen.«

Irgendwann in der Nacht begann sie, über seine Witze zu lachen. Er erzählte ihr Geschichten von weit entfernten Orten – von Kämpfen, die er gewonnen, und von Vermögen, die er beinahe gemacht hatte. Sie wußte genau, daß er nur ein Angeber war, aber wenigstens war er unterhaltsam. Sie unterhielten sich noch lange, und irgendwann hörte sie die Hähne krähen und bemerkte, daß Trevor mehr für sie geworden war als nur ein verrückter Bauer, der sein Lager mitten auf der Straße aufschlug. Er war ein Freund. Sie wünschte ihm eine gute Nacht, und er flehte sie an, ihm ihren Namen zu verraten – und um die Gunst, am nächsten Abend mit ihr sprechen zu dürfen.

Sie zögerte lange. »Ich heiße Teneriel. Und ich bin wirklich häßlich. Mein Gesicht ist entsetzlich. Frag die Leute im Dorf. Sie werden es dir sagen.«

Trevor lächelte ins Zwielicht und probierte, wie sich der Name auf seiner Zunge anfühlte. »Teneriel. Ein wunderschöner Name. Bei einem solchen Namen kann ich mir nicht vorstellen, daß dein Gesicht nur dazu taugt, die Wespen von einem Honigtopf wegzuschrecken«, versuchte er, über ihre Tragödie zu scherzen.

Sie zwang sich zu einem Lachen. Sie wußte, daß er sich erkundigen würde. Sie wußte, er würde vermutlich nie wieder mit ihr sprechen.

Aber Trevor kam am nächsten Abend zurück und entfachte sein Lagerfeuer wieder vor dem Laden des Kesselflickers. Er stand auf der Straße, den Hut in der Hand, und wartete: »Ich habe mit den Leuten in der Stadt geredet«, sagte er, als sie das Fenster öffnete, »und gehört, daß es stimmt, was du sagtest – über die schrecklichen Pockennarben in deinem Gesicht und so, und ich habe nachgedacht: Selbst wenn du nicht hübsch bist, ist es mir gleich, denn nach dem gestrigen Abend will ich trotzdem dein Freund sein.«

Und so begann ihre Liebe, aber das war noch nicht das Ende. Abend für Abend, wenn die schimmernden Sterne sich am Himmel drehten, schlich sich Teneriel ans Fenster, um mit ihm in der Anonymität der

Dunkelheit zu sprechen, und manchmal sang sie für ihn. In der Morgendämmerung, wenn der rosa Puder des Sonnenaufgangs das Himmelsgesicht berührte, zog sie sich zurück und betete, daß Trevor wiederkommen möge.

Während sie tagsüber im Bett lag, ging sie jedes Wort, das Trevor gesprochen hatte, noch einmal durch, untersuchte jeden einzelnen unschuldigen Satz. Als er nach der dritten Nacht das Fenster mit den Worten: »Schöne Träume, süße Maid«, verlassen hatte – hatte er damit sagen wollen, daß er sie tatsächlich süß fand, oder waren das nur Worte, die er zu jedem Mädchen gesprochen hätte? Oder als er ihr ein anderes Mal erzählte, er habe geträumt, sie habe neben ihm gelegen und ihm leise ins Ohr gesungen, hatte sie da wirklich so etwas wie Begehren in seiner Stimme gehört?

Als sich Trevor ein paar Tage später bei Sonnenaufgang verabschiedete, sprach er die Worte aus, die sie sowohl erhofft als auch gefürchtet hatte: »Ich liebe dich, Teneriel.« Einen Augenblick wartete er auf eine Antwort, dann fügte er hinzu: »Bitte, bleib noch eine Weile am Fenster, damit ich dein Gesicht sehen kann. Es kann nicht so schlimm sein, wie du meinst.«

»Wenn du mich liebst«, erwiderte sie, »dann sollte dir mein Geischt gleich sein.« Sie schloß die Vorhänge, ihr Herz klopfte heftig, und sie warf sich aufs Bett, weinend. Trevor rief nach ihr, aber sie antwortete nicht. Als er am Abend zurückkehrte, sprach sie nur kurz mit ihm. »Bitte geh weg«, sagte sie. »Ich habe etwas schrecklich Böses getan.«

»Was denn?« fragte er.

»Ich habe zugelassen, daß du dich in mich verliebst«, rief sie. »Und das nur aus selbstsüchtigen Gründen. Ich ... ich glaubte nicht, daß es wirklich passieren könnte. Ich –«

Trevor unterbrach sie. »Kannst du dir so schwer vorstellen, daß jemand dich lieben könnte?«

Teneriel dachte an die Kinder, die sie manchmal »Trollgesicht« riefen, und daran, daß sie es nicht ertragen konnte, sich selbst im

Spiegel anzusehen. Und vor allem dachte sie an ihre Mutter, die im Lauf der Jahre so kalt geworden war. »Niemand könnte mich je lieben«, sagte sie.

Königin Bronwythe arbeitete in ihrer abgedunkelten Kammer tief unter der Erde; sie hielt einen langen Adamantblock in ihren schlanken, sehnigen Händen. Dieses Stück war schwerer als die meisten und reagierte nur auf ungewöhnlich tiefe Töne – vielleicht, weil es die Spitze des Zeigefingers eines Gottes war und deshalb schon vor Jahrmillionen versteinert war, lange vor den anderen Knochen.

Trevor wartete nervös an der Tür und trat unruhig von einem Fuß auf den anderen. Die Wächter hatten ihn so verschreckt, daß er es nicht wagte, sich zu räuspern, um die Aufmerksamkeit Bronwythes auf sich zu lenken. *Laß den dummen Jungen warten,* dachte die Königin. *Dieser unverschämte Habenichts. Er ahnt nicht, daß ich ihn dabei erwischt habe, wie er meiner Tochter den Hof macht.* Sie hob den alten Knochen ans Kinn, drückte die untere Zahnreihe an die kalte Schwärze und sang laut und tief, bis sie hörte, wie der Knochen zur Erwiderung summte. Bronwythe starrte den Stein an und stellte sich vor, wo der Schnitt erfolgen sollte. Der Knochen brach, als wäre er mit einer Säge zerteilt worden, und Bronwythe legte das kleinere Stück beiseite und arbeitete weiter. Dabei beobachtete sie Trevor aus dem Augenwinkel und fragte sich, was sie tun sollte.

Einerseits hätte sie den Jungen am liebsten umgebracht, wie sie Mama Cecesceau getötet hatte, aber wenn Teneriel Trevor liebte, konnte sie ihn nicht einfach töten. Der Junge schluckte, als ihm klar wurde, daß Bronwythe ein Schwert aus dem Stein fertigte, aber zu seiner Verteidigung muß man anführen, daß er nicht von der Stelle wich.

Als das grob behauene Schwert in Bronwythes Hand glitzerte, schwang sie es durch die Luft und sagte: »Komm her, Junge.« Trevor schluckte und trat vor, mutiger als es Bronwythe recht war. Unverschämt, genau das war er. »Man hat dich erwischt, als du meiner Tochter deine Liebe schworst. Findest du nicht, daß es ein grausamer Spaß ist, einer wie ihr zu sagen, daß du sie liebst?«

»Ich liebe sie, Euer Hoheit«, flüsterte Trevor.

Bronwythe konnte hören, daß er seine Worte ehrlich meinte. »Tatsächlich? Für diese Antwort werde ich es dir ersparen, dich zu kastrieren.« Mit diesen Worten stieß Bronwythe das Adamantschwert in den Steinboden. »Aber sag mir, wie ist dies geschehen?«

»Ich sah sie eines Nachmittags im Turmfenster, und seitdem habe ich oft mit ihr gesprochen. Ich weiß, daß ihr Gesicht schwer gezeichnet ist, und es heißt, niemand könnte sie lieben, aber ...«

Bronwythe war verwirrt. »Willst du damit sagen, daß du sie angesehen hast und immer noch liebst?«

»Nein«, gab Trevor zu. »Sie bleibt im Schatten – wir unterhalten uns nur in der Nacht. Ich habe sie angefleht, mich ihr Gesicht sehen zu lassen, aber sie weigert sich –«

»Ich nehme an, du willst mir die Last abnehmen, als wäre sie eine kranke Kuh?«

»Ich würde nie ...« sagte Trevor. »Ich habe ... ich wollte mit Euch sprechen, und ich bin froh über diese Gelegenheit ...«

Bronwythe sah den Jungen an, der vor Ehrlichkeit nur so strotzte wie eine Weide vor Saft. Der da war schlimmer als eine ganze Armee von Zigeunern. Der Junge ängstigte Bronwythe, ließ sie bis ins Mark frieren. Solch ein Junge konnte tatsächlich Teneriels Herz brechen. Bronwythe wollte ihn vertreiben. »Jemand so Entstellten zu lieben, kann eine schreckliche Bürde sein«, hörte sie sich selbst sagen. »Es braucht unglaubliche Entschlossenheit. Du hast ihr Gesicht noch nicht gesehen. Glaube mir, es ist entsetzlich.«

»Vielleicht ist mir wirklich ein Segen zuteil geworden«, sagte Trevor, »denn im Dunkeln konnte ich die Schönheit sehen, die unter ihren Zügen liegt.«

Bronwythe seufzte. Das Adamantschwert glitzerte. Sie zog es wieder aus dem Boden, drehte es hin und her. »Dieses Schwert ist nur grob ausgearbeitet«, sagte sie, »aber in ein paar Tagen wird es wunderschön sein, und man wird es für sehr wertvoll halten. Es braucht Zeit, etwas so Schönes herzustellen – Geduld, harte Arbeit, Disziplin – ob es um ein Schwert oder um eine Tochter geht. Ich werde dieses Schwert für einen König anfertigen. Es könnte nie einem wie dir gehören.

Du hast recht, was Teneriel angeht. Unter der Maske der Häßlichkeit ist sie wunderschön, und ich hoffe, sie eines Tages einem Würdigeren als dir geben zu können. Eines Tages werde ich sie einem Prinzen geben – nicht einem einfachen Bauern.«

»Obwohl ich keinen Anspruch auf Titel oder Ländereien habe«, sagte Trevor, »fließt doch das Blut der irischen Könige in meinen Adern. Ich bin nicht von einfacher Abstammung.«

Die Königin winkte nur ab. »Es heißt, man kann in Irland keinen Stein werfen, der nicht über zwei oder drei Königreiche fliegt, so klein sind die Reiche dort. Und eure Könige vermehren sich wie die Karnikkel, zügellos und unbescheiden. Es heißt sogar, man findet keine Schafherde, deren Schafe nicht...« sie hielt inne, »von einem Jungen aus königlichem Geblüt gehütet werden.«

Trevor wurde rot, aber er ging nicht auf den Köder ein. »Aber ich habe auch gehört«, konterte er, »daß niemand den Anblick Eurer Tochter ertragen kann. Wenn sie so schrecklich ist, werdet Ihr dann keine Schwierigkeiten haben, einen zu finden, der sie wirklich liebt? Und wenn dies der Fall ist, dann flehe ich Euch an, mich beweisen zu lassen, daß ich ihrer würdig bin. Ich liebe sie mehr als mein Leben.«

Bronwythe ließ sich auf einen Stuhl fallen, stützte den Kopf in die Hand. Sie konnte den Jungen nicht einfach umbringen, aber der Gedanke, ihn am Leben zu lassen, jagte ihr Angst ein. Sie mußte zugeben, daß sie schon sehr lange Angst hatte. Manchmal fragte sie sich, ob der alte Zauberer sie nicht betrogen hatte, ob Farouks Fluch nicht einfach nur in den Pocken bestanden hatte, und ob sie ihre

Tochter je wieder davon befreien könnte, wenn dem so war. Dann konnte sie eigentlich nur auf jemanden wie Trevor hoffen, einen dummen, liebeskranken Bauernlümmel.

Aber sie fürchtete noch mehr als das: Manchmal sonderten die schrecklichen Abszesse in Teneriels Gesicht Eiter ab, oder sie bewegten sich, als hätten sich Würmer unter ihre Haut gegraben, und das Entsetzen – der schiere Seelenschmerz, den Bronwythe empfand, wenn sie das Mädchen ansah –, die Schuldgefühle darüber, was sie über ihre Tochter gebracht hatte, die Angst, daß sie es nicht rückgängig machen konnte, drohten fast, sie zu zerbrechen.

Und dennoch, sagte sie sich, *ich habe es nur getan, um Teneriel zu beschützen. Niemand hat je wieder versucht, sie mir wegzunehmen – bis heute. Ich habe genug davon. Genug davon, ihr Gesicht zu hassen, mich selbst zu hassen für das, was ich getan habe. Ich will, daß es ein Ende hat. Tod für den Jungen oder für meine Schuldgefühle. Ganz gleich, es wird ein Ende haben müssen.*

»Ich werde einen Boten zu Teneriel schicken«, sagte sie zu Trevor. »Wenn sie dich liebt, werde ich dir eine angemessene Aufgabe erteilen, an der du dich beweisen kannst. Ich warne dich – es wird größten Mut und Entschlossenheit erfordern – Charakterzüge, die du brauchen wirst, wenn du eine häßliche Frau lieben willst.«

Sechs Tage ritt Trevor auf seiner alten Mähre nach Westen; er folgte Gerüchten über den Schattenriesen. Im Brachland, wo es nur noch grüne Hügel und weiße Monolithen gab, die mit uralten Runen verziert waren, begegnete er einem alten zahnlosen Ziegenhirten, der in dieser Gegend wohnte, wohin kein anderer sich mehr traute. Trevor schlug bei dem Mann sein Nachtlager auf, und als die Ziegen sich in einem Kreis um das Lagerfeuer scharten, sagte der Alte: »So nahe an der Höhle des Riesen darfst du dein Feuer nie niederbrennen lassen. Viele andere Männer haben schon Feuer gegen ihn entzündet, aber das Ungeheuer kommt doch immer wieder in mondlosen Nächten aus dem Wald und holt sich die, deren Feuer zu Asche niedergebrannt sind. Wenn du den Riesen bekämpfen willst, mußt du es in der Nacht tun, mit Feuer in deinem Rücken.«

»Hast du ihn schon einmal gesehen? Kannst du mir etwas über ihn sagen?« wollte Trevor wissen.

»O ja, ich habe ihn oft gesehen«, antwortete der Ziegenhirte, »er schlich außerhalb des Lichtkreises meines Lagerfeuers herum. Manche sagen, er sei ein Geist, der über den Gräbern der Götter spukt, aber der, den ich gesehen habe, ist nicht so groß wie die Alten. Andere behaupten, er wache über den Rand der Welt. Ich glaube, sie sind der Wahrheit ein wenig näher. Ich glaube, am Tage wohnt er auf der anderen Seite der Welt, wenn es dort vollkommen dunkel ist, und dann kommt er in der Nacht zum Jagen hierher.«

»Wie kommst du darauf?«

»Ich kenne einen jungen Mann, der einmal an den Rand der Welt gegangen ist und ausgespuckt hat. In der darauffolgenden Nacht hat der Schattenriese ihn geholt. Und selbst in fernen Ländern glauben die Narren, daß es den Riesen ärgert, wenn man vom Rand der Welt spuckt. Ich selbst glaube, der Riese hat ihn dort gesehen und ist ihm einfach gefolgt.«

Trevor spekulierte nicht weiter darüber, wie sein Gegner sein mochte, aber in der Dämmerung ritt er zu den Klippen am Ende der Welt, und um die Mittagsstunde starrte er die endlosen roten Steinklippen hinab, die vom Seeschwalbenkot weiße Streifen hatten. Er betrachtete die Sterne auf der dunklen Seite der Erde unter ihm und beobachtete Millionen von Smaragdschwalben, die im Zwielicht umherschossen wie glitzernde Samenkapseln im Wind. Dann spuckte er über den Rand.

Danach zog er sich auf ein verlassenes Feld in der Nähe eines Waldes zurück, wo bleiche Steine die Gräber unglücklicher Hirten anzeigten. Der Wald war merkwürdig tot: Brombeerranken waren schwer von Beeren, aber keine Bären oder Vögel, nicht einmal

Füchse, hatten sich an ihnen gütlich getan. Kein Wild hatte seine gespaltenen Hufabdrücke im weichen Boden des Waldrands hinterlassen.

Statt dessen standen dunkle, flechtenüberwachsene Bäume schweigend, und es war kalt, selbst als die Sonne auf die Hügel schien.

Trevor schlief tagsüber. In der Nacht, wenn kein Mond am Himmel stand, hielt ihn die Angst wach. Er entzündete kein Feuer, weil er nicht damit rechnen konnte, den Riesen zu erwischen, wenn dieser nicht näher kam.

In der zweiten Nacht watete der Schattenriese durch die sechzig Fuß hohen Fichten, als wären sie Farne, und man konnte das leise Rauschen, das dabei entstand, meilenweit hören, als seufzten die Bäume des Waldes auf. Man hörte auch das unmißverständliche Brechen von Holz, das Knarren ganzer Bäume, die zur Seite gebogen wurden.

Als der Riese näher kam, sprang Trevor auf den Rücken der Mähre, zog eine Axt und lauschte dem rauschenden Wind, während er die Sterne über sich beobachtete. Schließlich verschwand das Sternenlicht direkt über ihm, und eine dunkle Silhouette verdeckte einen Teil des mitternachtsblauen Firmaments. Der Riese beugte sich nieder, betrachtete Trevor, und das Gras zu Trevors Füßen wurde von Reif überzogen, als der Atem des Riesen ihn streifte. Die alte Mähre wieherte entsetzt und bäumte sich auf wie ein junger Hengst, als sie davonrennen wollte.

Aber Trevor schwang seine kräftige Axt und schrie dem Riesen höhnisch zu: »Ha! Mutter hat gesagt, du wärst so groß, daß du mich mit einem Bissen verschlingen könntest, aber jetzt sehe ich, daß sie gelogen hat! Du bist gar nicht so groß! Sprich deine letzten Worte!« Und dann griff er an.

Der Riese stürzte vorwärts. Trevor tastete insgeheim nach der Schwefelschachtel in seiner Tasche. Nur noch einen Augenblick, und er würde den Schwefel anzünden und das Feuer als Waffe nutzen.

Er sah die Hand nicht, die sein Gegner ausstreckte, wußte nur, daß die Hand des Riesen plötzlich seine Arme festdrückte und ihn hoch in die Luft hob, in eine Welt, in der die Sterne wieder zu erkennen waren, der Wind zu spüren war, und als nächstes wand er sich mit dem Kopf nach unten durch einen schmalen Tunnel, von Muskelringen weitergeschoben.

Die Luft im Bauch des Schattenriesen erstickte ihn beinahe mit ihren Säuredämpfen, und er brauchte einige Zeit, um die Schachtel mit dem Schwefel und den Feuerstein aus der Tasche zu holen, dann eine weitere Minute, um die Hände über den Kopf zu heben, und inzwischen wirbelten seine Gedanken wild umher. Er glaubte, Feenlicht vor sich zu sehen, und er schien sich immer weiter nach unten zu bewegen, auf die Lichter zu. Es gelang ihm, die Schachtel mit einer Hand zu öffnen, und zitternd schlug er den Feuerstein gegen die Metallschachtel, wieder und wieder, bis sie plötzlich aufflackerte, als der Schwefel Feuer fing.

Die Flammen rasten und brannten durch den Riesen, wie ein Blitz die Borke von einem Baum schält. Trevor wurde herausgeschleudert und landete in einem Gebüsch, auf der Schulter.

Wie betäubt lag er da, unfähig, den rechten Arm zu bewegen. Der Schattenriese überragte ihn immer noch, fuchtelte wild mit den Armen, und riesige Flammen schlugen aus seinem Geisterfleisch, brannten, als wäre er nur ein pechgetränktes Kleiderbündel. Der Riese taumelte zwischen den Bäumen umher, setzte ihre Wipfel in Brand, und drehte sich hilflos um die eigene Achse. Er schrie auf, und seine Stimme war wie das Geräusch gewaltiger Felsen bei einem Erdbeben, so daß Erde und Himmel bei ihrem Klang zu zittern schienen, dann stolperte er noch einmal, griff nach Trevor, und fiel nur ein paar Meter entfernt von dem jungen Mann zu Boden. Trevor rannte zu ihm, zog mit der linken Hand ein Messer und schnitt ein Stück Schattenfleisch aus der ausgestreckten Faust des Riesen. Das wickelte er in seinen Mantel, um es vor dem Licht zu schützen.

Dann umfing das Feuer den Riesen vollständig, verschlang ihn ganz, verbrannte sein Fleisch und alles darunter – Bäume, Stoppeln und den Boden – so daß Trevor in der Dämmerung nur noch einen riesigen Aschemann vor sich hatte, achtzig Fuß vom Kopf bis zu den Zehen.

Königin Bronwythe war überrascht, Trevor wiederzusehen, und noch mehr überrascht darüber, daß die Leute von Schönweide seine Rückkehr begeistert begrüßten. Sie versammelten sich alle in der Halle unter der Erde, drängten und schubsten, um Trevor zu sehen. Als Trevor das Stück dunklen Fleischs aus seinem Mantel wickelte und das abgerissene Stück Haut des Schattenriesen herumzeigte, hielten die guten Leute bewundernd den Atem an, und Bronwythes Soldaten jubelten. Bronwythe nahm ihnen das gewaltig übel, aber da der Schattenriese über ein Dutzend ihrer Kameraden getötet hatte, verzieh sie ihnen schließlich.

Sie stieg von ihrem Thron und berührte das Fleisch – fast wären ihr die Fingerspitzen erfroren – und hielt es hoch: Die Haut war schwer und schlaff, wie Haut es immer ist, so dunkel, daß sie wie ein Loch wirkte, alles Licht schluckend. Einen Augenblick lang hielt sie das widerwärtige Ding hoch, dann setzten sich die Lichter der flackernden Fackeln in ihren Haltern an den Ecken der Halle über das Geisterfleisch hinweg. Es begann zu qualmen und ging in Flammen auf. Keiner zweifelte daran, daß Trevor den Schattenriesen tatsächlich getötet hatte. Und als Trevor erzählte, wie er den Riesen dazu gebracht hatte, ihn in einem Stück zu verschlucken, damit er in seinem Inneren ein Feuer entzünden konnte, bewies er, daß er genug Mut und Entschlossenheit besaß – mehr als jeder andere Mann im Königreich. Er schloß mit den Worten: »Ich habe den Riesen getötet. Und nun bitte ich Euch, Euer Hoheit, mir Teneriels Hand zu geben.«

Bronwythe senkte den Kopf, um zu verbergen, wie rot sie geworden war, und dachte: *Ich habe dich in den Tod geschickt, und du bringst mir einen Fetzen Riesenfleisch. Aber ich habe nur nachgegeben, weil ich einen Augenblick lang schwach war; ich kann den Bann auch ohne dich brechen.* »Meine Tochter ist nicht so billig zu haben«, sagte sie schließlich laut. »Ich schätze sie höher als mein ganzes Reich. Du hast bewiesen, daß du tapfer und schlau bist, aber es wird mehr als das brauchen, meine Tochter zu lieben. Jetzt geh und beweise, daß du geduldig und treu bist: Erklettere die Berge des Throns der Wunder und bring mir die Flügel des Rabenochs.«

Die Menge brach in erschrockenes Gemurmel aus, denn der Rabenochs fraß Menschen so selbstverständlich, wie Elstern Maden aufpikken, und Trevor sah der Königin fest in die Augen und sagte: »Nein!«

»Wie bitte?« fragte Bronwythe aufgebracht. »Hast du etwa ›nein‹ gesagt?«

»Wir hatten einen Handel abgeschlossen, und ich habe meine Braut bereits gewonnen«, entgegnete Trevor. »Ich habe gehört, die Königin von Schönweide sei eine schlaue Händlerin, ein tückischer Verhandlungspartner – aber niemand hat je gesagt, daß sie eine Lügnerin und Betrügerin sei. Gebt mir die Hand Eurer Tochter, wie Ihr versprochen habt, oder alle in dieser Halle«, er wies auf die Menge hinter ihm, »werden wissen, daß Ihr mich betrogen habt.«

Königin Bronwythe leckte sich die Lippen und sah die Leute an. Lügnerin. Betrügerin. Verräterin. Nie hatte jemand sie so beschimpft. Niemand hatte es je zuvor gewagt. Wenn sie nicht so viele Zeugen gehabt hätte, hätte Bronwythe den Jungen von ihren Soldaten erschlagen lassen, aber dann fiel ihr eine bessere Strafe ein. Sie schrie: »Na gut! Dann nimm die Hexe doch, wenn du sie verkraften kannst! Aber paß auf, daß dir nicht übel wird. Bringt Teneriel her!«

Einen Augenblick später kehrten die Soldaten zurück, lange bevor die Königin ihre Wut hätte bändigen können, und Bronwythe wurde klar, daß Teneriel schon auf dem Weg gewesen sein mußte, denn sie trug ein wunderschönes weißes Gewand, das ihre Figur betonte, und ihr langes kastanienbraunes Haar fiel ihr über den Rücken wie die

Schleppe eines Hochzeitskleides und schimmerte im Licht. Sie hielt die Silbermaske vors Gesicht, deren schmale Lippen zu einem zarten Lächeln verzogen waren.

»Komm her«, sagte Bronwythe, und die Menge teilte sich. Die Prinzessin trat neben Bronwythe, die ihre Hand nahm. Bronwythe hielt Trevor Teneriels Hand entgegen. »Komm und sieh dir den Schrecken an, den du gewonnen hast!« rief die Königin und riß die Silbermaske weg.

Die Menge stöhnte auf, und viele wichen zurück, schlugen die Hände vor die Augen, und die am zartesten besaiteten unter ihnen brachen zusammen. Bronwythe hob die Hand und strich über Teneriels Gesicht, die roten Flecken, die eitrigen Pusteln, die geschwollene Nase. Trevor weinte und konnte keinen Schritt nach vorn tun, um Teneriels Hand zu ergreifen.

Eine Fremde so leiden zu sehen, wäre schon schrecklich gewesen, aber die Frau, die er liebte, in diesem Zustand zu erblicken, ließ den jungen Mann ganz schwach werden. Er sackte zusammen, mußte sich an die Wand lehnen.

Bronwythe lachte. »Du bist wirklich häßlich, mein Kind«, sagte sie zu Teneriel. »Ein häßliches, bemitleidenswertes Ding.«

Teneriel versuchte, sich die Maske wieder vorzuhalten, aber Bronwythe schlug sie ihr aus der Hand, so daß sie klirrend auf den Boden fiel. Teneriel wollte die Hände vors Gesicht schlagen, aber Bronwythe rang mit ihr, packte ihren Kopf und zwang ihn hoch wie das Haupt der Medusa. »Sieh ihr in die Augen und heb diesen Fluch auf, wenn du kannst!« schrie sie Trevor zu. »Du sagst, du liebst sie von ganzem Herzen: Dann sieh ihr in die Augen und sag ihr, daß sie so schön wie der Morgen ist! Sag es ihr, wenn du kannst, sag ihr, daß sie deiner elenden Anbetung würdig ist! Komm schon, edler junger Mann, küß dieses Schweinsgesicht! Küß es!«

Bronwythe konnte spüren, wie der Bann arbeitete, spürte, wie Teneriel jeden Augenblick häßlicher wurde. Mehr Leute bedeckten ihre Augen, und etwas kitzelte die Hand der Königin. Als sie hinsah, erkannte sie einen blaßgrünen Wurm – von der Farbe eines grünen Apfels – der aus Teneriels Kinn hervorkroch, die Menge anstarrte und dann auf den Boden fiel. Trevor wandte sich angewidert ab und huschte in den Schatten wie ein Krebs.

Teneriel stöhnte und sank ohnmächtig in die Arme ihrer Mutter. Bronwythe hielt sie, und ein tapferer Soldat sprang vor, um die Prinzessin aufzufangen, die Arme angespannt wie Knotenseile. Als Bronwythe wieder aufblickte, floh Trevor gerade die Treppe hinauf ins Sonnenlicht, verzweifelt schreiend, in seiner Eile wie blind gegen die Wände taumelnd. Bronwythe war versucht, ihm noch ein paar Beleidigungen nachzurufen, aber wozu hätte das gut sein sollen?

Sie bat den Soldaten, Teneriel aus dem Thronsaal zu tragen, und die Menge machte sich ebenfalls auf; Leute murmelten: »Ach Gott, das arme Ding!« »Gott sei ihr gnädig!« und ähnliches. Bronwythe sah Tränen in Kinderaugen, Tränen des Entsetzens und des Mitleids, und alle wichen zurück, als könnte Teneriels Häßlichkeit ansteckend sein. Niemand konnte es über sich bringen, ihr ins Gesicht zu sehen.

Sie gingen die dunkle Treppe hinauf, und Teneriels Brust hob und senkte sich heftig, ihre Schultern bebten. Bronwythe wurde klar, daß das Mädchen wieder bei sich war und aus tiefstem Herzen schluchzte. »Still, meine kleine Prinzessin«, sagte Bronwythe. »Weine nicht.« Der Soldat blieb stehen, und die Königin trat näher und griff nach der Hand ihrer Tochter.

»Mutter, bitte, töte mich...«

»Nein, ich rette dich. Eines Tages wirst du einen Prinzen heiraten. Ich habe dich für diesen Tag bewahrt. Niemand wird dich mir je wieder stehlen.«

»Niemand will mich!« rief Teneriel. »Bitte, ich kann es nicht ertragen. Töte mich!«

Bronwythe wünschte sich, es möge alles verschwinden, die Häßlichkeit, die Schuld. Ihr wurde klar, wie grob sie mir ihrer Tochter umgegangen war, als sie sie gezwungen hatte, ihr Gesicht zu zeigen. *Ich hätte sie nicht so behandeln dürfen,* dachte sie, und mehr als den nächsten Atemzug wünschte sie sich, daß ihr verziehen würde. Sie zog Teneriel fest an sich, schaute ihr ins Gesicht. Es war schwer zu glauben, daß solch wohlklingende Töne aus dem Mund dieses Mädchens kamen. »Niemand weiß es außer mir, meine geliebte Tochter, aber du bist wunderschön, Teneriel! Ich liebe dich – ich habe dich immer geliebt, und meine Liebe ist so unbezwingbar wie Adamant. Ich weiß, es ist selbstsüchtig. Es war selbstsüchtig, dich nicht verlieren zu wollen.« Bronwythe sah in Teneriels Augen, die gelblich wie altes Pergament waren. »Aber du bist schön! So schön! Und ich konnte einfach den Gedanken, dich zu verlieren, nicht ertragen.«

Bronwythe küßte ihre Tochter. Teneriel hatte die Augen offen behalten, und die Königin beobachtete ihre Tochter forschend und suchte nach Anzeichen einer Veränderung. *Ich habe die richtigen Worte gesprochen, und ich habe ihr dabei in die Augen gesehen; ich liebe sie, wie ich sie immer geliebt habe. Wenn dieser Fluch aufgehoben werden kann, dann jetzt.*

Bronwythe wartete darauf, daß die Maske der Häßlichkeit sich auflöste.

Das Wurmloch in Teneriels Kinn schien ein wenig zu bluten, und die Königin wartete, bis sie schließlich das scheußliche Gesicht ihrer Tochter nicht mehr ertragen konnte und gezwungen war, sich abzuwenden. *Der Zauberer hat gelogen,* stellte sie fest. *Teneriel wird ihr ganzes Leben lang entstellt sein.*

Teneriel kniete neben ihrem Bett, ein Adamantmesser in der Hand. Der Mond warf goldenes Licht ins Zimmer, zusätzlich zu dem der Kerze, die Teneriel auf den Boden gestellt hatte. Die junge Frau prüfte die Schärfe des Messers an ihrer Kehle. *In diesem Palast gibt es keine stumpfen Klingen,* dachte sie, und sie fragte sich ... Zum erstenmal seit Jahren hatte ihre Mutter sie wieder so zärtlich geküßt, wie sie es getan hatte, als Teneriel noch ein Kind gewesen war. Das hatte ihr Herz zum Brennen gebracht – aber Trevor war davongelaufen. Eigentlich hätte der kleine Sieg bei ihrer Mutter ihr helfen sollen, diesen viel größeren Verlust zu verschmerzen, aber das tat er nicht. Es unterstrich nur noch, was sie verloren hatte.

Ich werde nie einen Mann finden, der mich liebt, sagte sie sich. *Ich war verrückt zu denken, daß Trevor mich lieben könnte. Ich bin verrückt, so etwas zu hoffen,* und sie fragte sich: *Lohnt es sich überhaupt noch, einen weiteren Tag am Leben zu bleiben? Meine Hoffnung einen Tag zu verlängern?*

Die Antwort lautete nein.

Ich darf nicht schreien, wenn ich den Schnitt mache, dachte sie. Die Königin hatte vor Teneriels Tür eine Wache aufgestellt. *Ich darf kein Geräusch machen, wenn ich mich zu Tode blute,* dachte sie. *Sonst kommen die Wachen herein und retten mich.*

Sie hörte ein Flattern hinter sich und sah einen häßlichen braunen Nachtfalter von der Farbe eines toten Blattes, der auf dem Rücken lag und mit den Flügeln gegen den Steinboden neben der Kerze schlug.

»Komm nicht zu dicht an die Flamme«, sagte Teneriel, »du wirst dich verbrennen.«

Der Falter flatterte wieder, und Teneriel streckte den Finger aus, drehte das Tier herum. Der Falter flog auf, machte sich wieder daran, die Flamme zu umkreisen, unfähig davonzufliegen. Teneriel fing ihn in der Hand, trug ihn zum Fenster und warf ihn sanft in die Luft. Ungeschickt flatterte er davon, auf den Vollmond zu.

»Teneriel«, erklang Trevors vertraute Stimme leise von der Straße.

»Ja«, flüsterte sie erstarrend.

»Willst du mich heiraten?«

Sie streckte den Kopf aus dem Fenster, ließ das Licht auf ihr Gesicht scheinen, und sie sah, wie seine Augen im Mondlicht glitzerten. »Bist du sicher?«

»Ich habe den ganzen Nachmittag nachgedacht«, sagte er. »Ich wollte mich entschuldigen, Ich ... ich weiß nicht, was heute passiert ist. Ich bin verrückt geworden. Ich bin den ganzen Tag herumgerannt und habe an dich gedacht. Ich ... ich mußte an meine Großmutter denken, damals, als ich ein Kind war. Sie war alt, und ihr Gesicht war runzlig wie ein alter Apfel, aber ich erinnere mich, daß sie das beste Brot in der Stadt buk und es dann mit Butter und Honig bestrich, und ich durfte auf ihrem Schoß sitzen, wenn ich aß. Ich konnte ihr in die Augen sehen, und ich habe nie daran gezweifelt, daß sie einmal wunderschön gewesen ist. Sie war eine Schönheit im Körper einer alten Frau, und ich dachte, ›es ist ganz gleich, wen du heiratest, irgendwann wird sie einmal so aussehen‹. Also bin ich wieder zurückgekommen. Ich mußte mit dir reden.«

Teneriel sah ihm in die Augen. Er weinte. »Teneriel, du bist wunderschön. Ich habe gerade gesehen, wie du den Falter gerettet hast. Du bist dort schön, wo es zählt. Ich liebe dich, und ich bin sicher. Ja, ich will dich heiraten.«

Teneriel trat vom Fenster zurück, und ein Glühen überfiel sie, als stünde sie in einem sanften Sommerregen, der immer stärker wurde, bis er sich schließlich in einen Wasserfall verwandelte. Es erfüllte sie mit Staunen und einem Gefühl von Frieden, wie sie es seit Jahren nicht gekannt hatte. Sie lief dreimal um ihr Zimmer herum, versuchte, zu Atem zu kommen und hätte am liebsten laut geschrien vor Freude. Dann fiel ihr die Wache vor der Tür ein. Sie schaute aus dem Fenster. Es waren dreißig Fuß bis zum Boden, und es gab keine Möglichkeit herunterzuklettern. Dann fiel ihr ein, daß sie ihr Haar als Seil benutzen könnte. Ihr wunderschönes Haar war beinahe zwölf Fuß lang, und sie hoffte, die letzten paar Fuß ohne Schaden springen zu können.

Teneriel nahm das Messer und hielt einen Augenblick inne, erinnerte sich an die Worte, die ihre Mutter so oft gesprochen hatte: »Teneriel, Teneriel, laß dein Haar herunter, damit die Welt deine Schönheit bewundert.« Ihr Haar war das einzig Schöne an ihr, und sie sorgte sich, wie Trevor darüber denken würde, wenn sie es abschnitt. Sie erinnerte sich an ihre Verlegenheit, wenn sie öffentlich erscheinen mußte, an die Demütigung. *Nun,* dachte sie, *da dies offenbar alles ist, was meine Mutter an mir geliebt hat, soll sie es haben.* Sie trennte es mit einem einzigen Schnitt ab, dann schlang sie es um den Pfeiler am Fenster.

Sie kletterte aufs Fensterbrett und an ihrem Haar herunter, als wäre es ein Seil, und sie nahm nichts aus der Burg ihrer Mutter mit als die Kleider, die sie trug. Als sie sich fallen ließ, fiel sie in Trevors Arme. Er hielt sie einen Augenblick fest, sah sie überrascht und erfreut an, und wandte sich nicht ab. »Weißt du«, sagte er erstaunt, »mir kurzem Haar siehst du viel besser aus.« Dann sprangen sie auf Trevors alte Mähre und ritten bis zum Sonnenaufgang.

Am folgenden Tag schwoll, nach einem kurzen Fieber, Teneriels Gesicht ab, und ihre Nase wurde wieder gerade. Innerhalb einer Woche verblaßten die roten Pusteln, und Teneriel war verblüfft zu sehen, daß sie nach sechs Jahren der Krankheit nicht eine Narbe zurückbehalten hatte.

Als Königin Bronwythe hörte, daß ihre Tochter verschwunden war, schickte sie ihre Männer nicht los, um sie zu verfolgen. Sie verzog einfach nur das Gesicht, und jegliche Freude fiel von ihr ab. Im Lauf der Jahre wurden ihre Falten so tief, als ob sich ihr Gesicht in Stein verwandelt hätte.

Später, nachdem Teneriel drei Kinder geboren hatte, wurde ihre Schönheit im ganzen Land berühmt. Wohin sie auch kam, konnten die Menschen den Blick nicht von ihrem Gesicht abwenden. Manchmal reisten Troubadoure zum Ende der Welt – in ein grünes Tal, wo an einem silbernen Bach die Blumen blühten – um Teneriel anzusehen und ein Lied über sie zu schreiben. Aber immer zogen sie verzweifelt davon, denn ihre Schönheit war nicht in Worte zu fassen, und kein Lied wurde ihr gerecht.

Manchmal ließ sie sich das Haar bis zur Taille wachsen. Bevor sie es wieder abschnitt, fragte sie Trevor immer, was ihm an besten gefiel, langes oder kurzes Haar. Dann nahm Trevor ihre Hand, betrachtete, wie das Licht der Flammen in den rötlichen Strähnen schimmerte und sah in ihre klaren blauen Augen. »Liebste, das ist mir vollkommen gleich.«

Dann lächelte Teneriel und sagte: »Ich weiß.«

Würdigung

von Paul Edwin Zimmer

Ich war erst sechs, als meine Schwester Marion Robert Bradley heiratete und nach Texas zog. Ich wuchs nicht nur mit dem jeweils neuesten Heft ihres Fanzines *Mezrab* auf, sondern bewahrte auch sorgfältig zweite und dritte Auflagen ihres ersten Fanzines, *Astra's Tower,* auf.

Bis zu meinem zehnten Lebensjahr war es mir nicht erlaubt, »nach oben« zu gehen – in den ersten Stock eines Hauses, das Marion als »ein Bauernhaus wie aus einer Lovecraft-Story« beschrieb. Als Teenager schlich ich dort herum, durchsuchte Kammern, die Wände und Decken aus rohem Holz hatten und angefüllt waren mit alten Truhen und alten Gemälden und alten Büchern. Es war eine angenehme Alternative zu Waldspaziergängen, und besonders in jenem Zimmer, von dem ich später erfuhr, daß es ihres gewesen war, fand ich viele interessante Dinge.

Mir hätte kaum etwas Kostbareres in die Hände fallen können – oder etwas Schickshafteres – als die erste, noch auf Matrize abgezogene Ausgabe von *Astra's Tower.* Seite fünf hatte die Überschrift »Saga of Carcosa«, und nach den ersten beiden Strophen von »Cassildas Lied« stand dort:

»CARCOSA!

Der Name kündet von Hexerei...«

Jeder, der mein *Dark Border* gelesen hat, wird sofort erkennen, daß die darauffolgenden beiden Seiten – meist Zitate von Cambers, Bierce und Lovecraft – meine Phantasie nicht mehr losließen. Ich war damals fünfzehn.

Was ich damals nicht wußte war, daß Marion ihre eigenen Carcosa-Geschichten geschrieben hatte – die »Merdinian«-Geschichten, die sie später »auf einen imaginären Planeten namens Darkover« verlegte...

Iontiorens Geschichte

von Paul Edwin Zimmer

Voller Trauer kam der König des Waldes zum Westrand der Welt, um die Gebeine seines Vaters zu holen.

Der Tag war hell, obwohl der Berg Onontajiwak im Norden in dunklen Wolken lag. Halladin war in Gedanken versunken, denn die Woche, die seit dem Tod des alten Mannes vergangen war, hatte den Schmerz nicht betäubt. Zunächst hatte er kaum darauf geachtet, als die Bäume von einem Fremden im Wald gesprochen hatten.

Dann entdeckte er die Spuren. Nicht die weichen Mokassin-Abdrücke der Maismenschen, sondern die festen, absatzbewehrten Spuren von Stiefeln aus der Außenwelt. Er eilte sich, aber der andere war ein gutes Stück vor ihm. Als Halladin zu jenem Aschekreis kam, der von dem Feuer kündete, das im Schwert seines Vaters gebrannt und sowohl den Dämon als auch den Mann, der ihn bekämpfte, verschlungen hatte, sah er einen Fremden in der Kleidung des Außenlandes neben Halamons Skelett knien und das gehämmerte Silberband untersuchen, das den Schädel umfing.

Mit einem Schrei sprang der König vor. Der Mann blickte auf. Obwohl er Außenland-Kleider von dickem weißen und roten Samt trug und einen kurzen Bart, waren die Augen in seinem dunklen Gesicht die dunklen Augen der Maismenschen.

»Kennst du mich nicht mehr, Schildkröte?« fragte er in der Geheimen Sprache. Halladin hielt inne und starrte den Mann an, der so lässig seinen Kindernamen verwendete, den er so viele Jahre nicht mehr vernommen hatte.

»Iontioren, der Spalter –« flüsterte Halladin. Tränen traten ihm in die Augen, als er sich an die lange vergangenen Tage seiner Kindheit erinnerte – bevor sein Vetter den Wald verlassen hatte, bevor der Dunkle gekommen war ...

»So hat dein Vater mich genannt«, sagte Iontioren, »und nun ist die Zeit gekommen, mir diesen Namen zu verdienen.« Er sah auf das Skelett nieder und schüttelte den Kopf. »Ich verharre in Ehrfurcht vor seiner Weisheit. Er hat irgendwie gewußt, daß die Dunklen wiederkehren würden, und er hoffte, daß dieses alte Schwert als Waffe gegen sie dienen könnte.« Er hob den glitzernden Griff von Halladins Schwert. Die breite Klinge war einen Fuß über dem Heft gebrochen; das breite Ende wirkte auf den ersten Blick glattgeschliffen, aber beim genauen Hinsehen konnte man die gezackten Scharten des Bruchs erkennen.

»Und das Verblüffendste ist, daß er sogar ahnte, daß diese Markierungen etwas zu bedeuten hatten und daß das Schwert brechen könnte, nicht von einem Schlag oder irgendeiner Schwäche des Stahls, sondern durch die Kraft seines eigenen inneren Feuers.« Iontioren zeigte auf den Boden, wo matt und bleiern andere Stücke des Schwertes lagen.

»Siehst du, was an den Bruchstellen geschehen ist? Selbst das Metall hat sich verändert, um die Flamme der Klinge zu ersticken! Aber der unberührte Teil der Klinge weigerte sich, mit solchem Zeug verbunden zu bleiben! Oder vielleicht konnte das veränderte Metall die Kraft nicht leiten und ist deshalb unter dem Druck geborsten.« Er schüttelte den Kopf und starrte die langgezogenen Metallsplitter an.

»Dein Vater hat mich ausgeschickt, um zusammen mit Hasturs Enkeln zu lernen, damit ich die Klinge neu schmieden könnte, falls sie brechen sollte. Ich hoffe, daß sein Vertrauen sich als gerechtfertigt erweist. Ich habe in den vergangenen Jahren viele Schwerter geschmiedet, aber dies wird wohl mein Meisterstück werden.«

»Es wird also schwierig?« fragte Halladin.

»Ich glaube schon. Ich denke, ich kann das Stück am Griff aushämmern, ohne die Bannsprüche zu stören – ansonsten müßte ich all die einzelnen Drähte entwirren und alle Bannsprüche neu weben. Aber wenn ich sie unberührt lasse, kann ich sie als Kern für neuen Zauber nutzen. Und ich habe auch noch das hier –«

Er zeigte Halladin ein kleines Etwas, das wie Glas im Sonnenlicht glitzerte. Halladin griff danach und bemerkte, daß es sich um Metall handelte – aber um transparentes und selbstleuchtendes Metall.

»Was ist das?«

»Ein Teil vom Schwert Hasturs, eines der wenigen, die nicht mit dem Herrn der Acht in die Dunkle Welt zurückgezogen wurden, als Eallal gegen ihn kämpfte und sowohl sich selbst als auch das Schwert verlor.«

Halladin nickte. Er erinnerte sich nur zu gut an jenen Tag, als Hasturs Enkel mit dem Größten der Dunklen gekämpft hatte – mit einem Ungeheuer so gewaltig, daß es beinahe das ganze Feld unterhalb des Onontajiwak bedeckt hatte – und der Sturm ihres Dahinscheidens hatte Bäume umgeworfen und die meisten Vögel des Waldes getötet.

»Hasturs Enkel Narsil glaubt, er könne es stählen – kein Feuer, das ich anfachen könnte, wäre dazu heiß genug. Wenn das möglich ist, kann man dieses Stück zu einem Draht ziehen und es um den Kern wickeln und seinen Zauber dem in Halladins Schwert hinzufügen. Dadurch würde Halladins Klinge stärker als zuvor. Dann geht es nur noch darum, Zauber von Stahl und Silber darumzuweben und alles zusammen zu einem Schwert zu formen. Es klingt so leicht, wenn ich darüber rede. Ich wünschte, es wäre auch in der Schmiede so leicht.« Er lachte, und Halladin, der das Skelett neben ihm betrachtete, zuckte zusammen.

Er kniete nieder und öffnete die Tasche, die er mitgebracht hatte, um darin König Halamons Gebeine zum Herzen des Waldes zu tragen und sie dort mit der Erde zu vereinen, die auch die Gebeine der anderen Könige seiner Linie bewahrte. Durch die Augen eines neugierigen Wiesels, das aus einem nicht verbrannten Busch in der Nähe zusah, sah der König des Waldes, wie der Zauberer den Mund fest zusammenpreßte, Schmerz spiegelte sich in seinem Blick. Eine wilde, kalte, kindische Befriedigung flackerte in ihm auf, und dann hörte er die Stimme seines Vaters: *Auch er trauert, mein Sohn, aber auf seine eigene Weise.*

Das Bild der Knochen vor ihm verschwamm in Tränen. Selbst der betäubende Schmerz ließ die Qual in den Wurzeln der verbrannten Blumen und Bäume nicht geringer werden. Ehrfürchtig begann er, die verkohlten Knochen einzusammeln und in den Sack zu stecken, den er mitgebracht hatte. Die Asche der verbrannten Knochen würde den sauren Boden derart verbessern, wo die Fichten dicht wuchsen...

Aber mit dem Knochen, den er gerade in der Hand hielt, stimmte etwas nicht. Er blinzelte und sah, daß das Ende des Knochens nicht verkohlt, sondern zu einem gräulichen metallischen Puder geworden war, der abblätterte, als er den Knochen vom Boden hob.

»Was soll ich tun?« rief er verzweifelt. »Selbst die Gebeine meines Vaters sind vergiftet! Ich kann dieses Gift nicht ins Herz des Waldes tragen!« Das laute Schlagen seines Herzens schreckte die Krähen auf; das Wiesel zog sich zitternd ins Gebüsch zurück. Selbst die Bäume waren erschrocken.

Iontioren streckte zögernd einen Finger aus, und wieder spürte Haladin, daß dieser seltsame Geist in die mineralischen und organischen Muster von Knochen und Asche eingedrungen, daß die Atome von derselben Kraft verdreht worden waren, die das Schwert gebrochen hatte, auf immer in einen tödlich mißgestalteten Tanz durch den gepeinigten Raum getrieben...

Iontioren zog den Finger schaudernd zurück. Graue Asche fiel vom Ende des Knochens.

»Das habe ich mir schon gedacht«, sagte er ernst. »Gib mir die vergifteten Knochen, Haladin. Narsil Hastur hat bereits einiges von diesem Zeug in Erdmetalle verwandelt – in genau die Metalle, die ich für das Schwert brauche. Glaubst du, es würde deinem Vater gefallen, wenn seine Knochen Teil des Schwertes würden? Es scheint mir angemessen.«

Angemessen, wahrhaftig! erscholl Halamons Geisterstimme im Kopf seines Sohnes. *Das wünsche ich mir – und ich habe es verdient!*

Halladin nickte. »Nimm sie«, sagte er.

Der Zauberer zog mehrere kleine Phiolen aus dem Gewand und füllte sie schweigend mit den Ascheflocken der Knochen, während Halladin die sauberen Knochen in seinen Sack packte.

Ein Teil des Schädels war weggefressen worden: Halladin barg nur den Kieferknochen. Iontioren nahm das gehämmerte Silberband mit dem dunklen Stein, den Hastur aus der Erde geholt hatte, um den ersten Halladin zu krönen, vor tausend Jahren.

Aber der Silberreif war nun gebrochen, der Draht über dem veränderten Teil des Schädels war geschmolzen und wie vom Feuer geschwärzt.

»Auch das muß repariert werden«, sagte der Zauberer, »aber ich kann ihn viel mächtiger machen, als er war. Dieser Zauber ist sehr einfach.«

»Er hat meinen Ahnen so, wie er war, gut gedient; ebenso wie das Schwert.«

»Deine Ahnen haben das Schwert tausend Jahre in einer Höhle liegenlassen«, meinte Iontioren. »Aber das war, bevor die Dunklen wiederkamen.«

Vor fünf Jahren, dachte Halladin, und sah ihn bedrückt an. Tausend Jahre hatten die Könige seiner Familie regiert, ihren Geist mit dem Wald verbunden, und jeder hatte die Erinnerungen seines Vorgängers geerbt. Tausend Jahre hatte es genügt, den Wald zu behalten und die Stämme, die dort wohnten. Aber nun änderte sich alles.

Iontioren betrachtete das geschwärzte Silberband nachdenklich. »Wahrhaftig, diese Krone steht der Art von Arbeit, die ich jahrelang gemacht habe, viel näher. Erst seit die Dunklen zurückgekehrt sind, habe ich so viele Schwerter schmieden müssen. Du wirst einige von ihnen zu sehen bekommen, lange bevor du dieses hier wiedersiehst, wenn die versammelten Heere der Orden von Croyterre hierher kommen.«

»*Was?*« fragte Halladin scharf und erstarrte in instinktiver Abwehr beim Gedanken an eine Horde von Fremden auf seinem Land.

»Wußtest du das nicht? Die Vorsitzenden der Ritterorden von Croyterre haben geschworen, in die Berge zu marschieren, als Teil ihrer Buße, weil sie sich Hastur widersetzt haben. Sie hatten abgelehnt –«

»Wovon redest du da?« rief Halladin.

Iontioren sah ihn blinzelnd an. »Ich bin eigentlich davon ausgegangen, daß inzwischen die gesamte Welt diese Geschichte kennt. Aber ich hatte vergessen, wie abgelegen diese Wälder hier sind.«

»Wir haben hier nicht einmal die Namen gehört, die du erwähntest, und wenn unsere Grenzen verletzt werden, dann sollte ich lieber erfahren, von wem –« Halladin rang mühsam um Fassung.

»Croyterre liegt – oder besser lag – tief im Südosten, hinter der Südspitze des Meers von Ardren und dem Land der Takkaren. Die Völker, die Hastur dort angesiedelt hat, südlich der Sternenberge, waren im Krieg, als er sie fand, und sie sind Feinde geblieben. Eine Gruppe, die Croyterraner, haben viele kleine Königreiche gegründet, die Namen wie Defianza, Poulainia, Verterre und so weiter tragen. Aber die größe Macht in diesen Ländern waren nicht die Könige, sondern die Orden von Kriegerpriestern, die sich der Aufrechterhaltung der alten Religion verschrieben hatten.

Sie haben einen seltsamen Mythos von einer Heiligen Stadt, die sie finden müssen, in der ihr Gott, Iesucri, an ein Kreuz gebunden liegt, gefoltert von ihren Feinden. Da Hastur sie davon abgehalten hat, ihren Gott und seine Stadt zu retten, indem er sie auf diese Welt brachte, haben sie Hastur immer für den leibhaftigen Bösen und Verbündeten ihrer Feinde gehalten.

Sie sind erst von dieser Ansicht abgewichen, als Narsil, der Meisterschmied und Enkel Hasturs, der mein Lehrer war, Fürst Toustin geholfen hat, die Ritter von Croyterre zu bekämpfen, um seinen Thron wieder besteigen zu können – nur ein Jahr, bevor die Dunklen kamen. Es war ein langer, schrecklicher Krieg, aber am Ende wurde auch die letzte Mauer der letzten großen Ordensfestung von der Macht, die Narsil Toustins Speer verliehen hatte, zerstört. Selbst danach hätten die Überlebenden vermutlich bis zum Tod weitergekämpft, aber plötzlich erscholl eine Stimme, lauter als Donner, daß es nun genug des Blutvergießens sei und die Ritter von Croyterre ihre Waffen niederlegen sollten.

Und dann erschien Narsil in der Luft zwischen den beiden Armeen. Er war von einem Lichtkranz umgeben, und die Männer fielen auf die Knie und bedeckten ihre Augen. Narsils Stimme hallte von den wenigen übriggebliebenen Mauern wider. Viel zu lange, sagte er, hätten die Kinder Hasturs die Widerspenstigkeit der Ritter von Croyterre ertragen müssen. Nie, so sagte er, hätte einer von seinem Volk gegen Iesucri gekämpft. Aber Iesucri, so meinte er, sei auch nie ein Freund von Ungerechtigkeit und Unterdrückung gewesen und schäme sich vermutlich dieser falschen Anbeter, die seine Lehren vergessen hätten, aber seinen Namen weiterhin verwendeten, um damit ihre Grausamkeit und ihre Gier zu rechtfertigen.

Und bei diesen Worten ging ein Seufzen durch die Reihen der knienden Ritter, und viele weinten. Toustin und seine Männer saßen wie Statuen auf ihren Pferden und sahen zu. Aber ich spürte, daß sich hinter mir die Macht rührte, und als ich mich umdrehte, sah ich, wie ein gewaltiger Steinblock in die Luft aufstieg.

Hasturs Enkel, Eallal und Erluin, standen auf beiden Seiten des Blocks, fixierten ihn mit ihren Blicken und hoben ihn durch Geisteskraft. Während Narsil zu den Rittern sprach, hatten seine Verwandten die Ruinen der Mauer durchsucht und die Steine von den bedauernswerten Männern gewuchtet, die auf der Mauer gestanden und gelacht hatten, als Toustin mit seinem Speer angegriffen hatte.«

Iontioren hielt inne und dachte stirnrunzelnd nach. Kein Wind bewegte die frischen Blätter, und es waren so viele Vögel umgekommen, als Eallal den Herrn der Acht besiegt hatte, daß die wenigen Überlebenden nicht genügten, den Wald mit ihrem Gesang zu erfüllen.

»Wie sie schrien, diese armen Verwundeten!« sagte der Zauberer dann. »In meinen Alpträumen kann ich sie immer noch hören. Aber sie hatten Glück. Das unendliche Mitgefühl der Hasturkinder veranlaßte sie, sie zu betäuben, mit Geisteskraft brachten sie ihre gesplitterten Knochen zum Heilen, ließen sie wieder in das zerrissene Fleisch sinken und die Wunden zuwachsen. Sie erneuerten das zerrissene Gewebe von Venen und Arterien, und schmiegten und glätteten die weichen roten Fasern wieder zusammen, als wäre es Ton! Sie haben sie geheilt! Mit der wundertätigen Kraft ihres Geistes!« In den glitzernden Augen des Zauberers spiegelte sich seine Ehrfurcht, und er schüttelte staunend den Kopf.

»In ihren Überlieferungen spielt Buße eine große Rolle, also haben die Großmeister mehrerer Orden Narsil gebeten, ihnen eine Buße aufzuerlegen, mit der sie sich läutern könnten.«

»Das sollten sie ja wohl auch«, rief Halladin, »aber wieso hat der Hasturenkel sie ausgerechnet hierher geschickt?«

Iontioren schüttelte den Kopf. »Das hat er nicht. Narsil sagte, er werde darüber nachdenken, und er und seine Verwandten sprachen Monate danach immer noch darüber, als Rethondo der Dieb Hasturs Brosche stahl. Als er die Edelsteine aus den Fassungen stemmte, zerstörte er den Zauber, der die Dunklen aus der Welt verbannte. Die

Stadt, in die er mit seiner Beute geflohen war, wurde dem Erdboden gleichgemacht; Hasturs andere Stadt aus der Welt gerissen – «

»Aber was ist mit den Rittern von Croyterre?«

»Als die ersten Gerüchte über diese Ereignisse Croyterre erreichten«, fuhr Iontioren fort, »versammelten die Großmeister der Orden nicht nur die Ritter, sondern auch die Orden unbewaffneter Frauen und die waffenlosen Priester, die alle zusammen das ausmachen, was sie *Eccles Militawn* nennen. Wenn sich die Großmeister der Orden treffen, nennt man dies *Crusat*, und sie waren es, die beschlossen, daß sie Hasturs Familie zur Hilfe eilen sollten, um Buße zu tun.

Sie hatten keine rechte Vorstellung, wem sie sich entgegenstellten, hatten nur verworrene Geschichten gehört. Und so begann der große Marsch, der Marsch der Eisenmänner, der immer noch andauert, obwohl er oft zum Halten kam oder vom Weg abwich. Hältst du sie für unwürdig, oder glaubst du, daß du keine Verbündeten brauchst? Wie kannst du entscheiden, wenn du ihre Geschichte nicht kennst?

Während sie immer noch ihre Heere versammelten, erschien einer der Dunklen an ihrer Grenze zu den Takkariern. Die Ritter marschierten, aber ihre erste Schlacht endete in einer Katastrophe, denn Waffen, die nur aus Stahl bestehen, wie gut der auch geschmiedet sein mag, sind nutzlos gegen die Mächte von draußen.

Die Hasturs vertrieben den Dunklen aus der Welt, bevor das Heer der Orden völlig niedergemetzelt werden konnte, aber die Schattenlarve, die er geboren hatte, tötete viele. Dann gab Narsil den Rittern mehrere Schwerter.

Narsil hatte die Feuer des Vulkans Ignis-del-bonn wieder entfacht und seine Schmiede im Krater des Berges aufgeschlagen und Metall direkt aus dem Herzen der Erde gebracht, um mit seinem Geist starke Zauber aus Stahl und Silber und anderen, selteneren Metallen aus den Tiefen der Erde zu weben. Einige davon schmiedete er zu Schwertern der Macht. Er versuchte, das Schwert Hasturs wiederzugewinnen, das mit Eallal verloren war, und andere wurden zu anderen Waffen geformt.

Dann schickte er nach mir, weil er wußte, daß ich lange über Hasturs Schwert nachgedacht und es mit meiner Erinnerung an diese Klinge hier verglichen hatte – und ich hatte sterbliche Schmiedekunst gelernt und Stahl gehämmert, ehe ich versuchte, mit dem Geist zu arbeiten. Wir haben ein Jahr lang zusammengearbeitet und noch bessere Schwerter geschaffen, mit noch stärkerem Zauber. Aber Hasturs Geheimnisse blieben uns verborgen – und verborgen sind sie bis heute.

Aber während wir arbeiteten, verließen sämtliche *Eccles Militawn* ihre Burgen und ihre Ländereien, zogen sich aus dem Süden zurück und sammelten sich in Verterre, im Norden. Die Vorhut des Heeres hatte bereits die Berge überschritten, die die Zentralebene umgeben und plante, um die nördliche Bucht des Argendareanischen Meers zu marschieren. Wären sie diesem Plan tatsächlich gefolgt, dann wären sie schon längst hier. Als Narsil und ich den Berg verließen, mit einem halben Hundert unserer neuen Schwerter, stellten wir fest, daß jene, denen wir sie geben wollten, verschwunden waren. Die Hauptstadt war verlassen, bis auf ein paar Händler; Kasernen, Mönchs- und Nonnenklöster waren leer. Ich habe gehört, inzwischen sei die Stadt vollkommen verlassen, sie zerfiele. Wir mußten den ganzen Weg bis zu den Bergen an der Grenze Adlerheims reisen, bis wir auf ihre Nachhut stießen.«

Verwundert schüttelte er den Kopf. »Stell dir das vor – ein ganzes Volk auf dem Vormarsch; und alle singen alte Hymnen, in denen sie Iesucri preisen. Tausende und Abertausende von Ochsenkarren und Hunderttausende schwarzgekleideter Männer und Frauen zu Fuß, und hinter ihnen Truppen von Reitern, und die Ritter, die sich der Krankenpflege widmen, die die Zurückbleibenden und Kranken auflasen und sich um sie kümmerten und gleichzeitig Wache hielten. Wir übergaben ihnen die Schwerter, die wir mitgebracht hatten. Als sie schließlich Rast machten, war das ganze Land von Zeltstädten überzogen, und ihre Feuer erstreckten sich nordöstlich bis zum Horizont und darüber hinaus.

Narsil und ich beschlossen, daß ich mit den Orden weiter nordwärts marschieren und während der Reise noch weitere Schwerter schmieden sollte. Außerdem sollte ich meine Fertigkeiten weitergeben, so gut dies eben möglich war, und zwar an jene unter meinen Mitreisenden, die zu lernen gewillt und fähig waren. So bin ich nun fünf Jahre mit ihrem Heer gezogen, und ich habe viel von ihnen gelernt. Sie sind ein merkwürdiges Volk, haben im Dienst von Iesucri Armuts- und Keuschheitsgelübde abgelegt. Die Frauen leben in eigenen Orden und meiden die Männer, mit Ausnahme jener, die sich um die Kranken kümmern, oder jener, die durch das Los berufen werden, sich fortzupflanzen, damit ihre Anzahl erhalten bleibt.

Seit Jahrhunderten hat dies und die Adoption von Waisen anderer Völker ausgereicht, um ihre Zahl beständig zu halten. Während des Marsches wurde dieser Brauch geändert, und nun werden jedes Jahr zehn Ritter erwählt, jedes Jahr aus einem anderen Orden. Außerdem werden, da Menschen nun einmal Menschen sind, die Gelübde nicht immer eingehalten, und unter den Bedingungen des Marsches ist dies noch schwieriger geworden. Daher wurden unterwegs viele Kinder geboren, und das ist gut so, denn viele andere sind gestorben.«

»Du sagst, sie wären schon lange hier, wenn sie denn ihrem ursprünglichen Plan gefolgt wären«, brachte Halladin ihn wieder zum Thema zurück. »Wieso haben sie ihre Pläne geändert?«

»Es war kurz nachdem ich zu ihnen gestoßen war. Von der Vorhut wurde gemeldet, sie seien auf Flüchtlinge auf dem Weg nach Süden gestoßen, die berichteten, daß einer der Dunklen nun auf den Ebenen von Tierra Nielmo weilte. Eine Notbesprechung des *Crusat* wurde anberaumt, und mir wurde gestattet, daran teilzunehmen, da ich mit Narsil und den anderen Hasturs sprechen und dank meiner eigenen Kräfte weit in die Ferne sehen konnte.

Der Dunkle war in Leontierra aufgetaucht und bewegte sich nach Nordosten, in Richtung Sardis. Er ließ Meilen von nacktem Stein zurück und Schwärme seiner Schattenbrut. Und nun war ein zweiter Dunkler weiter im Norden erschienen, und der erste hatte sich gewendet und kroch auf den anderen zu, so daß die fliehende Bevölkerung der zerstörten Länder nun zwischen ihnen war und wie eine Schafherde auf ein entsetzliches Schicksal zugetrieben wurde. Und die Kinder Hasturs mußten ihre Kräfte zwischen beiden teilen.

Nach langen Diskussionen beschloß der Rat, das Heer zu teilen. Die Templer und die Malteserritter, die die Vorhut darstellten und bereits das Argendareanische Meer erreicht hatten, sollten an dessen Ostrand weiterziehen wie geplant, aber statt sich nach dem Erreichen des Nordufers nach Westen zu wenden, sollten sie nach Tierra Nielmo weiterziehen und nach Osten marschieren, auf die Ungeheuer zu.

Der Hauptteil des Heeres sollte unterdessen versuchen, einen Weg durch das Sterngebirge zu finden, den Kaiser von Adlerheim um Führer und sicheres Geleit bitten und durchs Gebirge nach Osten, nach Leontierra, gelangen und von dort nach Osten marschieren, auf den Dunklen zu.

Die Hospitalritter, zusammen mit allen Kranken und Verwundeten und dreien der Frauenorden, die am Ende des Heerzuges marschierten, sollten umdrehen und an den Klippen entlangmarschieren, bis sie nach Heyleu in Seynyor segeln konnten, um von dort nach Carcosa zu gelangen, wo sie sich dem Schutz der Hasturs anvertrauen wollten. Später sollte sich das Heer dann in Carcosa wieder vereinigen.«

Iontioren schwieg einen Augenblick. Aus der Ferne war ein Krächzen zu hören, als Krähen einen Adler abwehrten, der ihrem Nest zu nahe gekommen war. Der größere Vogel flatterte ungeschickt in Wipfelnähe und versuchte zu entkommen, als seine beweglicheren Peiniger immer wieder auf ihn zuschossen und nach seinen Augen, dem Hals und dem Kopf pickten.

»Ich ritt mit dem Hauptteil – einmal, weil ich mich den Botschaftern anschließen wollte, die nach Adlerheim ziehen wollten, um ihre Bitten mit der Autorität der Hasturs zu untermauern, und zum anderen, weil diese Leute die Schwerter am dringendsten brauchten. Die Templer und Malteserritter der Vorhut hatten die Schwerter, die Narsil und ich ihnen nach jener ersten unseligen Schlacht gegeben hatten. Die Nachhut verfügte über die Waffen, die wir ihnen aus dem Ignis-del-bonn gebracht hatten. Nur fünf davon waren den Rittern der anderen Orden übergeben worden, mit denen ich ritt.

Hunderte starben bei der Überquerung des Gebirges, denn nun war es Winter geworden, und wir mußten uns den Weg durch verschneite Pässe erzwingen, und viele Frauen, alte Männer und Kinder starben in der Kälte. Viele hatten zurückbleiben müssen und wurden von den Menschen aufgenommen, durch deren Land wir zogen.

Der König und die Bevölkerung waren uns zunächst feindselig gesonnen, denn trotz des schützenden Gebirges hatten sie schlechte Erfahrungen mit den Orden gemacht. Aber als sie erfuhren, was die Ritter und ihr Gefolge in die Berge brachte, eilten uns alle mit Nahrung und Brennholz zu Hilfe – ansonsten hätten wir noch viel mehr verloren.

Und als wir aus den Pässen herauskamen und nach Leontierra marschierten, folgten uns viele Krieger und junge Männer, die ihren König gebeten hatten, sie mit uns gehen zu lassen. Dennoch waren es nicht genug, um jene zu ersetzen, die in den Bergen ihr Leben gelassen hatten. Inzwischen jedoch waren wir in einem Land voller heimatloser Flüchtlinge, und alle Vorräte, die wir in den Bergen bekommen hatten, hätten nicht ausgereicht, auch nur einen Bruchteil von ihnen zu ernähren. Bettler umschwärmten uns. Viele von ihnen waren verwaiste Kinder, und die Ordensschwestern nahmen sie auf, weil sie jene ersetzen wollten, die in den Bergen gestorben waren. Aber viele liefen nach ein paar Tagen wieder davon.

Zunächst versuchten wir – die Ordensbrüder, meine ich – alle, die zu uns kamen, zu kleiden und zu speisen. Aber es wurde bald deutlich, daß es viel, viel mehr waren als wir mit unseren schwindenden Vorräten unterstützen konnten, selbst wenn wir noch weitere Vorratsquellen gehabt hätten. Und als wir weiterzogen, blieben die Bettler zurück, und nach drei Tagen ereichten wir den Rand eines weitläufigen Geländes voller abgestorbener Bäume und verwelktem Gras und großer grauer Staubwolken. Von den Flüchtlingen waren nur wenige geblieben, die nach Rache lechzten und sich dem einen oder anderen Orden anschlossen.

Die Nacht lockte Dämonen heraus, die sich wie schwarze Gespenster aus der Erde erhoben. Wir umgaben unsere Lager mit hohen Feuern, Ritter mit Fackeln zogen auf Wache aus, und trotzdem kamen viele ums Leben. Nur jene, die mit meinen Schwertern ausgerüstet waren, konnten uns lange genug beschützen, um die Feuer in Gang zu halten.

Es blieb mir wenig Zeit zum Arbeiten, aber inzwischen wurden meine Fertigkeiten so dringend wie nie zuvor benötigt, und so arbeitete ich die ganze Nacht durch, während die Dämonen vor dem Lager heulten. Und die Schmiede und viele Ritter blieben ebenfalls wach, um mir zuzusehen und zu lernen.

Am Morgen erhob ich mich früh und ritt den anderen voran, schlief im Sattel, selbst während ich mein Pferd antrieb, um weiter vorn zu bleiben. Wir machten lange vor Sonnenuntergang Rast, um das Lager zu errichten. Die Ritter durchsuchten das leere Land nach allem Brennbaren, während ich meine Schmiede aufbaute und mit der Arbeit begann. Einige der Schmiede hatten genug von meiner Arbeit begriffen, um mir helfen zu können, und wir arbeiteten die ganze Nacht und den ganzen folgenden Tag, während das Heer an uns vorbeimarschierte, und als die Nachhut kam und um uns herum ihr Lager aufschlug, gaben wir noch immer nicht auf. Im Morgengrauen waren zwei weitere Schwerter vollendet, und mit der Herstellung weiterer hatten wir begonnen.

Den darauffolgenden Tag schlief ich in einem Ochsenkarren und erwachte blaugeschlagen und wund von dem Rütteln des Wagens, das mich dennoch nicht geweckt hatte. Kein Alptraum kann so schlimm wie dieses Erwachen gewesen sein.

Während ich schlief, hatte das Heer eine große graue Staubwüste überquert und war jetzt auf einer Ebene aus poliertem Stein, zwischen steilen Abhängen aus Staub, die sich so weit nach Norden streckten, wie das Auge sehen konnte, und das waren mehr als zehn Meilen von Osten nach Westen. Im Stein waren tiefe Löcher zu sehen, wie Spuren schrecklicher Klauen.

Bevor ich erwachte, war das Heer auf die Steinfläche hinausmarschiert und hatte dort das Lager aufgeschlagen. Es schien sicherer zu sein, als in der Staubwüste zu bleiben. Aber es dauerte nicht lange, bis wir bemerkten, daß wir in einer tödlichen Falle steckten. Unsere geringen Brennholzvorräte waren beinahe verbraucht. Es gab kein Gras und kein Wasser für die Pferde und die Ochsen. Es gab nichts auf dieser Steinfläche, das brennen würde, außer dem, was wir mitgebracht hatten.

Bald hatte sich das gesamte Heer inmitten eines Rings von Lagerfeuern geflüchtet, während wir die Ochsenkarren in Stücke schlugen und ebenfalls verfeuerten. Die acht Ritter, die die von mir geschmiedeten Schwerter trugen, standen Wache in den Lücken des Feuerrings, andere hielten Stöcke bereit, um sie zu entzünden. Ich arbeitete wieder mit den Schmieden, versuchte, ein weiteres Schwert zu vollenden. Frauen und Kinder befanden sich inmitten des Lagers.

Ich versuchte, von den Hasturs Hilfe herbeizurufen, aber sie waren in schreckliche Kämpfe mit den Dunklen im Norden verstrickt. Die ganze Nacht heulten die Dämonen um die Feuer, und einige versuchten, zu uns zu dringen, aber sie verbrannten. Pferde gerieten in Panik und trampelten mehrere Menschen nieder, und einige der Tiere rissen sich los, sprangen über die Flammen und stürzten auf der anderen Seite nieder. Am Morgen fanden wir nur noch ihre Knochen – oder genauer gesagt, grauen Staub in der Form von Knochen.

Dreimal übersprangen Dämonen die Flammen und fielen über die Leute her. Sie fraßen viele von ihnen, aber jedesmal gelang es den Rittern schließlich, sie in Brand zu setzen, oder mit einem der Schwerter zu töten. Und einer der Dämonen erhob sich in die Luft, flog in den Kreis und landete inmitten der Frauen und Kinder, und viele wurden verschlungen, und noch mehr wurden in dem Gedränge der Fliehenden zu Tode getrampelt; aber einer der Ritter schaffte es, eine Fackel ins Dunkle zu werfen, und der Dämon verbrannte.

Dann machten die Priester ihre Runde und segneten die Feuer, und das schuf eine grobe magische Barriere ums Lager, die gerade eben stark genug war, um die Dämonen innehalten zu lassen. Ich verfluchte mich selbst – Narr, der ich gewesen war – und zog ebenfalls von Feuer zu Feuer und verstärkte den Zauber. Gegen Morgengrauen war alles Holz verbraucht, aber die Zauberbarriere hielt sie fern, bis das Morgenlicht sie wieder unter die Erde trieb.

Das war eine harte, teuer bezahlte Lektion gewesen. Wir verließen die Steinebene so schnell wir konnten und zogen durch noch mehr grauen Staub in jenes verwüstete Land, das die Spuren des Dunklen begrenzte, und dort begruben wir unsere Toten und sammelten Holz für die nächste Nacht.

Einige drängten immer noch, wir sollten nach Norden eilen und den Hasturs bei ihrem Kampf gegen den Dunklen helfen, auf dessen Spur wir beinahe alle umgekommen waren. Aber den meisten war inzwischen klargeworden, daß eine solche Aufgabe unsere Kräfte bei weitem überstieg, und daß wir, wenn wir dieses Land hier von einigen der geringeren Ungeheuer befreiten, mehr tun würden, um den Hasturs zu helfen, als wenn wir uns in einem vergeblichen Angriff auf jenen lebendigen Todesberg, dessen Spur vor uns lag, vollends aufrieben.

So nahmen sie schließlich meinen Rat an. Das Heer lagerte, während ich zu arbeiten begann und Schwert um Schwert schmiedete und meine Fertigkeiten weitergab. Die Essuit-Ritter verfügten über eigene Techniken der Geistesschulung, und daher lernten sie am schnellsten, durch Visualisierung ihren Willen zu konzentrieren und in die im Metall eingelegten Muster zu lenken, und obwohl ihre ersten Schwerter keinen Zauber hatten und neu geschmiedet werden mußten, dauerte es nicht lange, bis sie lernten, ihre Kräfte zu vereinen und ihre Arbeit am Amboß mit ihren Chorälen zu unterstützen.

Jetzt zogen wir nur noch weiter, wenn wir die Brennholzvorräte im alten Lager erschöpft hatten. Wir bewegten uns langsam nach Norden. Bald heulten nur noch wenige Dämonen vor den Feuern, denn die Ritter schwärmten aus und jagten die Schatten, die uns bedrohten.

Die Bewohner der umliegenden Länder starrten diejenigen an, die wir zur Beschaffung von Vorräten ausgesandt hatten, und Gerüchte begannen sich auszubreiten. Bald kamen viele tapfere Männer – und närrische Jungen –, um sich den Orden anzuschließen, und Schmiede und Weise und gelehrte Männer gesellten sich ebenfalls zu uns, um zu lernen, wie man die Schwerter schmiedete, die die Schatten töten konnten.

Inzwischen hatte weit oben im Norden die Vorhut das Meer von Aguadorado erreicht und wandte sich dem Gebiet zu, in dem der Dunkle über die Ebene kroch, und zwei Drittel der Malteserritter starben bei einem schlecht geplanten Angriff. Es wären noch mehr gestorben, aber Hasturs Enkel Thyron opferte sich, um sie zu retten. Dann trieben Narsil und Erluin voller Zorn die anderen davon und baten sie, nach Süden zu marschieren und zu uns zu stoßen.

Insgesamt verbrachten wir zwei Jahre in der Nähe jener Steinebene. Langsam säuberten wir das Land von nächtlichen Dämonen, und immer mehr Menschen kamen zu uns. Denn wir hatten bewiesen, daß auch einfache Sterbliche die Geringeren unter den Dunklen bekämpfen konnten und es überlebten – obwohl nur die Hasturs imstande waren, sich den Großen Dunklen zu stellen. Aber mit Feuer und den Schwertern, die ich geschmiedet hatte, konnten sich die

Menschen nicht nur selbst verteidigen, sondern die Dämonen auch jagen und zerstören – oder doch zumindest aus der Welt vertreiben.

Verstehst du jetzt, worauf ich hinauswill?« Er starrte Halladin erwartungsvoll an. »Es war dieselbe Schlacht, wie sie dein Vater hier ausgefochten hat. Er war nur ein einzelner Mann, aber er hat so viel erreicht, weil er dieses hier hatte –« er wies auf das Schwert von Halladin. »Du wirst allerdings diesen Vorteil nicht haben, es sei denn, die Waffe kann neu geschmiedet werden.«

Halladin nickte, und nach einem Augenblick erinnerte sich Iontioren an seine Geschichte und erzählte weiter.

»Wir zogen immer noch weiter nach Norden. Wir erhielten die Nachricht, daß das Ungeheuer, auf dessen Spur wir uns befanden, vertrieben worden war, und später erfuhren wir auch, daß das andere, das weiter nördlich gelauert hatte, vernichtet war. Aber inzwischen waren selbstverständlich andere aufgetaucht. Die Hasturs rasten ununterbrochen von der einen Seite der Welt zur anderen und fochten langwierige Kämpfe mit den Dunklen aus. Es sah so aus, als müßten sie die Geringeren unter den Abkömmlingen der Dunklen vollkommen den Menschen überlassen.

Dann, eines Nachts, sahen wir ein Licht am Himmel, weit im Nordwesten. Man weckte mich, damit ich herausfand, um was es sich handelte, und als ich meinen Geist aussandte, berührte ich den Geist von Narsil und Erluin. Sie ritten auf einer der neuen Waffen, die Narsil im Ignis-del-bonn hergestellt hatte, einer seltsamen Ansammlung von Röhren und Kristallen, die in der Luft hing und von der Strahlung ausging, die tief in den Erdboden und die Felsen darunter drang. Und die Dämonen flohen vor ihnen – nach Süden, auf unser Lager zu.

Wir waren gewarnt, fachten unsere Feuer an und stellten uns dahinter auf, Reihe um Reihe flammender Schwerter, während sich der Rest des eisengerüsteten Heers hinter uns verbarg. Bald schon brachen aus dem Norden Wellen von kalten, dunklen Gespenstern über uns herein. Als sie auf uns trafen, flackerten unsere Feuer, und viele gingen aus, und Ritter starben, Klingen zerbrachen. Dann stand plötzlich das gesamte Dämonenheer in Flammen.

Narsil war gekommen.

Zweifellos sind einge der Nächtlichen entkommen, haben sich nach Osten oder Westen gewandt, um abgelegene Gegenden heimzusuchen, aber die Menschen werden diese wenigen jagen, denn viele aus Leontierra haben in den Monaten zuvor meine Künste gelernt und Schwerter geschmiedet, für sich und ihre Nachbarn und Verwandten.

Endlich lag der Weg nach Carcosa frei vor uns. Das war im vierten Jahr nach der Wiederkehr der Dunklen, obwohl es uns viel länger vorkam, da unser Leben sich so sehr verändert hatte. Die Zeit zuvor war ein anderes Zeitalter gewesen, eine andere Welt: Es scheint alles so lange zurückzuliegen.

Wir wurden in Carcosa wie Helden empfangen, denn wir waren die einzigen Sterblichen, die sich bisher den Dunklen im Kampf entgegengestellt und überlebt hatten und – «

»Das stimmt nicht!« unterbrach ihn Halladin scharf. »In diesen Jahren hat mein Vater mehrere Dämonen getötet, und auch die Mönche von Dorjie Kang haben sich gegen den Dunklen erhoben, der ihre Berge bedrohte, und ihn einige Zeit aufgehalten. Und viele von ihnen sind noch am Leben.«

»Oh! Tatsächlich?« rief Iontioren. »Dann muß ich unbedingt mit ihnen sprechen, oder, was vielleicht besser wäre, Narsil dazu bewegen, einige der Hasturs den Geist dieser Mönche erforschen zu lassen, um herauszufinden, woher sie ihre Macht beziehen. Wir errichten in Carcosa eine Schule, versammeln dort Weise und Zauberer aus allen möglichen Ländern, um zu studieren, welche Kräfte Sterbliche erlernen können. Die Hasturs helfen uns dabei, wann immer sie können, aber sie haben nur wenig Zeit.

Ich bin selbst einige Zeit in Carcosa geblieben, habe andere darin unterrichtet, wie man Schwerter der Macht schmiedet, während das Heer sich von seinem Marsch erholte. Aber die Hospitalritter der

Nachhut und die Verwundeten und Kranken, um die sie sich gekümmert hatten und denen es nun wieder gutging, beneideten die anderen darum, wie sie auf jenem Alptraummarsch gestählt worden waren. Sie waren schon zu lange untätig gewesen und wollten sich wieder auf den Weg machen. Als Botschafter aus Goldor kamen und um Hilfe baten, forderten sie, gehen zu dürfen, ebenso wie die Templer und die wenigen verbliebenen Malteser – denn sie litten immer noch unter den harten Worten, mit denen Erluin sie bedacht hatte, nachdem er sie nach Thyrons Tod nach Süden schickte. Außerdem gab es Neulinge in den Orden, die darauf brannten, sich zu beweisen.

Sowohl der Norden als auch der Süden von Goldor waren von Dunklen verwüstet worden, und jede Nacht wüteten dort die Dämonen. Also wurde der *Crusat* zusammengerufen, und nach langen Debatten entschied er, die Orden sollten sich wieder in Marsch setzen, aber nun sollten die Hospitalritter die Vorhut bilden und das Hauptheer sich in zwei Grupppen teilen. Die erste Gruppe, hauptsächlich Frauen und jene Kranken, die die vergangenen drei Jahre in Carcosa verbracht hatten, sollten die Essuit-Ritter bilden. Also konnten sich die Hospitalritter sofort in Bewegung setzen, während jene, die am meisten unter dem Kampf gegen die Dämonen gelitten hatten, sich noch eine Weile in Carcosa ausruhten.

Zunächst dachte ich selbst daran, noch zurückzubleiben und weiter in Carcosa zu unterrichten. Einige Zeit habe ich das auch getan. Aber dann packte mich das Heimweh. In meinen Träumen rief Unser Vater, der Wald, nach mir, und dein Vater, der König, ebenfalls. Schließlich beschloß ich, mich doch dem Heer anzuschließen, denn inzwischen hatte ich genügend Leute ausgebildet, die an meiner Stelle unterrichten konnten. Ich schloß mich also der ersten Gruppe des Heers an und zog mit ihnen über die Ebene nach Arlath.«

»*Arlath*?« rief Halladin, plötzlich heimwehkranken Erinnerungen ausgesetzt, die schon tausend Jahre alt waren. »Sag mir, wie steht es um Arlath?«

Der Zauberer, der nicht ahnte, daß Halladin von den Erinnerungen ihrer gemeinsamen Vorfahren und ihrer Wanderungen geplagt wurde, war einfach nur erstaunt, und er brauchte einen Augenblick, bis er begriff und antwortete.

»Die uralte Stadt ist noch immer vorhanden«, antwortete er schließlich, was wiederum Halladin verblüffte, der sich an Arlath als eine junge, noch im Wachsen begriffene Stadt erinnerte, in der der erste Halladin so viele Jahre gewohnt hatte.

»Von den äußeren Mauern sind viele eingestürzt oder von den Dunklen gefressen worden, und viele der Häuser in jenem äußeren Ring wurden zerstört, bevor die Hasturs den Dunklen vertreiben konnten, und Dämonen hatten sich in den Ruinen eingenistet. Die Bewohner der Stadt hatten den inneren Wall verstärkt, noch bevor wir eintrafen; sie sagten uns, diese Innenmauern seien bisher kaum berührt worden. Nun begannen die Ritter mit nächtlichen Jagden durch die Ruinenfelder, oder sie zogen ins Land hinaus, um die Dämonen zu töten. Die innere Stadt ist weiterhin unversehrt.

Goldo ist nun der einzige Staat im Norden, dessen Zivilisation noch besteht. Aber die Felder und Bauernhöfe am Fuß der Berge, wo der größte Teil der Nahrungsmittel angebaut wurde, sind zerstört. Nichts als Staub und glatter Stein sind geblieben. Inzwischen wird in jedem Rosengarten Gemüse oder Getreide angebaut, und die Städter schlagen Terrassen in die Berge hinter der Stadt, um neue Felder zu gewinnen. Dennoch müssen sie hungern. Eine der Hauptpflichten der Ritter bestand darin, Karawanen über die Ebene zu eskortieren, die nach Süden entsandt wurden, nach Vaqueria, Yonerossa und Seynyor, um alle Schätze, die die Könige von Goldor im Lauf von tausend Jahren angesammelt hatten, gegen Vieh und Korn einzutauschen.

Viele Bewohner von Goldor haben sich dem Malteserorden angeschlossen – so viele, daß der Orden beinahe seine ursprüngliche Stärke wieder erreicht hat. Und viele kamen, um zu lernen, wie man

Zauberschwerter schmiedet, und so habe ich einige Zeit in der Stadt verbracht – bis ich spürte, wie das Schwert des Königs brach ...«

Er hielt inne, als müsse er nach Worten suchen. Halladin rang seine eigenen Erinnerungen an diesen Moment nieder und konzentrierte sich darauf, was er durch die Myriaden Augen des Waldes sah. Durch die langen Ohren eines Hasen und die kleineren, aber empfindlichen Ohren des Wiesels hörte er das Weinen eines neugeborenen Kindes und das seltsame Wiegenlied, das seine erschöpfte Mutter ihm sang, zwanzig Meilen weiter südlich. Die Frau gehörte zu einer Gruppe abgerissener Flüchtlinge, die den Berg heruntergekommen waren, auf der Flucht vor dem Schrecken, der die höheren Lagen heimsuchte.

Rasch ließ der König seine Gedanken durch den Wald wandern, zu einem Dorf, in dem Mönche seltsame Gesänge anstimmten, die fast wie Wolfsheulen klangen und deren Echos in ihren eigenen Köpfen widerhallte, während die maskierten Schamanen der Maismenschen in respektvollem Schweigen lauschten. Der Wald sprach, und ein Schamane und ein Priester erhoben sich und machten sich auf, den Flüchtlingen entgegenzuziehen und sie ins Dorf zu leiten. Im Norden murmelte weit entfernter Donner.

»Ich spürte, wie das Schwert brach«, sagte Iontioren. »Ich hatte lange Jahre über seinen Stahl nachgedacht. Ich spürte, wie die Gedanken meines Onkels mich berührten, und dann spürte ich den Aufschrei des Waldes, als er starb. Ich spürte seinen Tod ...«

So wie ich! Halladin konnte der Mischung aus Entsetzen und Triumph nicht länger widerstehen, die die Erinnerung an den Tod seines Vaters, erlebt durch dessen eigenen Geist, in seinem Gedächtnis hervorrief, und der verwirrenden Spirale des sich erweiternden Bewußtseins, als sich alles, was der Herr des Waldes je gedacht und erlebt hatte, seinem Geist zugesellte. Überwältigt von diesen Empfindungen konnte er nicht länger leugnen, daß sein Vetter auf seine eigene Art diesen Schmerz teilte.

»Ich habe Narsil gerufen, und Narsil kam«, erklärte Iontioren heiser. »Ich glaube nicht, daß ihm jemand zusah, als er den Wald betrat und sein Feuer den Flammen deiner Leute hinzufügte. Aber der König war bereits tot.

Narsil kehrte zu mir zurück. Ich packte mein Werkzeug, und er brachte mich her. Er hat meine Sachen dorthin gebracht« – er zeigte nach Norden, wo sich über dem Onontajiwak die Sturmwolken türmten.

»Dort wird Narsil mich aufsuchen, wenn er die Zeit findet. Wieder ist ein Dunkler in die Welt eingedrungen, und die Hasturs sind auf dem Weg, ihn zu bekämpfen. Aber sie lernen immer besser, sich den Dunklen entgegenzusetzen, und er hofft, daß wir uns heute oder morgen treffen können, um meine Schmiede gemeinsam aufzubauen.«

»Aber was ist mit den Orden?« fragte Halladin. »Du sagtest, ich würde wahrscheinlich einige andere Schwerter zu sehen bekommen, die du geschmiedet hast, bevor ich dies hier wieder erblicke. Sind die Ritter schon so nahe, oder wirst du so lange brauchen, das Schwert meines Vaters neu zu schaffen?«

»Es wird tatsächlich lange dauern«, sagte der Zauberer. »Denn in dieser Klinge stecken Zauber, die unendlich komplizierter sind als alle, die ich je zu wirken gelernt habe. Ohne Narsils Hilfe werde ich nicht einmal den Stahl aushämmern können. Die Zauber im Schwert Hasturs sind sogar noch komplizierter. Wenn ich versuchen wollte, die Arbeit voranzutreiben, würden all diese Zauber verlorengehen. Ich erwarte, mindestens ein Jahr an dieser Klinge zu arbeiten, vielleicht sogar länger.

Was die Orden angeht – das ist schwer zu sagen. Sie sammeln sich immer noch in Goldor und helfen, die Stadt zu schützen und die Dämonen zu jagen. Aber auch dabei hat Narsin helfen können, und ein paar haben sich schon auf den Weg gemacht. Sie werden in einem Jahr oder vielleicht in fünf Jahren hier ankommen. Der *Crusat* wird das entscheiden, wenn er das nächste Mal zusammentritt. Aber nach einem so langen Marsch, nachdem sie sich so weit von den Ländern, in denen sie geboren wurden, entfernt haben, werden nun viele ihre Reise beenden und nach neuem Land suchen wollen, auf dem sie sich neue Häuser bauen und zur Ruhe kommen können.«

»Nicht im Wald!« fauchte Halladin.

Donner übertönte das Lachen des Zauberers, als er zur Antwort den Kopf schüttelte. Der Sturm kam jetzt vom Berg herunter, und dunkle Wolken sanken von seinem blitzgekrönten Gipfel.

»Wahrhaftig nicht«, sagte Iontioren, als der Donner verklungen war. »Die Ebenen von Korhandol werden wohl mehr nach ihrem Geschmack sein, aber sie werden versuchen, das Land bis zu den Bergen einzunehmen, um die Dunklen dort zu bekämpfen. Sie wollen nur Land, von dem andere geflohen sind, also brauchst du um den Wald nicht zu fürchten. Nach allem was du nun weißt, könntest du dir vorstellen, sie als Verbündete zu begrüßen?«

Wieder blitzte es, wieder unterbrach der Donner den Zauberer. Schwarze Wolken breiteten sich rasch nach Süden aus, vom Wind getrieben, und verhüllten die Sonne. Aber das Dunkel, das den Himmel überzog, war nichts gegen die Schatten, die den Planeten bedrohten. Halladin erkannte, daß seine Verbindung mit dem Wald sich zwar noch verstärkt hatte, aber auch eine Grenze für ihn darstellte. Diese Fremden mit ihrer seltsamen Religion gehörten ebenso auf diesen Planeten wie er, wie der Wald, und er mußte sie akzeptieren.

Leichter Regen begann auf Staub und Asche niederzurieseln. Der Herr des Waldes konnte durch die Sinne seines Reiches spüren, wie sich die Bewegung, die den Sturm ausgelöst hatte, dieses Netz von Kräften zwischen Boden und Wolken, rasch nach Süden verschob.

»Wir werden naß werden«, sagte Halladin. »Das Dorf ist nur ein paar Meilen entfernt.« Aber der Zauberer schüttelte den Kopf.

»Es wäre nicht das erste Mal«, sagte er lächelnd. »Es ist gut, wieder zu Hause zu sein. Aber es wird ein langer und schwieriger Weg hinauf zum Onontajiwak, wo ich auf Narsil warten soll.« Er erhob sich, packte die Überreste des Schwerts ein und machte sich auf den Weg.

»Sag deinen Eisenmenschen –« rief Halladin ihm nach, und Iontioren drehte sich noch einmal um. »Wenn sie kommen, wird der Herr des Waldes sie willkommen heißen – sie und ihre Schwerter.«

Die weißen Zähne des Zauberers blitzten vor gebräunter Haut. Dann wandte er sich ab und ging dem Sturm entgegen.

Wintermärchen

von Adrienne Martine-Barnes

Tante Matilde bemerkte, daß die Kinder immer unruhiger wurden, als der Tag sich dem Ende zuneigte. Sie seufzte und dachte an all die Lasten, die ihr das Leben aufgebürdet hatte. Sie hatte nie geheiratet, sondern war im Elternhaus geblieben, um sich um ihren verwitweten Bruder und dessen fünf Kinder zu kümmern. Im Augenblick war sie mit ihnen allein im Torhaus eines verfallenen Schlosses gelandet, wie immer dank der Narreteien ihres Bruders Philippe. Der Bruch eines Rades an der Kutsche hatte ihrer Heimreise ein vorläufiges Ende bereitet. Sie hatten ihr Gepäck zurückgelassen, als sie nach einem von Philippes Wutanfällen davongefahren waren. Das Torhaus, in dem sie Zuflucht gesucht hatten, war kalt und zugig, und es gab nichts zu essen und nur geschmolzenen Schnee als Trinkwasser. Zum Glück gehörte sie zu den Menschen, die sich nicht so schnell aus der Ruhe bringen lassen. Sie zupfte am Rand ihrer Spitzenhandschuhe und begann wieder zu stricken.

Das älteste der Mädchen, ihre Nichte Jennifer, spähte aus dem Butzenfenster in den Schnee. Ihre gestärkte Schürze war in der klammen Luft ein wenig schlaff geworden. Den Fichu fest über die Brust gezogen, sah sie einsam und verfroren aus. Ein Fenster des Torhauses war zerbrochen, und Jennifer hatte darauf bestanden, daß es mit ihrem eigenen Reisemantel zugehängt wurde, während ihre Brüder und Schwestern sich die ihren fröstelnd um die Schultern zogen. Von all ihren Nichten und Neffen liebte Matilde Jennifer am meisten; sie war für sie wie eine Tochter, mit der sie selbst nie gesegnet worden war.

Matilde nahm es ihr nicht übel, daß sie bedrückt war. Sie waren zum Grafen von Nantes gefahren, um den Heiratsvertrag zu unterzeichnen, und von Anfang an war nichts so verlaufen, wie sie es geplant hatten. Eines der Pferde hatte gelahmt, was dazu führte, daß sie verspätet eintrafen. Dem Grafen hatte dies überhaupt nicht behagt, und er war so unhöflich gewesen, wie es sich nur die sehr Reichen leisten können. Jennifer hatte ihren Verlobten, einen mißgelaunten und pickeligen Jungen, der trotz seiner adligen Herkunft die Manieren eines Schweins an den Tag legte, von Anfang an nicht ausstehen können. Philippe hatte versucht zu verhandeln und zu kriechen, dann hatte er die Nerven verloren. Er hatte Matilde und die Kinder in die schäbige alte Kutsche zurückgeschickt und mit seiner üblichen Entschlossenheit zum Aufbruch gedrängt, wobei sie Gepäck und Dienstboten ohne einen weiteren Gedanken zurücklassen mußten. Er konnte einfach unerträglich sein!

»Tante, mir ist so langweilig«, verkündete Jean-Philippe nun zum zwanzigsten Mal. Er war sieben und ein reizendes Kind, wenn er nicht gerade seine Schwestern an den Haaren zog oder anderen Schabernack trieb.

»Ich habe Hunger«, erklärte Antoinette ebenso unnötig. »Wann wird Vater zurückkommen? Ich hoffe, er denkt daran, etwas zu Essen mitzubringen.« Sie war gerade zehn und rund wie ein Fäßchen.

»Wir können uns glücklich schätzen, wenn er überhaupt zurückkommt«, meinte Jennifer und wandte sich vom Fenster ab. »Er wird vermutlich jemanden schicken und selbst in einem warmen Gasthaus bleiben und sich betrinken.«

»Wie kannst du so etwas Ungezogenes sagen«, wandte ihre Schwester Marie streng ein. Marie, vierzehn Jahre alt, war eine ernste junge Frau und entschlossen, ins Kloster zu gehen, falls sich die finanzielle Lage der Familie nicht bessern sollte.

»Wieso?« Jennifer versuchte, ihr Fichu fester um die schmalen Schultern zu ziehen, und schauderte.

»Er ist unser Vater, und wir müssen ihn achten.«

»Er ist ein Spieler und Nichtsnutz. Wenn er anders wäre, wären wir nicht hier.« Das konnte niemand abstreiten, und unbehagliche Stille senkte sich über die kleine Gesellschaft. Matilde fand es schrecklich, ihre siebzehnjährige Nichte so unglücklich zu sehen. Wenn sie doch nur etwas tun könnte! Jeder, der Jennifer ansah, konnte deutlich erkennen, daß sie zur Ehe noch nicht bereit war, und schon gar nicht zu einer Ehe mit dem ekelhaften Sohn des Grafen von Nantes.

»Ich bin müde«, jammerte Antoinette. »Wir können uns nicht einmal hinsetzen. Wir werden heute nacht erfrieren, oder wir verhungern vorher.«

»Setz dich auf den Boden«, riet ihr Bruder Paul. Mit zwölf war er bereits wie seine Mutter, beständig und verläßlich und ein bißchen langweilig. Es war Paul gewesen, der das Holz für den alten Ofen gefunden hatte, den Eimer für den Schnee und eine Kelle, aus der sie trinken konnten, ebenso wie den einzigen Stuhl, auf dem Matilde jetzt ein wenig unsicher hockte. Ein Bein war kürzer als die anderen, und die Lehne knarrte bedrohlich, wann immer Matilde sich regte.

»Auf den Boden? Der ist doch schmutzig!« Entsetzt zeigte Antoinette auf den Saum ihres Kleides, der bereits Spuren von Schmutz zeigte.

»Wenn du nicht im Stehen schlafen willst«, meinte Paul, »wirst du dich früher oder später damit zufriedengeben müssen.«

»Schlafen? Hier? Bist du verrückt? Ich bekäme kein Auge zu!«

Matilde warf ihrer jüngsten Nichte einen liebevollen Blick zu und dachte wieder einmal, was für eine Schande es war, daß das Mädchen nicht Schauspielerin werden konnte. Sie hatte eine solche Begabung zum Dramatischen – sie war ihrem Vater viel zu ähnlich. Aber das war undenkbar. Sie würde heiraten müssen oder ins Kloster gehen oder Tante werden. Matilde hatte große Schwierigkeiten, sich Antoinette als Tante vorzustellen.

Der Wind, der während des Nachmittags ein wenig nachgelassen hatte, wurde wieder stärker, brachte die Dachschindeln des alten Torhauses zum Klappern und ließ die Fensterscheiben erzittern. Er wehte unter der verzogenen Tür hindurch und durch das zerbrochene Fenster. Die Zweige eines Baums machten ein unangenehmes, kratzendes Geräusch, als machte sich jemand an den Mauern des Hauses zu schaffen. Nur um den kleinen Ofen hatte sich ein Kreis von Wärme und Licht gebildet, der Rest des Raums blieb dunkel und kalt.

Matilde spähte auf das Strickzeug in ihren spitzenbehandschuhten Händen und überlegte, ob sie die Reihe noch fertig stricken könnte, bevor es dazu zu dunkel sein würde. Sie fühlte sich alt und müde und nutzlos, und so sehr sie die Kinder auch liebte, sie sehnte sich nach der Bequemlichkeit ihrer Zimmer in dem halbverfallenen Château, das sie ihr Heim nannten. Ein Glas Glühwein, ein Hühnchen mit Kräutern, ein wenig Brot, und dann ihr Bett, sauber und warm und lavendelduftend – so stellte sie sich jetzt das Paradies vor.

Marie zog eine Grimasse, dann zog sie ihre Röcke zurecht und setzte sich neben dem Stuhl ihrer Tante auf den Boden.

»Vielleicht könntest du uns eine von diesen Geschichten erzählen, die du immer schreibst, Tante, das wird uns ein wenig die Zeit vertreiben.«

Matilde warf der Kleinen einen scharfen Blick zu. Wie hatte sie das entdecken können? Hatte sie ihr nachspioniert? Sie runzelte die Stirn und legte das Strickzeug weg. Marie hatte einfach eine praktische Ader.

»Eine Geschichte? Ich bin zu hungrig und durchgefroren für so etwas«, setzte Antoinette an, und ein schriller Unterton schlich sich in ihre Stimme. Sie war schrecklich verwöhnt, denn sie war als

Kleinkind kränklich gewesen, und nur Matilde schien aufgefallen zu sein, daß sie inzwischen ziemlich robust geworden war. »Ich will mein Abendessen und mein Bett und…«

»Wenn du jetzt eine deiner Anwandlungen bekommst«, unterbrach Jennifer sie scharf, »dann beziehst du erst Ohrfeigen, und dann werde ich dir den Kopf mit Schnee abkühlen.« Sie raffte ebenfalls die Röcke unter sich und ließ sich mit einer sehr anmutigen Bewegung ebenfalls nieder, gleich neben ihrer Schwester Marie. Sie zog die Schürze glatt, faltete die Hände und lächelte. »Bitte, Tante, erzähl uns ein Märchen.«

»Mit einem Drachen, der böse kleine Mädchen frißt«, schlug Jean-Philippe vor, und seine Augen blitzten vor Schalk.

»Drachen? Pah! Drachen gibt es nicht«, meinte Paul höhnisch. »Erzähl lieber von Wölfen und von tapferen Rittern.«

»Und einer edlen Jungfrau, die gerettet wird«, fügte Marie recht unerwartet hinzu.

»Und einem Festmahl«, meinte Antoinette und vergaß die Einwände, die sie noch vor einer Minute gehabt hatte. Sie zwängte sich zwischen ihre Schwestern, und Jennifer legte ihr einen Arm um die Taille und zog sie fester an sich. Antoinette kuschelte sich an sie und breitete ihren Mantel um die Ältere.

»Und du, Kind?« fragte Matilde Jennifer.

»Ich überlasse dir die Wahl«, antwortete Jennifer, »aber ein Schatz wäre nicht schlecht.«

»Also gut!« Matilde versuchte, sich auf dem gebrechlichen Stuhl bequemer zurechtzusetzen und ihre Gedanken zu ordnen. Sie zog ihr schwarzes Schultertuch um sich, faltete die Hände im Schoß und nickte so heftig, daß ihr Häubchen nach vorn kippte. Sie schob es zurück, und ihre Schützlinge mußten sich anstrengen, nicht zu lachen – als wüßte sie nicht, wie albern sie aussah.

Draußen heulte der Wind jetzt wütend um das kleine Haus, ließ es erzittern und erbeben. Jean-Philippe schaute ein wenig verängstigt drein und setzte sich an Matildes andere Seite, während Paul noch ein Holzscheit in den Ofen steckte.

»Habt ihr auf dem Hügel die Ruinen des Schlosses bemerkt?« fragte Matilde. »Vor diesem Schloß stand hier eine Burg, die dem Chevalier de Breon gehörte.

»Wann war das?« wollte Paul wissen. Seine Schwestern zischten ihn mahnend an.

Matilde holte tief Luft. »Es war vor langer Zeit, an einem Tag wie heute, als der Schnee sehr hoch lag. Der Chevalier de Breon war ein grausamer Zeitgenosse und bekannt für seinen Geiz. Er hatte zwei Frauen begraben, beides Erbinnen, und suchte nun eine dritte. Und es gab tatsächlich eine junge Frau mit einer guten Mitgift, die aus altem ehrenhaftem Hause stammte. Er lud die Familie des Mädchens ein, zur Weihnachtszeit nach Breon zu kommen, und nach einigem Überlegen nahmen sie die Einladung an.«

»Wie hieß das Mädchen?« fragte Antoinette.

»Melissa.«

»Das ist griechisch für ›Honig‹«, warf Paul ein, begierig, seine Gelehrsamkeit zu zeigen.

»Ach, sei doch still und laß Tante Matilde erzählen!« Jennifers Augen glitzerten im Licht des Feuers, und ihre Brüder und Schwestern wurden ganz still.

»Es war Luciatag, und ...«

Melissa de Montalban stand an einem der schmalen Fenster in der Burg des Chevalier de Breon und schauderte. Sie haßte die kalten Flure dieser Burg, die verblaßten Gobelins und den Geruch der am Boden vor sich hin modernden Binsen. Die Dienstboten hatten sich nicht sonderlich angestrengt, die Räume sauberzumachen, und darüber hinaus waren sie unhöflich und mürrisch. Melissas Mutter war von der Größe der Burg recht beeindruckt gewesen, so wie ihr Vater vom Titel des Chevalier, aber Melissa selbst verzweifelte bei dem

Gedanken daran, den Rest ihres Lebens hier verbringen zu müssen. Schon der Anblick der dicken, feuchten Mauern schnürte ihr die Kehle zu, und der Gedanke an ihren Zukünftigen ließ sie schaudern.

Es wurde langsam Abend, und die Wachen bereiteten sich darauf vor, die Zugbrücke über den breiten Burggraben hochzuziehen, als plötzlich eine Gestalt auftauchte. Melissa sah genauer hin, weil sie sich langweilte und sie, das wußte sie genau, große Angst hatte. Sie hatte Angst, daß sie, wenn die Zugbrücke erst einmal hochgezogen war, für immer hier gefangen sein würde. Einen Augenblick lang konnte sie kaum atmen. Sie strich sich eine Strähne ihres dunklen Haars aus der Stirn und richtete sich gerade auf. Sie war eine Montalban, und das bedeutete, tapfer zu sein und seine Pflicht zu erfüllen.

Eine uralte Frau schlurfte über die schweren Balken der Brücke und an den knarrenden Rädern vorbei. Sie trug einen fleckigen, abgerissenen Mantel, Flickwerk aus schwarzen und weißen Stoffstükken, und bei ihrem Anblick mußte Melissa ein wenig lächeln. Eine der Wachen machte eine unflätige Geste zu der seltsamen Gestalt hin, aber eine andere flüsterte ihm etwas zu, und darauf hielt der erste inne. Nicht einmal die mürrischen Dienstboten des Chevalier waren so dumm, eine zu verärgern, die das Elstergewand der umherziehenden Märchenerzähler trug.

Melissa hatte von ihrer Großmutter einiges über diese Gilde erfahren. Sie kamen aus dem Süden, aus jenen Städten, in denen die Kirche so viele Ketzer getötet hatte, und sie konnten wunderbare Geschichten erzählen und hatten die Macht, andere zu verfluchen, wenn man sie ärgerte. Wann immer jemand sagte: »Das habe ich von einer Elster gehört«, wurde es still im Saal, und alle lauschten begierig und erwartungsvoll. Melissa selbst hatte nie einen dieser Wanderer gesehen, also war sie nun recht aufgeregt.

Sie eilte die schmale Treppe hinunter, hob ihr Kleid hoch über die schmutzigen Steinplatten, und erreichte das Tor gerade in dem Augenblick, als die alte Frau hereinkam. Das Gesicht der Alten lag im

Schatten der Kapuze, aber Melissa konnte erkennen, daß es die Falten vieler Jahrzehnte trug und von der Einwirkung der Elemente verwittert war. Die Hand der Frau, mit der sie einen seltsam geschnitzten Stock umklammerte, war verbogen und verdreht. Unter ihrem Mantel waren ihre Kleider zerrissen und schmutzig, und der Geruch, der daraus aufstieg, vertrieb sogar die bissigen Hunde des Chevalier. Während Melissa noch zögerte, schob die Alte ihre Kapuze zurück und sah sich mit dunklen Augen um, die so klar und scharf wie Glas waren. Es waren die Augen einer viel jüngeren Frau, und nichts schien ihnen zu entgehen.

Die beiden Frauen sahen einander an, und Melissa spürte, wie sich etwas in ihrer Brust regte. Sie wußte plötzlich, daß diese alte Frau nicht das war, was sie zu sein vorgab. Es war etwas Geheimnisvolles an ihr, etwas geradezu Magisches. Während nun also die Dienstboten überlegten, was zu tun sei, und die bissigen Hunde winselten, trat das junge Mädchen vor und bot der Fremden ihren starken jungen Arm.

Sie führte die Wanderin in den Saal und brachte sie nahe der gewaltigen Feuerstelle unter, damit sie ihre alten Knochen wärmen konnte. Die alte Frau nickte, zeigte lächelnd ihre großen, gelben Zähne und sah sich erneut um. Melissa folgte ihrem Blick, zu den Deckenbalken, an denen verrottende Banner und Spinnweben hingen, bis zu den zertretenen Binsen auf dem kalten Steinboden. Gemeinsam betrachteten sie, wie die Dienstboten die verzogenen Tische aufstellten und sie mit fleckigem Leinen bedeckten. Schlampige Küchenmädchen knallten Becher auf die Tische, dann Platten mit Fleisch, Pudding aus der Lombardei und Tabletts mit in Zucker gerollten Trauben. Die Schürzen der Mädchen waren schmutzig, und sie hatten ihre Finger im Essen. Es war ein solch unappetitlicher Anblick, daß Melissa wieder spürte, wie sich ihr die Kehle zusammenzog. Wie konnte sie hier essen?

Dann kam der Chevalier hereingestapft, sein Gesicht rosig vom Wein, das Hemd immer noch fleckig vom Vortag. Er bemerkte Melissa kaum, sondern stolperte an ihr vorbei zu seinem hochlehnigen Stuhl und rief nach mehr Wein. Hinter ihm kam Melissas Mutter und zupfte ihre Tochter nervös am Ärmel, zog sie weg vom Feuer und auf den Tisch zu.

Das Fest begann, ebenso wie an den vergangenen beiden Abenden, aber Melissa konnte den Blick nicht von der alten Frau am Feuer wenden. Es wurde dunkel in der Halle, obwohl an den Wänden Fackeln steckten, und das Essen wurde kalt. Fettpfützen rings um die Fleischstücke wurden grau und fest, und die Süßspeisen waren wäßrig und wenig appetitanregend. Ihre Krusten waren so fest, daß man sich fast die Zähne abbrach, und Melissa bemerkte, daß ihre Mutter sie heimlich auf die Binsen am Boden fallen ließ. Die Tischdecken rochen nach Moder, die Binsen nach Hundepisse und alten Knochen. Es schien, als würde der Abend kein Ende finden, und Melissa hätte am liebsten geweint. Der Elsterfrau hatte man eine flache Schale mit Haferschleim gegeben, und hin und wieder hob sie den Holzlöffel an die welken Lippen, kaute lange und wartete dazwischen noch länger.

Draußen heulte der Wind, und noch etwas anderes war zu hören. Die Wölfe sangen einander vor, wie sie es schon am Abend zuvor getan hatten, und einige der Diener zuckten bei diesem Klang jedesmal zusammen. Den Chevalier schien das alles nicht zu stören. Er aß und trank und riß unzüchtige Witze, und Melissas Vater trank Becher um Becher mit ihm, bis beide Männer halb schlafend auf ihren Stühlen zusammengesackt waren. Oben auf der Galerie versuchten Musiker, dem Ganzen mit ihren Schalmeien und Violen eine fröhliche Atmosphäre zu verleihen, aber auch ihnen schien es unbehaglich zumute zu sein.

Schließlich wurden die Platten weggebracht. Der Chevalier erhob sich lange genug, um einen gewaltigen Rülpser von sich zu geben und mit fettigen Fingern sein Hemd zurechtzuziehen. Ein Jongleur trat vor, verbeugte sich und warf dann seine bunten Bälle in die Luft, während die Gäste gelangweilt zusahen. Melissa rutschte unruhig hin und her. Der Wind schien heute abend sehr laut und die Wölfe sehr nahe zu sein. Sie versuchte sich darüber zu freuen, daß sie nicht draußen im Dunkeln sein mußte, aber die Wölfe waren wenigstens ehrliche Ungeheuer, anders als der Chevalier.

Melissas Mutter räusperte sich, und alle wandten sich ihr zu, außer denen, die zu betrunken waren, um noch etwas zu hören. »Vielleicht möchte Mutter Elster uns mit einer schönen Geschichte erfreuen«, sagte sie. Melissas Mutter stammte von Königen ab, und sie hatte etwas an sich, das einen ganzen Saal beherrschen konnte. Die anderen Gäste nickten, denn sie kannten den Jongleur bereits und auch alles, was die Musiker spielen konnten und langweilten sich.

Mutter Elster bedachte Melissas Mutter mit einem neugierigen Blick und richtete sich auf. Sie zog einen kleinen Beutel, der an einer Schnur von ihrem Gürtel hing, in ihren Schoß und schob eine welke Hand hinein. Einen Augenblick später zog sie einen Stoffetzen heraus und starrte ihn lange an. Er hatte die Farbe der Sonne, und in ihren Fingern glühte er wie Kohle. Melissa konnte sehen, daß es ein Stück feiner Stickerei war, alt und abgewetzt, aber immer noch schön, und sie fragte sich, was das wohl zu bedeuten hatte.

Es wurde still im Saal; man konnte nur noch das Prasseln des Feuers hören, das Heulen des Windes, den Gesang der Wölfe und das Schnarchen des Chevalier de Breon. Die Gäste warteten und beobachteten die alte Frau am Feuer. Dann nickte Mutter Elster noch einmal zu ihrem Stoffetzen hin und begann, mit überraschend kräftiger Stimme zu sprechen.

»Es war einmal ein Mann, der drei Töchter hatte. Sie waren alle hübsch und tüchtig, aber das Erstaunliche an ihnen war, daß sie alle im selben Augenblick zur Welt gekommen waren, so daß keine von ihnen die Älteste war. Dies machte dem Vater, der weder sonderlich arm noch reich war, Sorgen, denn er hatte keine Mitgift für alle drei, und er konnte keine Wahl treffen. Seine Frau, die ihm vielleicht hätte helfen können, war bei der Geburt der Töchter gestorben, und er hatte nie wieder geheiratet. Er liebte alle drei Mädchen, denn er war ein sehr gerechter Mann, und er zog nie eine der anderen vor, und so stand es also, als ein reicher Mann ihn ansprach und ihn um die Hand einer der jungen Frauen bat.

›Welche meiner Töchter wollt Ihr?‹ fragte der Vater.

›Die Gebildetste, denn was Schönheit und Geist angeht, sind sie einander ebenbürtig‹, erwiderte der Freier, so daß der Vater sich ebensowenig Rat wußte wie zuvor.

Schließlich überlegte er sich, den Mädchen eine Aufgabe zu stellen, damit er sehen konnte, welche von ihnen die größten Fähigkeiten besaß. An einem schönen Frühlingstag führte er sie zu ihren Spinnrädern und sagte ihnen, sie sollten sich feine Bettwäsche machen. Die jungen Frauen spannen und webten den ganzen Frühling lang, und jede fertigte eine schöne Decke. Eine hatte eine grüne Decke gefertigt, leicht, aber warm für die Frühlingsnächte. Eine andere hatte ihrer Decke die Farbe des Sommerhimmels gegeben, einer kühlen Decke für die Sommernächte. Und die letzte Tochter hatte sich eine dicke, schwere Decke ausgewählt, so weiß wie der Winter und warm. Der Vater und der Freier betrachteten die Decken, strichen nachdenklich darüber und schüttelten die Köpfe, denn jede einzelne war ein wunderbares Stück, und keiner hätte entscheiden können, welche die feinere Arbeit war.

Als die Tage länger und heißer wurden, befahl der Vater den Mädchen, sie sollten ihm ein paar neue Hemden nähen, und sie setzten ihre Nadeln mit großen Fleiß ein, während auf den Feldern das goldene Korn reifte. Die jungen Frauen beschwerten sich nicht über die Arbeit, obwohl es langweilig war, diese Jahreszeit solcherart zu verbringen, und wenn sie die Arbeiten der anderen betrachteten, lag nie Neid in ihrem Blick. Sie waren wahrhaft Schwestern. Eine nähte ein Hemd und stickte grüne Blätter darauf, und es war weich und kühl und eine Freude für Auge und Hand. Es war ein Hemd für warme Sommertage, und der Vater trug es dankbar. Die nächste Schwester hatte ihr Hemd mit bunten Vögeln in leuchtenden Farben bestickt, und es war weich und warm und eine Freude für Auge und Hand. Es war ein Hemd für die frischen Herbsttage, und der Vater trug es dankbar. Die letzte Schwester nähte ein mit goldenen Blüten besticktes Hemd, und es war weich und schwer und eine Freude für Auge und Hand. Es war warm, ein Hemd, um die Wintertage ein wenig zu erhellen, und der Vater trug es dankbar. Aber niemand, selbst die beste Näherin nicht, hätte entscheiden können, welches der Hemden das beste war.

Nun wußte der Vater wirklich nicht mehr weiter, und der Freier wurde ungeduldig, denn der Winter stand kurz bevor, und er wollte endlich heiraten und nach Hause zurückkehren. Der Winter wurde sehr hart, Wölfe kamen aus den Hügeln herunter, und es schneite ununterbrochen. Alle waren gereizt, und es war schwierig, Brennholz zu beschaffen, also war es kalt im Haus. Die Töchter, die normalerweise sanftmütig waren, fauchten einander an und versuchten, das Heulen der Wölfe und des Windes draußen zu überhören. Vor allem versuchten sie, nicht an den Freier und die Mitgift zu denken...

Dann kam die Zeit der Feste, und der Vater kam auf die Idee, jede Tochter sollte ein Fest für ihn und den Freier und andere Gäste ausrichten. Ganz bestimmt war die Küche der wahre Platz der Frau, und dies würde die Angelegenheit endlich entscheiden. Er war ein gerechter Mann, und er ließ die Töchter Lose ziehen, in welcher Reihenfolge sie ihr Fest gestalten sollten.

Die Tochter, die das erste Los gezogen hatte, mochte Süßigkeiten ganz besonders, und sie nahm Honig und Äpfel und Gewürze und buk feine Kuchen. Sie nahm Mehl und Zucker und buk süße Brote, die glänzten wie die Sonne, wenn sie aus dem Ofen kamen. Sie spann Zuckerfäden in riesige Schiffe und Paläste für den langen Tisch, und während sie arbeitete, knabberte sie mal hier, mal da, und ihr Herz wurde hart und brüchig, wie ihre Backwaren. Ihre rosigen Wangen wurden runder, ihre Taille drückte gegen die Nähte ihres Gewands, und ihre blauen Augen verschwanden beinahe, so dick wurde sie. Sie häufte Gebäck auf Tabletts und legte Zuckerpflaumen in Körbe, die aus Zucker gesponnen waren und hatte, tief im Herzen, das ganz sichere Gefühl, alles würde sich zu ihrem Vorteil entwickeln.

Als ihr Vater und der Freier und die anderen Gäste die Banketthalle betraten, hielten sie den Atem an. Es war tatsächlich ein großartiger Anblick. Kerzen leuchteten, die Tischwäsche war blendend weiß, die Festgäste strahlten, und der Tisch bog sich beinahe unter dem Gewicht der Speisen. Mit großem Appetit begannen alle zu essen und zu trinken. Sie aßen alle Kuchen und Plätzchen. Sie stopften sich mit gewürztem Brot voll. Sie aßen mit Datteln gefüllte Vögel, Hasen und alle möglichen anderen Süßspeisen. Die Schwester, die alles gekocht hatte, hob triumphierend den Blick und strahlte ihre Schwestern an.

Die Kerzen waren noch nicht zur Hälfte niedergebrannt, als die Gäste begannen, ihre Messer mit enttäuschten Mienen von sich zu schieben. Ganz gleich, wieviel sie aßen, es schien nicht zu genügen, und die Folge von Süßspeise auf Süßspeise war ermüdend. Alle stimmten zu, daß es ein schönes Fest war, gut genug für einen Fürsten, aber daß etwas fehlte. Der Freier wurde stiller und stiller, der Vater runzelte die Stirn, und die Reste des Festmahls blieben unberührt auf dem Tisch stehen. Die Tochter weinte leise und stapfte bedrückt davon. Sie konnte kaum glauben, daß sie versagt hatte.

Die zweite Tochter war von bescheidenerem Wesen, und sie betrat die Küche recht nüchtern, das Haar in ein weißes Tuch gebunden, ihre Schürze strahlend weiß wie eine Schwanenbrust. Sie spähte in die Vorratskammer und fand Mehl und Salz und Hefe und Zucker und begann, Brot zu backen. Es galt, Kaninchen und fette Enten und ein ganzes Schaf zu verarbeiten. Mit viel gutem Willen machte sie sich an die Arbeit, ermutigt von dem Versagen ihrer Schwester. Sie kochte und kochte, und dabei nahm sie selbst keinen Krümel zu sich. Und während sie arbeitete, wurden ihre rosigen Wangen bleich, ihr Haar wurde grau von Asche, und ihr Gewand schmiegte sich nicht mehr fest an ihre Figur. Sie häufte Tabletts voll Brot und Platten voll Fleisch auf den langen Tisch und wartete.

Als ihr Vater und der Freier und die anderen Gäste die Halle betraten, lächelten sie. Es war tatsächlich ein glänzender Anblick. Die Kerzen leuchteten, die Tischwäsche war so weiß wie der Schnee draußen, und die Tische ächzten beinahe unter dem Gewicht des Essens. Alle stürzten sich mit großem Appetit darauf, spießten große Fleischstücke auf ihre Messer. Sie stippten das gute Brot in den Fleischsaft und aßen und aßen, und sie tranken große Schlucke von warmem Bier, denn dieses Essen war so salzig, wie das auf dem ersten Fest süß gewesen war. Der Vater und der Freier bemerkten, daß die Köchin selbst gar nichts aß, sondern mit dem Blick jedem Bissen folgte, den die Gäste zu sich nahmen. Und nur die dritte Tochter merkte, wie dünn ihre Schwester geworden war und wie glanzlos ihr Haar im Kerzenlicht aussah und daß die Knochen ihrer gefalteten Hände kaum mehr Fleisch an sich hatten.

Die Kerzen waren noch nicht zu einem Viertel heruntergebrannt, als die Gäste langsam aufhörten zu essen. Alles schmeckte nach Salz, als wäre eine große Meereswoge über den Tisch geschwappt, und Mägen knurrten und rumpelten, und das Festmahl blieb stehen. Der Vater runzelte die Stirn, der Freier verzog mürrisch das Gesicht, und die Tochter weinte leise und schlüpfte hinaus wie ein Gespenst. Sie hatte für dieses Fest alles gegeben, und irgendwie hatte sie versagt.

Am nächsten Morgen ging die dritte Schwester schweren Herzens in die Küche, denn sie liebte ihren Vater und ihre Schwestern, und sie war es müde, mit ihnen konkurrieren zu müssen. Von dem Freier hatte sie keine Meinung, denn er war weder gut noch schlecht, weder hübsch noch häßlich, nur ein Mann, der sich eine Frau wünschte, die kochen und nähen und ihm Kinder gebären konnte.

Sie spähte in die Speisekammer. An Gewürzen war nicht mehr viel übrig, aber es waren noch Kräuter geblieben, und es gab immer noch Mehl und Hefe und Salz und Zucker. Sie fand Möhren, immer noch gelb und fest, und Äpfel, die immer noch voll und rund waren. Die Jäger hatten ein paar Fische gebracht, die im Bach eingefroren waren, und an den Dachbalken hingen auch ein paar Fasane, die Federn matt. Es gab Eier frisch aus dem Hühnerstall, und die Milch schäumte noch. Die Tochter nahm getrocknete Aprikosen und Rosinen, die an warme Sommertage erinnerten, und Möhren und Rüben und Zwiebeln mit goldener Schale. Es gab noch Rindfleisch, das ihre beiden Schwestern übersehen hatten, und Speck und einen alten Hahn, der zum Kochen noch gut war.

Erst knetete sie den Brotteig und ließ ihn gehen, und beim Kneten tropfte eine Träne hinein, denn sie dachte an ihre Schwestern, eine so dick, daß sie beinahe die feinen Nähte ihrer Gewänder sprengte, die andere so dünn, daß ihre Kleider formlos an ihr herunterhingen. Dann schnitt sie die Möhren und Zwiebeln und das Fleisch, und das Messer rutschte ihr aus und ein Tropfen Blut fiel ins Essen, bevor sie alles in den Topf tat. Sie brach die Fasane auf, um sie zu braten, und als sie sich vorbeugte, um die Bratenstücke zu wenden, fiel ein Schweißtropfen von ihrer Stirn auf die knusprige Haut und verbrannte zwischend.

Während sie arbeitete, hier Petersilie hinzufügte, dort Rosmarin, Brühe auf die Fische träufelte, die vor sich hin schmorten, sang sie ein kleines Wiegenlied und wischte sich die Stirn mit dem Ärmel und pries die Erde, die sie so großzügig versorgte. Sie rührte die Eintöpfe und beträufelte die Fasane mit Fett und weichte die Aprikosen in Wein, bis sie wieder rund und weich waren, dann buk sie sie mit Äpfeln zu einer leckeren Pastete. Sie probierte, während sie kochte, ein wenig hier, ein wenig dort, bis das Festessen schließlich fertig war.

Als der Vater und der Freier und die Gäste die Halle betraten, nickten sie. Die Kerzen flackerten und die Tischwäsche strahlte und die Messer waren poliert. Der Tisch war wohlgedeckt, bog sich aber nicht durch und ächzte nicht, und es roch nach gutem Essen. Brot wurde berochen, Eintöpfe gelöffelt, Fisch geschnitten. Die Gäste aßen und tranken, machten Witze und erzählten Geschichten, und die Kerzen brannten weit herunter. Als niemand mehr essen konnte, seufzten alle zufrieden und waren sich einig, daß dies das beste Mahl gewesen war, das sie je gegessen hatten.

Der Vater sah den Freier an, und der Freier erwiderte seinen Blick, und sie lächelten. Endlich war das Problem gelöst. Der Vater war erleichtert, und der Freier freute sich, weiter so gutes, einfaches Essen zu bekommen, und alle waren zufrieden, vielleicht mit Ausnahme der beiden anderen Töchter. Sie wußten, sie hatten ihre Mitgift verloren und waren dazu verurteilt, alte Jungfern zu werden, aber sie liebten ihre Schwester genug, um sich doch ein wenig für sie zu freuen.

Der Vater sah sich nach seiner Tochter um, aber ihr Platz am Tisch war leer. Er schickte einen Diener in die Küche, aber dort waren nur die Küchenmädchen, die die Töpfe scheuerten. Er schickte eine Zofe auf ihr Zimmer, aber auch das war leer. Sie suchten sie im ganzen Haus, vom Keller bis zum Speicher, aber sie fanden keine Spur von ihr. Die inzwischen fette Tochter spähte in die Truhe ihrer Schwester und stellte fest, daß die Bettdecke verschwunden war. Die dünne Schwester suchte bei den Kleidern und stellte fest, daß das warme, bestickte Hemd ebenfalls fehlte, ebenso wie ein Mantel und ein paar der besseren Stiefel.

Die Töchter sahen einander an, gingen zum Fenster und schauten hinaus. Draußen schneite es, und der Mond war aufgegangen, aber sie konnten immer noch die Fußstapfen sehen, die die besseren Stiefel hinterlassen hatten. Sie umarmten einander, während ihnen die Kälte in die Knochen drang und von den Hügeln her das Heulen der Wölfe erklang und die Fußstapfen unter neuem Schnee verschwanden. Und sie wußten, daß sie ihre Schwester nie wiedersehen würden. Aber sie wußten nicht, wieso sie gegangen war.

Der Freier verließ das Haus voller Zorn, der Vater begann, zu viel Wein zu trinken, und die Schwestern wurden zu alten Jungfern. Und wann immer nachts ein Wolf heulte, sahen sie einander an und fragten sich, was mit ihrer Schwester geschehen war. Und wenn sie nicht gestorben sind, fragen sie sich noch heute.«

Die Stimme von Mutter Elster verklang, und ein paar Gäste, die immer noch wach waren und zugehört hatten, blickten verwundert auf. Melissas Mutter runzelte die Stirn, als wollte sie sagen, das sei aber keine richtige Geschichte. Der Chevalier de Breon schnarchte vor sich hin, und Melissas Vater döste neben ihm, und niemand schien so recht zu wissen, was zu tun war. Dann begannen die Musiker wieder zu spielen, und die Gäste gähnten und reckten sich, und einige machten sich auf in ihre kalten Schlafkammern.

Melissa hatte das Gefühl, aus einem Traum erwacht zu sein, und sie versuchte, sich daran zu erinnern, warum er so wichtig war. Wieder schaute die alte Frau sie an, mit diesen scharfen, dunklen Augen, und nickte ihr zu. Melissa erhob sich und ging zu ihr hin. Sie beugte sich vor und dankte Mutter Elster für die Geschichte und schluckte die Fragen, die ihr auf der Zunge lagen, herunter. Ein Diener trat heran, aber Melissa schickte ihn weg. Wieder bot sie der alten Frau ihren starken jungen Arm, und wieder fühlte sie den Griff der knochigen Hand.

Sie führte die alte Frau aus der Halle heraus und die steile Treppe zu ihrer eigenen kleinen Kammer hinauf, unbemerkt von den anderen Gästen, die ebenfalls ihre Zimmer aufsuchten. Sie konnte den pfeifenden Atem der Alten hören, als sie die Stufen hinaufstiegen; es klang, als schmerzte sie das Atmen. Sie spürte das Zittern der alten Hand auf ihrer eigenen, und in der Hand spürte sie etwas Weiches.

Melissa steckte den weichen Gegenstand in ihre Tasche, als die alte Frau auf halbem Weg nach oben fast zusammenbrach. Sie packte sie fester, dann trug sie sie nach oben. Die Alte war überraschend leicht, und Melissa konnte sie ohne größere Schwierigkeiten in ihr Zimmer tragen. Sie legte die alte Frau auf ihr Bett und zog die Decke über den knochigen Körper. Sie konnte sie deutlich riechen, aber anders als der Gestank der verfaulten Binsen störte es sie nicht. Statt dessen deckte sie die Frau zu, so gut es ging, zog noch den schwarzweißen Mantel über die Bettdecke und rieb die kalten Hände, um sie zu wärmen. Sie wußte, daß Mutter Elster ihre letzte Geschichte erzählt hatte, und sie wußte auch, daß diese Geschichte irgendwie für sie, Melissa, bestimmt gewesen war.

Sie fragte sich, was die Geschichte wohl zu bedeuten hatte, während sie ihr Obergewand auszog und im Hemd unter die Decken schlüpfte. Sie lauschte dem Wind, der um die Burg fegte, und dem Heulen der Wölfe und dem rasselnden Atem der Frau neben ihr. Mutter Elster rührte sich nicht, und Melissa lag schlaflos da und dachte über den Chevalier de Breon nach und über ihren Vater und ihre Mutter und ihre Pflichten als Tochter. Und in der Nacht verstummte das Atemgeräusch neben ihr, und sie spürte, wie die alte Frau neben ihr starb, wie sie leise davonglitt.

Im grauen Licht der Morgendämmerung stand Melissa auf, zog ihr dickstes Unterzeug und ihr wärmstes Gewand an. Sie stieg hastig in ihre Reisestiefel, dann band sie sich ein weißes Tuch um ihr dunkles Haar und hängte sich den Elsternmantel über die Schultern. Dabei fiel ihr wieder das Ding ein, das sie am Abend zuvor in die Tasche gesteckt hatte, und sie holte es aus dem Kleid, das sie getragen hatte. Es war der kleine Beutel, den Mutter Elster an ihrem Gürtel getragen hatte. Melissa schaute hinein und fand Kieselsteine und Federn und kleine Stücke alter Stickerei. Es ergab keinen rechten Sinn, aber sie wußte trotzdem, daß die alte Frau ihre Geschichten auf diese Weise aufbewahrt hatte.

Melissa beugte sich vor und küßte die welke Wange von Mutter Elster, die nun kalt und still dalag. Dann zog sie die Decken so zurecht, daß die Leiche nicht gleich zu sehen war, denn sie wußte, daß das, was sie vorhatte, nicht recht war. Aber gleichzeitig wußte sie, wenn sie diese Gelegenheit nicht nutzte, würde sie noch vor dem nächsten Weihnachtsfest auf dem Friedhof liegen, ebenso wie die beiden anderen Frauen des Chevalier. Und sie wollte noch nicht sterben.

Sie zog den schwarzweißen Flickenmantel um sich und setzte die Kapuze auf, so daß ihr Gesicht im Schatten lag. Sie suchte ihre schäbigsten, ältesten Handschuhe und verbarg die zitternden Hände darin. Ohne einen Blick zurück verließ sie die Schlafkammer und schlich die Treppe hinab, keuchend als wäre sie eine alte Frau, und stützte sich dabei an die Burgmauern, als wäre sie achtzig und nicht achtzehn. Am Tor fand sie den geschnitzten Stock von Mutter Elster, und sie lehnte sich schwer darauf.

Sobald sie das Knarren der Zugbrücke hörte, ging sie über den weiten Hof. Es war immer noch fast dunkel und sehr kalt. Die Kälte biß ihr in die Wangen, und einen Augenblick lang zögerte sie. Sie hatte kein Essen, kein Geld. Sie hatte einer Toten den Mantel gestohlen und gegen alle Regeln verstoßen, indem sie die tote Mutter Elster in ihrem Bett zurückließ. Sie war eine Montalban, die Tochter eines stolzen Hauses. Was bildete sie sich eigentlich ein? Aber eine Stimme in ihr sagte: Lebe!

Melissa ließ die Schultern hängen und überquerte den verschneiten Hof mit dem schlurfenden Schritt einer alten Vettel, stützte sich auf den Stock und bewegte sich ganz vorsichtig. Die verschlafenen Wachen bemerkten sie kaum, als sie unter dem Fallgitter hindurchging und auf die Holzbalken trat, die den Burggraben überspannten. Melissas Kehle war so zugeschnürt, daß sie kaum Luft bekam, und als sie atmete, klang es keuchend wie der Atem der wirklichen Besitzerin des Elsternmantels. Nach hundert Schritten hatte sie Burg Breon hinter sich gelassen, und nach tausend Schritten war sie außer Sichtweite, und ihr Elsternmantel verschmolz mit der verschneiten Landschaft.«

Kein Laut erklang im Torhaus, wenn man einmal vom Flackern des Feuers absah, dem verklingenden Rauschen des Windes und den gleichmäßigen Atemzügen vier schlafender Kinder. Jennifer sah ihre Tante an und streichelte Antoinettes Kopf, der in ihrem Schoß lag. Das Schwarz von Matildes Kleid und das Weiß ihres Fichus zeichneten sich klar gegen die Schatten des Zimmers ab. Jennifer dachte an das Mädchen in der Geschichte und an ihren Elsternmantel, als sie ihre Tante ansah.

»Es kamen gar keine Drachen drin vor, Tante, und kein Schatz, aber ein Festmahl. Ich habe richtig Hunger bekommen. Bald werde ich noch jammern wie Antoinette.« Sie lachte nervös.

»Kein Schatz? Bist du so sicher, Kind?« Matilde sah aufreizend selbstzufrieden aus, und Jennifer runzelte die Stirn und fragte sich, was ihr entgangen sein mochte. »Was denkst du über die Geschichte, Jennifer?«

»Ich bin nicht sicher. Sie bedeutet offenbar, daß man nicht nur Pflichten seinen Eltern gegenüber hat.«

»Bringt es dich durcheinander, mein Kind?«

»Ja, Tante. Ich habe versucht, eine gute Tochter zu sein, aber ich kann nicht einmal den Anblick von Armand de Nantes ertragen, und der Gedanke, daß er mich berühren könnte, ist ganz und gar widerwärtig. Aber ich muß doch heiraten, oder? Ich kann nicht einfach meinen Mantel nehmen und in den Schnee hinausgehen wie Melissa. Und wenn ich nicht heirate, was wird dann aus mir? Fürs Kloster bin ich nicht geeignet, und Vater ist darauf angewiesen, mich zu verheiraten.«

»Das ist wahr. In deinem Alter habe ich ebenso gedacht. Aber du weißt genau, wenn du dich aus Pflichtbewußtsein opferst, wird mein Bruder es dir nicht im geringsten danken. Er wird nicht aufhören, Geld zu verspielen und zu trinken und ein Narr zu sein.«

»Wieso sagst du mir das?«

Tante Matilde griff wieder nach dem Strickzeug und strickte die

Reihe zu Ende. Sie war müde bis in die Knochen hinein, und sie wußte selbst nicht, wieso sie ausgerechnet diese Geschichte erzählt hatte. Es war beinahe, als wäre der Geist von Mutter Elster in ihren rundlichen Körper gefahren. Sie seufzte leise und ignorierte das leere Gefühl in ihrem Magen. Die Geschichte hatte auch sie hungrig gemacht.

»Weil ich möchte, daß du glücklich wirst, Kind. Wir wissen beide, daß du es nie werden könntest, wenn du Nantes' Sohn heiratest. Er ist ein unangenehmer Junge, und er wird zweifellos zu einem unangenehmen Mann heranwachsen. Wir wissen auch beide, daß du nicht, wie Marie, für ein Leben im Kloster geeignet bist. Und du bist auch nicht die Frau, die nach Paris gehen und sich in den Intrigen am königlichen Hof zurechtfinden könnte.«

»Was gibt es denn sonst noch?«

»Das wirst du selbst herausfinden müssen.«

»Tante, bist du glücklich gewesen in deinem Leben allein mit uns?«

»Allein? Kind – ich bin nie allein gewesen. Als deine Mutter noch lebte, war sie mir wie eine Schwester, und wir hatten einander sehr gern. Dann hatte ich euch alle, und natürlich Philippe. Aber ich hatte ein gutes Leben, und ich bereue nichts.«

Draußen war eine Männerstimme zu hören, dann das Schnauben eines Pferdes und Zügelklirren. Dann ertönte das Dröhnen von Wagenrädern. Die Tür des Torhauses ging auf, und Philippe kam herein, rotwangig von der Kälte, und er wischte sich Schneeflocken vom Mantel. Er wartete darauf, begrüßt zu werden, und als seine Tochter und seine Schwester ihn nur schweigend anstarrten, hatte er den Anstand, ein wenig beschämt dreinzuschauen.

»Ich habe den Wagenschmied mitgebracht«, verkündete er. Als weder seine Schwester noch seine Tochter ihn lobten, begann er, sich die Handschuhe auszuziehen. Er ging auf den Ofen zu und griff nach einem Holzscheit. Dann öffnete er die Ofenklappe und warf das Scheit ins Feuer. »Und ich habe etwas zu Essen gebracht, weil ich sicher war, daß ihr Hunger habt.«

»Das war sehr aufmerksam von dir, Philippe«, antwortete Matilde trocken. »Wir hatten eine angenehme Nacht, haben dem Wind und den Wölfen zugehört und vor Kälte gezittert.« Sie zeigte auf die Kinder, die immer noch schliefen. »Sie werden zweifellos erfreut sein, dich zu sehen.«

Er lachte unsicher. »Kein Wunder, daß dich nie jemand heiraten wollte, Matilde. Du hast wirklich die Begabung, einem Mann das Gefühl zu geben, er sei ein elender Wurm. Ich sollte mich um die Pferde kümmern. Ich lasse das Essen reinbringen, und du kannst die Kinder wecken.«

Als er gegangen war, sah Jennifer wieder ihre Tante an. »Er ist das Opfer nicht wert, nicht wahr, Tante?«

»Diese Entscheidung kann ich dir nicht abnehmen, meine Liebe.«

»Nein. Nur ich allein kann über mein Leben entscheiden.« Jennifer schwieg einen Augenblick. Was für ein schockierender Satz ihr da entschlüpft war! »Tante, was ist aus Melissa geworden, nachdem sie die Burg verlassen hatte?«

Matilde lächelte zufrieden über ihrem Strickzeug. Sie hatte etwas geleistet: Ihre Nichte hatte begonnen nachzudenken. Der Rest mußte Jennifer selbst überlassen bleiben. »Das, mein Kind, ist eine andere Geschichte.«

Dark Lady

von Jane M. Lindskold

Wren, wenn du mit dem Umziehen fertig bist, würde ich gern noch etwas Wichtiges mit dir besprechen.«

»Jawohl, Mr. Shakespeare«, sagte ich und starrte den Dramatiker mit großen Augen an, die Perücke noch in der Hand. »Ich beeile mich, Sir.«

»Ich bin draußen an der Bühne.«

Er ging, und ich kämpfte mich aus Biancas Gewand und fragte mich, was ich wohl falsch gemacht hatte. *Der Widerspenstigen Zähmung* war ein ausgesprochener Erfolg, und ich hatte angenommen, daß ich die Rolle von Katharinas täuschend bescheidener Schwester den Regieanweisungen entsprechend gespielt hatte. Als ich zur Bühne hinübereilte, zitterte ich trotz der angenehmen Wärme der Spätnachmittagssonne.

Mr. Shakespeare unterhielt sich gerade mit ein paar Männern darüber, daß der Anstrich des Himmels ausgebessert werden müsse, und ich hockte mich auf den Bühnenrand und sah mir das Durcheinander aus Brotkanten und Apfelkrotzen an, das die Zuschauer hinterlassen hatten. Ich wagte kaum aufzublicken, als Schritte auf den Brettern ankündigten, daß Mr. Shakespeare sein Gespräch beendet hatte und nun auf mich zukam.

»Nett, daß du gewartet hast, Wren«, sagte er, und mein Herz schlug noch schneller, solche Angst hatte ich. »Komm mit mir rüber zum Gasthaus, Junge. Ich habe Hunger, und wir können uns bei ein paar Fleischpasteten mindestens so gut unterhalten wie hier draußen.«

»Jawohl, Sir.« Ich suchte nach einer intelligenten Entgegnung. »Äh, danke, Sir.«

In der Wirtsstube kannte Mr. Shakespeare die meisten Gäste beim Vornamen, aber er führte uns in eine abgelegene Nische. Nachdem das Mädchen seine Bestellung von Bier und Pasteten für uns beide entgegengenommen hatte, begann ich unwillkürlich wieder zu zittern, weil ich einen Tadel befürchtete.

»Wren, du hast jetzt schon einige Zeit kleine Rollen bei meiner Truppe gespielt – stimmt das?«

»Ja, Mr. Shakespeare. Meistens kleine, stumme Auftritte, aber in *Richard III.* hatte ich ein paar Zeilen – den jungen Herzog von York – bevor die Theater wegen der Pest geschlossen wurden, Sir. Und jetzt die Bianca, Sir.«

»Ja, daran erinnere ich mich auch.« Er griff nach einem der Krüge, die das Mädchen auf den Tisch gestellt hatte, und schob mir den zweiten zu. »Ich erinnere mich noch daran, wie dein Vater vor ein paar Jahren zu mir kam. ›Will‹, sagte er, ›Ich habe gerade Euer neuestes Stück gelesen. Ich würde gern den Turmwart spielen, aber wie wäre es, wenn Ihr meinem Jungen eine der Kinderrollen geben würdet?‹«

Ich nippte an meinem Bier und wartete immer noch darauf, für einen Fehler bei der Vorstellung ausgeschimpft zu werden.

»Und dann die Bianca«, fuhr er fort. »Ich gebe zu, ich hatte meine Zweifel, dir eine so große Rolle zu übergeben. Du bist noch ziemlich jung für so viele Zeilen. Wie alt bist du jetzt genau, Junge?«

»Dreizehn, Sir.«

»So jung noch?« Er streckte die Hand aus und tätschelte die meine väterlich. »Nun, du hast dich bewährt, Wren. Du hast Bianca wirklich Gestalt gegeben. Besonders gefällt mir, wie du den Tadel bringst, mit dem sie ihren Mann im letzten Akt bedenkt.«

»Wirklich, Sir?« Ich wurde rot. »Ich meine, danke, Sir.«

Die Pasteten kamen, und wir verbrachten die nächsten Minuten damit, uns an der knusprigen Schmalzkruste die Finger zu verbrennen. Eine Fleischpastete war wirklich etwas Schönes. Normalerweise hätte ich jeden Bissen genossen, aber an diesem Nachmittag war ich so nervös, daß ich das Schweinefleisch und die Kräuter kaum schmeckte.

»Wren, ich arbeite an einem neuen Stück – *Die beiden Veroneser*. Für eine der Rollen brauche ich einen Schauspieler, der ein Mädchen spielen kann, das vorgibt, ein Junge zu sein.« Er hielt inne. »Traust du dir so etwas zu?«

Wieder lief ich rot an, vom Kragen bis zu den Ohren, und tat so, als müsse ich noch kauen, bis ich meine Stimme wiedergefunden hatte. »O ja, Sir. Ich glaube schon. Ich bin sicher, Sir.«

II

»... und wenn Sie auf dem Rückweg nach London Zeit zum Vorsprechen und Proben finden können, Mr. Harper – ich habe eine neue Tragödie, *Romeo und Julia*, beinahe vollendet. Ich hoffe, daß Ihr Sohn Wren sich bereit erklären wird, die weibliche Hauptrolle zu spielen. Es ist eine gewichtige und schwierige Rolle, und ich habe sie zum Teil in Erinnerung daran geschrieben, mit welcher Einfühlsamkeit und mit welch sprühendem Geist er die Julia in *Die beiden Veroneser* spielte. Hochachtungsvoll, Euer William Shakespeare.«

Vater legte den Brief auf die Waschkommode in unserem Zimmer im Gasthaus und starrte ihn an, als könnte er Flügel entfalten und hinausflattern, um sich zu den Tauben auf dem Dach zu gesellen.

»Hast du das gehört, Wren?« rief er und drückte mir die Schultern, bis es weh tat. »William Shakespeare persönlich fleht dich geradezu an, eine Rolle in seinem neuen Stück zu spielen. Damit haben alle Befürchtungen, hier überwintern zu müssen, ein Ende. Wir werden die geplanten Aufführungen von *Die beiden Veroneser* noch spielen und dann nach London fahren. Wen kümmern die Ausgaben für eine Kutsche, wen kümmert die Pest!«

Ich griff nach dem Brief und las ihn selbst noch einmal durch. Vater hatte jedes Wort so zuverlässig wie ein Schreiber vorgelesen: William Shakespeare wollte mich tatsächlich für eine Hauptrolle. In meinem Kopf drehte sich alles, und ich mußte mich aufs Bett setzen.

»Aber Vater, wenn er...« Ich hielt die Luft so lange an, bis mir die Rippen schmerzten. »Was, wenn er die Wahrheit erfährt?«

Vater stöhnte und setzte sich neben mich. »Wren – Margaret, Mädchen –, woher sollte er es erfahren? Du weißt doch, daß du vorsichtig sein mußt, wenn du dich umziehst, und beim Pinkeln...«

»Schon gut«, unterbrach ich ihn, »und die anderen Jungs halten mich deswegen für einen Weichling. Es war schwer genug, einen Jungen zu spielen, als ich noch klein war, aber jetzt bin ich fast im heiratsfähigen Alter. Mein Körper... mein Körper verändert sich, ich...«

»Wren, ich dachte nie, daß wir mit unserer kleinen Täuschung so weit kommen würden. Als deine liebe Mutter starb...« wie immer, wenn er darüber sprach, senkte er den Kopf, eine so ausdrucksvolle, aber auch so einfache Geste, daß ich mich schlicht weigerte zu glauben, daß sie gekünstelt war. »Ich wollte dich nicht bei irgendwelchen Verwandten lassen, aber ein kleines Mädchen mit auf die Straße zu nehmen war ein Risiko. Niemand würde es bemerken, wenn ein Junge schmutzig oder schlecht angezogen war. Wie hätte ich denn wissen sollen, daß du ein solches Talent für die Bühne entwickelst? Ich hätte nie geglaubt, daß es über eine oder zwei kleine Rollen hinausgeht. Inzwischen allerdings bist du mit den Männern des Lordkanzlers aufgetreten, und durch diese Einladung könntest du ein Mitglied dieser Truppe werden.«

»Einer von den *Männern* des Lordkanzlers«, sagte ich voller Ironie, »nur, daß ich ein Mädchen bin.«

»Zugegeben, Wren«, erklärte er mit flehentlicher Stimme, »du bekommst ein paar Rundungen, aber deine Mutter war zierlich. Es könnte sein, daß es niemandem auffällt. Ich kann dir keine Mitgift geben. Wir werden sparen, was wir können, und wenn du willst, kann Wren am Ende der Spielzeit verschwinden, und Margaret Harper kann in einer abgelegenen Kleinstadt einen Mann finden.«

III

»Wren, Junge, auf ein Wort.«

Die Gaststube im *Weißen Pferd* wimmelte vor Menschen, die nach der Nachmittagsvorstellung von *Romeo und Julia* hereingekommen waren. Mit noch rosigen Wangen vom Abschrubben der Schminke, saß ich mit einigen der jüngeren Burschen beim Bier. Auch der gutaussehende junge Mann, der den Tybaldt spielte und für den ich einen Schwäche hatte, war anwesend. Aber diese Stimme hörte ich immer noch über jeden Lärm hinweg, und schon war ich auf den Beinen und verabschiedete mich von meinen Freunden, noch ehe William Shakespeare uns erreicht hatte.

Er hatte einen Schmierzettel in der Hand und Tintenflecke an der Hand und am Ärmel. Lächelnd bat er mich darum, mich zu ihm in eine der Nischen zu setzen.

»Ich hoffe, Ihr wart mit der heutigen Vorstellung zufrieden, Sir«, sagte ich.

»Heute?« Er überlegte einen Augenblick. »Ach ja, es war recht gut.«

Ich war ein wenig verärgert über seinen Mangel an Begeisterung, obwohl das ungerecht war. Ich hatte gelernt, daß ein Stück für William Shakespeare ziemlich an Bedeutung verlor, wenn es erst einmal aufgeführt worden war. Er lebte nur für die nächste Herausforderung – und das war gut so, denn die Männer des Lordkanzlers waren sehr gefragt, und neue Stücke wurden ständig benötigt.

»Ist das ein neues Stück?« fragte ich und zeigte auf den Papierstapel, der vor ihm lag.

Zu meiner Überraschung wurde er rot und griff schnell nach dem Bierkurg. Höflich wandte ich den Blick ab, und als ich ihn wieder ansah, war er ruhig und gleichmütig wie immer.

»Nein, das ist kein Stück, sondern ein paar Gedichte – Sonette – an denen ich zwischendurch immer wieder arbeite. Ich hatte gehofft, dir hier ein paar davon vorlesen zu können, aber in der Wirtsstube ist es einfach zu laut. Würdest du mit mir nach Hause kommen?«

Ich wußte, daß er sein Zimmer in der Stadt meinte, nicht das Haus in Stratford, wo er mit Anne Hathaway und ihren gemeinsamen Kindern wohnte. Ich dachte einen Augenblick lang nach, dann stimmte ich zu. Als wir in seiner Wohnung waren, deckte er den Tisch mit leckeren Marmeladentörtchen und süßem Wein. Nachdem er dafür gesorgt hatte, daß ich einen bequemen Sessel fand, zog er das Schmierpapier wieder heraus.

»Meine Handschrift ist recht leserlich«, sagte er, »aber wenn du es ertragen könntest, daß ich dir einfach vorlese ...«

Ich stimmte schnell zu. Viele Dichter haben dünne, jämmerliche Stimmen, aber Mr. Shakespeare war zuvor Schauspieler gewesen, und seine Stimme war tief und wohlklingend.

Er las.

»Ein Frauenantlitz hat mit eigner Hand
Natur geformt – für dich, der Liebsten Inbild;
ein zartes Frauenherz auch, unbekannt,
mit Weiberlaunen doch, des Truges Sinnbild;

dein Auge, heller leuchtend, minder blendend,
vergoldet jedes Ding mit seinen Blicken;
ein Mann der Form nach, alle Form vollendend,
mußt Männer du und Fraun zugleich bestricken.

Und als ein Weib warst du zuerst geschaffen,
Bis sich Natur in ihr Geschöpf vernarrt,
um weiterbildend mir dich wegzuraffen
durch *ein* Ding – *kein* Ding ist's für meine Art.

Doch da sie dich ersah zur Frauengunst,
Laß mir die Liebe, ihnen laß die Brunst.«

Panik hatte mich bei den ersten Zeilen erröten lassen, aber als das Sonett weiterging, wurde ich ruhiger. Daß William Shakespeare leidenschaftlich verliebt war, war deutlich; daß diese Leidenschaft mir galt, wurde von seinem Erröten und seinem schnellen Atem bestätigt, aber daß er nicht davon ausging, daß Wren ein Mädchen und kein Junge war, war ebenso bitter klar.

William Shakespeare nahm mein Erröten und mein Schweigen als Zustimmung, aber ich hörte nichts als die Anfangszeilen seines nächsten Gedichts:

»Vom Werken matt eil ich dem Lager zu...«

Ich spielte den Zuhörer, während der Barde weiter sein Herz in eleganten Zeilen ausschüttete. In meinem Kopf ging alles durcheinander. Ich hatte durchaus meine Bewunderer gehabt – männliche und weibliche – aber dieser Mann war der erste, den ich nur ungern mit meiner Abweisung verletzte. Als er die Blätter zur Seite legte, hatte ich eine Erinnerung gefunden.

»Diese Sonette sind wunderschön, Mr. Shakespeare«, sagte ich ernst. »An wen sind sie gerichtet?«

Erschrocken riß er die Augen auf und suchte in meinem Gesicht nach Spuren von Falschheit, aber nie hatte ich eine Rolle besser gespielt. Ich konnte sehen, wie er beschloß, mich für vollkommen unschuldig zu halten.

»Sie sind für dich, süßer Wren«, sagte er sanft. »Seit du ein Junge von zwölf warst und Yorks Zeilen mit so unverschämtem Selbstvertrauen sprachst, habe ich dich beobachtet. Und nun habe ich mich, trotz aller Überlegungen, die dagegen sprechen, entschlossen, dir meine Zuneigung zu gestehen.«

»Das ist plötzlich, erstaunlich und seltsam«, gelang es mir zu sagen. »Bitte haltet mich nicht für grün, wenn ich Zeit brauche, um über diese offenen Worte nachzudenken.«

Enttäuschung spiegelte sich auf seinen Zügen und verflog dann wieder. Er zwang sich zu geduldigen Worten. »Ich vergaß. Das Leben ist kein Theaterstück. Du brauchst Zeit, dich zu entscheiden. Ich werde warten; aber du solltest nicht zu lange säumen.« Er schob das Gedicht zur Seite und legte ein schweres Manuskript auf den Tisch. »Ich habe hier mein jüngstes Werk – es soll zu Mittsommer bei einer Hochzeit aufgeführt werden. Ich habe dich diesmal für eine andere Rolle als die des üblichen Mädchens vorgesehen – du wirst eine Feenkönigin namens Titania spielen.«

IV

»Ich glaube, das Stück ist gut aufgenommen worden«, sagte William Shakespeare zu mir, als wir auf dem Land des Earl am Flußufer entlangspazierten.

Der Lärm der Feiernden in den Festzelten war kaum mehr zu hören. Die meisten Schauspieler hatten sich unter die adligen Hochzeitsgäste gemischt, die für diesmal über den Standesunterschied hinwegsahen. Es war drückend heiß, und Will hatte mich gebeten, mit ihm einen Spaziergang durch den Wald zu machen, der an das Land des Earl grenzte.

Obwohl ich seine zaghaften Annäherungsversuche immer wieder abgewiesen hatte, waren Will und ich Freunde geworden. Da Titania weniger Zeit auf der Bühne hatte als Julia, hatte er mich gebeten, ihm bei der Organisation der Vorführung zu helfen. Bei dieser höchst komplizierten Aufführung und solch schwierigen Kostümen und Masken konnte ich verstehen, daß er Hilfe brauchte. Dennoch nahm ich an, daß es sich um eine Ausrede handelte, um hin und wieder mit mir allein sein zu können.

»Ich finde, Vater hat den Zettel gut getroffen«, sagte ich und mußte bei der Erinnerung daran lächeln. »Er ist sogar ohne zu stolpern mit diesem schrecklichen Eselskopf zurechtgekommen.«

»Das ist er«, kicherte Will. »Ich hatte schon angefangen, an meinen eigenen überschlauen Ideen zu verzweifeln. Dieses Stück Ufer dort sieht einladend kühl aus, Wren. Komm, wir setzen uns hin.«

Er setzte sich und schnürte seine Stiefel auf, damit er die Füße ins Wasser hängen konnte. Da ich dies für ungefährlich hielt, tat ich es ihm nach. So saßen wir lange in einträchtigem Schweigen, und ich betrachtete Will heimlich aus dem Augenwinkel. Er war gut genährt, aber nicht dick, und ein wenig zu blaß von den vielen Stunden am Schreibtisch. Sein Haar war in den letzten Jahren dünner geworden, aber er hatte eine Würde an sich, die die angeblich adligen Hochzeitsgäste übertraf.

»Mit einem Sommertag soll ich vergleichen dich?« sagte Will mit einem verschmitzten Lächeln, »der du freundlicher und steter bist...«

Er fuhr fort zu rezitieren, und ich lehnte mich gegen einen Baum, die Augen geschlossen, lauschte den Worten und genoß das Streicheln des kalten Wassers an meinen Füßen. Ich war vollkommen überrascht, als Will sich, nachdem er das Sonett beendet hatte, über mich beugte und mich auf den Mund küßte und dabei seine Zunge auf eine Weise zwischen meine Lippen gleiten ließ, die zwar nicht unangenehm, aber entschieden verblüffend war.

Ich riß die Augen auf und sah Wills Gesicht, seine fragende, aber angenehm überraschte Miene. Er schien mich noch einmal küssen zu wollen, aber ich rollte mich weg.

»Was ist denn, Wren? Ich dachte, du hättest mich gern.«

»Das tue ich, Sir, aber ...«

Ich hielt inne, denn ich konnte ihm ebensowenig die Wahrheit sagen, wie ich lügen und ihm vormachen konnte, daß mir seine Aufmerksamkeit unangenehm war. Um ehrlich zu sein, hatte ich kaum mehr von etwas anderem geträumt, seit er mir vor einem Jahr jenes erste Sonett vorgelesen hatte. Ich begann zu stottern und suchte nach meinen Schuhen. In meiner Eile trat ich fehl und landete, nach einem Aufwirbeln von Kieseln und Kraut, platschend im Fluß.

Das Wasser war weder sonderlich tief noch bewegt, aber ich war sofort vollkommen durchnäßt. Will stand am Ufer, und der verletzte Ausdruck auf seinem Gesicht wich einem Lachen.

»Gib mir die Hand, Junge, ich ziehe dich raus.«

Er streckte die Hand aus, dann hielt er inne und starrte mich verwundert an. Sein Blick verharrte, wo mein klatschnasses Hemd nun an meinem Körper klebte. Vater hatte recht gehabt. Ich war so zierlich geblieben wie meine Mutter, aber auch kleine Brüste unterschieden sich von überhaupt keinen, und der nasse Stoff enthüllte zwei eindeutig weibliche Brüste.

Verstört half er mir ans Ufer, abwechselnd starrend und den Blick wieder abwendend. Unsicher setzte ich mich hin, drückte mir das Wasser so gut wie möglich aus Hose und Hemd und wartete darauf, daß die Welt unterging.

Als Will endlich sprach, war seine Stimme immer noch heiser vor Staunen. »Wren, du bist ein Mädchen!«

»Das weiß ich«, erwiderte ich, »schon mein Leben lang. Vater hielt es für einen Spaß, und wir hatten eigentlich nie vor, jemanden ernstlich zu betrügen, aber eine Rolle wie die der Julia kann man einfach nicht ablehnen, und dann hast du mir Titania angeboten und die Gelegenheit, die Führung eines Theaters zu lernen ...« Ich verstummte fast, meine Stimme war nur noch ein Flüstern, »und deine Zuneigung. Ich konnte einfach nicht in irgendeine Kleinstadt verschwinden und einen Mann für Margaret Harper suchen.«

»Margaret?« Er überlegte. »Ist das dein Vorname?«

»Wren ist mir lieber. So hat man mich immer gerufen.« Ich biß mir auf die Lippen. »Was werdet Ihr nun tun, Mr. Shakespeare?«

Zerstreut zupfte er an seinem Bart. »Ich stecke in einer Zwickmühle. Es bleibt nicht genug Zeit, mit einem anderen Schauspieler zu proben, der die Titania übernimmt – die zweite Besetzung ist ungeübt, weil du so zuverlässig bist. Und ich habe die Portia ganz auf dich zugeschnitten. Niemand sonst kann sie spielen, und der *Kaufmann von Venedig* kann ohne sie nicht aufgeführt werden.«

Ungläubig starrte ich ihn an. »Ist denn das Stück das einzige, woran Ihr denken könnt?«

Er drehte sich um, und sah mich direkt an. »Nein, aber es gehört sich wohl nicht, von einem gebrochenen Herzen zu sprechen.«

»Muß es denn brechen?« fragte ich leise. »Ich bin immer noch Wren. ›Was ist Gestalt?‹« paraphrasierte ich Julia. »›Was uns Wren heißt, wie es auch hieße, würde lieblich sein.‹«

Er sah mich an, immer noch verwirrt, aber auch forschend. »Kannst du denn immer noch den Jungen spielen, Wren, selbst nachdem ich die Wahrheit weiß? Ich möchte Wren nicht verlieren, aber ein Mädchen kann keiner der Männer des Lordkanzlers sein.«

»Das ist meine beste Rolle«, versicherte ich ihm. »Und ich habe sie schon fast mein ganzes Leben lang gespielt.«

»Wren! Wren! Eil dich«, kam Vater angekeucht, immer noch im Kostüm des alten Gobbo. »Will hat einen Brief aus Stratford bekommen, und der Junge, der ihn gebracht hat, sagte, Will habe ihn gelesen, aufgeschrien wie ein Wahnsinniger und sei dann nach Hause gerannt. Ich bitte dich, geh zu ihm.«

Ich ließ Portias Kostüm unordentlich am Boden liegend zurück, nahm Baltasars Hose und mein eigenes Hemd als das erstbeste an anständiger Kleidung, was ich finden konnte, und rannte zu Wills Wohnung.

Er war nun ein reicher Mann und hatte in Stratford einen schönen neuen Besitz erworben, in dem seine Frau und seine Kinder wohnten, aber in London hatte er immer noch eine Wohnung in Theaternähe. Das paßte mir gut, denn Anne würde nie ein Stadtviertel betreten, das so nahe bei den Absteigen, Spielhöllen und Gaststuben lag, in denen es etwas rauher zuging.

Es war sicher, ihn dort zu treffen, und wir trafen uns häufig. Er hatte mit einer gewissen Enttäuschung zu kämpfen, daß ich kein Junge war, aber schließlich siegte seine ehrliche Zuneigung. Ich hatte mich dieser Situation ergeben, denn ich wußte, daß seine Verwirrung mehr mit gesellschaftlichen Regeln als mit Sex zu tun hatte. Wäre ich ein Junge gewesen, hätte er nie das Gefühl haben müssen, die Ehe zu brechen, aber wenn er mich liebte wie ein Mann eine Frau, setzte er damit seinen gesellschaftlichen Aufstieg aufs Spiel.

Nichts davon überschattete jetzt meine Gedanken, als ich die Treppe hinauf und in Wills Zimmer stürzte. Ich klopfte nicht einmal an, sondern riß einfach die Tür auf und ging hinein. Will saß auf dem Bett und weinte.

»Will?« sagte ich und berührte ihn an der Schulter. »Will?«

Er sah mich traurig an, dann packte er meine Hand. »Ach Wren, Hamnet ist gestorben! Ich habe gerade einen Brief bekommen. Er ist krank geworden – es war aber nicht die Pest – und schon nach einem einzigen Tag gestorben. Es war keine Zeit, nach mir zu schicken, und nun ist mein Junge tot, und sein Vater wird ihn nie wiedersehen.«

»O Will!« Ich kniete mich hin, nahm ihn in die Arme und zog ihn an meine Brust.

Ich kannte Wills Kinder eigentlich nur dem Namen nach, obwohl sie manchmal zu Privatvorstellungen im Blackfriar's Theater kamen. Bei all seinen Literatenallüren liebte er sie innig, und Hamnet war der ganze Stolz seines Vaters gewesen. Ich hielt Will im Arm, bis sein Schluchzen nachließ, dann wagte ich, eine Frage zu stellen.

»Sind denn die Mädchen, Susanna und Judith, und ihre Mutter gesund?«

Will nickte. »Anne bittet mich, zur Beerdigung des Jungen nach Hause zu kommen.«

Ich hatte einen Kloß im Hals, weil ich an einem solchen Tag nicht bei ihm sein konnte. Aber ich nahm mich zusammen. »Ich werde mich um eine Kutsche kümmern«, sagte ich tapfer, »und dir eine Truhe packen. Du ruhst dich aus. Hast du von gestern noch Wein übrig?«

»Unter der Waschkommode«, sagte er und nahm dann schweigend das Glas entgegen, das ich ihm eingoß.

Er fuhr ein paar Stunden später. Die Truppe war gut genug einstudiert. Wenn das Stück erst einmal seine ersten Aufführungen hinter sich hatte, führten wir selbst Regie, so daß Will sich auf das nächste Stück konzentrieren konnte. Die meisten vermißten ihn kaum. Ich war verzweifelt, aber ich verbarg meine Gefühle vor allen. Darin hatte ich inzwischen Erfahrung.

Will kehrte als veränderter Mensch zurück. Ich ging mit einer Flasche guten französischen Weins und einem Laib Brot zu ihm in die Wohnung. Er kam an die Tür, als ich klopfte – ich hatte die Hände zu voll, um die Tür selbst zu öffnen. Er erwiderte mein schüchternes Lächeln nicht, sondern winkte mich kühl herein.

»Will?« sagte ich zögernd, als er mich weder umarmte noch mir einen Stuhl anbot.

»Margaret, ich muß mit dir sprechen«, sagte er und setzte sich, ließ mich aber stehen. Ich war so erstaunt darüber, daß er meinen Vornamen benutzte, daß ich keinen Einspruch erhob. Er fuhr fort: »Bei meinem Besuch zu Hause hatte ich genügend Zeit, über dieses Verhältnis nachzudenken, das wir unterhalten haben. Mir wurde klar, daß Hamnets Tod Gottes Strafe für die Sünde ist, die ich mit dir begangen habe.«

»Will!« rief ich entsetzt, aber er brachte mich mit einer Geste zum Schweigen.

»Ebenso, wie das Land leidet, wenn ein König korrupt ist, leidet ein Heim, wenn das Familienoberhaupt in Sünde lebt. Ich habe beschlossen, in Zukunft nichts mehr mit dir zu tun zu haben. Mein nächstes Stück wird ein Historienstück sein – eine Ehrung Heinrichs IV. Es gibt darin keine wichtige Frauenrolle.« Er reichte mir ein gefaltetes Stück Papier. »Dein Vater hat mich vor einiger Zeit gebeten, daß ich ihm gestatte, einige meiner Stücke mit einer eigenen reisenden Truppe aufzuführen. Dieser Vertrag gibt ihm die Rechte an *Romeo und Julia* und am *Kaufmann von Venedig*. Da die Stücke zwei deiner größten Rollen enthalten, wird niemand deinen Abschied von London in Frage stellen.«

»Will, wie kannst du nur?« Meine Stimme brach. »Ich dachte, du liebst mich!«

»Guten Tag, Margaret«, sagte er und griff nach Papier und Feder.

Ich stolperte nach draußen, den elenden Vertrag in der Tasche.

Eine einzige Flasche Wein genügt nicht, um sich richtig zu betrinken.

Ich fand eine Taverne, wo mich niemand kannte, und trank Becher um Becher billigen Gebräus. Irgendwie gelang es meinem Vater, mich zu finden, und er trug mich nach Hause.

V

Wir verbrachten beinahe zwei Jahre fern von London, und nicht ein einziges Mal in dieser Zeit rezitierte ich Julias Lobrede auf die Liebe oder Portias Anrufung von Gerechtigkeit und Gnade, ohne daß mir die Worte auf den Lippen sauer wurden.

Die Neuigkeiten aus dem Globe waren nicht sonderlich ermutigend. Will war tatsächlich zu historischen Themen zurückgekehrt. *Heinrich IV.* war im ersten Teil die klassische Geschichte des jugendlichen Tunichtguts, der schließlich bereut. Ich mußte zugeben, daß es gute Zeilen gab – ich fragte mich sogar, ob Will, als er mit dem Schreiben begonnen hatte, mich im Sinn gehabt hatte. Aber am Ende war Falstaff die einzig gute Rolle. Die Fortsetzungen, der zweite Teil von *Heinrich IV.* und *Die lustigen Weiber von Windsor* waren noch schwächer. Ich war auch wenig begeistert von Hals roher Zurückweisung seines alten Freundes und Trinkgenossen: »Ich kenne dich nicht, alter Mann«, suchte mich in Alpträumen heim.

Ich muß wohl kaum betonen, wie überrascht ich war, als ich einen Brief von Will erhielt. Ich hatte seit über einem Jahr nur durch Gerüchte von ihm gehört, aber ich erkannte seine Handschrift sofort.

»Wren«, begann die Nachricht vielversprechend, »ich höre viel Gutes von deinen Aufführungen. Vielleicht kann ich dich allerdings doch ans Globe zurücklocken. Mein neuestes Stück, *Viel Lärm um Nichts*, schreit geradezu nach deiner Hand, und die Rolle, die ich für dich vorgesehen habe, ist die beste, die ich seit Portia geschrieben habe. Ich lege eine kurze Probe bei und warte begierig auf deine Antwort. Immer der Deine, Will.«

Mein Herz schlug so heftig, daß ich nicht stehen bleiben konnte, sondern mich auf einen Stuhl sinken ließ. Mit zitternden Händen entfaltete ich das Papier mit der Textprobe. Die Person, die ich spielen sollte – Beatrice – war geistreich, scharfzüngig und klug. Ich war sofort versessen darauf. Der Titel des Stücks war ebenfalls vielversprechend. Konnte das bedeuten, daß alles verziehen war?

Als ich das Papier wieder zusammenfaltete, bemerkte ich ein weiteres Blatt. Ich faltete es auf und las:

Wenn ich Erinnerung vergangner Tage
zu stillen Sinnens Rechenschaft vernehme
wenn ich um manches einst Erstrebte klage,
um altes Leid, vertane Zeit mich gräme,

dann mag ich, ungewohnt der Tränen, trauern
um teure Freunde, die der Tod entrückt,
und lang verwundnes Liebesleid bedauern
und Schönes missen, das ich einst erblickt;

dann mag ich um verjährte Qual mich quälen
und mühsam, Leid um Leid, die trübe Reihe
beklagter Klagen mir zusammenzählen,
daß sich wie unbezahlt die Schuld erneue.

Doch, Liebste, wenn zu dir mein Sinnen geht,
ist der Verlust getilgt, der Gram verweht.

Ich griff nach Papier und Feder und begann: »Liebster Freund, wir kehren nach London zurück...«

VI

Wein, Gesang und zu viele Nachmittage auf zugigen Bühnen brachten meinen Vater schließlich um. Er wurde krank und starb nach wenigen Tagen. Will war bei der Beerdigung an meiner Seite.

»Jetzt hast du keine Familie mehr außer der Truppe«, sagte er, als wir mit den anderen Trauergästen zum Wirtshaus gingen. »Ich hoffe, du hast vor zu bleiben und läßt dich nicht von traurigen Erinnerungen aus der Stadt treiben.«

Ich wischte eine lästige Träne weg. »Hast du eine neue Rolle für mich? Ich bin nicht sicher, ob ich im Augenblick in *Viel Lärm* spielen kann.«

»Ich werde sicher etwas für dich finden können«, erwiderte er.

Ich übernahm die Rolle des Chorus, trotz der Bezeichnung eine Rolle für einen einzelnen Schauspieler, in *Heinrich V.*, und probte für eine neue Komödie mit dem Titel *Wie es Euch gefällt*. Will und ich wurden wieder zu Liebenden, Partnern und Freunden, obwohl wir uns bitter um die Veröffentlichung zweier ziemlich beißender Sonette stritten – eines begann mit den Zeilen »Wenn meine Liebste schwört, sie sei voll Tugend, dann glaub ich ihr, obwohl ich weiß, sie lügt...«, und ein zweites handelte von der Verschlagenheit einer Frau, die zum Untergang eines unschuldigen Jungen führt.

Will behauptete, daß er beide geschrieben habe, als er tief in Melancholie versunken war und versuchte, sich aus den Verstrickungen von Liebe und Schuld zu befreien, und sie seien ohne sein Wissen veröffentlicht worden. Ich verzieh ihm, denn ich erinnerte mich daran, wie sehr ich mich nach seiner Nachsicht gesehnt hatte.

Die Jahre vergingen schnell und produktiv. Ich spielte meine letzte Mädchenrolle als Hamlets verrückte Liebste, Ophelia. Das Stück war ein solcher Erfolg, daß ich damit fortfuhr, während Will vier weitere Komödien schrieb. Dann überzeugte er mich, eine Rolle in *Maß für Maß* zu übernehmen, das wir vor König James als *Die Diener Seiner Majestät* aufführten.

Als *Othello* geschrieben wurde, mußten wir uns der Tatsache stellen, daß ich zwar bartlos und bei klarer Stimme geblieben war, aber inzwischen zu viele Mitglieder der Truppe meine Jahre zählen konnten. Damit dies nicht geschah, setzte mich Will als Emilia, die scharfzüngige, aber weise und edle Freundin Desdemonas, ein. Ich fand die Rolle ohnehin besser als die der schwachen, wenn auch tugendhaften Ehefrau und nahm dankbar an. Ebenso war ich mehr von Regan, einer der bösen Töchter König Lears, fasziniert als von der sanften Cordelia. Als ich eines Abends mit Will darüber sprach, heckten wir zusammen die Person der Lady Macbeth aus, meiner Rolle in seiner nächsten Tragödie.

Das Stück war schneller zu Ende als die meisten, aber es gefiel König James, der Hexerei als Thema beinahe so hoch schätzte wie die Lobpreisung seiner eigenen Familie. Nach einer Nachmittagsvorstellung steckte Will den Kopf zur Garderobentür herein, als ich mich gerade umzog.

»Wren, wenn du mit Umziehen fertig bist, würde ich gerne noch etwas Wichtiges mit dir besprechen.«

Ich traf ihn draußen an der Bühne, wo er einen Fleck am Himmel untersuchte, der durch den Rauch aus dem Kessel der Hexen entstanden war. Ich nahm an, er wolle über sein nächstes Projekt sprechen, daher war ich überrascht, als wir zu seiner Wohnung gingen.

»Margaret«, sagte er, als wir allein waren und ich neben ihm saß, »hast du je daran gedacht, diese Maskerade aufzugeben und als Frau zu leben?«

»Schon seit fast zehn Jahren nicht mehr«, erwiderte ich. »Ich mag dieses Leben. Ich glaube nicht, daß ich verheiratet glücklicher wäre.«

»Nicht einmal mit mir?« fragte er und drückte meine Hand. »Margaret, ich habe lange darüber nachgedacht, und mir ist klargeworden, daß ich dich immer an meiner Seite haben möchte. Meine Töchter sind verheiratet, und es gibt wenig, was mich noch hält.«

»Was ist mit Anne?« fragte ich.

»König Heinrich hat die Scheidung eingeführt«, sagte er. »Ich habe vorsichtig bei Hofe nachgefragt und glaube, es wäre nicht unmöglich. Was meinst du?«

Ich war zu überrascht, um Worte zu finden. Es gab eine Zeit, da wäre dieser Antrag die Erfüllung meines sehnlichsten Wunsches gewesen, aber nun ... ich hatte Will die Wahrheit gesagt: Ich war mit meiner Rolle zufrieden. Ich war gern Wren, der Schauspieler. Ich wollte keine Hausfrau und Ehefrau sein, nicht einmal für Will. Es genügte mir, seine Geliebte zu sein und hin und wieder auch allein, und meine Rolle zu spielen.

»Nein, Will«, sagte ich so sanft ich konnte. »Das wäre nicht gut. Es wäre ungerecht Anne gegenüber, dir gegenüber – hast du daran gedacht, wie eine Scheidung deine Stellung beeinträchtigen würde? – und auch mir gegenüber. Wenn Wren zu Margaret wird, werde ich nie wieder spielen können, und das könnte ich nicht ertragen.«

»Hast du daran gedacht, daß du ohnehin vielleicht nie wieder spielen wirst, wenn du dich mit mir überwirfst?« fragte er, verletzt und aufgebracht.

»Ach? Soll das dein Antrag sein, William Shakespeare?« erwiderte ich scharf. »Dann will ich dir sagen, daß ich auch ohne deinen Schutz Rollen finden kann. Gerade heute habe ich mit einem Mann von der East India Company gesprochen, der fragte, ob ich interessiert wäre, eine Rolle für sie zu übernehmen.«

»Ich weiß«, sagte er betrübt. »Ihr Vertreter hat auch mich aufgesucht und nach den Rechten an meinen Stücken gefragt. Bitte, Wren, sag, daß du mich heiraten und mich nie verlassen wirst!«

Ich nahm sein Gesicht in meine Hände. »Will, du weißt doch sicher, daß du einen anderen Menschen nicht gefangen halten kannst, nur weil du ihn liebst? Ich kann mein Leben nicht aufgeben, um deine Sorgen zu beruhigen. Und ich will auch nicht, daß du dich ruinierst.«

»Du gehst, nicht wahr?« fragte er.

Ehe er das sagte, war mir nicht klar gewesen, daß ich mich bereits entschieden hatte. Wills Leidenschaft rührte mich, und ich fürchtete, wenn ich bliebe, würde er mich zu einer Entscheidung überreden, die ich mein Leben lang bereuen würde.

»Ja«, sagte ich, »ich gehe.«

VII

Wir spielten *Hamlet* und *Richard III.* an der Küste von Sierra Leone und in anderen Häfen englischer Kolonien. Selbst als wir nach England zurückkehrten, mied ich London und nahm Rollen bei kleineren umherziehenden Truppen an. Meine Arbeit mit Vater und Will half mir dabei sehr, und nach einiger Zeit gründete ich meine eigene Schauspielertruppe.

Obwohl ich London mied, ließ ich mir keine Neuigkeiten aus der dortigen Theaterwelt entgehen. Wills neuestes Stück war *Antonius und Cleopatra*. Ich konnte mich selbst recht gut als ägyptische Königin sehen, aber ich konnte auch hören, wie Will mit mir über das Thema Liebe gegen Pflicht diskutierte. Einige Zeit später brachte Thomas Thorpe einen Band mit Wills Sonetten heraus. Die Widmung – »Dem einzigen Erzeuger dieser folgenden Sonette, Herrn W. H., wünscht alles Glück und jede von unserm unsterblichen Dichter verheißene Ewigkeit der Gutes wünschende Abenteurer beim Auslaufen« – trieb mir Tränen in die Augen. Die Sonette selbst brachten mich zum Weinen, oder ich schäumte vor Wut.

Einige, die mich noch aus meinen Londoner Tagen kannten, fragten mich, ob ich wohl der »W. H.« der Widmung sei, aber ich versicherte ihnen, das sei unmöglich, und versicherte ihnen, William Herbert, der dritte Earl von Pembroke, sei ein viel wahrscheinlicherer Kandidat.

Alle wußten, daß Will sich nicht zu erhaben dünkte, möglichen Förderern zu schmeicheln – wie *Macbeth* gezeigt hatte – und diese Antwort stellte offenbar alle zufrieden.

Ich mied London für fast fünf Jahre, dann wurde das Heimweh stärker als jede Vernunft. Ich verkaufte meine Anteile an der Truppe und machte mich mit einer guten Summe in der Tasche auf den Weg nach London. Gewohnheit und nicht etwa ein intelligenter Impuls brachten mich zu Wills alter Wohnung. Ich klopfte und hörte eine vertraute Stimme: »Herein.«

Ich trat ein und fand mich in einem Zimmer, das sich im Lauf der Jahre kaum verändert hatte.

Will saß am Tisch am Fenster und schrieb mit kratzender Feder Dialogzeilen auf ein Blatt Schmierpapier, auf dem schon heftig durchgestrichen worden war.

»Stellen Sie das Tablett auf den Hocker, Mistress«, sagte er ohne aufzublicken. »Ich werde mich gleich seiner annehmen.«

»Will«, sagte ich. »Ich fürchte, es ist nicht dein Essen – nur ich.«

Die Feder vollführte einen großen Bogen über die Seite und verdarb sie damit endgültig. Will blickte auf, und er merkte nicht mehr, was seine Hand tat. Er sah immer noch so aus, wie ich ihn in Erinnerung hatte, sein Haar war zwar dünner, die Augen lagen ein wenig tiefer, aber sein Lächeln war dasselbe, das ich mir so oft vor Augen gerufen hatte. Er sprang auf, nahm mich in die Arme und küßte mich.

»Wren! Sag mir, daß du keine Vision oder ein böser Geist bist, der mich nur quälen will!«

»Ich bin kein Geist oder Kobold«, sagte ich und umarmte ihn ebenfalls, »sondern deine alte Freundin.«

Will half mir aus dem Reisemantel und zog mich zu sich aufs Bett.

»Neues Bett«, stellte ich fest.

»Mein bestes«, sagte er. »Anne hat das zweitbeste in Stratford, aber ich brauchte ein neues – selbst wenn es ohne dich leer war. Fünf Jahre, du schreckliches Geschöpf, fünf Jahre, und kaum eine Nachricht! Jeder Bericht über ein gesunkenes Schiff hat mir fast das Herz zerrissen, bis ich endlich wußte, daß du nicht an Bord warst. Ich habe jeden umherziehenden Schauspieler nach dir gefragt; sie müssen mich wohl allesamt für verrückt halten. Du mußt mir unbedingt alles von deinen Reisen erzählen.«

Wir unterhielten uns, bis die Sonne unterging, und noch länger.

Die Morgendämmerung färbte den Horizont rosa, als Will sein neuestes Projekt erwähnte.

»Ich habe ein Stück über einen Edelmann im Sinn, der auf einer Insel im Exil lebt und dem gestattet wird, jenen, die ihm Unrecht getan haben, an einem Platz zu begegnen, an dem er – und nicht sie – nicht nur über das Recht gebietet, sondern auch über Wirklichkeit und Illusion.« Er runzelte die Stirn. »Ich habe viele Berichte von Seeleuten gelesen, aber irgendwie will das Stück keine Form annehmen.«

»Ich werde es mir ansehen, sobald es heller ist«, schlug ich vor, »aber inzwischen gib mir einen Kuß.«

Als es Tag geworden war, las Will mir seine Notizen vor, und nachdem wir über sie gesprochen hatten, ließ ich ihn am Schreibtisch zurück und versprach, ihn später am Nachmittag wieder zu besuchen. Ich schlenderte durch die Stadt und landete schließlich in einer Aufführung von Wills letztem Stück, *Ein Wintermärchen*. Leontes' Wiedervereinigung mit seiner Frau, der er Unrecht getan und die er verloren geglaubt hatte, ließ mich in Tränen ausbrechen.

Als ich, wie versprochen, zu Wills Wohnung zurückkehrte, fand ich ihn immer noch am Schreibtisch, aber nun glänzten seine Augen, und seine Feder konnte kaum mit der Hand Schritt halten. Ich wartete, bis er innehielt und aufstand.

»Wren, ich habe einen Entschluß gefaßt.«

»Ja, Will?«

»Ich werde wieder zur Bühne zurückkehren und die Hauptrolle, den Prospero, selbst spielen. Er ist ein grauhaariger Gelehrter – ich glaube, für diese Rolle bin ich immer noch agil genug.«

»Ich sehe keinen Grund, warum du das nicht tun solltest«, stimmte ich zu und erinnerte mich mit einem Lächeln an die Nacht zuvor.

»Wren, könntest du dir vorstellen, noch einmal aufzutreten, zusammen mit mir?« Er griff nach meiner Hand. »Ich habe eine Rolle, die nur so nach deiner Hand schreit – die eines Luftgeistes namens

Ariel. Prospero hat ihn gefunden, als der Geist von seiner Besitzerin – einer üblen Hexe – eingesperrt worden war, weil er ihr nicht zu Diensten sein wollte. Er befreit ihn, und Ariel dient ihm gut und treu.«

»Ich bin nicht sicher«, sagte ich mißtrauisch, »ich bin nicht sicher, ob ich einen dienstbaren Geist spielen könnte. So tief bin ich eigentlich noch nicht gesunken.«

Will lächelte, denn er wußte von Gründen für mein Zögern, die ich nicht ausgesprochen hatte. »Und es wäre ausgesprochen unwürdig, einen Gefangenen zu spielen, nachdem du dir deine Freiheit verdient hast. O nein, Wren, als ich sagte, daß diese Rolle geradezu nach dir schreit, meinte ich es ernst. Ariel wünscht sich Freiheit mehr als alles andere, aber Prospero verweigert sie ihm. Aber schließlich erkennt Prospero, daß es falsch war, Ariel die Erfüllung dieses Wunsches zu verweigern und ihn fast wie einen Sklaven zu halten.«

»Höre ich da etwa heraus, daß du dich verändert hast, mein Freund?« fragte ich. »Willst du mich wiederhaben – als Wren?«

»Mit den ehrlichsten und besten Absichten«, versprach Will. »Kannst du mir verzeihen, daß ich so dumm gewesen bin? Können wir das alles hinter uns lassen und noch einmal neu beginnen?«

Ich griff nach seiner Hand. »So wie Ihr von Verbrechen begnadigt wollt sein, laßt Eure Gnade nun mich befrein.«

Die Lilienmaid von Astolat

von Laura Resnick

Ich habe keinen Diener dabei, weil ich in solcher Eile aus Astolat gekommen bin. Der König mit den traurigen Augen hat einen Knappen beauftragt, mir bei den Vorbereitungen für das Turnier zu helfen. Obwohl ich ein jüngerer Sohn bin und Vater nur ein kleiner Baron mit geringem Besitz ist, hat der König mir große Höflichkeit zuteil werden lassen. Ich dachte, er würde mich hassen, weil ich die Königin zum Weinen gebracht habe, aber er war sehr freundlich.

Es tut mir so leid, daß er heute seinen besten Ritter verlieren wird.

Wir wußten nicht, wer er war, als er vor dem goldgetränkten westlichen Horizont auftauchte und auf Burg Astolat zuritt. Wir waren überrascht, daß sich ein unbekannter Reiter näherte, denn Astolat liegt weit ab von der belebten Straße, jener Straße, die zum vieltürmigen Camelot führt. Und wir haben wenige Besucher auf Astolat, Vater lebte in diesen friedlichen Zeiten sehr zurückgezogen, und sein Ruhm ist nur noch ein längst verblichener Schatten einer weit zurückliegenden Vergangenheit.

Mein Bruder Lavaine und ich hatten uns gerade im Schwertkampf geübt, aber wir gaben die Stiche und Paraden sofort auf, als wir hörten, daß sich ein Fremder näherte. Neugierig und aufgeregt gesellten wir uns zu Vater, der vor der Burg stand und den Reiter erwartete.

So einfach der Fremde auch gekleidet sein mochte, wir wußten sofort, daß wir einen großen Mann vor uns hatten. Reich und wohlgenährt war er ganz sicher, denn niemand wird so groß und breit, wenn er in den Jahren des Wachstums nicht genug Fleisch und Käse zu essen hat. Er war muskulös und anmutig in seinen Bewegungen, und selbst müde und verwirrt, wie er eindeutig war, ritt er mit dem aufrechten Stolz eines Mannes, der sich nur vor jenen neigt, vor denen er sich neigen *will.*

Er war ein Ritter, daran hätte selbst dann kein Zweifel bestanden, wenn er keinen Schild getragen hätte. Sein Streitroß war ein riesiges Tier und gewiß mehr Geld wert, als die meisten Männer für ein Jahr harter Arbeit erhalten. Er hatte es an diesem Tag allerdings scharf geritten. Als der Hengst näher kam, konnten wir sehen, daß er mit Schlamm bedeckt war. Er triefte vor Schweiß und keuchte vor Erschöpfung. Schaum troff ihm aus dem Maul. Ich blickte auf zu dem Ritter und fragte mich, was diesen Mann dazu gebracht hatte, sein Pferd so zu hetzen.

Vater sprach den Fremden an, rezitierte eine uralte Gruß- und Willkommensfloskel, denn die Herren von Astolat entstammen einer langen und edlen Blutlinie. In den alten Tagen ist jener Brauch der Gastfreundschaft eher gebrochen als eingehalten worden, aber dies ist das goldene Zeitalter König Arthurs, und kein Dorf, kein Bauernhof und keine Burg muß mehr die Ankunft von Fremden fürchten.

»Astolat«, murmelte der Fremde. »Wo . . . wo befindet sich dieser Ort?«

»Weniger als einen Tagesritt von Camelot entfernt, auf einem guten Pferd«, erwiderte Vater. »Wollt Ihr dorthin?«

Der Fremde lachte, ein trauriges, bitteres Geräusch. »Nein, Herr, daher komme ich gerade.«

»Camelot!« rief ich aus, zu aufgeregt über die Enthüllung, um mich noch an die sorgfältig gelernten Manieren und die hart errungene Würde eines jungen Mannes zu erinnern. »Ihr kommt aus *Camelot*? Wie ist es dort? Warum seid Ihr fortgegangen? Werdet Ihr wieder zurückkehren? Habt Ihr den König gesehen? Werdet Ihr –«

Der spitze Ellbogen meines Bruders unterbrach die Flut der Fragen.

Vater, der nie zur Strenge geneigt hatte, lächelte nur und zauste mir das Haar. Nun konnte ich *ihm* die Schuld am Verlust meiner Würde geben, und ich bedachte ihn mit einem Blick, der das nur zu deutlich machte. Ich bin fast sechzehn – nun, jedenfalls älter als fünfzehn – und zu alt, um noch wie ein Welpe behandelt zu werden.

»Ich bitte um Verzeihung, Herr Ritter«, sagte Vater. »Meine Söhne sind jung und begierig, die Welt zu sehen. Astolat ist ein langweiliger Ort für junge Menschen, und vielleicht ist es eigensüchtig von mir gewesen, meine Kinder hier bei mir zu behalten.«

Der Fremde murmelte etwas vage Höfliches vor sich hin. Sein Akzent klang irgendwie ausländisch. Sein Gesicht war grau vor Müdigkeit. Als Vater dies bemerkte, bat er ihn abzusteigen und mit uns in die Burg zu kommen.

»Mein Sohn Torre wird Euer Pferd in den Stall führen und dafür sorgen, daß man sich angemessen um es kümmert. Bitte, kommt herein und nehmt Speis und Trank von uns an. Ihr dürft in dieser Verfassung nicht weiterreiten.«

»Wie seid Ihr hergekommen?« fragte ich den Ritter, als er schwerfällig von seinem Reittier rutschte. »Habt Ihr Euch verirrt?«

»Verirrt?« Seine grauen Augen wurden stumpf vor Trauer. Sein Gesicht, das einmal schön gewesen sein mochte, jetzt aber von Narben und Falten überzogen war, verzog sich zu einer schrecklichen Miene. »Ja«, flüsterte er, »ich habe mich verirrt ... ich bin verloren, und ich wünsche mir nicht einmal mehr, gerettet zu werden.«

Ich starrte ihn in naivem Entsetzen an. Er mußte krank sein, so etwas zu sagen. »Alle Menschen verdienen es, errettet zu werden«, erklärte ich ihm. »Wir haben hier einen Priester, einen ungemein freundlichen Mann. Vielleicht wollt Ihr –«

Sein amüsiertes Schnauben ließ mich innehalten. Ich spürte, wie ich rot wurde. Ich mag zwar jung und unerfahren sein, aber kein Narr; verlegen zuckte ich die Schultern und wandte mich von dem müden Ritter ab und wußte, daß ich mich wieder als weltfremd und ungeschickt erwiesen hatte.

Als ich kurze Zeit darauf zur Burg zurückkehrte, sah ich, daß sich der Ritter ebenso wie sein Pferd schnell von den körperlichen Strapazen erholen konnte, wenn man ihm die richtige Behandlung zuteil werden ließ. Vater hatte unseren unerwarteten Gast auf dem besten Stuhl der Halle Platz nehmen lassen, bot ihm ein Kissen an und schenkte ihm gerade Bier nach, als ich zu ihnen trat.

Mein Bruder Lavaine erschien einen Augenblick später und brachte Essen für den Fremden. Ich grinste Lavaine höhnisch an, weil ich sah, wie sehr er von Ehrfurcht für den Ritter erfüllt war, denn obwohl wir auf Astolat nicht viel auf Förmlichkeit geben, ist es doch normalerweise Sache der Dienstboten, das Essen aus der Küche zu bringen. Lavaine nahm mein Grinsen zur Kenntnis, bediente den Ritter weiter, dann wandte er sich um und verpaßte mir in einem unbeobachteten Augenblick einen Tritt.

Vaters langjährige Erfahrung als Erzieher von Söhnen hat ihm jedoch Augen am Hinterkopf wachsen lassen. Ohne uns auch nur anzusehen, ermahnte er uns zerstreut: »Das reicht jetzt, ihr beiden.«

Der Ritter hat uns nie erzählt, wie er in die Hügel und Täler in der Umgebung von Astolat geraten war, und Vater war zu wohlerzogen, ihn eingehender zu befragen. Ein Mann von Ehre, hatte er mir oft gesagt, darf auch schweigen. Nachdem ich von ebendiesem Vater so oft gezwungen worden war, all meine Fehler, kleinen Streithändel und bösen Streiche zu gestehen, hatte ich ihn schließlich einmal gefragt, wann ich ein Mann würde und schweigen dürfe.

Er sagte nur: »Der Tag wird kommen, zu bald für mich und nicht bald genug für dich, nehme ich an. Aber der Tag wird kommen, und dann werden wir es beide wissen.«

Man mußte diesen Ritter nur ansehen, um zu wissen, daß er die Einschränkungen der Jugend lange hinter sich gelassen hatte, aber die Anforderungen des Männerdaseins lasteten schwer auf ihm. Selbst ich konnte das erkennen.

Nachdem er den Ritter überredet hatte, die Nacht auf Astolat zu verbringen, weil es schon zu dunkel zur Weiterreise war, fragte Vater: »Werdet Ihr bald nach Camelot zurückkehren?«

Der Ritter starrte in seinen Becher und seufzte. »Ja, Herr. Ich denke morgen.«

»Ihr scheint von dieser Aussicht wenig angetan«, meinte Vater. »Wieso bleibt Ihr nicht eine Weile auf Astolat, bis es wirklich Eures Herzens Begehr ist, nach Camelot zurückzukehren?«

»Mein *Herz.*« Einen schrecklichen Augenblick lang befürchtete ich, dieser große Ritter würde zu weinen beginnen, direkt hier, vor unser aller Angesicht. »Mein Herz lebt nur in Camelot«, flüsterte er in seinen Becher. »Und dort stirbt es auch jeden Tag ein wenig.«

»Seid Ihr deshalb gegangen?« platzte ich heraus.

Vater sah mich mißbilligend an, sein Blick schlug vor, doch ein wenig Takt aufzubringen, bevor ich den Mund wieder öffnete. Mein Bruder trat mir auf den Fuß, was mich zusammenzucken ließ.

»Ich ging, um nicht dem Wahnsinn zu verfallen«, meinte der Ritter müde. »Ich kehre zurück um der Ehre willen.«

»Und das muß schon morgen sein?« wollte Vater wissen.

Der Ritter schien sich zu fassen und sagte dann: »Ja. Es wird ein großes Turnier geben, und ich habe der Königin geschworen, daß ich an diesem Tag zugegen sein werde.«

»Die Königin«, hauchte ich. »Ihr *kennt* die Königin?«

Er lächelte. »Und den König. Und auch alle anderen, die in Camelot leben.«

»Camelot?« wiederholte eine leise Frauenstimme. Wir drehten uns alle um und sahen, daß meine Schwester hereingekommen war.

»Elaine, komm und lerne unseren Besucher kennen«, sagte Vater und streckte die Hand aus. Er hatte seine einzige Tochter immer besonders geliebt.

Aus Höflichkeit erhob sich der Ritter, um Elaine zu begrüßen. Ich sah, wie seine Miene sich interessiert aufhellte, wie es so oft bei Männern geschah, wenn sie meine Schwester zum ersten Mal sahen, denn Gott hatte sie im Überfluß mit Schönheit und Anmut bedacht. Ihr langes Haar hatte die Farbe von Honig, ihre Augen das Braun frisch gepflügter Erde, und ihre Haut war weiß und rosig und vollkommen. Obwohl sie älter war als ich, älter selbst als Lavaine, war sie immer noch unverheiratet. Nachdem meine Mutter schon vor so langer Zeit von uns gegangen war, war sie die einzige Frau in der Familie. Vater wollte sich nur ungern von ihr trennen, und was dies anging, teilte ich seine Eigensucht. Es wäre selbstverständlich anders gewesen, hätte Elaine uns gesagt, daß sie heiraten wolle, aber sie schien damit zufrieden zu sein, sich um Vater zu kümmern und in jenen grünen und goldenen Tagen unseres Lebens auf Astolat ihre Brüder auszuschimpfen.

»Meine Tochter Elaine«, sagte Vater stolz, »die Herrin von Astolat, seit meine liebe Frau vor zehn Jahren starb.«

Der Fremde grüßte sie auf höfische Art, und Elaines rosige Wangen wurden dunkler, denn sie war an solch blumige Komplimente nicht gewöhnt. Nach kurzem Schweigen sagte sie schüchtern: »Und Ihr, Sir? Darf ich denn wissen, welchem großen Ritter von Camelot ich vorgestellt wurde?«

Er zögerte kurz, dann sagte er einfach: »Ich bin Lancelot du Lac.«

Ich hielt die Luft an, und selbst mein Bruder umklammerte meinen Arm vor aufgeregtem Staunen. Vater schnaubte überrascht, dann hüstelte er. Nur Elaine blieb ruhig und starrte so gebannt in die Augen des Ritters wie er in die ihren.

Als sie schließlich wieder sprach, war ihre Stimme tief und voller Versprechungen. »Ja«, sagte sie, »ja, Ihr konntet kein anderer sein.«

Mein Bruder und ich konnten uns kaum bremsen, und nach ein paar Tadeln gab Vater es auf, uns dazu zwingen zu wollen. Der größte, berühmteste Ritter der ganzen Welt ruhte sich in unserer bescheidenen Burg aus! Wir konnten kaum glauben, was für ein Glück wir hatten. Jeder Ritter aus Camelot wäre erstaunlich genug gewesen – aber Lancelot persönlich! Wir sprudelten die Fragen schneller hervor, als unsere Zungen sie formen konnten. Wir fragten nach Turnieren, anderen Rittern, vor Drachen geretteten Damen, üppigen Festen und waghalsigen Kämpfen. Wir verlangten nach Geschichten über die Tafelrunde, Merlin, Morgan Le Fay und Prinz Mordred. Aber vor allem wollten wir von König Arthur hören, dem tapferen jungen Ritter, der völlig unerkannt aufgewachsen war, sich dann die Krone erkämpft und seitdem dieses Land für immer verändert hatte.

»Und was ist mit der Königin?« fragte meine Schwester schließlich und unterbrach damit eine weitere von Lavaines Fragen. »Erzählt uns von der Königin.«

Wieder traf Lancelots Blick den ihren, wie schon so oft während dieses Gesprächs. Ein seltsames Schweigen senkte sich über unsere kleine Gesellschaft, das ich überhaupt nicht verstehen konnte. Ich sah, wie sich Elaine auf die Lippen biß und den Ritter weiterhin beobachtete.

»Eine große und ehrenwerte Dame«, sagte er schließlich. »Und eine, der gegenüber ich ein Versprechen halten muß.«

»Morgen zu kämpfen?« fragte Lavaine.

»Genau.« Unaussprechliche Gefühle zeichneten sein Gesicht und wurden alle wieder zurückgedrängt, bis ihm ein Lächeln gelang. Seine Augen glitzerten; bei einem weniger furchterregenden Mann hätte es Schalk sein können. »Ja. Ich habe der Königin versprochen, daß ich morgen kämpfe. Aber ich möchte als Fremder kämpfen, so, wie ich hierher gekommen bin.«

»Aber wie soll das möglich sein?« fragte Elaine. »Kennt man Euch dort nicht zu gut?«

Er warf einen Blick auf den gravierten Schild, der an seinem Stuhl lehnte. »Ja«, erwiderte er. »Wenn ich meinen eigenen Schild trage und mein Pferd reite, wird man mich leicht erkennen können. Aber mit dem eines *anderen* Mannes...«

Vater lachte. »Ich verstehe, um was es Euch geht, Sir Lancelot. Eure Gegner fallen für gewöhnlich schon vom Pferd, wenn nur Euer Name erwähnt wird, aber wenn Ihr als namenloser Ritter auftretet –«

»Würdet Ihr ebenfalls gewinnen«, rief Lavaine, »und Ruhm und Ehre wären wieder Euer!«

»Würde es der Königin denn gefallen, wenn ein Unbekannter für sie in den Kampf ginge?« fragte Elaine.

»Morgen werde ich nicht für die Königin reiten«, sagte er mit plötzlichem Nachdruck, »sondern für meine eigene Ehre.«

»Wir können ihm Torres Schild geben, Vater«, schlug Lavaine vor. »Der ist leer genug.«

Ich schlug nach ihm.

»Es reicht, ihr beiden«, murmelte Vater zerstreut. Er wandte sich an Sir Lancelot. »Torre ist bei seinem ersten Turnierkampf verwundet worden, und –«

»Aber Vater!« Ich war entsetzt. »So etwas kann unseren Gast doch nicht –«

»Schämt Euch nie einer ehrenhaften Niederlage«, mahnte Lancelot und sah mich an. »Keiner bleibt unbesiegt, und die meisten verlieren ihren ersten Kampf.«

»Selbst Ihr?« fragte ich zweifelnd.

Er grinste. Es war das erste Mal, daß er wirklich glücklich wirkte. Es veränderte sein Gesicht fast bis zur Unkenntlichkeit. Ich erwiderte das Lächeln. »O ja«, versicherte er mir. »Selbst ich.«

Und dann erzählte er uns ohne die geringste Verlegenheit die Geschichte seines ersten Turniers, wie jung und eitel und unfähig er gewesen war. Wir lachten alle. Alle außer Elaine, die uns alle mit dem dünnen Lächeln weiblicher Nachsicht betrachtete. Der Blick, den sie Lancelot zuwarf, war allerdings von anderer Art.

»Nun gut, Sir Lancelot«, sagte ich schließlich. »Da ich meinen Schild nicht brauche, werde ich Euch gestatten, Ihn morgen zu benutzen.«

Vater lachte abermals. »Man sollte dich wirklich in Sir Unverschämt umbenennen, junger Torre! Spricht man so mit dem größten Ritter der Welt? Du wirst es ihm *gestatten* ...?«

Ich spürte, wie meine Wangen brannten und versuchte, eine Entschuldigung herauszustottern. Diesmal war es Lancelot, der mir das Haar zauste. Von einem so berühmten Ritter konnte ich das hinnehmen.

Das lederne Hemd, ein Geschenk von Vater, ist neu und steif. Ich habe es erst einmal getragen, bei dem Turnier, bei dem ich verletzt wurde. Der Knappe hilft mir mit dem gefütterten Hemd, das ich darüber tragen werde und das verhindern soll, daß Bruchstücke des Kettenpanzers in eine Wunde geraten.

Ich trage es nur auf Vaters betrübte Bitte hin, denn ich habe keine Angst vor Wunden, die sich entzünden.

Nein, denn ich werde das Feld nicht verlassen, ehe einer von uns beiden tot am Boden liegt.

Am nächsten Morgen brachen wir früh nach Camelot auf – wir drei, Lavaine, Lancelot und ich. Vater machte sich zwar immer noch Sorgen wegen der Wunden, die ich bei meinem ersten Turnier davongetragen hatte, und er hatte mir verboten, diesmal teilzunehmen. Aber da Lavaine Lancelot begleiten mußte, weil dieser nicht wußte, wo er die Straße nach Camelot finden würde, hatte Vater nicht das Herz, mir meine Bitte – oder eher meine *Forderung* – zu verweigern, die beiden begleiten zu dürfen.

»Wieso bittest du nicht auch, mitkommen zu dürfen?« drängte ich Elaine, als sie mir half, meine Kleidung für meinen ersten Besuch in Camelot zusammenzusuchen. »Vater würde dich mitgehen lassen. Wenn sowohl Lavaine als auch ich dabei sind, ist es schicklich.«

»Nach Camelot?« Ihre Stimme klang überraschend hart. »Wozu? Um ihn mit der Königin zu sehen?«

Ich blinzelte verwirrt. »Wen, Lancelot? Er wird nicht gegen die *Königin* antreten, du Dummchen!«

Sie sah durch mich hindurch und murmelte: »Doch, das wird er, kleiner Bruder. Das wird er.«

Ich zog sie an ihrem langen Zopf und neckte sie wegen ihrer Dummheit. Als ich dann endlich angezogen war, fragte ich: »Und, wie sehe ich aus?«

Aber sie gab mir keine Antwort, denn sie hatte sich schon umgedreht und war auf jene zielstrebige Art davongeeilt, die Frauen an sich haben. Und wie jeder Mann wußte ich nicht, ob ich für den Anlaß angemessen gekleidet war, wenn keine Frau da war, mir das zu bestätigen. Aber ich wußte, daß etwas anderes die Aufmerksamkeit meiner Schwester erregt haben mußte, und so trat ich zu Lancelot und Lavaine, die im Hof gerade die Pferde bestiegen, und schließlich verabschiedeten wir uns von Vater. Er hatte Lancelot sein eigenes Pferd überlassen und das Streitroß des Ritters im Stall gelassen. Lancelot würde es später wieder abholen.

Vater gab mir immer noch besorgt Ratschläge, was ich tun und lassen und wen ich grüßen sollte, als Elaine in die Morgensonne hinausgerannt kam. In der Hand hielt sie den rechten Ärmel ihres besten Gewands; der dicke rote Stoff war weich und fein bestickt. Atemlos und errötend bat sie Sir Lancelot, an diesem Tag ihr Zeichen zu tragen.

Er zögerte und sah sie überrascht an. »Ich... ich habe nie die Farben einer Dame getragen.« Als er ihre Miene sah, fügte er hinzu:

»Ich wollte Euch nicht beleidigen, Lady Elaine. Es gehört einfach nicht zu meinen Gewohnheiten. Fragt einen jeden, der mich kennt, und er wird es Euch sagen –«

»Wird es Euch dann nicht helfen, unerkannt zu bleiben, wenn Ihr meine Farben tragt?« meinte meine Schwester, und ihre Wangen wurden angesichts ihres Mutes noch dunkler.

Lavaine gab mir einen Schubs, aber ich sah ihn nur wütend an, weil ich Elaine nicht in Verlegenheit bringen wollte. Es stand einer Frau zu, von einem großen Krieger beeindruckt zu sein, wie wir alle es waren.

Mit einem ironischen Lächeln stimmte Lancelot zu und nahm den Ärmel mit höfischer Geste entgegen. Dann bat er Elaine, seinen Schild für ihn zu bewachen, bis er zurückkäme, ihn abzuholen.

»Ich werde ihn mit in meinen Turm nehmen«, versprach sie, »und dorthin kommt niemand außer mir und manchmal meinen Brüdern. Ich werde ihn hüten wie meine eigene Ehre, Sir, und niemand außer Euch wird ihn mir wieder nehmen dürfen.«

Ich habe diesen Schild aus ihrem Turmzimmer genommen, und ich werde ihn heute tragen. Gebe Gott, daß sich sein Zauber nicht gegen mich wendet, und daß mein eigener Schild, den er immer noch trägt, ihn nicht vor mir schützt.

Es ist wohl kaum notwendig, vom Ruhme Lancelots zu sprechen, denn wer hat noch nicht von seinen Fähigkeiten gehört? Das Gesicht versteckt hinter dem Visier, mit Pferd und Schild, die niemand erkannte, war der geheimnisvolle Ritter das Gespräch des Turniers. Niemand konnte gegen ihn bestehen, und die Nachrichten vom Können und dem Mut des Fremden verbreiteten sich schnell in ganz Camelot; ja, man verglich ihn sogar mit Lancelot! Auch Lavaine schlug sich gut, und ich versuchte, Vaters Lehren zu befolgen und den Neid herunterzuschlucken, den ich empfand, als ich beobachtete, wie er seinen eigenen Anteil an Ruhm einheimste, als er in der *melée* an Lancelots Seite kämpfte.

Aber dann stürzten sich Lancelots Gegner, verängstigt von seinem unglaublichen Mut, alle zusammen auf ihn. Er war ein hervorragender Kämpfer, aber selbst er konnte nicht gegen den Angriff so vieler Männer zur gleichen Zeit bestehen, nicht einmal mit der tapferen Hilfe meines Bruders. Einer der Ritter trieb ihm eine Lanze in die Seite, und die Spitze brach ab. Lancelot stürzte vom Pferd und lag im Staub.

Eine Frau schrie auf, so schrecklich, daß ich die Augen von dem entsetzlichen Anblick abwandte und nach ihr Ausschau hielt. Es war die Königin selbst, und nach diesem einen furchtbaren Aufschrei schwieg sie wie der Tod, saß wie erstarrt auf ihrem Thron und starrte mit solch schmerzerfülltem Blick geradeaus, als wäre sie selbst verwundet. Oder als hätte sie irgendwie erraten, daß es Camelots bester Ritter war, der nun blutend im Staub lag. Der König war sofort an ihrer Seite und versuchte, sie zu trösten. Er wirkte älter, als ich erwartet hatte, aber man hört so viele Geschichten von den Kriegen, daß ich oft vergesse, wie lange sie schon zurückliegen. Aber er war König von Kopf bis Fuß, und ganz Camelot hielt den Atem an, als er sich der *melée* zuwandte, als ob er sie auf der Stelle unterbrechen wolle.

Und dann packte Lancelot Lavaines Arm, als mein Bruder sich über ihn beugte, und versuchte, auf die Beine zu kommen. Ich riß vor Überraschung den Mund weit auf. Keiner konnte Lancelots Gesicht sehen, als er mühsam wieder in den Sattel stieg, aber meine eigene Miene – und die eines jeden Mannes in der Menge – spiegelte zweifellos die seine, die von einem Schmerz gezeichnet sein mußte, der jenseits dessen lag, was ein gewöhnlicher Mann ertragen konnte.

Sie werden noch Lieder über jenen Tag singen und Geschichten erzählen, wenn ich schon ein uralter Mann bin, denn Lancelot kämpfte wie ein Löwe, während die abgebrochene Lanze immer noch aus seiner Rüstung ragte. Ich hätte es nicht geglaubt, wenn ich es nicht mit eigenen Augen gesehen hätte, aber er trieb seine Gegner zurück, und er wirkte eher wie ein junger Mann, der gerade erst aufgestanden ist, als wie ein älterer und schrecklich verwundeter Ritter, der schon den ganzen Tag im Kampf stand.

Und als der Tag vorüber war und man ihn zum Sieger des Turniers erklärte, wandte er sich von dem Ruhm, den Trophäen und dem Jubel der Menge ab.

»Mein Preis...« sagte er müde, »ist der Tod.« Sein Atem rasselte so laut unter dem Visier, daß selbst ich es hören konnte. »Ich werde gehen... und ich warne euch alle... folgt mir nicht.«

Er wandte sich vom König und der Königin ab, gab seinem Pferd die Sporen, und Staub wirbelte auf, als er an mir vorbeiritt. Mein Bruder folgte ihm.

»Hol dein Pferd, du Idiot, und komm mit!« schrie Lavaine, als er an mir vorübergaloppierte.

Meine Rüstung ist altmodisch, zum größten Teil von Vater geliehen. Er hat vor, mir eine eigene machen zu lassen, in einem oder zwei Jahren, wenn ich aufgehört habe zu wachsen. Wenn er darüber redet, sieht er immer meine schlacksigen Arme und Beine an, dann lacht er und sagt, wahrscheinlich würde ich nie aufhören zu wachsen.

Wir brachten Lancelot in eine Fischerhütte, die wir kannten, weil Vater dort einmal vor langer Zeit Schutz gesucht hatte. Als wir dort waren, befahl er uns, die Lanzenspitze herauszuziehen. Ich hatte Angst davor, denn ich war überzeugt, daß er dann sterben würde. Aber Lavaine gehorchte ihm schließlich.

Das Blut! Wie er blutete! Es schoß in einem breiten roten Fluß aus ihm heraus, schwärzte die Erde, auf der er lag, und lief mir über die Füße. Er wurde vor Schmerz ohnmächtig, und ich war froh darüber, denn ich wäre nicht imstande gewesen, ihn leiden zu sehen und meine Würde zu bewahren.

Ich wußte, daß er ohne kundigere Hilfe, als wir ihm geben konnten, sterben würde, also ließ ich Lavaine bei ihm und ritt im Zwielicht der untergehenden Sonne nach Astolat. Ich war noch nie nachts unterwegs gewesen und noch nie alleine so weit von zu Hause entfernt. Dämonen gackerten hinter mir her, und die Schatten unter den knorrigen Bäumen seufzten. Der Weg sah so anders aus als sonst, und oft mußte ich anhalten, absteigen und nach irgendwelchen Zeichen Ausschau halten, die mich in die richtige Richtung führen sollten. Meine Zähne klapperten, denn ich war nicht für einen Ritt bei Nacht angezogen, nicht für diesen Nebel, der aufstieg, um mich frieren zu lassen und noch mehr zu verwirren.

Ich kam so langsam voran, daß der Morgen dämmerte, als ich schließlich Astolat erreichte und meinen Vater und meine Schwester aus den Betten holte.

»Er ist *verwundet*«, flüsterte Elaine, bevor ich ihr auch nur sagen konnte, was geschehen war, »nicht wahr?«

Ich nickte und versuchte, wieder zu Atem zu kommen.

Sie schloß die Augen und faßte sich an die Seite, als spürte sie ebenfalls eine Lanzenspitze dort. *»Hier.«*

»Ja.« Ich starrte sie erstaunt an. »Woher weißt du das?«

»Der Schild«, sagte sie und zog sich rasch an.

»Wie bitte?«

»Der Schild... kennt sein Schicksal.«

»Wie kann –«

»Ich glaube, er ist verzaubert«, unterbrach sie mich. »Du mußt mich zu ihm bringen. Ich kann ihm helfen.«

»Ja«, stimmte ich müde zu, zu erschöpft, um mich um irgendwelches Frauengeschwätz über verzauberte Schilde zu kümmern. Ich war gekommen, um meine Schwester zu holen, und jetzt mußte ich sie mit mir nehmen. Schon bevor ich geboren war, hatte sie die

Heilkunst gelernt. Sie kümmerte sich um alle Kranken in der Umgebung von Astolat und kannte Gebete, die unfruchtbaren Frauen halfen, gesunde Kinder zur Welt zu bringen. Ich kannte sonst niemanden, der Lancelot helfen könnte, gegen den Tod zu kämpfen.

Also packte Elaine ihre Kräuter und Medikamente, während ich schnell etwas zu mir nahm. Mein Vater befahl, daß frische Pferde gebracht wurden, und er sah uns besorgt nach, als wir davoneilten. Jemand mußte auf Astolat bleiben – und nun war mein Vater zum ersten Mal ohne seine Kinder dort.

Ich bin froh, daß der Knappe da ist, denn mein Geist ist merkwürdig verwirrt, und ich würde vermutlich die Rüstung falsch anlegen, wenn er nicht hier wäre, um mir zu helfen. Aber er ist ganz ruhig und hilft mir mit der Halsberge. Ich hoffe, er merkt nicht, wie sehr meine Hände zittern.

Es war Elaine, die sein Leben rettete. Und es war Elaine, die die schlimmsten Auswirkungen seines heftigen Hirnfiebers ertragen mußte, sein Delirium, seine Alpträume, sein grobes Beharren, daß er keine Hilfe brauche, seine gequälte Verlegenheit, sein Schmollen. Ein solcher Mann reagiert nicht gut auf Schwäche und Hilflosigkeit. Aber am Ende lernte er, sich der Pflege meiner Schwester zu ergeben. Im Lauf der Tage verschwand seine kalte Höflichkeit und wich einer zärtlichen Wärme zwischen ihnen. Sie hatte eine Art, ihn zu beruhigen, die ich kaum verstehen konnte, die aber half, die schwere Bürde von Trauer zu heben, die sein alterndes Gesicht verzerrte.

Lavaine sah das anders. »Sie sagt, ich solle ihn nicht mit Fragen ermüden, sagt mir, er brauche seine Ruhe, sagt mir, er habe keine Kraft, mir irgendwelche Geschichten zu erzählen und mir Ratschläge für meine Kampfübungen zu geben ... und *dann* sitzt sie selbst da und redet stundenlang mit ihm!« beschwerte er sich, als wir eines Nachmittags auf Jagd waren.

Elaine nutzte gut, was wir erlegen konnten, kochte Brühe für Lancelot und briet das Fleisch für uns. Aber ich vermißte den Tisch in Vaters Haus, und ich war froh, als Elaine erklärte, Lancelot sei nun stark genug, um mit uns nach Astolat zurückkehren zu können – solange wir sehr langsam ritten.

»Sie tröstet ihn«, sagte ich, mehr daran interessiert, Wild zu finden als an einer Unterhaltung.

»Das ist ein tückisches Wort dafür«, höhnte Lavaine. »Sie will, was jede Frau will, aber wieso sollte sie einen verwundeten und hilflosen Mann als ihren –«

»Ach, halt doch den Mund! Dein dummes Geschwätz vertreibt uns noch alles Wild!« fauchte ich, verärgert, weil er Elaine kritisiert hatte und weil ich jeden Augenblick hungriger wurde.

Es war spät, als wir zur Fischerhütte zurückkehrten, aber der Vogel, den wir erwischt hatten, würde eine gute Mahlzeit abgeben. Lavaine fachte das Feuer draußen an, während ich die Hütte betrat, um Elaine zu sagen, daß wir zurück waren. Als sie sich erhob, um nach draußen zu gehen, küßte Lancelot ihre Hand, bevor er sie losließ.

Die Brustplatte ist schwer und starr, aber mein Vater hat mich angefleht, sie heute zu tragen. Ich habe zugestimmt, denn ich habe gesehen, wie verwundbar das Herz ist.

Wir brauchten länger als einen Tag, um nach Astolat zu gelangen, so langsam ritten wir. Ich war erleichtert, endlich zu Hause zu sein, und überrascht, wie sehr ich es vermißt hatte. Zum erstenmal begann ich zu verstehen, wieso mein Vater sich nach den Kriegen entschlossen hatte, ein so zurückgezogenes Leben zu führen.

Elaine bestand darauf, daß wir Lancelot in ihr Turmzimmer brachten. Er stimmte gleich zu, obwohl es anstrengend für ihn war, diese lange, gewundene Treppe hinaufzusteigen.

»Das ist doch lächerlich!« protestierte Lavaine und wurde rot vor Zorn. »Wieso kann er nicht in meiner Kammer schlafen? Dort hätte er es viel –«

»Ich kann mich im Turmzimmer viel besser um ihn kümmern«, erklärte Elaine entschlossen, »weil ich dort all meine Kräuter und Salben habe. Außerdem braucht er mehr Ruhe und Frieden, als er bei –«

»Ach, du glaubst, *das* ist es, was er braucht?« forderte Lavaine sie heraus.

»Ich bitte Euch, mein Freund«, meldete sich Lancelot müde zu Wort, »Lady Elaine hat mir das Leben gerettet, und ich werde nicht so undankbar sein, ihren Rat in Frage zu stellen.«

Mürrisch gab Lavaine nach. Vater schlug diplomatisch vor, wir sollten alle essen und uns früh zurückziehen.

Der Herold des Königs erschien am nächsten Tag. Der ganze Hof hatte inzwischen den Verdacht, daß der geheimnisvolle Ritter tatsächlich Lancelot in Verkleidung gewesen war. Besorgt, daß er mit einer so schweren Verwundung davongeritten war, suchten die Männer des Königs ihn nun im ganzen Land. Mein Vater hieß den Herold willkommen und bot ihm Speis, Trank und Nachtlager an. Obwohl Elaine darauf bestand, daß Lancelot immer noch zu schwach sei, um Besucher empfangen zu können, gab sie dem Herold einen ausführlichen Bericht darüber, daß er dabei war, seine Gesundheit wiederzuerlangen.

Am nächsten Tag kam ein Bote der Königin. Er brachte ein Geschenk, das er Elaine mit höfischer Geste darbot: die Königin sende dieses kleine, unwürdige Zeichen ihrer Dankbarkeit dafür, daß Elaine das Leben von Camelots edelstem Ritter gerettet habe. Zur allgemeinen Überraschung wies Elaine das Geschenk ab und erklärte, Sir Lancelots Gesundheit und Frieden seien die einzigen Geschenke, die sie je als Bezahlung für ihre Heilkunst annehmen werde.

Danach schickte die Königin beinahe jeden Tag Boten nach Astolat.

Manchmal fragten sie nur nach Lancelots Gesundheit, manchmal brachten sie Briefe der Königin an ihn. Nachdem er diese Briefe gelesen hatte, war Lancelot immer sehr zurückgezogen, und Elaine beschäftigte sich irgendwo in der Burg, angespannt und hohläugig.

Lavaine und ich kehrten zu unseren täglichen Studien und Kampfübungen zurück. Als Lancelot an Kraft gewann, kam er hin und wieder nach draußen und erteilte uns Ratschläge. Nachdem weitere zwei Wochen vergangen waren, war er sogar imstande zu demonstrieren, was er vorschlug. Obwohl er viel älter war als wir und immer noch von seiner Wunde beeinträchtigt wurde, konnte er jeden von uns – und manchmal beide gleichzeitig – ohne sichtbare Anstrengung entwaffnen. Aber selbst stolze junge Männer konnten nicht übelnehmen, vom größten Ritter des Königreichs besiegt zu werden, vor allem, wenn er in seinem Sieg so gnädig und gut gelaunt war.

Elaine billigte unsere Raufereien, obwohl sie Lancelot mit offenkundiger Sorge beobachtete, als er begann, sich dabei einzumischen. Einmal ging seine Wunde wieder auf, und sie ließ ihn drei Tage kein Schwert mehr anfassen.

Ich weiß nicht, worüber sie in jenem abgelegenen Turmzimmer sprachen, aber in der Halle oder auf dem Hof redeten sie nur selten miteinander. Nicht, daß zwischen ihnen eine kühle Stimmung aufgekommen wäre. Im Gegenteil, selbst ich konnte sehen, daß Sir Lancelot eine große Zuneigung zu meiner Schwester gefaßt hatte. Aber es schien, als wären Worte zwischen ihnen nicht nötig, denn sie sprachen mit ihren Blicken.

Die Handschuhe sind alt und bequem. Ich bewege die Finger, dann packe ich das schwere Schwert und spüre sein Gewicht in meinem Griff. Er wird eine bessere Rüstung haben, bessere Waffen, und ein besseres Pferd als ich, aber ich bin zuversichtlich, daß ich meine Vorbereitungen auf das Turnier beende. Denn ich weiß, daß Gott auf meiner Seite ist.

Ich sah ihn nur ungern gehen, aber ich hatte immer gewußt, daß er uns irgendwann verlassen und zu den hohen Türmen von Camelot zurückkehren würde. Kein Mann, der all diese Jahre an der Seite des Königs Ruhm gesucht hatte, konnte für immer mit dem ruhigen Leben auf Astolat zufrieden sein. Zu meinem Erstaunen bat Lavaine, ihn begleiten zu dürfen. Ich versuchte, ihm das auszureden, denn ich wußte, daß es Vater weh tun würde zu sehen, wie sein ältester Sohn Astolat verläßt. Aber Lavaine wollte seinen eigenen Anteil an Ruhm und Ehre, und Vater sagte, das könne er ihm nicht verweigern.

Elaine war untröstlich. Sie war zu stolz und zu tapfer, uns ihre Tränen sehen zu lassen, aber ich bemerkte an ihren geröteten Augen, daß sie viele vergossen hatte. Bleich und zerbrechlich, trug sie ihren Kummer mit Würde, als Lancelot davonritt, und auch seine Schultern waren gebeugt.

Nachdem Lancelot und Lavaine uns verlassen hatten, zogen sich die Tage dahin. Vater hatte wenig Zeit und noch weniger Energie, mir bei meinen Schwertübungen zu helfen, also begann ich, ihn bei seinen vielen Pflichten zu unterstützen. Trotzdem lag die Zeit oft schwer auf mir, denn mein Bruder war all die Jahre mein Freund, Gegner und Gefährte gewesen, und er fehlte mir mehr, als ich erwartet hätte. Und so stieg ich an einem verregneten Nachmittag die Treppe zu Elaines Turm hinauf, auf der Suche nach Gesellschaft.

Sie saß auf dem kalten Boden, das Haar offen, die Arme um sich geschlungen, und wiegte sich vor und zurück. Sie saß mit dem Rücken zu mir, aber ich brauchte ihr Gesicht nicht zu sehen, um zu wissen, daß sie weinte. Ich hätte mich niedergekniet, um sie zu trösten, aber dann sah ich, was sie so gebannt anstarrte, daß sie mein Kommen überhaupt nicht bemerkt hatte.

Er hatte seinen Schild in ihrer Obhut gelassen, und nun lehnte er gegen eine der steinernen Wände. Ein Abschiedsgeschenk, nahm ich an, und starrte es staunend an. Es war ein Stück erlesener Handwerkskunst, aber nun glänzte es von etwas anderem als poliertem Metall. Es war ein Schimmern, ein inneres Leuchten, das von Zauberei kündete. Als ich die polierte Oberfläche weiter ansah, erschien Lancelot vor meinen Augen.

Die Sonne ging gerade unter, als er durch die Tore von Camelot ritt. Er war zur Jagd gekleidet, und er war allein.

Entsetzt riß ich meinen Blick los und starrte Elaines Rücken an, ihr goldenes Haar, das ihr bis über die Taille hing, und die trauernde Haltung ihrer zitternden Schultern.

Was hatte sie über den Schild gesagt – daß er Lancelots Schicksal kannte? Ich war zu diesem Zeitpunkt müde gewesen und besorgt, zu ungeduldig, um einer zuzuhören, die immer älter und klüger gewesen war als ich. Hatte sie ihn auf diese Weise beobachtet, seit er Astolat verlassen hatte? Wußte er das? Beim Blut Christi! Hatte er den Schild deshalb hiergelassen?

Mein Blick flog zu der polierten Oberfläche zurück, und ich sah Elaines Herz in Lancelots liebeskrankem Blick gespiegelt. Was für ein Narr war ich doch gewesen! Wie hatte mir das entgehen können? Es stimmte, mir war noch fremd, was zwischen Männern und Frauen geschah, aber wie hatte mir die Sehnsucht im Blick meiner eigenen Schwester entgehen können, wann immer sie Lancelot ansah? Und nun hatte er denselben Ausdruck auf seinem vernarbten, müden Gesicht, als er eine andere Frau ansah. Ich erkannte sie als die Königin.

Ein Schluchzen drang aus Elaines Kehle. O bei der heiligen Jungfrau, jetzt verstand ich endlich! Und kam mir mehr als je zuvor wie ein kleiner Junge vor. Wußte denn sonst niemand davon? War mein Vater so in seinen Pflichten und alltäglichen Familienangelegenheiten versunken, daß er nicht bemerkte, daß seine Tochter sich verliebt hatte? War Lavaine ebenfalls so verstrickt in seine blinde Bewunderung Lancelots, um die Quelle seiner eigenen Eifersucht zu verstehen?

Und Elaine, die arme, süße Elaine! Wieso hatte sie dieses Leid allein getragen? Glaubte sie, ihr gebrochenes Herz würde mich nicht kümmern?

Ich starrte mit tränenverschleierten Augen auf den Schild. Lancelot verzog gequält das Gesicht, hin- und hergerissen zwischen Begierde und Scham, als er heimlich nachts ins Schlafgemach der Königin schlüpfte. Als er sich mit ihr vereinigte, wandte ich mich ab, konnte den Anblick nicht mehr ertragen, ebensowenig wie Elaines Schluchzen.

»Nein!« schrie sie. »Nein, du hast gesagt, du liebst mich! Geh nicht zu ihr! Nicht zu *ihr*! Sie kann dir nicht geben ... was ich ...« Sie beugte sich nach vorn und brach auf dem Boden zusammen.

»Elaine!« Ich kniete mich nieder und nahm sie in die Arme, obwohl sie sich wehrte. »Elaine ...«

»Ach, Torre!« Ihre Stimme war schrill vor Schreck und Pein. »Du hast sie gesehen!«

»Ja, das habe ich. Aber wie ist das möglich? Der Schild –«

»Ein Spiegel seines Lebens, seines Herzens ... ich weiß es nicht. Zauberei. Der Zauberer des Königs vielleicht.«

»Es tut mir so leid, Elaine. Ich wußte es nicht, ich wäre nie darauf gekommen. Wie konnte mir das entgehen?« Erstaunt schüttelte ich den Kopf. War ich gestern nicht so jung und dumm gewesen? »Ich wünschte, du wärst zu mir gekommen. Ich wünschte –«

»Du bist immer noch ein Junge«, murmelte sie. »Es wäre nicht recht gewesen, dich damit zu belasten, daß ich –«

»Ich bin ein Mann«, sagte ich ruhig. »Und es ist meine Pflicht, dich zu beschützen.«

Sie drehte sich um und sah mich an. Während sie mich forschend betrachtete, ließ ihre Tränenflut einen Augenblick lang nach. »Ein Mann?« flüsterte sie. Sie berührte meine Wange, dann nickte sie schließlich und sagte, »vielleicht ist der Tag gekommen.« Sie seufzte und lehnte sich an mich. »Ach Torre, Torre. Was soll ich nur tun?«

Ich schüttelte den Kopf. »Ich wünschte, ich wüßte es. Wenigstens wird du diese Last nun nicht mehr allein tragen müssen.«

Sie erstarrte. »Aber ich trage noch etwas anderes, kleiner Bruder, und das trage ich allein.«

Es war wie ein harter, unerwarteter Schlag. Ich hielt die Luft an, dann fragte ich dümmlich: »Bist du sicher?«

»Ganz sicher.«

»Wann ist das geschehen?«

Sie hätte beinahe gelacht. »Ich bin keine *so* kluge Hebamme. Es hätte jederzeit sein können, seit wir nach Astolat zurückgekehrt sind.«

»Gott sei uns gnädig.« Ich senkte den Kopf und flüsterte: »Wird er dich nicht heiraten?«

»Er weiß nichts von dem Kind.«

»Dann mußt du es ihm sagen.«

»Nein.«

»Elaine –«

»Nein!« Sie schob mich weg. »Ich habe ihn angefleht, mich zu seiner Frau zu machen. Aber er will *sie*!«

»Sie hat schon einen Mann«, bemerkte ich. »Und du wirst sein –«

»Nein. Wenn er je zurückkommt, dann muß es um *meinetwillen* sein. Ich werde nicht für den Rest meines Lebens Nacht um Nacht neben ihm liegen und wissen, daß er nur von *ihr* träumt.«

»Aber Elaine, sicher ist doch das Kind das Wich–«

»Nein!« fauchte sie. »Er muß um *meinetwillen* kommen oder gar nicht.«

Aber es vergingen Monate, und er kam nicht, schickte nicht einmal eine Nachricht, denn er war so betört von der Königin wie Elaine von ihm. Und als Elaines Schande nicht mehr zu verbergen war, war ihr Herz zu gebrochen, als daß sie sich noch um die mißbilligenden Blicke der Priester und Dorfbewohner gekümmert hätte. Ich dachte eine Weile, die Liebe zu dem Kind, das sie trug, würde sie trösten, aber die tägliche Qual vor dem Schild brachte sie am Ende um den Verstand. Und als schließlich die Schmerzen über sie kamen, lange vor der Zeit, schien sie, die so vielen anderen geholfen hatte, nicht zu wissen, was zu tun war. Vater und ich flehten sie an, uns zu sagen wie wir ihr helfen könnten, aber es war, als sei sie von einem seltsamen Fluch befallen, denn sie weinte nur und sang Zeilen von alten Kinderliedern.

Und so starb sie und nahm den letzten Schimmer allen Glücks mit sich, das wir je auf Astolat gekannt hatten.

Alle in Camelot sind gekommen, um sich den heutigen Wettstreit anzusehen, obwohl die Menge ernst und still ist. Ich dachte, sie würden jubeln, wenn Lancelot einreitet, denn er ist in allen Geschichten und Liedern immer der Held gewesen, aber sie schweigen, wenn er erscheint. Ich spüre Feindseligkeit und stelle überrascht fest, daß sie sich gegen ihn *richtet. Ich bin hier schließlich unbekannt, aber* er *hat in Camelot seit Jahren Neid und Eifersucht hervorgerufen. Vielleicht, beginne ich zu denken, vielleicht werde ich ihm und allen anderen einen Gefallen tun, wenn ich ihn heute töte.*

Er versuchte, meine Herausforderung abzuweisen, als ich an den Hof des Königs kam. Es gab eine schreckliche Szene, als ich in Camelot mit Elaines Leiche eintraf, mit dem Schiff flußabwärts von Astolat. Sie war bleich vom Blutverlust, und ihr weißes Gewand ließ sie noch fahler aussehen.

Die Königin weinte, als ich ihre Geschichte erzählte. Lancelot schien in wenigen Minuten zwanzig Jahre älter zu werden. Und der König ... wie traurig Arthur aussah!

Die Tränen meines Bruders um Elaine trockneten, als ich zum Hof sprach. Als ich fertig war, warf er sich auf mich, als wären wir immer noch rauflustige Jungen im Hof der väterlichen Burg. »Du lügst!« schrie er, als die Männer des Königs ihn von mir wegzogen. »*Sie* hat gelogen! Er ist der edelste Ritter der Welt! Er hätte *nie* –«

»Er hat«, sagte ich, und mein Herz brannte vor Haß. »Frag ihn.«

»Ich brauche ihn nicht zu fragen! Elaine hat gelogen, und wenn du gegen ihn kämpfst, wird er es beweisen, indem er dich tötet.«

Der Hof brach in wildes Geschrei aus, alle stritten sich, und nur die Befehle des Königs brachten den Aufruhr zum Erliegen. Dann bat Arthur mich, noch einmal nachzudenken, da durch einen Zweikampf nichts bewiesen werden könne, und nichts könne meine Schwester zurückbringen.

Lancelot schwieg, sah mich nicht einmal an, aber als ich auf dem Weg der Ehre bestand, nahm er die Herausforderung schließlich an und wandte sich schweigend von uns allen ab.

Bevor er ihm nach draußen folgte, versprach Lavaine mir: »Wenn du den Kampf mit ihm überlebst, dann werde ich selbst dich umbringen!« Er packte meinen Arm, zog mich dichter zu sich und fauchte: »Wie konnte Vater das erlauben? Du wirst nicht lebendig nach Hause zurückkehren, Torre, also solltest du ihm lieber heute nacht noch schreiben. Und sag ihm, daß auch *ich* nie nach Astolat zurückkehren werde! Ihr habt mich alle entehrt!«

Ich schüttelte ihn ab und sagte ihm, er sei nicht mehr mein Bruder. Die grünen und goldenen Tage hatten mit Lancelot ein Ende gefunden, und Lavaine würde auf Astolat nie wieder willkommen sein; selbst wenn Vater ihm verzeihen würde, würde ich das nie über mich bringen.

Als ich den Schild in jener Nacht für den Kampf reinigte, sah ich in den Spiegel. Ich sah Lancelot, und ich sah die Königin. Er wandte sich von ihr ab, und ich wußte, daß nie wieder Frieden zwischen ihnen sein würde.

Sein Schlachtroß ist so glänzend und stark wie damals, als er zum erstenmal nach Astolat kam, an jenem Tag, als wir ihn von ganzem Herzen willkommen hießen. Seine Rüstung glitzert in der Herbstsonne, und er hält die Zügel mit dem festen Griff eines mutigen erfahrenen Kämpfers.

Meine eigenen Hände zittern, und ich spüre, wie mir unter dem Gewicht der Rüstung Schweiß über den Rücken läuft. Ich habe noch nie einen Menschen getötet. Er wird der erste sein.

Ich blinzele den Nebel meiner Angst weg, packe die Lanze und empfehle meine Seele Gott.

Würdigung

von Jennifer Roberson

Ich begegnete Marion Zimmer Bradley, wo alle Autoren sich gern begegnen würden: in einem Buchladen. Nicht leibhaftig – Marion war selbst nicht anwesend – aber im Geist, in Worten, und ich war vollkommen gebannt von einer neuen Welt, die sich mir erschloß –

In jenen Tagen von wenig Geld und noch weniger Zeit gehörte es zu den wichtigsten Aufgaben, mit dem auszukommen, was man hatte: Um mir Bücher leisten zu können, ging ich häufig in Antiquariate und verlor mich dort eine Weile, vergaß vollkommen, wie spät es war und welcher Tag; ließ mich vom Zauber von Autoren gefangennehmen, die begabt – und großzügig – genug waren, um eine Welt mit mir zu teilen.

Da solche Augenblicke selten bemerkenswert sind, erhoffte ich nichts weiter von dem Buch, als daß es mich unterhalten würde. Ich erwartete auf keinen Fall noch mehr Bücher, die in derselben Welt spielten oder andere Charaktere, die andere Bände bevölkerten, ich war nur auf ein unschuldiges Lesevergnügen aus.

Das Buch hieß *Das Zauberschwert*, und auf den ersten Blick war es nur bemerkenswert, weil es schon so zerlesen war und weil jemand eine Einkaufsliste auf die Innenseite des Umschlags gekritzelt hatte. Ich habe Leute nie ausstehen können, die Bücher auf diese Weise mißbrauchen, und es ärgerte mich, etwas zu kaufen, daß jemand nicht entsprechend geachtet hatte, aber ich kaufte es trotzdem. Und ich liebte es.

Und nun, fast zwanzig Jahre später, möchte ich eine Autorin ehren, die viel dafür getan hat, mich bei meiner Arbeit zu ermutigen und die zu den Mitbegründerinnen eines Genres gehört.

Marion war nicht die erste. Sie hatte keinen Anteil an den frühen Jahren, dem Goldenen Zeitalter, den Tagen von Campbell, Kornbluth, Howard, Moore, Brackett und anderen. Sie gehörte zu einer zweiten Welle, wenn man so will, oder gar einer dritten; sie war Teil jener Flut von Autoren, die, angeregt von und begeistert von den Werken ihrer Vorgänger, ihre eigenen Welten schufen und sie mit Gestalten bevölkerten, die die Leser nicht ignorieren konnten.

Marion hatte ihren Ursprung als Autorin als Science-fiction-Fan, aber sie ging weit darüber hinaus, indem sie selbst eine der ganz Großen des Genres wurde. Und das ist sie bis heute geblieben. Ihre Arbeit und ihr Einfluß, ihre Unterstützung und ihre Begeisterung sind ein wichtiger Grundbestandteil des Genres gewesen; ohne Marion, ohne ihre Arbeit und ihre Großzügigkeit, hätten viele von uns nie etwas veröffentlichen können. Das Genre verändert sich zwar ständig unter dem Einfluß neuer Talente, neuer Ideen, neuer Technologien, aber es wurde zu dem, was es heute ist, weil Autoren wie Marion es der Öffentlichkeit nahegebracht haben, bis zu einem Punkt, wo andere Genres eingeschlossen wurden – und auf der anderen Seite wieder hervortraten mit eigenen Gattungen, die sie mit den nächsten Generationen teilten.

Marion selbst wäre nie so arrogant, Anspruch auf ihren Anteil an diesem Genre zu erheben, sich selbst als Mitschöpferin der modernen Science-fiction und Fantasy zu betrachten. Aber jene unter uns, die ihr Werk kennen, von Jugendromanen über die Darkover-Reihe bis zu solch ehrgeizigen Meisterwerken wie *Die Nebel von Avalon*, wissen genau, wieviel wir ihr schulden.

Als Leser sind wir dankbar für alles, was sie uns geschenkt hat. Als Autoren können wir ihr unsere Ehre erweisen und sie feiern: eine Kollegin, die es uns allen ein wenig einfacher gemacht hat, die uns Zeit, Geld, Gesundheit und Einfluß geschenkt hat, um denen zu helfen, an die sie glaubt.

Es ist nicht meine Aufgabe, Marions Werk zu analysieren; das überlasse ich den Akademikern und Kritikern, die dafür besser gerüstet sind. Ich möchte ihr nur danken, daß sie eine Atmosphäre der Offenheit für die Möglichkeiten geschaffen hat, die so viele von uns erforschten und die andere noch erforschen werden. Und ich möchte eine Frau ehren, die in ihrem Leben wie in ihrem Werk anderen Autoren erlaubt und sie ermutigt hat, frei zu sein, trotz der Zeiten, der politischen Verhältnisse und der Vorurteile, die vielleicht gegen eine solche Offenheit stehen könnten. Aber Marion war nie feige oder »politisch korrekt«, und sie läßt sich von niemandem sagen, was sie denken soll. Sie ist, was sie ist.

Und das hat das Genre nur besser gemacht.

Guineveres Wahrheit

von Jennifer Roberson

Ich bin nicht die, für die mich jene Lügenbrut ausgibt, die so gewandt darin ist, aus Wahrheit und Falschheit ein vollkommen unangemessenes Flickwerk zu schaffen. Sie waren nicht *dabei,* keiner von ihnen, und sie können nicht erzählen, was passiert ist. Oder was nicht passiert ist.

Jetzt nennen sie es eine Tragödie. Wahrscheinlich ist es das; wahrscheinlich war es das schon damals, als keiner von uns es wußte. Als wir nie geglaubt hätten, daß die Träume zweier Menschen genügen würden, ein Königreich zu erhalten. Und die Würde eines Menschen.

Sie machen jetzt ein Opfer daraus, und andere sprechen von Sünde. Für uns war es einfach das, was es war. Wir kannten die Zukunft nicht, wir wußten nicht, was aus dem Augenblick entstehen würde. Wir waren nie weise, haben nie die Folgen unserer Taten bedacht. Wir waren, was wir waren, und nicht mehr.

Jetzt wollen sie uns zu mehr machen, und es wird ihnen sogar gelingen. Statuen aus Menschenfleisch, die aus Geschichten herausschreiten, aus Geschichten von Königen, Königinnen und Rittern – und den Dummheiten des Fleisches.

War es dumm? Nicht damals. Und auch jetzt nicht. Und war es das Fleisch? O ja. Nur das Fleisch. Es war ganz und gar fleischlich, obwohl sie etwas anderes daraus machen werden, Opfer oder Sünde. Der Amboß, auf dem ein Reich geschmiedet wird, der lästigen Wahrheit zum Trotz.

Zunächst nur ein Mann. Eine Frau. Eine Bindung zwischen ihnen, durch Magie herbeigeführt, unter üblen Vorzeichen, aber genug, um ein Kind zu zeugen. Und dieses Kind, erzogen, trotz seiner unehelichen Abstammung König zu werden, wurde zum König gemacht – als es notwendig war, auch durch den Mord an einem anderen König. Um zu zerbrechen, was mit dem Herzen gebaut worden war, zusammengehalten von Blut.

Und jetzt geben sie mir die Schuld.

Verführerin? Dazu wurde ich nicht erzogen, noch ließ man mich glauben, ich könnte es sein; Männer wollten mich für das, *was* ich war, nicht wer. Die Tochter eines Mannes, der ihnen nützlich sein könnte, von geringem Einfluß auf dem Schachbrett der Macht, jenem Flickwerk, das vor seiner Ankunft in keiner Weise einer Nation ähnelte.

Aber er kam. War geboren, König zu werden, ein Volk zu ergreifen, wie er ein Schwert ergriff, zu bewahren, was ansonsten zerfallen wäre, bevor es aufgebaut war, geboren, aus den abgewetzten Flicken eine stabile Decke zu nähen, die genügte, seine Geliebte zu wärmen, seine einzig wahre Geliebte, eine beständige Dame, deren Name Britannien war.

Ein Mann, der König ist, braucht seine Frau nur als Königin und damit sie ihm einen Erben gibt.

Hure? Einige haben mich so genannt. Und hätten mich auch dafür verbrannt. Und ich werde brennen. Das sagen jedenfalls die Priester. Später. Gott wird in seinem Reich keine Ehebrecherin dulden.

Wenn dem so ist, dann gilt es sowohl für Männer als auch für Frauen, und wir werden diese Tragödie, diese Travestie, diesen entwürdigenden Tanz immer wieder aufführen. Und immer gegen unseren Willen.

Wenn das die Hölle ist, dann haben wir sie gelebt.

Solche Geschichten sind zu Anfang, wenn sie entstehen, so unendlich einfach. Unsere unterschied sich da nicht von den anderen. Aber nun machen sie große Unterhaltung daraus, einen Stoff, der die Menschen zum Weinen bringt.

Von uns hat keiner geweint.

Es war nur, was es war – kein großes Epos, keine Literatur der Seele. Es war nichts Gewaltiges daran, es hatte nichts von der brillanten Ausschmückung, die die Barden der Geschichte heute verleihen, um sich einen Monat warmer Mahlzeiten zu sichern. Unser Gobelin war nur ein Rechteck sauberen, feinen Leinens, an den Kanten gesäumt... erst später wurde es benutzt, das Blut von Britanniens gebrochenem Herzen aufzuwischen.

Seine einzig wahre Geliebte enthüllt. Seine Frau, die Königin, entblößt.

Verführerin. Ehebrecherin. Und noch schlimmer: unfruchtbar.

Und das *war* mein Fehler. Er hatte seine Zeugungskraft bewiesen, wenn auch nur durch die Frau, die seine Schwester war. Seine Saat war gesät worden, wurde geboren, um König zu werden, selbst wenn das bedeutete, einen anderen König zu töten.

Nun, es ist vorüber.

Alles ist vorüber. Und nun ist alles offen: dieser Bastard, der gleichzeitig Sohn und Neffe war, hatte nicht die Weisheit zu sehen, was daraus entstehen würde. Was daraus entstanden *ist*.

Lügen. So viele Lügen. Die Wahrheit ist so unendlich prosaisch, und deshalb ist sie lästig.

Ein Mann und eine Frau. Allem entkleidet, bis aufs Fleisch, und das Fleisch befreit von solchen Zwängen wie einer Krone, wie Waffen. Und die Herzen befreit von allem außer Mitleid für einen König, der einen Sohn brauchte, den ihm seine Königin nicht geben konnte.

Wir wußten damals nicht, was wir später erfahren sollten: daß er bereits einen Sohn hatte. Wir wußten nur, daß es keinen gab und auch keinen geben würde, und ein Mann, der älter wird ohne einen Sohn, der ihm nachfolgen soll, der ihm die große Last abnimmt und sich selbst auferlegt, wie das härene Gewand der Priester. Es war nur bekannt, daß Britannien einen Erben brauchte, und daß die Königin, nach so langer Zeit im königlichen Bett, keinen Beweis seiner Männlichkeit liefern konnte.

Wir dachten, es wäre eine Lösung, die für einen König am wenigsten schmerzlich wäre, für einen König, der dieses Opfer wert war: Seine Frau und sein Lehnsmann würden miteinander, in seinem Namen und im Namen seines Reichs, ein Kind zeugen. Und es für das des Königs ausgeben.

Aber kein Kind entstand aus dieser Verbindung. Nur Schmerz.

Ich weiß, es ist einfacher, einen Mythos daraus zu machen, uns zu Legenden werden zu lassen. Aber die Wahrheit ist klein und viel weniger ruhmreich als das, was die Barden singen: Wir taten es, um den König zu trösten. Um zu retten, was er geschaffen hatte.

Pragmatisch. Keine unsterbliche, tragische Liebe. Nicht diese Travestie der Wahrheit.

Aber was sie daraus gemacht haben, das muß ich zugeben, ist hübscher.

So eine dumme, kleine Geschichte. Und eine Welt, die uns entrissen wird.

Möge man mir die Schuld an der Dummheit geben, aber nicht an der Absicht. Nicht mehr jedenfalls, als man den Barden dafür gibt, Magie aus etwas gemacht zu haben, das nicht mehr als Notwendigkeit war – notwendig im Dienste eines einfachen, von Mitgefühl erfüllten Mannes.

Für den König, der war, und den König, der kommen wird.

Das verpfändete Wort

von Marion Zimmer Bradley

Es war viel Zeit vergangen, seit Morgaine in Avalon gewesen war; sie war sich nicht ganz sicher, ob sie den Weg durch den Nebel wiederfinden würde. Aber jetzt war es an der Zeit, den Versuch zu wagen.

Ihr erster Schritt auf diesem Weg war ein Besuch auf Pellinores Schloß, wohin Lancelet sie geschickt hatte, um seiner Frau und seinen Kindern Grüße zu überbringen. Und als sie dann endlich mit Elaine allein war, kam sie auf ihr eigentliches Ziel zu sprechen.

»Erinnere dich, du hast mir seinerzeit geschworen, mir zu geben, um was ich dich bitte, wenn ich dir helfe, Lancelet zu gewinnen. Nimue ist jetzt über fünf Jahre alt – alt genug, ihr Elternhaus zu verlassen. Morgen reite ich nach Avalon. Du solltest sie darauf vorbereiten, mich zu begleiten.«

»Nein!« Es war ein Aufschrei, beinahe ein Kreischen. »Nein, Morgaine, das kannst du nicht!«

Morgaine hatte so etwas befürchtet. Sie wurde energisch. »Elaine, du hast mir dein Wort verpfändet.«

»Sie ist ein Christenkind – wie kann ich sie von ihrer Mutter weg in... in eine Welt heidnischen Zaubers schicken?«

»Ich bin immerhin eine Verwandte«, sagte Morgaine sanft. »Wie lange kennst du mich schon, Elaine? Hast du je erlebt, daß ich etwas so Unehrenhaftes oder Böses getan hätte, daß du Grund hättest, mir dein Kind nicht anzuvertrauen? Ich möchte sie doch nicht an einen Drachen verfüttern, und selbst Verbrecher werden dieser Tage nicht mehr auf den Altären geopfert.«

»Was wird denn dann in Avalon mit ihr geschehen?« fragte Elaine so ängstlich, als hätte sie wirklich etwas Derartiges befürchtet.

»Sie wird zur Priesterin erzogen werden und alle Weisheit von Avalon lernen«, sagte Morgaine. »Eines Tages wird sie die Sterne lesen können und alle Weisheit der Welt und des Himmels kennen.« Sie lächelte. »Ihr Bruder hat mir erzählt, sie wolle Lesen, Schreiben und Harfe spielen lernen – und in Avalon wird ihr das niemand verbieten. Ihr Leben wird dort weniger hart sein, als wenn du sie in eine Klosterschule gibst. Wir werden sicher weniger streng sein, was Fasten und Buße angeht.«

»Aber... aber was soll ich Lancelet sagen?«

»Was du willst«, erwiderte Morgaine. »Es wäre das beste, ihm die Wahrheit zu sagen, daß du sie nämlich nach Avalon in Pflege gegeben hast, damit sie vielleicht den Platz ausfüllen kann, der dort leer geblieben ist. Aber es ist mir gleichgültig, ob du ihn belügst – von mir aus kannst du ihm auch erzählen, daß sie im See ertrunken sei oder vom Geist von Pellinores altem Drachen verschlungen wurde, ganz, wie es dir gefällt.«

»Und was ist mit dem Priester? Wenn Vater Griffin hört, daß ich meine Tochter weggehen lasse, damit sie im Heidenland eine Zauberin wird...«

»Was du *ihm* sagst, ist mir noch viel gleichgültiger«, meinte Morgaine. »Von mir aus kannst du ihm ruhig erzählen, daß du mir deine Seele dafür verpfändet hast, daß ich dir mit magischen Kräften einen Ehemann gewinne, und daß du mir deine erste Tochter versprochen hast – nein? Das dachte ich mir.«

»Du bist hart, Morgaine«, sagte Elaine, und Tränen liefen ihr über die Wangen. »Kannst du mir nicht noch ein paar Tage Zeit lassen, um sie auf den Abschied vorzubereiten und ihre Sachen zu packen...«

»Sie wird nicht viel brauchen«, sagte Morgaine. »Ein Hemd zum Wechseln, wenn du möchtest, und warme Sachen für den Ritt, einen dicken Umhang und feste Schuhe, aber nicht mehr. In Avalon wird man ihr das Gewand einer Novizin geben. Glaub mir«, fügte sie freundlich hinzu, »sie wird mit all der Liebe und Achtung behandelt werden, die der Enkelin der größten Priesterin gebührt. Und sie werden – wie drücken eure Priester das aus? – sie werden das kleine Schaf nicht scheren. Sie wird auf nichts verzichten müssen, solange sie nicht alt genug ist, auch Mangel zu ertragen. Ich glaube, sie wird dort glücklich sein.«

»Glücklich? An diesem Ort Schwarzer Magie?«

Morgaine antwortete nachdrücklich: »Das schwöre ich dir – ich selbst war glücklich in Avalon, und seit ich es verlassen habe, habe ich mich jeden Tag, von morgens bis abends, dorthin zurückgesehnt. Hast du je gehört, daß eine Lüge über meine Lippen kam? Komm – laß mich das Kind sehen.«

»Ich habe sie auf ihr Zimmer geschickt, dort muß sie bis zum Sonnenuntergang spinnen. Sie war unhöflich zum Priester, und das ist ihre Strafe«, sagte Elaine.

»Nun, dann hebe ich diese Strafe eben auf«, erklärte Morgaine. »Von jetzt an bin ich ihr Vormund und ihre Pflegemutter, und sie hat keinen Grund mehr, höflich zu diesem Priester zu sein. Bring mich zu ihr.«

Als der nächste Morgen dämmerte, brachen sie auf. Beim Abschied von ihrer Mutter hatte Nimue geweint, aber sie waren noch keine Stunde unterwegs, da begann sie, unter ihrer Kapuze hervor neugierig zu Morgaine hinüberzuspähen. Sie war groß für ihr Alter, weniger wie Lancelets Mutter Viviane, eher wie Morgause oder Igraine; blond, aber mit einem deutlichen Kupferschimmer in den goldenen Strähnen, so daß Morgaine annahm, sie werde später einmal rothaarig werden. Und ihre Augen hatten beinahe die Farbe der kleinen wilden Veilchen, die am Bach wachsen.

Sie hatte nur ein wenig Wein und Wasser getrunken, bevor sie aufgebrochen waren, also fragte Morgaine: »Hast du Hunger, Nimue? Wenn du möchtest, können wir Rast machen und unser Fasten brechen, sobald wir eine Lichtung finden.«

»Ja, Tante.«

»Also gut.« Und bald stieg sie ab und hob das kleine Mädchen von seinem Pony.

»Ich muß...« Die Kleine senkte verlegen den Blick.

»Wenn du Wasser lassen mußt, geh hinter diesen Baum«, sagte Morgaine, »und du brauchst dich nie wieder zu schämen, wenn du über etwas sprichst, das von der Göttin kommt.«

»Vater Griffin sagt, es wäre nicht schicklich...«

»Und sprich nie wieder davon, was Vater Griffin zu dir gesagt hat«, fügte Morgaine hinzu, sanft, aber mit einer gewissen Schärfe in den freundlichen Worten. »Das gehört der Vergangenheit an, Nimue.«

Als die Kleine zurückkam, hatte sie große, staunende Augen und sagte: »Ich habe jemanden ganz Kleines gesehen, der hinter einem Baum her zu mir herüberlugte. Mein Bruder hat gesagt, man nennt dich Morgaine von den Feen – war das eine Fee, Tante?«

Morgaine schüttelte den Kopf. »Nein, das war einer vom Alten Hügelvolk – sie sind genauso wie du und ich. Es ist besser, nicht über sie zu sprechen, Nimue, und sich nicht weiter um sie zu kümmern. Sie sind sehr scheu und fürchten sich vor den Menschen, die in Dörfern und auf Bauernhöfen wohnen.«

»Wo wohnen sie denn?«

»In den Hügeln und Wäldern«, sagte Morgaine. »Sie können es nicht mit ansehen, daß ihrer Mutter Erde mit dem Pflug Gewalt angetan wird und daß sie dazu gezwungen wird, fruchtbar zu sein, und sie wohnen nicht in Dörfern.«

»Wenn sie nicht pflügen und säen, Tante, wovon leben sie denn?«

»Nur von dem, was die Erde ihnen aus freiem Willen gibt«, antwortete Morgaine. »Von Wurzeln, Beeren und Kräutern, von Obst und Nüssen – Fleisch essen sie nur an hohen Festtagen. Und wie ich dir schon sagte, es ist besser, nicht von ihnen zu sprechen. Aber du darfst ihnen ein wenig Brot an den Rand der Lichtung legen, wir haben genug für alle.« Sie brach ein Stück von ihrem Laib ab und ließ Nimue es zum Waldrand tragen. Elaine hatte ihnen mehr als genug für einen zehntägigen Ritt mitgegeben, obwohl sie eigentlich nur eine kurze Reise vor sich hatten.

Morgaine selbst aß wenig, gab aber dem Kind alles, was es wollte, und strich Honig auf Nimues Brot; es würde noch Zeit genug sein, sie zu erziehen, und immerhin war sie noch im Wachstum begriffen.

»Du ißt kein Fleisch, Tante«, stellte Nimue fest. »Ist heute ein Fastentag?«

Morgaine erinnerte sich plötzlich daran, wie sie Viviane damals ausgefragt hatte. »Nein, aber ich esse es nicht oft.«

»Magst du kein Fleisch? Ich schon.«

»Nun, dann iß es, wenn es dir schmeckt. Die Priesterinnen essen nicht oft Fleisch, aber es ist nicht verboten, und schon gar nicht einem Kind in deinem Alter.«

»Sind sie wie die Nonnen? Fasten sie die ganze Zeit? Vater Griffin sagt ...« Sie hielt inne, weil ihr einfiel, daß man sie angewiesen hatte, den Priester nie wieder zu zitieren, und Morgaine war erfreut: Die Kleine lernte schnell.

»Ich wollte damit ausdrücken, daß das, was er sagt, kein Maßstab für dein eigenes Handeln sein sollte. Aber du darfst mir selbstverständlich erzählen, was er gesagt hat, und eines Tages wirst du selbst unterscheiden können, was wahr ist an dem, was er sagt, und was der Dummheit oder Schlimmerem entspringt.«

»Er sagt, Männer und Frauen müßten fasten, um ihre Sünden zu büßen. Machen sie es deshalb?«

Morgaine schüttelte den Kopf. »Von Zeit zu Zeit fasten die Leute in

Avalon, um ihrem Körper beizubringen, daß er tun soll, was man von ihm verlangt, ohne Forderungen zu stellen, die man gerade nicht erfüllen kann – es gibt Zeiten, in denen man ohne Essen, ohne Wasser und Schlaf auskommen muß, und der Körper sollte der Diener des Geistes sein, nicht sein Herr. Man kann den Geist nicht auf die heiligen Dinge oder auf Weisheit konzentrieren oder ihn auf lange Perioden der Meditation vorbereiten, die dem Bewußtsein neue Bereiche erschließen sollen, wenn der Körper dauernd laut nach Essen oder Trinken schreit. Also bringen wir uns selbst bei, dieses Geschrei zum Schweigen zu bringen. Verstehst du das?«

»E – eigentlich nicht«, sagte das Kind zögernd.

»Du wirst es verstehen, wenn du älter bist. Und jetzt iß dein Brot und mach dich fertig, daß wir weiterreiten können.«

Nimue aß ihr Honigbrot und wischte sich die Hände sorgfältig am Gras ab. »Ich hab Vater Griffin ja auch nie verstanden, aber er war dann immer böse auf mich. Ich bin bestraft worden, wenn ich gefragt habe, wieso wir für unsere Sünden fasten und beten müssen, wo Christus sie uns doch schon längst vergeben hat, und dann hat er gesagt, das wäre heidnisch, und meine Mutter mußte mich einsperren. Was ist heidnisch, Tante?«

»Alles, was den Priestern nicht paßt«, sagte Morgaine. »Vater Griffin ist ein Narr. Die guten Priester beunruhigen Kinder in deinem Alter, die noch gar nicht sündigen können, nicht mit ihrem Geschwätz darüber. Du wirst noch Zeit genug haben, über Sünden zu reden, Nimue, wenn du alt genug bist, welche zu begehen, oder wenn du zwischen Gut und Böse unterscheiden kannst.«

Nimue stieg gehorsam auf ihr Pony, aber nach einiger Zeit sagte sie: »Tante Morgaine... ich bin aber gar kein braves Mädchen. Ich sündige die ganze Zeit. Ich mache immer böse Sachen. Ich wundere mich gar nicht, daß Mutter mich weggeschickt hat. Sie schickt mich an einen bösen Ort, weil ich ein böses Mädchen bin.«

Morgaine spürte, wie sich ihr Hals schmerzhaft zuschnürte. Sie hatte gerade in den Sattel steigen wollen, aber jetzt eilte sie zu Nimues Pony und nahm das Kind fest in die Arme, drückte es an sich und küßte es wieder und wieder. Atemlos sagte sie: »Sag so etwas nie wieder, Nimue! Niemals! Es stimmt nicht, ich schwöre dir, es stimmt einfach nicht! Deine Mutter wollte dich überhaupt nicht wegschicken, und wenn sie Avalon für einen bösen Ort hielte, hätte sie dich nicht mit mir gehen lassen, ganz gleich, wie sehr ich ihr auch gedroht hätte!«

Nimue fragte leise: »Wieso werde ich dann weggeschickt?«

Morgaine hielt sie immer noch mit aller Kraft umklammert. »Weil du Avalon lange vor deiner Geburt versprochen wurdest, mein Kind. Weil deine Großmutter eine Priesterin war, und weil ich keine eigene Tochter für die Göttin habe. Und du wirst nach Avalon geschickt, damit du Weisheit lernst und der Göttin dienst.« Sie bemerkte, daß ihre Tränen auf Nimues blondes Haar fielen. »Wer hat behauptet, daß es eine Strafe sei?«

»Eine der Frauen ... als sie mein Hemd eingepackt hat ...« Nimue konnte kaum weitersprechen. »Ich hörte sie sagen, meine Mutter hätte mich nicht an einen solch bösen Ort schicken dürfen ... und Vater Griffin hat doch so geschimpft, weil ich ein böses Mädchen bin ...«

Morgaine sank zu Boden, das Kind immer noch in den Armen, und wiegte Nimue sanft hin und her. »Nein, nein«, sagte sie leise, »nein, mein Liebes, nein. Du bist ein gutes Mädchen. Wenn du ungezogen oder faul oder ungehorsam bist, dann ist das keine Sünde. Es liegt daran, daß du einfach noch nicht alt genug bist, es zu wissen, und wenn man dir erst beigebracht hat, was das Richtige ist, dann wirst du es nicht tun.«

Und weil sie das Gefühl hatte, das Gespräch sei für ein Kind dieses Alters schwer zu verstehen, fügte sie hinzu: »Sieh mal den Schmetterling da! Einen von solcher Farbe habe ich noch nie gesehen! Komm, Nimue, ich helfe dir jetzt auf dein Pony.« Aufmerksam hörte sie zu, als das kleine Mädchen von Schmetterlingen erzählte.

Wäre sie alleine gewesen, hätte sie an einem einzigen Tag nach

Avalon reiten können, aber für die kurzen Beine von Nimues Pony war die Entfernung doch zu groß, und so verbrachten sie die Nacht auf einer Lichtung. Nimue hatte noch nie zuvor im Freien übernachtet, und die Dunkelheit machte ihr angst, also nahm Morgaine sie wieder in die Arme, nachdem sie das Feuer gelöscht hatten, und erklärte ihr einen Stern nach dem anderen.

Das kleine Mädchen war müde von der Reise und schlief bald ein; Morgaine jedoch lag noch lange wach, spürte Nimues Kopf schwer auf ihrem Arm, und merkte, daß sich Angst in ihr Herz stahl. Sie war so lange nicht mehr in Avalon gewesen. Schritt für Schritt hatte sie sich alles, was man ihr dort beigebracht hatte – oder zumindest das, woran sie sich erinnern konnte – ins Gedächtnis zurückgerufen, aber hatte sie nicht doch etwas Wichtiges vergessen? Würden sie sie überhaupt zurückhaben wollen?

Ich bringe ihnen Vivianes Enkelin, dachte sie. *Aber wenn sie mich nur um ihretwillen zurückkehren lassen, wird das bitterer sein als der Tod. Hat die Göttin mich für immer verstoßen?*

Dem war nicht so, denn als sie den Kahn nach Avalon herbeibefahl, kam dieser sofort. Während der Fahrt zur Insel und als sie dann den Priesterinnen vorgestellt wurde, war Nimue unsicher und beobachtete alles mit staunenden Augen.

»Nun, Nimue«, sagte die Priesterin Niniane, »bist du gekommen, um hier Priesterin zu werden?«

Nimue sah sich um. Die letzten Strahlen der untergehenden Sonne beleuchteten das Land. »So hat meine Tante Morgaine es mir gesagt. Ich würde gerne lernen, wie man liest und schreibt und Harfe spielt, und ich möchte alles über die Sterne und alle möglichen anderen Sachen wissen, genau wie sie. Seid ihr wirklich böse Zauberinnen? Ich habe immer geglaubt, eine Hexe müsse alt und häßlich sein, und du bist sehr hübsch.« Sie biß sich auf die Lippen. »Jetzt war ich wieder vorlaut.«

Niniane lachte. »Sprich die Wahrheit immer aus, Kind. Ja, ich bin eine Zauberin. Ich glaube nicht, daß ich häßlich aussehe, aber du wirst selbst entscheiden müssen, ob ich nun gut oder böse bin. Ich versuche, das zu tun, was die Göttin will, und das ist alles, was man tun kann.«

»Dann will ich versuchen, das auch zu tun«, entgegnete Nimue, »wenn du mir sagst wie.«

Bibliographie

GOLDMANN

Der phantastische Verlag

Raymond Feists Midkemia-Saga – eine unerreichte Fantasy von Liebe und Krieg, Freundschaft und Verrat, Magie und Erlösung.

Midkemia-Saga 1:
Der Lehrling des Magiers 24616

Midkemia-Saga 2:
Der verwaiste Thron 24617

Midkemia-Saga 3:
Die Gilde des Todes 24618

Midkemia-Saga 4:
Dunkel über Sethanon 24611

Goldmann · Der Taschenbuch-Verlag